BLUE BOOK

智 库 成 果 出 版 与 传 播 平 台

房地产蓝皮书
BLUE BOOK OF REAL ESTATE

中国房地产发展报告 *No.21*

（2024）

ANNUAL REPORT ON THE DEVELOPMENT OF CHINA'S

REAL ESTATE No.21 (2024)

中国社会科学院国家未来城市实验室
主　编／中国房地产估价师与房地产经纪人学会
中国城市经济学会

社会科学文献出版社
SOCIAL SCIENCES ACADEMIC PRESS (CHINA)

图书在版编目（CIP）数据

中国房地产发展报告. No. 21，2024 / 中国社会科学院国家未来城市实验室，中国房地产估价师与房地产经纪人学会，中国城市经济学会主编. --北京：社会科学文献出版社，2024.6
　（房地产蓝皮书）
　ISBN 978-7-5228-3643-0

　Ⅰ.①中… 　Ⅱ.①中… ②中… ③中… 　Ⅲ.①房地产业-经济发展-研究报告-中国-2024　Ⅳ.
①F299.233

中国国家版本馆 CIP 数据核字（2024）第 092142 号

房地产蓝皮书

中国房地产发展报告 No. 21（2024）

　　　　　　中国社会科学院国家未来城市实验室
主　　编／中国房地产估价师与房地产经纪人学会
　　　　　　中国城市经济学会

出 版 人／冀祥德
组稿编辑／蔡继辉
责任编辑／张　超
责任印制／王京美

出　　版／社会科学文献出版社·皮书分社（010）59367127
　　　　　　地址：北京市北三环中路甲 29 号院华龙大厦　邮编：100029
　　　　　　网址：www. ssap. com. cn
发　　行／社会科学文献出版社（010）59367028
印　　装／三河市东方印刷有限公司

规　　格／开　本：787mm×1092mm　1/16
　　　　　　印　张：30.75　字　数：461 千字
版　　次／2024 年 6 月第 1 版　2024 年 6 月第 1 次印刷
书　　号／ISBN 978-7-5228-3643-0
定　　价／168.00 元

读者服务电话：4008918866

本书是中国社会科学院实验室综合资助项目"数字化决策与国家治理实验室"（项目编号：2024SYZH010）阶段性研究成果

主编单位简介

中国社会科学院国家未来城市实验室　中国社会科学院原城市信息集成与动态模拟实验室，成立于 2010 年，是中国社会科学院最早设立的 18 家实验室之一。经中国社会科学院批准，中国社会科学院城市信息集成与动态模拟实验室于 2020 年 11 月正式更名为"中国社会科学院国家未来城市实验室"（简称"国家未来城市实验室"）。国家未来城市实验室是中国社会科学院从事城市与区域科学研究的主要载体，成立以来持续发布"城市蓝皮书""房地产蓝皮书"，产生了较大影响。国家未来城市实验室依托于中国社会科学院大学，实行理事会领导下的主任负责制。实验室以习近平生态文明思想为指导，积极争取社会各界支持，紧密围绕党和国家发展战略需求，接轨联合国《新城市议程》，主动响应全球和国家城市与区域发展的关键科学问题和重大现实问题，为国家重大城市和区域发展战略制定提供决策支持，打造中国城市和区域研究的重要科学基础设施，构建中国城市和区域科学研究的学科体系、学术体系、话语体系。

中国房地产估价师与房地产经纪人学会　是全国性的房地产估价、经纪、住房租赁行业自律管理组织，简称"中房学"，由从事房地产估价、经纪、住房租赁活动的专业人士、机构及有关单位组成，依法对房地产估价、经纪、住房租赁行业进行自律管理。中房学的前身是成立于 1994 年 8 月的中国房地产估价师学会，2004 年 7 月变更为现名。首任会长为周干峙先生，第二任会长为宋春华先生，第三任会长为杜鹃女士。现任会长为柴强博士，副会长兼秘书长为赵鑫明先生。中房学的主要宗旨是团结和组织从事房地产估价和经纪租赁活动的专业人士、机构及有关单位，开展房地产估价和经纪租赁研究、交流、教育和宣传活动，接受政府部门委托拟订并推行房地产估价和经纪租赁执业标准、规则，加强自律管理及国际交往与合作，不断提高房地产估价和经纪租赁专业人员及机构的服务水平，反映其诉求，维护其合法权益，促进房地产估价和经纪租赁行业规范、健康、持续发展。目前承担全国房地产估价师、房地产经纪专业人员职业资格考试、注册、登记、继续教育等工作。

中国城市经济学会　成立于 1986 年 5 月，是由中国社会科学院主管（生态文明研究所代管），在民政部登记注册的国家一级学会和全国性、开放性学术平台，旨在开展城市发展和城市经济前瞻性理论研究，总结城市发展经验，推动产、学、研交流，促进城市可持续发展。作为全国性的国家一级学会，中国城市经济学会一贯秉承发展城市、服务城市的宗旨，针对城市经济改革和发展中的重大理论与实践问题，特别是热点、难点问题，动员和组织会员及相关专家、学者进行深入的研究，提出研究报告、政策建议或出版专著，促进政、产、学、研开展广泛的学术研讨和交流。房地产专业委员会则是在原房地产研究部的基础上，于 2022 年 5 月底成立。房地产专业委员会始终坚持专业性、积极性、开放性和渐进性等原则，以中青年、第二第三代房地产研究学者为主体，通过高端平台的建设，促进房地产研究范式创新，致力于建设成为国内最具影响力的房地产学术平台之一，使房地产专业学者科学理性的声音能够传得更高更远。

摘　要

《中国房地产发展报告 No. 21（2024）》继续秉承客观公正、科学中立的宗旨和原则，追踪中国房地产市场最新动态，深度剖析市场热点，展望 2024 年发展趋势，积极谋划应对策略。全书分为总报告、专题篇、服务篇、热点篇和案例篇。总报告对当前房地产市场的发展态势进行全面、综合的分析，专题篇分别从不同的角度对房地产市场发展进行深度分析，最后对热点问题进行了探讨。

2023 年，全国房地产市场依然处于深度调整中。全年房地产市场发展的政策背景以稳市场和防风险为主，宽松的政策基调贯穿全年。从全国房地产市场来看，2023 年房地产市场运行的总体特征主要包括六个方面。销售价格方面，各类物业价格涨幅出现分化，一、二、三线城市住宅价格整体呈下行态势，住宅价格同比下跌的城市超六成。销售面积方面，商品房销售面积大幅萎缩，待售面积增幅快速扩大。租赁市场方面，住宅租金价格水平保持基本平稳，住宅租金涨幅连续五年低于 CPI 涨幅。土地市场方面，国有土地使用权出让收入大幅下降，对地方财政产生了较大影响。投融资方面，房地产开发投资连续两年负增长，各类物业投资全部减少。房屋供给方面，各类物业新开工面积连续四年全线缩减。

从发展动力看，2023 年房地产市场成交量在 2022 年的基础上进一步下降，发展动力减弱，房地产及相关产业对经济增长的贡献也有所降低。但是，也应看到中国的房地产市场还有发展的空间，应从增量与存量两方面挖掘房地产市场发展的空间与机遇。从市场风险看，由于贷款的抵押物大部分是房地产，房地产市场价格的变化直接影响到抵押物的价值，如果作为抵押物的房地产价值低于贷款额有可能引起贷款违约。因此，房地产市场的风险防范与化解仍然是房地产市场的重要问题，应从土地入市、保障房供给、房屋收购储备等方面防止房价的大幅度变化。从市场预期看，当前房地产市场在成交量缩减、价格下跌压力较大的情况下，不容忽视的是供需双方对市场的预期。供给方面，企业投资意愿较弱，开发投资额持续下降，新开工面积大幅减少。需求方面，居民购房意愿低迷，部分贷款购房者提前还贷以减少负债和利息负担。因此，应从供给方和需求方修复信心，改善企业与购房者的市场预期。

2023 年 7 月，中共中央政治局会议定调"我国房地产市场供求关系发生重大变化"的新形势。房地产从"上半场"迅速过渡到了"下半场"。根据中央相关文件关于"完善'保障+市场'的住房供应体系，以政府为主保障工薪收入群体刚性住房需求，以市场为主满足居民多样化改善性住房需求"，"双轨制"将成为未来房地产发展新模式的主要内容。未来住房市场将被划分为两部分，一部分为商品房市场，价格由供需关系等市场化因素驱动，主要面向中高收入群体，提供高品质、可租可售的居住产品。另一部分为保障房市场，价格由政府确定，不与商品房市场挂钩，一般低于商品房市场，面向中低收入家庭以及人口净流入城市中的新市民、青年人群体，提供可长期稳定租住的保障性租赁住房、可购买的保障性住房。在房地产供求关系发生重大变化的情况下，未来刚需和部分改善型需求主要转向二手房市场，进一步丰富住房供应体系，形成多样化的住房产品供给。

从市场趋势判断，随着房地产销售和投资的不断下滑，预计 2024 年房地产行业大概率维持筑底企稳态势，下半年在政策力度到位、政策效果逐渐显现的情况下，销售端会有所好转，预计全年房地产投资和销量增速在 −6.0% 左右，降幅较 2023 年分别收窄 3.1 个和 2.5 个百分点左右。全国二手房出售挂牌量指数为 68.11，比 2023 年提高 3.52；二手房价格指数为 92.21，比 2023 年下降 2.64。

关键词： 房地产市场　住房供应体系　市场预期　改善型需求

目 录 ⟩

Ⅰ 总报告

Ⅱ 专题篇

V 案例篇

皮书数据库阅读使用指南 👆

总 报 告

B.1

2023年房地产市场形势分析
与2024年展望

"房地产蓝皮书"总报告编写组*

摘　要：　2023年房地产市场发展的政策背景以稳市场和防风险为主，宽松的政策基调贯穿全年。一、二、三线城市住宅价格整体呈下行态势，住宅价格同比下跌的城市超六成。商品房销售面积大幅萎缩，待售面积增幅快速扩大。房地产开发投资连续两年负增长，各类物业新开工面积连续四年全线缩减。房地产市场成交量继续下降，发展动力减弱；房价下跌压力较大，各类法拍房数量明显增加；供给方的投资意愿与需求方的购房意愿双收缩。从

* 执笔人：赵鑫明、王业强、董昕、颜燕、赵建翔。赵鑫明，中国房地产估价师与房地产经纪人学会副会长兼秘书长，主要研究方向为房地产经济；王业强，中国社会科学院国家未来城市实验室副主任，研究员，中国区域科学协会副理事长，中国城市经济学会房地产专业委员会主任，主要研究方向为房地产经济与政策；董昕，中国社会科学院生态文明研究所生态城市研究室主任，研究员，中国城市经济学会房地产专业委员会副主任，主要研究方向为城市经济、住房与土地政策等；颜燕，首都经济贸易大学城市经济与公共管理学院副教授，博士生导师，中国城市经济学会房地产专业委员会副秘书长；赵建翔，经济学博士，北京腾景大数据应用科技研究院宏观研究部主任，主要研究方向为经济形势跟踪分析、国民经济运行全口径数据监测、AI技术支持经济高频感知和预测等。

市场趋势判断，随着房地产销售和投资的不断下滑，预计 2024 年房地产行业大概率维持筑底企稳态势，下半年在政策力度到位、政策效果逐渐显现的情况下，销售端会有所好转，预计全年房地产投资和销量增速在−6.0% 左右，降幅较 2023 年分别收窄 3.1 个和 2.5 个百分点左右。

关键词： 房地产市场　供求关系　"市场+保障"　双轨制

一　2023年房地产市场总体运行特征

2023 年，全国房地产市场依然处于深度调整中。2023 年 7 月 24 日召开的中共中央政治局会议明确提出"我国房地产市场供求关系发生重大变化"，全年房地产市场发展的政策背景以稳市场和防风险为主，宽松的政策基调贯穿全年。从全国房地产市场来看，2023 年房地产市场运行的总体特征主要包括六个方面。销售价格方面，各类物业价格涨幅出现分化，一、二、三线城市住宅价格整体呈下行态势，住宅价格同比下跌的城市超六成。销售面积方面，商品房销售面积大幅萎缩，待售面积增幅快速扩大。租赁市场方面，住宅租金价格水平保持基本平稳，住宅租金涨幅连续五年低于 CPI 涨幅。土地市场方面，国有土地使用权出让收入大幅下降，对地方财政产生了较大影响。投融资方面，房地产开发投资连续两年负增长，各类物业投资全部减少。房屋供给方面，各类物业新开工面积连续四年全线缩减。

（一）政策背景：明确我国房地产市场供求关系发生重大变化，注重房地产市场风险防范，宽松的政策基调贯穿全年

2023 年以来，全球经济整体增长乏力，我国经济发展也面临较大的压力。房地产市场延续了 2022 年的调整态势。在此背景下，围绕稳市场、防风险的目标，政策端持续发力。

2023 年 2 月，《求是》杂志发表习近平总书记的文章，进一步强调房地

产行业在国民经济中的重要地位。4月，中共中央政治局会议提出"房住不炒""因城施策""保交楼""支持刚性和改善性住房需求""要有效防范化解重点领域风险"等。7月，中共中央政治局会议明确提出，要切实防范化解重点领域风险，适应我国房地产市场供求关系发生重大变化的新形势，适时调整优化房地产政策，因城施策用好政策工具箱，更好满足居民刚性和改善性住房需求，促进房地产市场平稳健康发展。在此背景下，之前的一些限制性政策逐渐退出。8月以来，一些宽松政策陆续落地，包括房贷利率下调、降低首付比例、认房不认贷等。随着中央宽松政策的持续出台，地方政府连续落地执行"认房不认贷"、优化限购和限售政策。

（二）销售价格：商品房平均销售价格止跌回升

1. 商品房平均销售价格止跌回升，各类物业价格涨幅出现分化

2023年全国商品房平均销售价格为10437元/米²，比2022年上涨了6.3%。其中，商品住宅平均销售价格上涨6.7%，为10864元/米²；办公楼平均销售价格下跌0.7%，降至13773元/米²；商业营业用房平均销售价格上涨5.6%，为10414元/米²。商品房平均销售价格止跌回升，从侧面说明房地产市场没有出现大幅降价抛售的情况（见图1）。

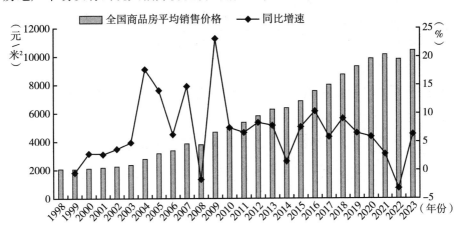

图1　全国商品房平均销售价格及变化情况

资料来源：国家统计局及相应计算。

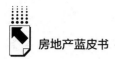

2. 各地区的商品房销售价格出现分化，东北地区下降，其他地区上涨

从区域差异来看，2023 年东部地区的商品房平均销售价格为 13944 元/米²，比 2022 年上涨 1.6%；中部地区的商品房平均销售价格为 7346 元/米²，比 2022 年上涨 5.6%；西部地区的商品房平均销售价格为 7558 元/米²，比 2022 年上涨 6.9%；东北地区的商品房平均销售价格为 7130 元/米²，比 2022 年下降 4.9%。① 受到低基数效应的影响，2023 年东部、中部和西部地区商品房平均销售价格均比 2022 年上涨，但东部地区增幅最缓，中部地区次之，且两地区 2023 年的商品房平均销售价格均低于 2021 年的水平。东北地区商品房平均销售价格连续三年下跌，与东北地区城市收缩和人口流出有关（见表 1）。

表 1　2019~2023 年全国商品房销售价格及其变化

单位：元/米²，%

地区	商品房平均销售价格					比上年增长				
	2019 年	2020 年	2021 年	2022 年	2023 年	2019 年	2020 年	2021 年	2022 年	2023 年
全国	9310	9860	10139	9814	10437	6.6	5.9	2.8	-3.2	6.3
东部	12586	13419	14105	13729	13944	7.4	6.6	5.1	-2.7	1.6
中部	7096	7306	7374	6959	7346	6.3	3.0	0.9	-5.6	5.6
西部	7274	7456	7370	7070	7558	6.1	2.5	-1.2	-4.1	6.9
东北	7862	8222	7880	7496	7130	8.5	4.6	-4.2	-4.9	-4.9

资料来源：国家统计局及相应计算。

3. 一、二、三线城市住宅价格整体呈下行态势，住宅价格同比下跌的城市超六成

从不同城市来看，2023 年一、二、三线城市的住宅价格延续了 2022 年

---

① 东部地区包括北京、天津、河北、上海、江苏、浙江、福建、山东、广东、海南 10 个省份；中部地区包括山西、安徽、江西、河南、湖北、湖南 6 个省份；西部地区包括内蒙古、广西、重庆、四川、贵州、云南、西藏、陕西、甘肃、青海、宁夏、新疆 12 个省份；东北地区包括辽宁、吉林、黑龙江 3 个省份。

的下行态势。①其中，三线城市的下跌幅度最大，2023年末三线城市住宅价格同比下降0.4%；一线城市住宅价格降幅次之，2023年末一线城市的住宅价格同比下降0.3%；二线城市的住宅价格在小幅下跌后有所回升，2023年末二线城市的住宅价格同比微升0.1%（见图2）。对全国百城②住宅价格的追踪数据显示，截至2023年12月，住宅价格同比下跌的城市达到64个，同比持平的城市1个，同比上涨的城市35个。

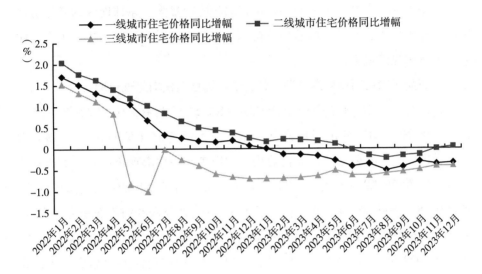

图2　2022～2023年一、二、三线城市住宅价格增幅的月度变动

资料来源：Wind数据库。

① 一线城市，包括北京、上海、广州、深圳4个城市；二线城市，包括天津、重庆、杭州、南京、武汉、沈阳、成都、西安、大连、青岛、宁波、苏州、长沙、济南、厦门、长春、哈尔滨、太原、郑州、合肥、南昌、福州，共22个城市；三线城市，包括邯郸、菏泽、湘潭、呼和浩特、廊坊、湖州、洛阳、潍坊、连云港、扬州、昆山、常州、昆明、徐州、日照、烟台、新乡、镇江、泉州、营口、东莞、桂林、南宁、金华、马鞍山、东营、株洲、无锡、德州、西宁、赣州、保定、常熟、银川、泰州、盐城、威海、乌鲁木齐、宿迁、贵阳、湛江、鞍山、衡水、吉林、鄂尔多斯、包头、南通、珠海、嘉兴、石家庄、中山、聊城、秦皇岛、淮安、柳州、温州、惠州、绵阳、唐山、海口、北海、淄博、江阴、宝鸡、芜湖、张家港、兰州、台州、江门、绍兴、宜昌、佛山、三亚、汕头，共74个城市。
② 百城包括上述一、二、三线的全部100个城市。

（三）销量与库存：商品房销售面积大幅萎缩，待售面积增幅快速扩大

2023 年全国房地产市场的商品房销售面积同比下降了 8.5%，虽比 2022 年降幅缩小，但销售量仍大幅萎缩。从物业类型来看，住宅、办公楼、商业营业用房的销售面积均呈现负增长，商业营业用房销售面积的降幅最大。从区域市场来看，中部地区的商品房销售面积降幅最大，东部地区的商品房销售面积降幅最小。同时，商品房待售面积连续四年增加且增幅快速扩大，住宅待售面积规模最大。

1. 商品房销售面积持续下跌，各类物业销售面积均呈现负增长

2023 年，全国商品房销售面积为 11.2 亿平方米，比 2022 年下降了 8.5%，延续了 2022 年的下跌态势，销售量大幅萎缩（见图 3）。从物业类型来看，住宅、办公楼、商业营业用房的销售面积均出现负增长，商业营业用房销售面积的降幅最大。2023 年全国商品房销售面积中，住宅的销售面积为 9.48 亿平方米，比 2022 年下降了 8.2%；办公楼的销售面积为 0.27 亿平方米，比 2022 年下降了 9.0%；商业营业用房的销售面积为 0.64 亿平方米，比 2022 年下降了 12%。从区域市场来看，中部地区的商品房销售面积降幅最大，东北地区的商品房销售面积降幅最小。2023 年全国商品房销售面积中，东部地区的商品房销售面积为 5.16 亿平方米，比 2022 年下降了 8.5%；中部地区的商品房销售面积为 2.83 亿平方米，比 2022 年下降了 30.6%；西部地区的商品房销售面积为 2.78 亿平方米，比 2022 年下降了 19.6%；东北地区的商品房销售面积为 0.40 亿平方米，比 2022 年下降了 2.8%。

2. 商品房待售面积连续四年增加且增幅快速扩大，住宅待售面积规模最大

2023 年全国商品房待售面积为 6.73 亿平方米，同比增长了 19.3%，增幅进一步超过 2022 年的 10.5%（见图 4）。其中，住宅待售面积为 3.31 亿平方米，比 2022 年增长了 23.1%，占比 49.2%；办公楼待售面积为 0.49 亿平方米，比 2022 年增长了 18.4%，占比 7.2%；商业营业用房待售面积为

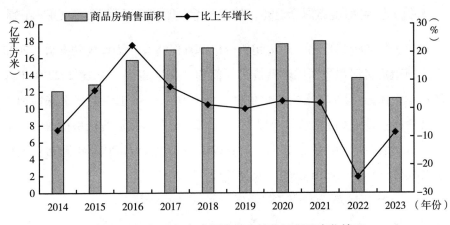

图3　2014~2023年全国商品房销售面积及变化情况

资料来源：国家统计局及相应计算。

1.42亿平方米，比2022年增长了12.9%，占比21.1%。住宅待售面积增速大幅超过办公楼和商业营业用房，住宅待售面积在商品房待售面积中所占的比重也由2022年的47.7%进一步扩大到2023年的49.2%。

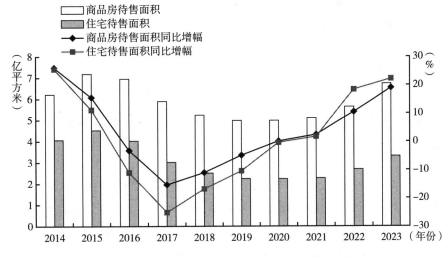

图4　2014~2023年全国商品房待售面积及变化情况

资料来源：国家统计局及相应计算。

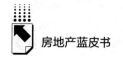
（四）住宅租金微跌0.2%，住宅租金涨幅连续五年低于 CPI 涨幅

相较于住宅销售价格，住宅租赁价格一直保持着较为稳定的态势。2023年，全国租赁房房租类居民消费价格（简称"住宅租金"）比 2022 年下降0.2%，而同期全国住宅平均销售价格上涨 6.67%。对比住宅租金涨幅和居民消费价格指数（CPI）涨幅可以发现，2023 年在居民消费价格指数整体上涨 0.2%的情况下，住宅租金下跌了 0.2%，这已经是自 2019 年开始住宅租金涨幅连续五年低于 CPI 涨幅（见图5）。

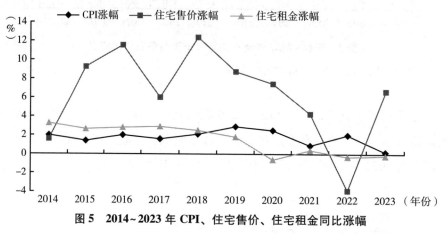

图5　2014~2023 年 CPI、住宅售价、住宅租金同比涨幅

注：住宅售价是指全国住宅的平均销售价格。
资料来源：国家统计局及相应计算。

（五）土地市场下行，国有土地使用权出让收入大幅下降，对地方财政产生了较大影响

自 2023 年 2 月后，国家统计局不再公布土地购置面积和土地成交价格两个数据。地方本级政府性基金收入和作为其主要组成部分的国有土地使用权出让收入的变化能从侧面反映土地市场的状况。2023 年，地方本级政府性基金收入为 66287 亿元，与 2022 年相比下跌了 10.1%；国有土地使用权出让收入为 57996 亿元，与 2022 年相比下跌了 13.2%。与 2021 年的高点相比，二者分别下跌了 29.4%和 33.4%（见图6）。

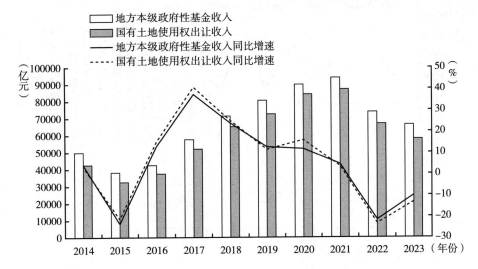

图6　2014~2023年地方本级政府性基金收入和国有土地使用权出让收入及变化情况

资料来源：Wind。

（六）投融资：房地产开发投资连续两年负增长，各类物业投资全线减少

房地产开发投资自2022年出现负增长后，2023年持续负增长。

1.房地产开发投资连续两年负增长，各类物业投资全线减少

2023年房地产开发投资110912亿元，比2022年减少了9.6%，与2021年的高点相比减少了24.9%。这是自2022年首次出现负增长后连续第2年出现负增长（见图7），而2023年全国固定资产投资完成额503036亿元，同比增长3.0%。房地产开发投资大幅下降，说明房地产企业的投资意愿十分低迷。从物业类型来看，各类型物业开发投资均全部减少。2023年住宅开发投资为83820.0亿元，比2022年减少了9.3%，比2021年的高点减少了24.6%；办公楼开发投资为4530.8亿元，比2022年减少了9.4%，比2021年的高点减少了24.2%；商业营业用房开发投资为8054.8亿元，比2022年减少了16.9%，比2021年的高点减少了35.3%。

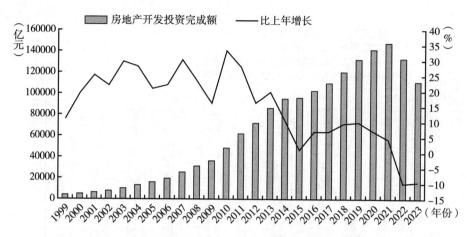

图 7　1999~2023 年房地产开发投资完成额及其增长情况

资料来源：国家统计局及相应计算。

从区域来看，各地区房地产开发投资均出现负增长。2023 年东部地区房地产开发投资额为 66705 亿元，比 2022 年下降了 8.0%，比 2021 年下降了 14.1%；中部地区房地产开发投资额为 21423 亿元，比 2022 年下降了26.0%，比 2021 年下降了 31.2%；西部地区房地产开发投资额为 19760 亿元，比 2022 年下降了 28.1%，比 2021 年下降了 40.8%；东北地区房地产开发投资额为 3026 亿元，比 2022 年下降了 24.5%，比 2021 年下降了 43.7%。总体来看，东部地区的降幅最小，西部地区的降幅最大。东部地区的房地产开发投资额占全国的比例进一步上升到 60.1%，东北地区的房地产开发投资额占全国的比例进一步缩减到 2.7%（见表 2）。

表 2　2019~2023 年全国房地产开发企业完成投资及其变化

单位：亿元，%

地区	房地产开发企业完成投资					比上年增长				
	2019 年	2020 年	2021 年	2022 年	2023 年	2019 年	2020 年	2021 年	2022 年	2023 年
全国	132194	141443	147602	132895	110913	9.9	7.0	4.4	-10.0	-16.5
东部地区	69313	74564	77695	72478	66705	7.7	7.6	4.2	-6.7	-8.0
中部地区	27588	28802	31161	28931	21423	9.6	4.4	8.2	-7.2	-26.0

地区	房地产开发企业完成投资					比上年增长				
	2019 年	2020 年	2021 年	2022 年	2023 年	2019 年	2020 年	2021 年	2022 年	2023 年
西部地区	30186	32654	33368	27481	19760	16.1	8.2	2.2	−17.6	−28.1
东北地区	5107	5423	5378	4005	3026	8.2	6.2	−0.8	−25.5	−24.5

资料来源：Wind 数据库及相应计算。

2. 房地产开发企业实际到位资金持续下降

2023 年全国房地产开发企业实际到位资金 127459 亿元，比 2022 年下降了 14.1%。金融政策的利好并没有明显降低房地产开发企业的融资难度。房地产开发企业实际到位资金中的国内贷款在 2023 年大幅减少，国内贷款 15595 亿元，比 2022 年下降了 10.2%。与此同时，其他来源的资金也持续大幅下降。其中，利用外资 47 亿元，比 2022 年下降了 39.7%；自筹资金 41989 亿元，比 2022 年下降了 20.1%；定金及预收款 43202 亿元，比 2022 年下降了 12.2%；个人按揭贷款 21489 亿元，比 2022 年下降了 9.6%（见表3）。

表3　2019~2023 年全国房地产开发企业本年资金来源

单位：亿元，%

项目	房地产开发企业本年资金来源					比上年增长				
	2019 年	2020 年	2021 年	2022 年	2023 年	2019 年	2020 年	2021 年	2022 年	2023 年
合计	178609	193115	201132	148357	127459	7.3	8.1	4.2	−26.2	−14.1
国内贷款	25229	26676	23296	17359	15595	4.5	5.7	−12.7	−25.5	−10.2
利用外资	176	192	107	78	47	54.1	9.3	−44.1	−27.4	−39.7
自筹资金	58158	63377	65428	52525	41989	4.3	9	3.2	−19.7	−20.1
定金及预收款	61359	66547	73946	49194	43202	10.1	8.5	11.1	−33.5	−12.2
个人按揭贷款	27281	29976	32388	23760	21489	15.4	9.9	8	−26.6	−9.6
其他到位资金	6406	6348	5968	5441	5137	−8.7	−0.9	−6	−8.8	−5.6

（七）房屋供给：各类物业新开工面积连续四年全线缩减

2023 年全国房屋新开工面积 95376 万平方米，比 2022 年减少了 20.4%，与 2019 年的高点相比减少了 58.0%。其中，住宅新开工面积 69285 万平方米，比 2022 年减少了 20.9%，与 2019 年的高点相比减少了 58.6%；办公楼新开工面积 2589 万平方米，比 2022 年减少了 18.5%，与 2019 年的高点相比减少了 63.4%；商业营业用房新开工面积 6459 万平方米，比 2022 年减少了 20.4%，与 2019 年的高点相比减少了 65.9%。这是自 2020 年起第四年各类物业的新开工面积均持续缩减（见图 8）。

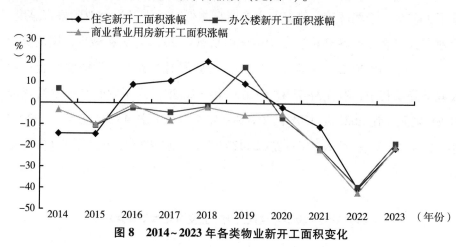

图 8　2014~2023 年各类物业新开工面积变化

资料来源：国家统计局及相应计算。

二　2023 年中国房地产市场存在的主要问题与对策①

（一）2023 年中国房地产市场存在的主要问题

1. 发展动力：房地产市场成交量继续下降，发展动力减弱

2023 年房地产市场成交量在 2022 年的基础上进一步下降。全国商品房

---

① 数据来源如无注明，均来自国家统计局官方网站。

销售面积11.2亿平方米，比2022年下降8.5%；全国商品房销售额11.66万亿元，比2022年下降6.5%。其中，住宅、办公楼、商业营业用房的销售面积和销售额都出现缩减。与2021年的市场成交量高点相比，2023年的商品房销售面积和商品房销售额分别下降了34.8%和34.1%。我国经济由高速增长阶段转向高质量发展阶段，开启了一次广度、深度都超过以往的新一轮经济转型。房地产市场也已经由快速发展阶段进入转型发展阶段，房地产及相关产业对经济增长的贡献也有所降低。从2021年开始，房地产业及建筑业在GDP中的占比呈下降态势（见图9）。1978年改革开放以来，尤其是1998年住房分配货币化改革以后，我国的房地产市场得到了长足的发展，人们的住房条件明显提高。城镇居民人均住房建筑面积由1978年的6.7平方米，增加到1998年的18.7平方米，再增加到2021年的41.0平方米。房地产市场在经历过几十年的快速发展后，住房需求得到了较好的满足，发展的动力也随之减弱，这是一个必然的过程。关键是要避免房地产市场的大起大落，保障房地产市场的稳定性，保障整个宏观经济运行的稳定性。

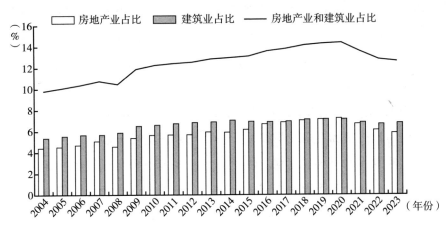

图9　2004~2023年房地产业及建筑业在GDP中的占比

资料来源：国家统计局官网。

2. 系统风险：房价下跌压力较大，各类法拍房数量明显增加

2023年风险问题仍是房地产市场发展面临的重要问题。2023年底的中

央经济工作会议提出要"积极稳妥化解房地产风险,一视同仁满足不同所有制房地产企业的合理融资需求,促进房地产市场平稳健康发展"。由于贷款的抵押物大部分是房地产,房地产市场价格的变化直接影响到抵押物的价值,如果作为抵押物的房地产价值低于贷款额有可能引起贷款违约。2023年12月,70个大中城市中,新建商品住宅销售价格同比下跌的城市有48个、同比上涨的城市有20个、持平的城市有2个;二手住宅销售价格同比下跌的城市有69个、同比上涨的城市有1个。由此来看,房价下跌的压力还是较大的。通过之前一系列的债务风险治理,我国近五年商业银行不良贷款比例持续降低,从2019年12月的1.86%下降到2023年12月的1.59%。但是,也应看到我国商业银行的不良贷款余额规模较大,各类法拍房数量明显增加。我国商业银行不良贷款余额从2019年12月的2.41万亿元扩大到2023年12月的3.23万亿元(见图10)。根据中指法拍数据库监测,截至2023年12月,全国355个城市法拍市场挂牌各类法拍房源79.6万套,相比2022年的58.3万套增长了36.7%,且法拍房源成交率较2022年有明显下滑。而且房地产风险还可能与地方政府债务风险产生叠加。2023年,地方财政国有土地使用权出让收入57996亿元,同比下降13.2%。[①] 这些都说明我国房地产市场的风险防范与化解仍然十分重要,影响到整个金融系统乃至整个国民经济系统的稳定运行。

3. 市场预期:供给方的投资意愿较弱,需求方的购房意愿低迷

当前房地产市场在成交量缩减、价格下跌压力较大的情况下,不容忽视的是供需双方对市场的预期。供给方面,企业投资意愿较弱,开发投资额持续下降,新开工面积大幅减少。2022年的全国房地产开发投资额是自1998年以来的首次负增长,同比降幅为10%;2023年全国房地产开发投资11.09万亿元,在2022年的基础上再下降9.6%,其中住宅投资8.38万亿元,比2022年下降9.3%。2023年全国房屋新开工面积9.54亿平方米,比2022年下降20.4%,是2008年以来房屋新开工面积首次降至10亿平方

---

① 数据来源:财政部。

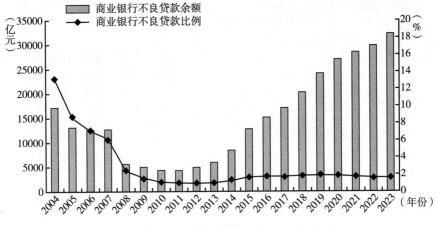

图10　中国商业银行不良贷款（2004~2023年）

资料来源：Wind。

米以下；其中，住宅新开工面积6.93亿平方米，比2022年下降20.9%。需求方面，居民购房意愿低迷，部分贷款购房者提前还贷以减少负债和利息负担。2023年底，我国金融机构个人住房贷款余额为38.17万亿元，比2022年底减少了0.63万亿元，同比下降了1.6%，这是近十年来我国金融机构的个人住房贷款余额首次出现负增长（见图11）。究其原因，一是销售额下降，2023年我国的商品房销售额同比下降了6.5%，个人住房贷款增量随之减少；二是部分贷款者提前偿还房贷，也导致个人住房贷款余额减少。

（二）相关对策建议

1.寻动力：从增量与存量两方面挖掘房地产市场发展的空间与机遇

虽然当前房地产市场面临成交量继续下降、发展动力有所减弱的问题，但是也应看到中国的房地产市场还有发展的空间。一方面是增量市场。2023年末，在全国人口总量减少、人口出生率进一步下降的情况下，城镇常住人口比2022年末增加了1196万人，达到9.33亿人，城镇化率达到66.16%。城镇人口规模增加，但城镇化率尚未达到国际上70%的经验值拐点，与高

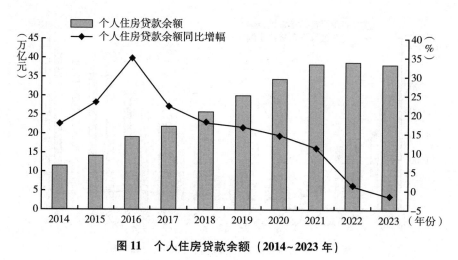

图 11　个人住房贷款余额（2014~2023 年）

资料来源：Wind、中国人民银行。

收入国家 80%以上的平均城镇化率①差距更大，房地产市场发展仍存在一定的增量空间。另一方面是存量市场。根据 2020 年七普数据，建成时间在 2000 年以前的住房约占全部存量住房的 1/3，约有 5000 万间、16 亿平方米的住房房龄超过 20 年。2000 年以后随着房地产市场的快速发展，房屋建设量大批增加，2000~2009 年全国建筑业房屋竣工面积累计达 157 亿平方米，这些建筑的房龄也将在 2030 年时超过 20 年。大量既有住房受制于当时的经济基础较差、建设规范标准要求较低，在结构、质量、户型等方面均存在缺陷。对美好生活的追求必将反映在对住房条件改善的向往与实现过程之中，大部分存量住房品质不高，且将进入既有房屋大规模老化的阶段，无法满足人们对美好生活的需要，潜在的购房需求仍客观存在。

2. 控风险：关键是防止房价的大幅度变化引起抵押物的价值超承压变化

面对当前房地产市场的价格下跌压力较大、法拍房数量明显增加的状况，房地产市场风险防范与化解的关键点是要防止房价的大幅度变化。银行系统可以承担一定范围内房价变化带来的抵押物价值变化压力，但是房价变

---

①　根据世界银行数据，2022 年高收入国家平均城镇化率为 81.6%。

化超过银行系统可以承受的压力范围，则可能引起系统性风险的发生。防止房价的大幅度变化可以从土地入市、保障房供给、房屋收购储备等方面进行。土地入市方面，严格限制房地产市场去化周期较长的城市新增土地供给量，适时推出优质区位的土地供给，做好土地储备和供应计划。保障房供给方面，通过准入条件设计、保障房供给方式等将保障房市场与商品房市场进行更好的区分，尽量避免保障房供给对房地产市场带来的供给冲击。房屋收购储备方面，建立房屋银行收购库存商品房或老旧小等房屋，用于保障性租赁住房以及土地储备，以防范待售房屋过多造成的房价过度下跌。

3. 稳预期：从供给方和需求方修复信心，改善企业与购房者的市场预期

在供给方投资意愿与需求方购房意愿双收缩的情况下，稳定市场预期可以从供给和需求两方面进行。供给方面，增强政策的稳定性与可预期性是房地产市场供给预期修复的必要条件。营造稳定透明可预期的政策环境对于企业的市场信心修复十分必要，稳定可预期的政策环境有利于提升企业的投资意愿。需求方面，保就业稳收入是房地产市场需求预期修复的基本支撑。2023 年全年全国城镇调查失业率平均值为 5.2%。2023 年 12 月，全国城镇不包含在校生的 16 ~ 24 岁劳动力和 25 ~ 29 岁劳动力的失业率分别为 14.9% 和 6.1%，均高于全国城镇不包含在校生的 30 ~ 59 岁劳动力失业率 3.9%。提升就业水平，增加居民收入，尤其是提升青年人的就业率尤为关键。

三 2024年中国房地产发展趋势变化与展望

自 2003 年以来，《国务院关于促进房地产市场持续健康发展的通知》（国发〔2003〕18 号）将房地产定位为支柱性产业。20 多年来，房地产成为我国经济发展的"火车头"之一。2022 年，房地产业增加值为 7.38 万亿元，房地产业增加值占 GDP 比例从 2020 年的 7.2% 下调至 6.1%，降到了 2015 年的水平。从房地产开发投资看，2022 年房地产开发投资 12.8 万亿元，受疫情及房地产周期影响，比上年下降 10%，但仍占固定资产投

资的23.6%。① 房地产大开发时代落幕，进入存量房主导时代。房地产市场面临调整分化，调整就是消化此前的高房价、高库存、高杠杆，分化就是人口流入流出城市的市场将分化明显。土地财政面临转型，土地财政占地方财力的一半，地方债务问题凸显。

（一）适应供求关系重大变化，房地产"双轨制"加速形成

2023 年 7 月，中共中央政治局会议定调"我国房地产市场供求关系发生重大变化的新形势"。房地产从"上半场"迅速过渡到了"下半场"。上半场的特征是：大干快上、加杠杆、上中下游都在"做多"——开发商多买地，金融机构多融资，购房者多买房。在上半场，地产界执迷于"高杠杆、高负债、高周转"模式，盲目搞规模扩张，不少房企资产负债率常年越过 80% 高位；部分市场主体投机炒房，银行和社会资金大量涌入房地产市场。在经过近几年中央大力整顿房地产市场之后，投资炒房客大面积退场，房地产从市场过热趋向逐步回落，房地产市场供求关系发生重大变化。房地产逐渐进入下半场。下半场的主要特征是：住房发展已经从总量短缺转为结构性供给不足，进入结构优化和品质提升的发展时期；城市发展由大规模增量建设转为存量提质改造和增量结构调整并重，进入城市更新的重要时期。2023 年 12 月，中央经济工作会议提出，要盘活改造各类闲置存量房产，实际上就是通过改功能、改用途，把没有效率的房子，改造成为有效率的房子。

2023 年 8 月 25 日，国常会审议通过了《关于规划建设保障性住房的指导意见》（国发〔2023〕14 号），明确提出两大目标，一是加大保障性住房建设和供给，让工薪收入群体逐步实现居者有其屋，消除买不起商品住房的焦虑，放开手脚为美好生活奋斗；二是推动建立房地产业转型发展新模式，让商品住房回归商品属性，满足改善性住房需求，促进稳地价、稳房价、稳预期，推动房地产业转型和高质量发展。2024 年 2 月，住房和城乡建设部发布《关于做好住房发展规划和年度计划编制工作的通知》，要求各城市根

---

① 数据来源：国家统计局。

据当地实际情况，准确研判住房需求，完善"保障+市场"的住房供应体系，以政府为主保障工薪收入群体刚性住房需求，以市场为主满足居民多样化改善性住房需求，科学编制2024年、2025年住房发展年度计划。通知指出，住房发展规划和年度计划是建立"人、房、地、钱"要素联动机制的重要抓手。各地要充分认识做好住房发展规划和年度计划的编制实施工作的重要性，科学编制规划，认真组织实施，根据人口变化确定住房需求，根据住房需求科学安排土地供应、引导配置金融资源，实现以人定房，以房定地、以房定钱，促进房地产市场供需平衡、结构合理，防止市场大起大落。由此可见，"双轨制"将成为未来房地产发展新模式。

（二）两个市场，两套价格体系

为适应我国房地产市场供求关系发生重大变化的新形势，2024年房地产政策仍将以"防风险""稳预期"为主，保持温和刺激力度推动房地产实现"软着陆"，逐步引导房地产行业向"提质降速"方向转变。

随着房地产"双轨制"的形成，未来住房市场将被划分为两部分，一部分为商品房市场，价格由供需关系等市场化因素驱动，主要面向中高收入群体，提供高品质、可租可售的居住产品。这部分群体购买力相对更强，除了需要满足基本的居住需求外，更在意住房地段、品质、配套等附加属性。因此，要鼓励探索新的房地产产品，用高端需求拉动房地产产品的迭代和升级。商品房开发将更加聚焦中高端住宅，在配套、户型、地段、容积率、外立面等各方面保证高品质，真正高品质的产品将获得更高溢价。另一部分为保障房市场，价格由政府确定，不与商品房市场挂钩，一般低于商品房市场，面向中低收入家庭以及人口净流入城市中的新市民、青年人群体，提供可长期稳定租住的保障性租赁住房、可购买的保障性住房。这部分人群支付能力一般或不足，房屋价格由政府确定，一般低于同品质同地段商品房，主要由政府主导或支持建设投资，同时引入社会力量参与，通过增量建设和存量盘活等方式，构建以保障性租赁住房、公租房、共有产权住房为主的保障性住房体系，用以保障住房困难家庭，提供可长期租购的低成本住房，满足

这类群体基本居住需求。

在房地产供求关系发生重大变化的情况下，未来刚需和部分改善型需求主要转向二手房市场，这是大趋势。存量时代，二手房由于总价、单价都可控，还具有通勤成本低和学位优势，将成为解决刚需的主要市场。同时，次新房大量上市，也能满足部分改善型的需求。还有大量的存量住房则会通过各种途径转化为保障性住房和租赁住房，进一步丰富住房供应体系，形成多样化的住房产品供给。

（三）房地产市场主要指标预测

从市场趋势判断，随着房地产销售和投资的不断下滑，预计2024年房地产行业大概率维持筑底企稳态势，下半年在政策力度到位、政策效果逐渐显现的情况下，销售端会有所好转，预计全年房地产投资和销量增速在-6.0%左右，降幅较2023年分别收窄3.1个和2.5个百分点左右（见表4）。

表4　2024年房地产行业预测

项目	预测增速	预测值
房地产开发投资	-6.5%左右	103703.54亿元
房地产开发投资:住宅	-6.3%左右	78539.37亿元
房屋新开工面积	-9.4%左右	8.64亿平方米
商品房销售面积	-6%左右	10.50亿平方米
商品房销售额	-6.2%左右	109391.44亿元

1. 房地产开发投资

首先，在"竣工强、开工弱"的格局短期不改下，施工快速下降，建安工程投资增速也仍将延续负增长；其次，房地产行业还面临的一大问题是房企资金链压力，在房地产开发资金来源中，所有渠道的到位资金都大幅下降，其中占比较高的自筹资金和定金及预收款的下滑拖累较大；最后，随着房地产行业的融资政策持续优化，保交楼政策延续，加上城中村改造等需求端新增量拉动，供需两端或将优化。

2. 房地产开发投资：住宅

首先，预期方面，住宅开发总额近两年都处于负增长状态，且同比处于下行趋势，由于房地产市场的"买涨不买跌"特征，房价的持续下跌会影响房地产市场的预期，目前市场预期偏弱；其次，政策方面，5年期以上LPR大幅下调，有助于提振市场信心，降低居民存量房贷成本，促进消费恢复。

3. 房屋新开工面积

首先，土地市场尚未明显复苏，同时部分民企开发商现金流压力较大，新开工意愿较低；其次，新开工已经接近长期可持续水平，地产趋势见底需要量、价充分释放压力；最后，近期供需两端的政策支持力度明显加大，在政策有效的前提下，房企新开工与投资意愿或将在2024年开始缓慢修复。

4. 商品房销售面积

首先，目前房地产市场仍处在底部修复、边际改善企稳的阶段，未来，一、二线城市需求侧政策放松有望延续，政策落地效果或将逐步提升，促进行业销售平稳修复；其次，土地成交和房屋新开工规模连续两年降低之后，商品房市场供需关系进一步趋向均衡；最后，保交楼项目的顺利推进，或将平滑前期新开工面积下滑带来的边际影响，房屋竣工规模或将稳中微降。

5. 商品房销售额

首先，由于销售端的下滑是居民的自主选择，政策刺激的路径较为复杂，持续两年的销售下滑已经使商品房销售来到了短期底部，随着各地房地产价格的回落，商品房的销售可能止跌；其次，经济受到政策推动有所上行，会同时改善居民的收入预期，从而带动商品房销售止跌；最后，低线城市的销售下降将在很大程度上被一、二线城市的改善性需求所弥补。

6. 二手房市场预测

采用多种数据源（百度指数+经济数据+高频数据）、不同的数据集（自由配置、不断磨合）、不同的预测模型（3种计量模型、6种机器学习模型），进行组合预测和赛马机制的预测，筛选最好的预测模型和组合，输出

预测结果。结果显示，2024 年，全国二手房出售挂牌量指数为 68.11，比
2023 年提高 3.52；二手房价格指数为 92.21，比 2023 年下降 2.64（见表 5
和表 6）。

表 5 全国二手房市场年度预测指标（年度）

时间	二手房出售挂牌量指数 （2015 年 1 月 = 100）	二手房价格指数 （上年同期 = 100）
2023 年	64.59	94.85
2024 年（预测）	68.11	92.21

表 6 全国二手房市场月度预测指标（月度）

时间	二手房出售挂牌量指数 （2015 年 1 月 = 100）	二手房价格指数 （上年同期 = 100）
2024 年 4 月	88.57	90.05
2024 年 5 月	65.10	90.11
2024 年 6 月	56.79	90.63
2024 年 7 月	72.15	92.61
2024 年 8 月	87.62	91.70
2024 年 9 月	67.17	92.03
2024 年 10 月	48.77	91.25
2024 年 11 月	67.82	90.26
2024 年 12 月	68.11	92.21

B.2
2024年中国房地产市场主要指标预测

摘　要： 2024年初中国房地产市场延续了始于2022年的下行态势，投资、资金来源、施工建设和商品房销售类指标数据均连续下降。由于房地产市场供需矛盾转换存在独特机制，房地产市场主要指标数据从上升至下降的转换过程呈现规律性"尖峰状"顶点。正确解析当前市场形势变化的特殊规律，深入贯彻中央关于房地产健康发展的相关精神，切实做好化解风险和促进发展模式转换的各项工作，市场信心恢复和市场平稳运行只是时间问题。模型预测2024年中国房地产开发投资将同比下降5.4%，商品房销售面积和销售额将分别下降13.4%和16.8%，商品房销售均价将下降2.3%。

关键词： 房地产市场　指标预测　时间序列模型

2024年4月30日，中共中央政治局在北京召开会议，会议分析研究当前经济形势和经济工作。"会议强调，要持续防范化解重点领域风险。继续坚持因城施策，压实地方政府、房地产企业、金融机构各方责任，切实做好保交房工作，保障购房人合法权益。要结合房地产市场供求关系的新变化、人民群众对优质住房的新期待，统筹研究消化存量房产和优化增量住房的政策措施，抓紧构建房地产发展新模式，促进房地产高质量发展。"[①] 这里明确包括三层含义：第一，面对既往，各城市压实不同主体责任保交楼，保护购房人合法权益；第二，面对未来，统筹研究新政策，抓紧构建新模式；第

---

* 张智，天津社会科学院研究员，主要研究方向为宏观经济预测、房地产经济、城市经济。
① 《中共中央政治局召开会议　决定召开二十届三中全会》，《人民日报》2024年5月1日。

三，统筹"破""立"，转压力为动力，既真正压降债务，又能稳定发展。认清存量房产变化特征和预测增量住房发展趋势是解析当前房地产市场形势与数据变化，统筹研究政策措施的基础和条件。

2024年5月17日，全国切实做好保交房工作视频会议在京召开，会议指出，要打好保交楼攻坚战，对于商品房库存较多城市，政府可以需定购，酌情以合理价格收购部分商品房用作保障性住房。同日，在国新办举行的国务院政策例行吹风会上，中国人民银行公布了4项政策措施：一是设立3000亿元保障性住房再贷款；二是降低住房贷款最低首付比例，首套住房首付比例下限调整为15%，二套房首付款比例下限调整为25%；三是取消全国层面的房贷利率下限；四是全面下调住房公积金贷款利率0.25个百分点，五年以上首套房公积金贷款利率降至2.85%。以上促进房地产市场企稳的政策力度是空前的，本文将在文末对此轮配套政策的有效性开展前瞻性分析。

一 解读当前房地产市场形势与数据变化的三个要点

从全国整体看，2021年以来中国房地产市场运行发生了趋势性变化是客观事实。对于变化，不同社会主体的认识不尽相同，有人对房地产市场连续下行表示担忧，有人乐观认为房地产市场不久将重拾升势，也有人认为中国房地产市场运行将长期走低，还有人指出中国房地产市场将出现显著的城市分化……不论观点如何，都需要有足够的证据，但仅有数据还不能形成完整的证据，因为针对同一数据可能存在不同的解读，甚至得出相反的结论。本部分我们将提出解读当前房地产市场形势与数据变化的三个要点。

（一）正确认识房地产市场转折的"尖峰状"顶点

最近20多年来的中国房地产市场发展，除表现出中外房地产业发展共同规律外，还具有中国房地产业发展独有的历史性与时代性特征。房地产业为人们提供生活和社会生产服务活动的主要场所，与绝大多数产品不同，房屋建造完成后服务时间长达数十年，其超长服务期赋予了其天然的金融属性；其相应空间的不灭失性，赋予了特定区位房屋的稀缺性；其周边公共服务资源赋予了特定区位房屋的公共服务外溢价值；其城市载体及聚集度差异导致不同区位居民生产生活效率存在巨大差异。正是以上独特属性使房地产市场上行阶段与下行阶段之间存在一个"尖峰状"而非"圆弧状"顶点，再加上中国房地产市场发展横跨住房短缺时代和住房相对过剩时代，横跨住房实物分配阶段和货币分配阶段，横跨工业化中后期和数字经济初期，在我国特定的快速城市化历史时期和金融深化过程中，高杠杆高周转快速扩张模式存在自我强化机制，"尖峰状"顶点就变得愈发尖锐，而这个尖峰正是当下房地产整体风险循环聚集和到达顶点后下跌的典型标志。

图1和图2分别是我国房地产开发投资与房屋施工面积的长期趋势模型预测曲线。如图1所示，2021年我国房地产开发投资为14.76万亿元，达到历史峰值，随后快速回落。2022年和2023年分别同比下降10%和9.6%，2024年1~4月同比下降9.8%，"达峰"后快速回落标志着我国房地产发展原有机制的退出和新阶段的开始。图2显示，2021年我国房地产开发企业房屋施工面积达到97.5亿平方米的历史峰值，随后连续下降，2023年房屋施工面积为83.8亿平方米，仅相当于2021年房屋施工面积的85.9%。

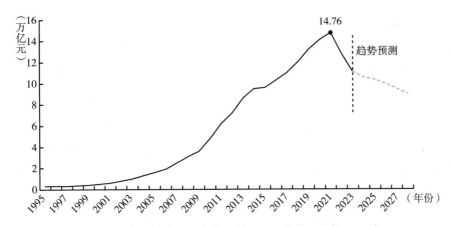

图1　1995年以来我国房地产开发投资中长期趋势及预测

资料来源：本文图表数据来源均为国家统计局，2024年及以后年份数值为模型预测值，后同。

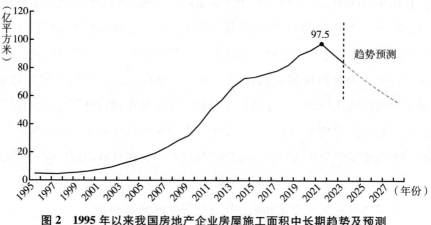

图 2   1995 年以来我国房地产企业房屋施工面积中长期趋势及预测

（二）正确理解房地产市场机制特有的"供需转换"

房地产市场投资建设销售等规模庞大，市场运行惯性极大，其势大力沉的特点在市场上行阶段对宏观经济有着基础性支撑作用。由于上行阶段市场价格及价格预期持续上升，金融市场从供需两端对房地产市场给予充足的资金支持，市场表现为供需两旺。然而，一旦市场运行跨过"尖峰状"临界顶点，市场转入下行阶段，原来处于市场需求端通常属于投资属性的部分房屋，快速由房屋需求转变为房屋供给，即从买入变为出售。从宏观上看，跨过"尖峰状"临界顶点后，在需求快速下降的同时供给急剧上升，供需骤然变得严重失衡，这也是"尖峰状"顶点之所以呈现"尖峰状"的重要原因。再加上居民买涨不买跌的心态和居住消费具有较大的时间弹性，"尖峰状"顶点变得愈发尖锐。"供需转换"与住房消费特征叠加必然造成房地产市场的隐含风险快速显化和释放，理解这一独特机制将有利于我们正确判断房地产市场的未来趋向。

图 3 为我国新建商品房销售面积长期趋势及预测情况，我国 2021 年新建商品房销售面积达到 17.14 亿平方米，随后出现大幅下降，2023 年新建商品房销售面积为 11.17 亿平方米，相当于 2021 年销售面积的 65.2%。

这里特别说明，笔者采用图1～图3中指标数据建模，并进行中长期趋势预测，中长期趋势预测与短期预测不同，中长期趋势预测曲线表达的是数据变化方向，并非精确预测值。如果房地产开发投资规模在3年以后出现稳定性上升是完全有可能的。笔者在图1～图3中给出中长期趋势预测曲线主要是想表达，在中短期（1～3年）内指标重回巅峰的可能性是几乎不存在的。以往笔者在短期预测中主要采用 ARIMA 组合模型，下一步我们将探索 Transformer、Mamba 等模型在房地产领域的预测开发应用。①

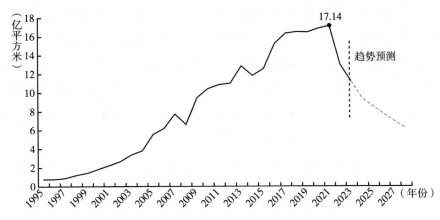

图3　1995年以来我国新建商品房销售面积中长期趋势及预测

（三）正确处置房地产市场模式转换中的阶段性风险

我国房地产从总量快速扩张发展模式转向存量优化发展模式，其风险峰值出现在新旧模式转换的过渡阶段。图1～3显示，我国房地产开发投资、房屋施工面积和新建商品房销售面积下降的速率是不同的，以 2021～2023 年下降速率看，房地产开发投资下降 24.8%，房屋施工面积下降 14.1%，新建商品房销售面积下降 34.8%。从图形看，图3中 2021年以后新建商品

---

①　Transformer 模型是一种深度学习架构，于 2017 年由 Google 提出并主要应用于自然语言处理（NLP）任务中。自推出以来，除了自然语言处理领域外，Transformer 模型在时间序列预测方面也具有巨大的开发应用潜力。Mamba 模型结合了多种先进的机器学习技术，以处理复杂的数据序列和图像识别任务。

房销售面积极速下降，图1中房地产开发投资下降速率小于图3中新建商品房销售面积，但大于图2中的房屋施工面积。三个指标之所以呈现不同的下降速率，首先与指标属性不同有关，房地产开发投资和新建商品房销售面积属于流量指标，房屋施工面积属于存量指标，因此在同一市场环境中表现出不同的变化速率；其次，新建商品房销售面积下降快于房地产开发投资也是有原因的，新建商品房在城市扩张过程中不断积累，形成庞大的存量房屋规模，国家统计局数据显示，2005~2023年房地产企业销售住宅超过1.82亿套，因此在房地产市场整体见顶回落的过程中，二手房市场的存量住宅交易对新建商品房市场有一定的替代作用，居民持币观望也加速了销售面积的回落。

尽管从数值上看，房屋施工面积下降速率最小，但在新旧模式转换的过渡阶段，最大的风险正是来自房屋建造环节。图4为根据国家统计局数据测算的房地产停缓建项目情况，从2015年宏观经济进入新常态至2023年的9年时间里，房地产停缓建面积累计达到58.1亿平方米；其中2020~2023年的停缓建面积达32.1亿平方米，相当于同期竣工面积的84.5%。同时，2023年房地产待售面积为6.7亿平方米，相当于当年房地产销售面积的60.2%，而这一比例在2021年仅为28.4%。停缓建项目俗称"烂尾楼"，其最终出路是复建或拆除，其中复建已经开始预售的停缓建住宅项目是保交房的重点。保交房不仅是保障购房人合法权益，也是恢复居民信心、提升市场活力和助力宏观经济增长的重要抓手。

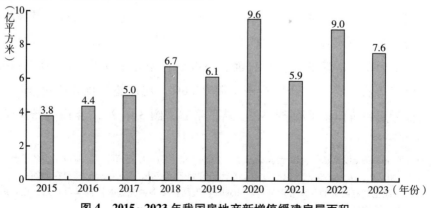

图4　2015~2023年我国房地产新增停缓建房屋面积

综上所述，对中国房地产市场近两年的大幅回落，不用过度悲观，因为房地产长周期开始时的快速下降是规律性的，其内在的逻辑有一定的合理性，翻越房地产扩张峰值后的"回程"注定更加陡峭；当然更不用担忧，因为随着房地产投资、建设和销售规模的连续下降，房地产相关风险的"势能"也在迅速减小。房地产市场规模大幅减小对宏观经济的掣肘不仅表现在增长动力的损失，更以大量停缓建项目的形式构成阻碍国民经济健康发展的"包袱"。构建中国房地产发展新模式势在必行，正确处置停缓建项目既是构建房地产发展新模式的基础，也是快速消解相关系统性风险、助力宏观经济高质量发展的重要抓手。

二 中国房地产市场主要指标预测相关说明

客观认识当前我国房地产市场形势还要注意统计数据的调整和部分数据结构发生的显著变化。

（一）关于房地产市场相关数据调整的说明

从 2023 年开始，国家统计局公布的固定资产投资和房地产开发投资、商品房销售等指标增速均按可比口径计算，报告期数据与上年已公布的同期数据之间存在不可比因素，不能直接相比计算增速。国家统计局就采用可比口径计算同比增速的主要原因进行了以下三点说明。第一，进一步明确房地产开发统计界定标准，将符合房地产开发统计标准的项目纳入统计范围，剔除单纯一级土地开发等非房地产开发项目。第二，加强商品房销售数据审核，剔除退房和具有抵押性质等非商品房销售数据。第三，加强统计执法，对发现的问题数据按照相关规定进行改正。在我国房地产发展模式转换过程中进行数据可比性调整，有利于数据客观反映现实状况，但也增大了房地产市场主要指标建模预测的难度和工作量。时间序列动态建模的依据是指标历史数据，一旦新增数据进行了可比性调整，原有模型的预测误差就会随之增大。为了保证模型有足够的预测精度，每年必须先对历史数据进行一致性调整，然后重新建模。与此同时，指标总量数据与其增速数据事实上形成两个不同的时间序列，即需要分别建模预测，建模数量增加1倍。

表1是2022~2023年房地产主要指标两年累计名义增速和可比增速的比较情况，其中增速差等于可比增速与名义增速的差值，增速差越高说明可比增速调升的幅度越大。从增速差看，房地产开发投资和房地产销售数据的调整幅度较大。其中，房地产开发投资增速差为6.3个百分点，商品房销售面积增速差为7.0个百分点，商品房销售额增速差为4.4个百分点。商品房销售面积的增速差明显高于销售额的增速差，导致商品房销售均价名义增速与可比增速之间也存在差异，2022~2023年商品房销售均价两年累计名义增速为6.3%，而可比增速为2.2%，增速差为-4.1个百分点，即两年商品房销售可比均价涨幅小于名义均价涨幅4.1个百分点。

表1 2022~2023年中国房地产主要指标两年累计名义增速与可比增速比较

单位：%，百分点

指 标	名义增速	可比增速	增速差
房地产开发投资	-24.9	-18.6	6.3
其中：住宅	-24.6	-17.9	6.7
办公楼	-24.2	-19.7	4.5
商业营业用房	-35.3	-28.9	6.4
房屋施工面积	-14.0	-13.9	0.1
其中：住宅	-14.5	-14.4	0.1
办公楼	-12.2	-12.2	0.0
商业营业用房	-20.4	-20.3	0.1
房屋新开工面积	-52.0	-51.8	0.2
其中：住宅	-52.7	-52.4	0.3
办公楼	-50.4	-50.4	0.0
商业营业用房	-54.2	-53.8	0.4
房屋竣工面积	-1.6	-0.6	1.0
其中：住宅	-0.8	0.4	1.2
办公楼	-14.4	-14.2	0.2
商业营业用房	-19.4	-18.4	1.0

续表

指　标	名义增速	可比增速	增速差
商品房销售面积	-37.7	-30.7	7.0
其中:住宅	-39.4	-32.8	6.6
办公楼	-19.5	-12.0	7.5
商业营业用房	-29.7	-19.8	9.9
商品房销售额	-35.9	-31.5	4.4
其中:住宅	-36.7	-32.6	4.1
办公楼	-20.4	-16.1	4.3
商业营业用房	-31.7	-23.9	7.8
房地产开发企业本年到位资金	-36.6	-36.0	0.6
其中:国内贷款	-33.1	-32.8	0.3
利用外资	-56.1	-55.8	0.3
自筹资金	-35.8	-34.6	1.2
定金及预收款	-41.6	-41.2	0.4
个人按揭贷款	-33.7	-33.2	0.5

（二）关于房地产市场数据结构变化的讨论

在当前我国房地产市场深度调整的过程中，单项指标增减不能全面反映市场的结构性变化，即不同指标变化速率存在差异，导致市场多方面结构产生显著变化。这里简要讨论市场结构变化的影响。从商品住宅销售面积看，2022年以来销售面积大幅下降，这对市场的影响显然是消极的；但从期房销售与现房销售比例关系看，销售结构的变化也蕴含了一些积极因素。图5是2020年以来我国商品住宅销售面积中现房销售与期房销售增速比较情况。2020~2021年，商品住宅期房销售面积增速高于现房，2022年开始现房销售面积增速明显高于期房，2022年现房与期房销售面积增速分别为-2.3%和-29.6%，增速差为27.3个百分点。2023年现房与期房销售面积增速分别为22.7%和-13.3%，增速差扩大到36个百分点。2024年1月~4月现房与期房销售面积增速分别为22.6%和-33.1%，增速差进一步扩大到55.7个

百分点。可见，2022 年以来的商品住宅销售面积增速大幅回落主要是期房销售回落，而现房销售仍保持了较快的增长。

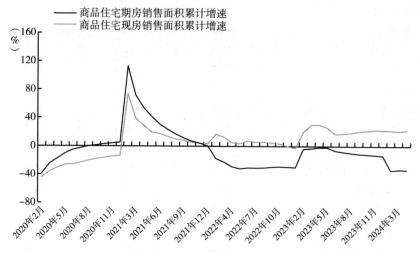

图 5 2020 年以来我国商品住宅销售面积中现房销售与期房销售增速比较

讨论现房与期房的差异不能回避预售制这一住宅销售规则。所谓商品房预售制，源于香港的"卖楼花"。1995 年初，"预售房制度"从香港引入内地，随着《城市商品房预售管理办法》的落地执行，商品房预售制度在全国全面铺开。客观讲，在随后的 20 多年里，商品房预售制对我国快速城市化和房地产扩张发展发挥了积极作用。但伴随发展阶段和模式的转换，预售制的缺陷也暴露无遗，预售制为"烂尾楼"的出现提供了可能性。图 6 为我国商品住宅期房与现房销售面积的变化情况。2023 年期房销售 7.7 亿平方米，大大低于 2021 年的 14 亿平方米，与 2012 年的期房销售水平相近。伴随预期中的期房销售进一步下降，现房销售与期房销售的比例将产生有益变化，这为适时取消预售制创造了有利条件。在取消预售制的过程中也可设计较为稳妥的过渡性方案。

（三）关于2024年房地产市场指标预测分组说明

为便于解读分析预测结果和形势预判，笔者将中国房地产市场主要指标

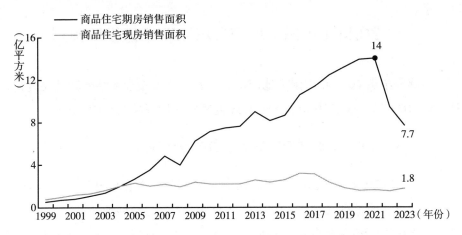

图6　1999~2023年我国商品住宅期房与现房销售面积变化

建模预测结果按照不同环节分为3组并编制和绘制图表。第一组为投资资金指标，包括固定资产投资（不含农户）、房地产开发投资、住宅开发投资和房地产开发企业到位资金。投资额及其增速数据列入表2，根据表2数据绘制图7~图9，分别为指标增速及2024年预测曲线；房地产开发企业到位资金及其增速数据列入表3，并根据其数据绘制图10以反映其增速变化情况。第二组为建设指标，包括房地产房屋施工面积、房屋新开工面积和房屋竣工面积。三项建设面积指标数据及其增速列入表4，根据表4数据绘制图11~图13，分别为指标增速及2024年预测曲线。第三组为商品房销售指标，包括商品房销售面积、销售额和销售均价。三项销售指标总量及其增速数据列入表5，根据表5数据绘制图14~图16，分别为指标增速及2024年预测曲线；表6为商品住宅销售指标预测表，即将商品住宅销售面积、销售额和销售均价三项指标及其增速数据列入表6。图表中数据序列均为月度累计值，由于国家统计局不单独发布1月数据，因此每年序列包括2~12月的指标数据累计值，全部资料来源均为国家统计局。模型预测图表中2024年5~12月的数据为模型预测值，预测采用的基础模型为ARIMA组合模型。

三 2024年中国房地产市场主要指标模型预测

本部分给出 2024 年中国房地产市场主要指标模型预测结果和简要分析，最后对 2024 年 5 月 17 日房地产配套政策的有效性开展前瞻性分析。

（一）2024年房地产投资与资金指标模型预测分析

将 2023~2024 年我国固定资产投资、房地产开发投资和住宅开发投资的总额和增速数据列入表 2，其中 2024 年 5~12 月为模型预测值。

表 2 中模型预测数据显示，2024 年我国固定资产投资（不含农户）预期可达 487859 亿元，可比增速 5.0%，较 2023 年增速提高 2 个百分点。房地产开发投资可达 104941 亿元，可比增速为-5.4%，较 2023 年增速提高 4.2 个百分点；其占固定资产投资比重将由 2023 年的 22.0% 降至 2024 年的 21.5%。住宅开发投资可达 72481 亿元，可比增速为-9.3%，与 2023 年增速持平；其占房地产开发投资比重将由 2023 年的 75.6% 降至 2024 年的 69.1%。

表 2　2023 年固定资产投资、房地产开发投资和住宅开发投资及其增速与 2024 年预测

单位：亿元，%

数据属性	累计月度	固定资产投资		房地产开发投资		住宅开发投资	
		总额	增速	总额	增速	总额	增速
历史统计数据	2023 年 2 月	53577	5.5	13669	-5.7	10273	-4.6
	2023 年 3 月	107282	5.1	25974	-5.8	19767	-4.1
	2023 年 4 月	147482	4.7	35514	-6.2	27072	-4.9
	2023 年 5 月	188815	4.0	45701	-7.2	34809	-6.4
	2023 年 6 月	243113	3.8	58550	-7.9	44439	-7.3
	2023 年 7 月	285898	3.4	67717	-8.5	51485	-7.6
	2023 年 8 月	327042	3.2	76900	-8.8	58425	-8.0
	2023 年 9 月	375035	3.1	87269	-9.1	66279	-8.4
	2023 年 10 月	419409	2.9	95922	-9.3	72799	-8.8
	2023 年 11 月	460814	2.9	104045	-9.4	78852	-9.0

续表

数据属性	累计月度	固定资产投资		房地产开发投资		住宅开发投资	
		总额	增速	总额	增速	总额	增速
模型预测数据	2023 年 12 月	503036	3.0	110913	−9.6	83820	−9.3
	2024 年 2 月	50847	4.2	11842	−9.0	8823	−9.7
	2024 年 3 月	100042	4.5	22082	−9.5	16585	−10.5
	2024 年 4 月	143401	4.2	30928	−9.8	23392	−10.5
	2024 年 5 月	183671	4.3	39979	−9.6	30024	−10.3
	2024 年 6 月	235339	4.4	52156	−9.5	38194	−10.2
	2024 年 7 月	277072	4.6	61121	−9.0	44269	−10.1
	2024 年 8 月	317092	4.7	70108	−8.0	50266	−10.0
	2024 年 9 月	363356	4.7	80300	−7.2	57015	−9.9
	2024 年 10 月	406459	4.8	89075	−6.7	62713	−9.7
	2024 年 11 月	446854	4.9	97569	−5.9	68008	−9.6
	2024 年 12 月	487859	5.0	104941	−5.4	72481	−9.3

注：表中增速为可比增速，不能用总额直接相比计算增速。

结合表 2 数据和图 7~图 9 数据曲线形态看，2024 年固定资产投资与房地产开发投资及住宅开发投资增速变化趋势表现出明显差异，固定资产投资增速全年保持在 4.2%~5%区间，而房地产开发投资和住宅开发投资下降幅度呈减小趋势，全年分别下降 5.4%和 9.3%。

从模型预测数据看，2024 年固定资产投资增速有望在房地产投资仍明显下降的情况下实现全年 5%的增速，这主要得益于第二产业的较快增长。2024 年 1~4 月我国第二产业投资累计可比增长 13.1%，其中，采矿业可比增长 21.3%，制造业可比增长 9.7%，电力、热力、燃气及水生产和供应业可比增长 26.2%。伴随我国城市快速扩张过程的结束，房地产开发投资在总投资中占比逐渐下降也将成为必然。此外，住宅开发投资降幅大于房地产开发投资反映出在当前市场快速调整阶段，住宅投资下行是拉动房地产开发投资走低的主力。

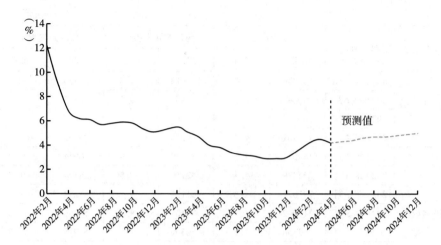

图 7　2022 年以来固定资产投资（不含农户）月度累计增速与 2024 年预测曲线

注：2022 年 2 月至 2024 年 4 月为统计值，2024 年 5~12 月为模型预测值，后同。

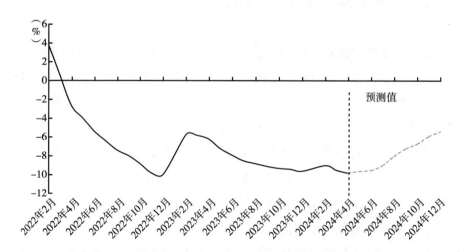

图 8　2022 年以来房地产开发投资月度累计增速与 2024 年预测曲线

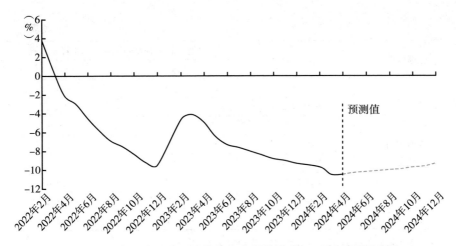

图9　2022年以来住宅开发投资月度累计增速与2024年预测曲线

表3中给出了2023年以来房地产开发企业到位资金来源及2024年模型预测情况。

表3　2023年房地产开发企业到位资金本年资金来源及其增速与2024年预测

单位：亿元，%

数据属性	累计月度	房地产开发企业到位资金本年资金来源	
		总额	增速
历史统计 数据	2023年2月	21331	−15.2
	2023年3月	34708	−9.0
	2023年4月	45155	−6.9
	2023年5月	55958	−6.6
	2023年6月	68797	−9.8
	2023年7月	78217	−11.2
	2023年8月	87116	−12.9
	2023年9月	98067	−13.5
	2023年10月	107345	−13.8
	2023年11月	117044	−13.4
	2023年12月	127459	−13.6
	2024年2月	16193	−24.1
	2024年3月	25689	−26.0
	2024年4月	34036	−24.9

续表

数据属性	累计月度	房地产开发企业到位资金本年资金来源	
		总额	增速
模型预测数据	2024 年 5 月	42916	−23.3
	2024 年 6 月	54220	−21.2
	2024 年 7 月	62920	−19.6
	2024 年 8 月	71345	−18.1
	2024 年 9 月	81456	−16.9
	2024 年 10 月	90127	−16.0
	2024 年 11 月	99023	−15.4
	2024 年 12 月	108762	−14.7

注：表中增速为可比增速，不能用总额直接相比计算增速。

从表 3 中房地产开发企业本年到位资金及其增速数据看，模型预测 2024 年开发企业本年到位资金将达到 108762 亿元，可比增速为−14.7%，低于 2023 年增速 1.1 个百分点。总体看 2024 年到位资金将不可避免地出现连续第 3 年大幅下降，2024 年预测值相当于 2021 年到位资金的 54.6%。从分项来源看，定金及预收款和个人按揭贷款大幅下降为到位资金下降的直接原因，这两项来源下降反映出市场需求大幅回落。前文提及，在商品房销售中期房与现房比例已出现重大变化，在这一过程中定金及预收款快速下降是期房销售和预售制逐渐淡出的必然结果，2024 年 1～4 月定金及预收款下降 37.2%，个人按揭贷款下降 39.7%。到位资金指标增速数据形态见图 10。

（二）2024 年房地产建设指标模型预测分析

由表 4 可见，模型预测 2024 年房地产房屋施工面积将达到 770879 万平方米，下降 8.0%；房屋新开工面积 78218 万平方米，下降 18.0%；房屋竣工面积将达 91162 万平方米，下降 8.7%。根据三项建设指标的预测值，至 2024 年底，三项建设指标将相当于 2021 年峰值时的 79%、39% 和 90%，即分别跌去峰值的约 1/5、3/5 和 1/10。尽管三项建设指标 2024 年仍将有明显下降，但总体上处于可控范围。如前文所述，房地产建设领域风险并没有表

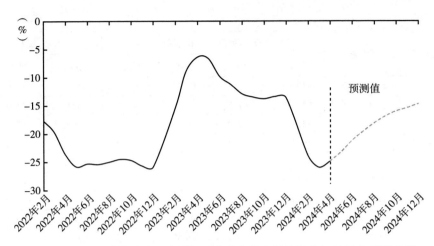

图10 2022年以来房地产开发企业到位资金月度累计增速与2024年预测曲线

现在表4中，2022年和2023年两年停缓建项目合计面积达到16.6亿平方米，相当于2024年施工面积预测值的21.4%。如果计算包括停缓建面积总量，至2024年底，保守估计施工面积加上停缓建面积总量将超过120亿平方米。从微观层面看，哪些项目应该续建竣工，哪些项目需要最终拆除，精准去产能、去库存的任务仍然十分艰巨。

**表4 2023年房地产房屋施工面积、房屋新开工面积和
房屋竣工面积及其增速与2024年预测**

单位：万平方米，%

数据属性	月度累计	房地产房屋施工面积		房屋新开工面积		房屋竣工面积	
		总量	增速	总量	增速	总量	增速
历史统计数据	2023年2月	750240	−4.4	13567	−9.4	13178	8.0
	2023年3月	764577	−5.2	24121	−19.2	19422	14.7
	2023年4月	771271	−5.6	31220	−21.2	23678	18.8
	2023年5月	779506	−6.2	39723	−22.6	27826	19.6
	2023年6月	791548	−6.6	49880	−24.3	33904	19.0
	2023年7月	799682	−6.8	56969	−24.5	38405	20.5
	2023年8月	806415	−7.1	63891	−24.4	43726	19.2
	2023年9月	815688	−7.1	72123	−23.4	48705	19.8

续表

数据属性	月度累计	房地产房屋施工面积		房屋新开工面积		房屋竣工面积	
		总量	增速	总量	增速	总量	增速
历史统计数据	2023 年 10 月	822895	−7.3	79177	−23.2	55151	19.0
	2023 年 11 月	831345	−7.2	87456	−21.2	65237	17.9
	2023 年 12 月	838364	−7.2	95376	−20.4	99831	17.0
	2024 年 2 月	666902	−11.0	9429	−29.7	10395	−20.2
	2024 年 3 月	678501	−11.1	17283	−27.8	15259	−20.7
	2024 年 4 月	687544	−10.8	23510	−24.6	18860	−20.4
模型预测数据	2024 年 5 月	700053	−10.2	30605	−23.0	23191	−16.7
	2024 年 6 月	715758	−9.6	38499	−22.3	29462	−13.1
	2024 年 7 月	726541	−9.1	44862	−21.3	33590	−12.5
	2024 年 8 月	736058	−8.7	51134	−20.0	38338	−12.3
	2024 年 9 月	746369	−8.5	58093	−19.5	43120	−11.5
	2024 年 10 月	754550	−8.3	64436	−18.6	49665	−9.9
	2024 年 11 月	763894	−8.1	71419	−18.3	58950	−9.6
	2024 年 12 月	770879	−8.0	78218	−18.0	91162	−8.7

注：表中增速为可比增速，不能用总额直接相比计算增速。

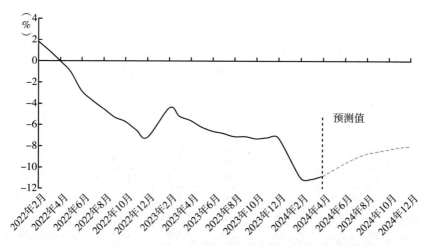

图 11 2022 年以来房地产房屋施工面积月度累计增速与 2024 年预测曲线

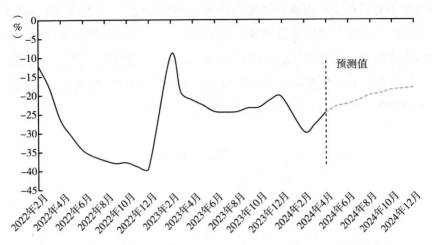

图12　2022年以来房屋新开工面积月度累计增速与2024年预测曲线

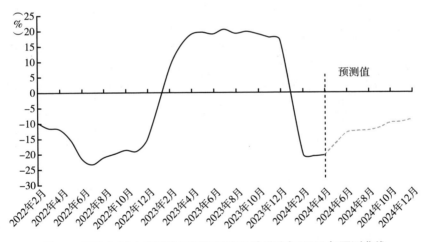

图13　2022年以来房屋竣工面积月度累计增速与2024年预测曲线

（三）2024年商品房销售指标模型预测分析

从表5销售数据看，模型预测2024年商品房销售面积预期可达93619万平方米，其可比增速为-13.4%，较2023年增速下降4.9个百分点；商品房销售额预期可达95477亿元，其可比增速为-16.8%，较2023年增速下降

10.3 个百分点；全年商品房销售均价为 10198 元/米²，下降 2.3%。表 6 给出商品住宅销售 3 项指标及增速相应数据，2024 年模型预测商品住宅销售面积和销售额指标增速分别为-19.9%和-22.5%，分别低于商品房销售相应指标增速 6.5 个百分点和 5.7 个百分点，2024 年模型预测商品住宅销售均价为 10752 元/米²，高于商品房均价 554 元/米²。

表 5　2023 年商品房销售面积、销售额和销售均价及其增速与 2024 年预测

数据属性	月度累计	商品房销售面积		商品房销售额		商品房销售均价	
		总量(万平方米)	增速（%）	总额（亿元）	增速（%）	价格(元/米²)	增速（%）
历史统计数据	2023 年 2 月	15133	-3.6	15449	-0.1	10209	3.7
	2023 年 3 月	29946	-1.8	30545	4.1	10200	6.0
	2023 年 4 月	37636	-0.4	39750	8.8	10562	9.2
	2023 年 5 月	46440	-0.9	49787	8.4	10721	9.4
	2023 年 6 月	59515	-5.3	63092	1.1	10601	6.8
	2023 年 7 月	66563	-6.5	70450	-1.5	10584	5.3
	2023 年 8 月	73949	-7.1	78158	-3.2	10569	4.2
	2023 年 9 月	84806	-7.5	89070	-4.6	10503	3.1
	2023 年 10 月	92579	-7.8	97161	-4.9	10495	3.1
	2023 年 11 月	100509	-8.0	105318	-5.2	10478	3.0
	2023 年 12 月	111735	-8.5	116622	-6.5	10437	2.2
	2024 年 2 月	11369	-20.5	10566	-29.3	9294	-9.0
	2024 年 3 月	22668	-19.4	21355	-27.6	9421	-7.6
	2024 年 4 月	29252	-20.2	28067	-28.3	9595	-9.2
模型预测数据	2024 年 5 月	35607	-19.2	35696	-26.2	10025	-6.5
	2024 年 6 月	46742	-17.7	47106	-23.5	10078	-4.9
	2024 年 7 月	53096	-16.7	53789	-21.9	10131	-4.3
	2024 年 8 月	59730	-15.8	60741	-20.7	10169	-3.8
	2024 年 9 月	69175	-15.2	70374	-19.5	10173	-3.1
	2024 年 10 月	76199	-14.6	77525	-18.7	10174	-3.1
	2024 年 11 月	83410	-14.0	84867	-18.0	10175	-2.9
	2024 年 12 月	93619	-13.4	95477	-16.8	10198	-2.3

注：表中增速为可比增速，不能用总额直接相比计算增速。

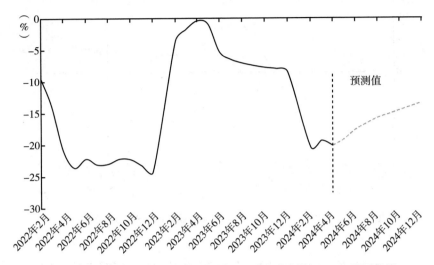

图 14 2022 年以来商品房销售面积月度累计增速与 2024 年预测曲线

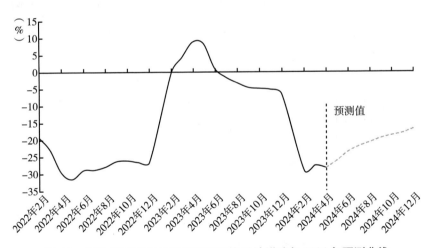

图 15 2022 年以来商品房销售额月度累计增速与 2024 年预测曲线

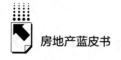

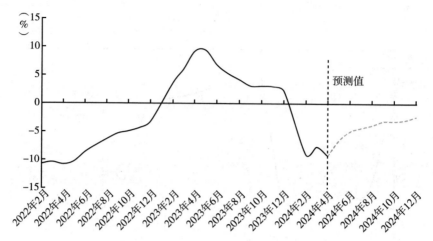

图16　2022年以来商品房销售均价月度累计增速与2024年预测曲线

表6　2023年商品住宅销售面积、销售额和销售均价及其增速与2024年预测

数据属性	月度累计	商品住宅销售面积		商品住宅销售额		商品住宅销售均价	
		总量(万平方米)	增速(%)	总额(亿元)	增速(%)	价格(元/米²)	增速(%)
历史统计数据	2023年2月	13387	-0.6	14134	3.5	10558	4.1
	2023年3月	26251	1.4	27647	7.1	10532	5.6
	2023年4月	32966	2.7	36020	11.8	10926	8.9
	2023年5月	40663	2.3	45132	11.9	11099	9.4
	2023年6月	51592	-2.8	56639	3.7	10978	6.7
	2023年7月	57623	-4.3	63184	0.7	10965	5.2
	2023年8月	63811	-5.5	69918	-1.5	10957	4.2
	2023年9月	72770	-6.3	79311	-3.2	10899	3.3
	2023年10月	79386	-6.8	86502	-3.7	10896	3.3
	2023年11月	85965	-7.3	93646	-4.3	10894	3.2
	2023年12月	94796	-8.2	102990	-6.0	10864	2.4
	2024年2月	9559	-24.8	9227	-32.7	9653	-8.6
	2024年3月	18942	-23.4	18523	-30.7	9779	-7.1
	2024年4月	24507	-23.8	24453	-31.1	9978	-8.7

数据属性	月度累计	商品住宅销售面积		商品住宅销售额		商品住宅销售均价	
		总量(万平方米)	增速(%)	总额(亿元)	增速(%)	价格(元/米²)	增速(%)
模型预测数据	2024年5月	29219	-24.3	30612	-30.2	10477	-5.6
	2024年6月	37439	-23.6	39469	-28.3	10542	-4.0
	2024年7月	42222	-22.9	44828	-27.0	10617	-3.2
	2024年8月	47168	-22.3	50345	-26.0	10674	-2.6
	2024年9月	54192	-21.7	57850	-25.0	10675	-2.1
	2024年10月	59583	-21.2	63741	-24.3	10698	-1.8
	2024年11月	65001	-20.6	69701	-23.6	10723	-1.6
	2024年12月	72289	-19.9	77724	-22.5	10752	-1.0

注：表中增速为可比增速，不能用总额直接相比计算增速。

（四）5·17房地产市场配套政策有效性前瞻性分析

2024年5月17日上午全国切实做好保交房工作视频会议在京召开。同日，国家统计局公布了4月我国宏观经济运行主要数据，在公布的4月房地产开发和销售数据中，多指标均有较大幅度下降。17日下午国新办举行了国务院政策例行吹风会，相关部委在会上介绍了切实做好保交房工作系列配套政策。

从政策内容看，对短期市场刺激性最强的是中国人民银行推出的4项政策措施。这里就这4项政策效能展开初步分析。

第一是设立3000亿元保障性住房再贷款，鼓励引导金融机构按照市场化、法治化原则，支持地方国有企业以合理价格收购已建成未出售商品房，用作配售型或配租型保障性住房，预计将带动银行贷款5000亿元。与模型预测2024年商品住宅销售额77724亿元相比，5000亿元占比为6.4%，如以5000亿元作为全年商品住宅销售额增量，则能将全年销售额增速提升2.8个百分点，即由原模型预测的增速-22.5%，提升至-19.7%。此外，5月14日，杭州市临安区住房和城乡建设局发布公告称，将在临安区范围内

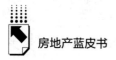

收购最多 1 万平方米商品住宅用作公共租赁住房。根据相关数据推算 2024 年临安区商品住宅销售面积将达到 33 万平方米，1 万平方米的收购量仅占 2024 年预计销售总量的 1/33。可见，此项政策对于市场短期提升作用是有限的，不能对其寄予太高期待，而其政策价值除了对提升市场信心有一定积极作用外，更多的是对中长期保障性住房建设的金融支持。

第二是降低住房贷款最低首付比例，首套住房首付比例下限调整为 15%，二套房首付款比例下限调整为 25%。长期看此项政策会提高居民杠杆率，也将增加银行的潜在性风险，因此笔者认为降低首付比例下限应为短期调控政策，其施行的时间不会太久。其积极意义在于为财力不足的年轻人提供尽早购房的机会。这个机会的价值在于，如果未来一段时间后商品房价格出现趋势性上升，则一部分青年人的收入增速可能赶不上房价上涨速度，这部分尚未购房的青年人不仅不能获得住房增值收益，在房价上升后购房将付出更大的代价。至于政策对短期市场的提振作用仍有待进一步分析，分析的重点应在于有购房计划的年轻人或有改善需求者对市场及房价的预期，如果预期房价不久将回升，首套刚需或改善性需求者将提前或尽快入市；如果预期市场将持续低迷，则会观望或推迟入市。综上所述，此项政策的短期价值在于降低购房者入市门槛，其对市场影响程度更多取决于居民对市场及房价走势的预期。

第三是取消全国层面的房贷利率下限。首套房和二套房贷利率均不再设置政策下限，实现房贷利率市场化。此项政策的价值在于降低购房者的资金成本，此政策与降低首付比例政策相结合更利于首套刚需青年人入市。因为青年人购买首套住房首付下调后，贷款总额和年限都将增加，增加贷款年限可降低前期个人收入较低时的还款压力。在此情景下，贷款利率高低将显著影响贷款利息总额。可以说，取消房贷利率下限与降低首付比例相结合将成为首套刚需青年"友好型政策体系"的核心之一，而另一个政策体系的核心就是保障性租赁住房体系建设。

第四是全面下调住房公积金贷款利率 0.25 个百分点，五年期以上首套房公积金贷款利率降至 2.85%。此项政策对于大城市从业人员更加有利，因为大城市工资水平相对较高，公积金缴存率和个人缴存数额都相对较高，其贷款总额上限也同样较高，住房公积金贷款利率下调将显著降低其资金使用成本。

笔者认为，尽管5·17政策利好是空前的，但原则上不足以扭转中短期我国房地产市场总体下行的态势，市场运行态势的根本转变仍取决于市场宏观供需基础矛盾变化。当然，随着城市人口、产业及其他资源的发展变化，不同城市房地产市场的运行差异将进一步增大，比如，更多人口和住宅需求由中小城市向中心城市集中。只有在国家宏观政策原则框架下制定出更加精准符合本地的政策措施才能取得更好的发展效果。

专题篇 ⊐≥

B.3
2023年土地市场分析报告

曹晶晶　陈文静*

摘　要：　房地产销售恢复程度仍是影响土地市场走势的关键因素，2023年多数城市新房销售仍在下行，受此影响，土地市场整体延续低迷态势。2023年，全国300城住宅用地推出、成交面积缩量态势未改，同比分别下降19.6%、20.8%。核心22城中，截至2023年12月末，除北京、上海、深圳外，多数城市已取消土拍地价上限限制，但仅部分核心城市优质地块竞拍出高溢价，拿地企业仍以央国企为主，民企投资力度仍偏弱。展望2024年，预计土拍规则仍将保持宽松，以促进土拍活跃度提升，但在销售市场恢复较为缓慢的预期下，土地市场仍有下行压力，企业或将继续聚焦核心城市投资拿地，市场表现分化将加剧。

关键词：　土地市场　供地规模　拿地金额　地价上限

---

* 曹晶晶，中指研究院指数研究部总经理，主要研究方向为房地产指数、房地产政策与行业研究等；陈文静，中指研究院指数研究部研究总监，主要研究方向为宏观环境、调控政策、交易市场及土地市场等。

一 2023年土地市场回顾：供求两端持续缩量

（一）全国300城：住宅用地推出、成交面积同比下降两成左右，溢价率小幅提升

房地产市场下行期，政府推地力度及信心不足，住宅用地推出规模持续下降。2023年，全国300城各类用地推出规划建筑面积为18.9亿平方米，同比下降16.1%。其中，住宅用地推出6.3亿平方米，同比下降19.6%，为近十年来推出规模最低值（见图1）。

在土地供应下降、企业投资审慎综合影响下，住宅用地成交规模延续下行趋势。2023年，全国300城各类用地成交规划建筑面积为16.1亿平方米，同比下降16.1%。其中，住宅用地成交4.9亿平方米，同比下降20.8%，处于近十年成交规模最低位（见图2）。土地出让金方面，2023年，全国300城各类用地出让金总额为3.6万亿元，同比下降14.5%，其中住宅用地出让金2.9万亿元，同比下降15.0%，占各类用地出让金的比例为80.6%。

2023年，为提升房地产企业参拍意愿，各地持续优化土拍规则、加大核心区域优质地块推出力度，带动成交楼面均价上涨。2023年，全国300城各类用地成交楼面均价为2201元/米^2，同比上涨1.9%，其中住宅用地在核心区优质地块成交占比提升的带动下，成交楼面均价同比上涨7.3%，至5814元/米^2。溢价率方面，2023年，全国300城各类用地及住宅用地溢价率分别为4.2%、4.7%，较上年分别提升1.2个和1.7个百分点，但整体仍处在低位（见图3）。

流拍撤牌方面，2023年，全国住宅用地流拍撤牌地块数量及流拍撤牌率均有所下降。2023年，全国流拍地块数量共计4080宗，撤牌548宗，流拍撤牌率为22.5%，较上年下降6.2个百分点，但整体仍在高位。流拍撤牌情况较上年有所减少的原因主要包括：一是多数城市在土地正式出让前，往往会发布拟出让地块的详细清单供房地产企业提前研判，提升了地块成功出

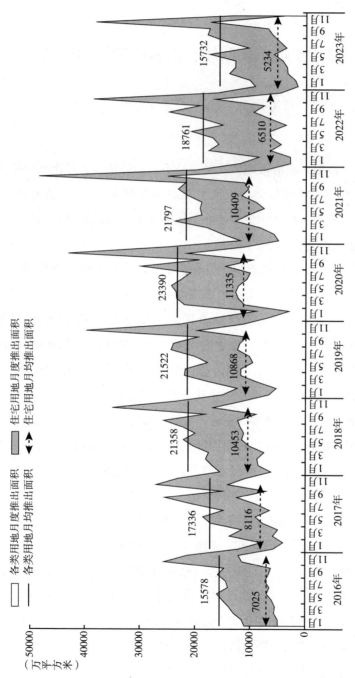

图1 2016~2023年全国300城各类用地和住宅用地推出面积

图例：
- 各类用地月度推出面积
- 各类用地月均推出面积
- 住宅用地月度推出面积
- 住宅用地月均推出面积

注：如无特殊说明，面积统计口径均为规划建筑面积，数据采自公开招拍挂市场，下同。

资料来源：中指数据CREIS。

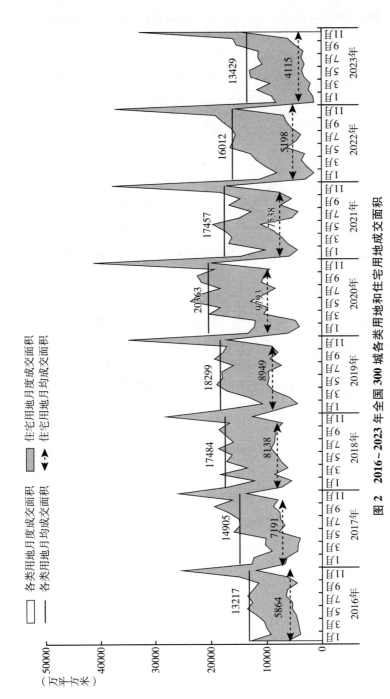

图 2 2016~2023 年全国 300 城各类用地和住宅用地成交面积

资料来源：中指数据 CREIS。

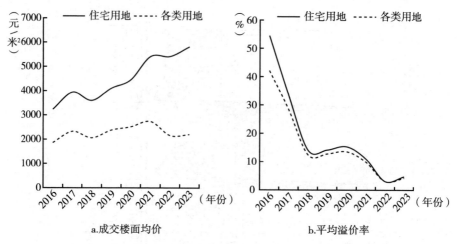

a.成交楼面均价   b.平均溢价率

图3 2016~2023年全国300城各类用地和住宅用地成交楼面均价及平均溢价率

资料来源：中指数据CREIS。

让的概率；二是销售有保障、库存合理区域的土地企业关注度较高，因此随着核心区优质地块推出力度加大，流拍撤牌现象有所缓解。

（二）不同梯队：三、四线城市推地面积同比降幅最大

2023年，各线城市住宅用地推出和成交面积同比均呈下降趋势。推出方面，2023年，一线、二线城市住宅用地推出面积同比降幅分别为12.6%和16.7%，而三、四线城市推地信心持续偏弱，同比下降超20%，降幅更加明显。成交方面，当前房企拿地普遍采取"精准投资"策略，叠加政府推地力度不足，各线城市住宅成交面积、土地出让金均下行，其中一线和三、四线城市住宅成交面积同比下降超20%（见表1）。

楼面均价方面，在核心区优质地块成交占比提升影响下，各线城市楼面均价均呈现不同程度上涨。其中，一线城市土拍市场相对稳定，住宅用地成交楼面均价同比上涨8.3%，尤其是北京、上海2023年均出现多宗优质地块地价拍至上限进而触发摇号环节，而广州、深圳房企参拍积极性整体偏弱，广州部分地块出现延期、取消交易或流拍现象。二线城市不断加大优质地块推出力度，房企举牌意愿提高，成交楼面均价整体上涨3.3%，尤其是10月

以来多个城市取消地价上限后，济南、合肥、成都、福州相继有地块溢价率达30%以上。三、四线城市中，土地市场整体低迷，在部分城市如东莞、佛山等的优质地块带动下，成交楼面均价结构性上涨6.9%。

溢价率方面，各线城市均小幅提升。一线城市房企投资意愿较强，溢价率较上年提升2.7个百分点；二线城市整体较上年提升1.7个百分点，其中杭州、合肥、成都、福州等地在优质地块带动下，溢价率较上年均提升3个百分点以上，而兰州、太原、石家庄、大连等地溢价率较上年均有所下降；三、四线城市成交溢价率较上年提升1.0个百分点，部分城市成熟片区地块溢价率相对较高，多数城市土拍市场情绪较为低迷。

表1　2023年全国300城各梯队城市住宅用地推出和成交相关指标同比变化

单位：%，百分点

指标	300城	一线	二线	三、四线
推出面积同比	−19.6	−12.6	−16.7	−21.7
成交面积同比	−20.8	−21.7	−14.9	−24.0
土地出让金同比	−15.0	−15.2	−12.1	−18.8
楼面均价同比	7.3	8.3	3.3	6.9
溢价率	1.7	2.7	1.7	1.0

资料来源：中指数据CREIS。

出让金方面，2023年，房企投资进一步向核心城市聚焦，一、二线城市住宅用地出让金占300城比例超六成，其中，一线城市住宅用地出让金同比下降15.2%，占全国300城出让金的比例为18.9%，与上年基本持平；二线城市住宅用地出让金同比下降12.1%，占全国300城出让金的比例为47.8%，较2022年提升1.6个百分点。三、四线城市住宅用地出让金同比降幅高于一、二线城市，降幅为18.8%，出让金占全国300城出让金的比例为33.3%，为近五年最低水平，较上年下降1.5个百分点。（见图4）。

从市场集中度来看，2019~2023年，住宅用地出让金TOP10、TOP20、TOP50城市占全国出让金的比重普遍逐年提升，2023年占比较2019年均提升8个百分点及以上。2023年，TOP10城市住宅用地出让金占全国比重接近四成，TOP50城市占比近八成（见图5）。

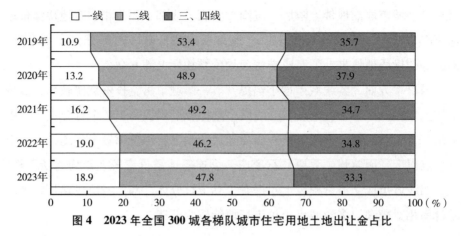

图4　2023年全国300城各梯队城市住宅用地土地出让金占比

资料来源：中指数据 CREIS。

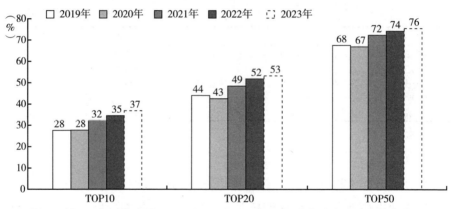

图5　2019~2023年全国 TOP10、TOP20、TOP50 城市住宅用地出让金占比

资料来源：中指数据 CREIS。

（三）核心22城：供地计划完成率刚过七成，央国企拿地金额占比提升明显

2022年末，自然资源部发布《关于进一步规范住宅用地供应信息公开工作的通知》（简称《通知》），优化土地供给模式，22城"集中供地"模式进一步淡化，各地供地模式调整为根据年度供地计划，分批次公开未来一定时间段内拟出让地块的详细清单，普遍采取"多次少量"组织出让，但受限于

房地产销售仍在下行阶段，核心城市土地供求改善不明显。根据中指数据，2023年，22个重点城市整体供地计划完成率刚过七成，央国企仍是拿地主力。

1.22城住宅用地计划供应量同比缩减20%，全年供地计划完成率刚过七成

2022年末，自然资源部发布《通知》，其中提到，"凡商品住房去化周期长、土地流拍率高、市场需求明显不足的城市，应当控制商品住宅供地规模，其中已供应未竣工住宅用地面积超过近三年平均完成交易量5倍的城市，应当从严压缩计划规模直至暂停供地"。相比2022年，2023年多数城市缩减供应规模，如成都、南京计划供应量同比下降两成左右，济南、青岛、福州、武汉均下降四成左右，沈阳降幅超七成。

供地完成率方面，2023年，22城整体住宅用地供地完成率约73%。其中北京、上海、杭州土地市场较为稳定，供地完成率均在七成以上，北京完成供应计划下限；部分城市在减少供地计划规模、加大优质地块推出力度的情况下，完成率亦较高，如南京、成都、福州供地完成率均超八成；而重庆、青岛等城市土地市场持续低温运行，供地完成率均不足五成（见表2）。

表2　22城2023年商品住宅用地供地计划及完成情况（市本级）

单位：公顷，%

城市	2023年供地计划	同比	供地计划完成率	城市	2023年供地计划	同比	供地计划完成率
武汉	469	-42	114	上海	555	0	74
北京	300	0	107	苏州	507	-11	69
济南	388	-40	91	长春	457	34	64
成都	567	-19	89	合肥	400	-8	62
南京	493	-25	88	广州	549	26	59
福州	190	-38	85	沈阳	125	-72	54
无锡	335	-4	85	宁波	482	1	48
杭州	610	5	83	重庆	334	-60	47
天津	570	-5	81	青岛	456	-39	34
厦门	106	28	75	深圳	205	-5	18
				合计	8100	-20	73

注：长沙、郑州未发布2023年供地计划；供地计划完成率按公告时间推出数据统计；上海供地计划完成率按均值计算；北京供地计划完成率按下限计算。

资料来源：中指研究院整理，中指数据CREIS。

2. 部分热点城市及核心区维持一定活跃度

根据中指数据，2023 年，22 城住宅用地供需两端继续缩量，全年推出住宅用地 1517 宗，规划建面 14033 万平方米，同比下降 19%；成交 1310 宗，规划建面 11805 万平方米，同比下降 21%（见表 3）。

表 3　2023 年 22 城住宅用地推出、成交情况（市本级）

城市	推出		成交						
	规划建面（万平方米）	同比（%）	规划建面（万平方米）	同比（%）	出让金（亿元）	同比（%）	平均溢价率（%）	地价达上限占比（%）	底价成交占比（%）
合肥	545	−62	433	−59	452	−37	15	62	23
深圳	157	−69	129	−73	312	−58	10	43	43
杭州	990	−20	951	−18	1780	−7	9	54	32
成都	1071	−21	999	−17	1132	−8	9	38	50
宁波	511	−14	418	−52	481	−38	8	30	60
北京	636	10	582	20	1741	8	8	38	44
广州	978	7	650	−21	1184	−3	7	28	65
福州	418	−8	265	−23	335	−13	7	30	58
厦门	218	−26	201	−21	377	−38	6	24	71
上海	943	−14	894	−19	2202	−22	6	58	32
长沙	705	−38	502	−53	307	−38	5	18	73
苏州	569	−19	569	−14	909	−4	5	14	73
南京	900	−15	822	−7	1134	−13	5	10	77
济南	756	20	496	−4	225	−18	4	10	89
青岛	341	−56	311	−57	282	−36	2	6	84
天津	823	20	689	72	562	78	1	5	93
郑州	610	−43	562	−9	238	−27	1	2	93
重庆	307	−57	295	−37	227	−24	1	7	81
武汉	1387	39	1046	19	790	−6	0	2	94
长春	564	409	399	461	141	780	0	0	93
无锡	482	−31	469	−33	577	−29	0	0	98
沈阳	122	−54	122	−26	47	−29	0	0	100
合计	14033	−19	11805	−21	15436	−15	6	23	68

注：若城市地价上限取消，成交溢价率超过原上限的地块计入地价达上限数量。

资料来源：中指数据 CREIS。

土拍热度方面，2023年北京、上海、杭州土地市场热度相对较好，房企投资意愿较强，多宗地块竞拍至地价上限，杭州、上海地价达上限占比均超五成；成都、宁波等地，核心优质地块能够维持一定活跃度，房企举牌相对积极，带动地价达上限地块的比例超三成。天津、苏州、南京、青岛、重庆等地，土地市场分化严重，仅个别地块企业参拍积极性高。无锡、沈阳、长春等地土地市场表现低迷，地块普遍底价出让。

3. 高溢价地块成交规模增长，未来改善型楼盘供应增加或对核心城市新房价格形成支撑

在当前市场环境下，能够引起房企积极参拍，并高溢价成交的地块多为核心区域优质地块。以"地价竞拍至上限"或"溢价率超过10%"为高溢价地块标准，根据中指数据监测，2023年，22城高溢价率地块成交规模2719万平方米，同比增长20.0%。从具体城市来看，天津、广州、福州在低基数影响下，高溢价地块成交规模同比增幅均超100%；成都加大核心区供地力度，高溢价地块成交面积同比增幅亦超100%；北京、上海、杭州土拍表现稳定，高溢价地块成交规模也出现不同程度增长。若2023年成交的优质地块在2024年逐渐入市，有望对部分城市新房销售提供一定支撑（见图6）。

4. 央国企拿地金额占比提升至49%

根据中指数据，2023年，22城拿地金额中，央国企占比49%，较上年提升12个百分点；地方国资占比26%，较上年下降16个百分点；民企占比仅为两成（见表4）。

2023年，央国企拿地金额占比提升明显，地方国资托底乏力。究其原因，一是受2022年10月"财政部严禁通过举债储备土地，不得通过国企购地等方式虚增土地出让收入，不得巧立名目虚增财政收入，弥补财政收入缺口"的影响，地方平台企业拿地有所减少。二是在市场下行期，央国企资金优势更加明显，尤其是北京、上海、深圳等热点城市，央国企拿地金额占比较高。

另外，民企拿地金额占比较上年小幅增长。究其原因，一是2023年以来，尽管大多数上市民营房企已停止拿地，但多元化实业企业依然专注于扩展其现有的房地产业务，同时善于合作开发的区域型中小民营房企也在积极

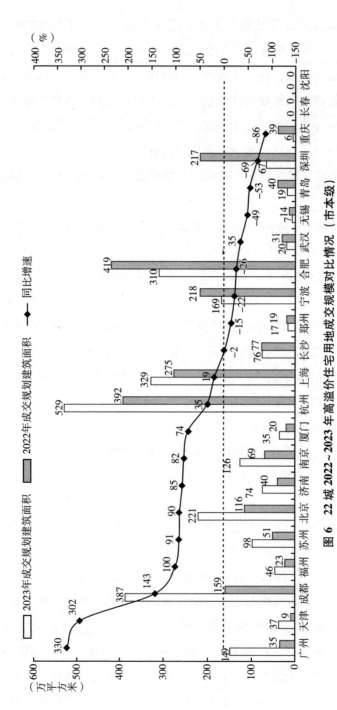

图 6　22 城 2022~2023 年高溢价住宅用地成交规模对比情况（市本级）

资料来源：中指数据 CREIS。

表4 2022~2023年22城住宅用地不同企业类型拿地情况

单位：%

城市	2022年				2023年			
	央国企	混合所有制	地方国资	民企	央国企	混合所有制	地方国资	民企
北京	69	8	19	4	81	2	7	10
深圳	64	5	30	1	76	0	14	10
厦门	64	3	31	3	85	0	8	7
广州	55	0	42	3	65	0	20	15
上海	49	4	35	12	64	13	14	9
重庆	48	5	30	17	57	4	28	11
长沙	41	2	45	12	48	3	26	24
宁波	38	3	40	19	43	3	24	30
南京	35	2	54	10	40	9	44	6
天津	34	0	44	22	45	1	34	20
福州	32	0	65	3	27	0	65	8
成都	31	0	55	14	42	2	28	27
合肥	28	3	29	39	55	0	8	37
济南	27	0	65	8	16	2	56	26
武汉	25	0	60	15	36	0	55	8
苏州	21	2	64	13	46	2	30	22
青岛	18	1	57	24	45	1	34	19
郑州	16	5	73	6	18	4	55	23
杭州	12	19	20	49	23	11	10	56
无锡	3	5	72	20	11	2	71	16
沈阳	0	0	89	11	11	0	84	6
长春	0	0	0	100	7	0	72	21
合计	37	5	42	16	49	5	26	20

资料来源：中指数据CREIS。

投资布局，如伟星、坤和集团等。二是全国土地延续缩量态势，民企拿地金额绝对值整体持平下，拿地金额占比结构性上升，但投资信心仍偏弱。

二　土拍规则优化：多地取消地价上限，优质地块热度攀升，土拍分化愈加明显

（一）政策变化：18城取消土拍地价上限；宁波提高溢价率上限至30%；北上深尚未调整

2023年，核心城市土拍规则继续优化调整。9月底，自然资源部给各省区市自然资源主管部门下发文件，其中包含：①建议取消土地拍卖中的地价限制；②建议取消远郊区容积率1.0限制等。此次土地限价的调整是顺应"房地产市场供求关系发生重大变化"这一新形势所采取的举措。近两年地方政府卖地压力突出，与其限制核心区优质地块地价，不如让核心区域的优质地块恢复市场定价，进而稳定市场预期。

地价上限取消与否和城市本身土拍市场情绪息息相关。北京、上海土地市场表现较为稳定，多宗地块竞拍至地价上限并触发摇号，短期取消地价上限的可能性较小。而对于大多数城市而言，2023年以来土地市场表现低迷，仅少数地块关注度较高，"限地价"已不适应当前市场形势。

根据中指数据监测，2023年10月至年末，22城相继发布新挂牌宅地公告，其中18城推出住宅用地不再设最高限价；宁波溢价率上限由15%提升至30%；而北京、上海、深圳仍延续之前限地价规则（见表5）。

表5　22城关于地价上限优化情况

城市	地价限制		城市	地价限制	
	已取消	未取消		已取消	未取消
成都	√		重庆	√	
南京	√		厦门	√	
福州	√		长沙	√	
杭州	√		武汉	√	
合肥	√		苏州	√	
济南	√		青岛	√	

续表

城市	地价限制		城市	地价限制	
	已取消	未取消		已取消	未取消
无锡	√		郑州	√	
天津	√（部分取消）		宁波		√（溢价率上限提至30%）
长春	√		深圳		√
沈阳	√		北京		√
广州	√		上海		√

资料来源：中指数据 CREIS。

（二）政策效果：热点城市的优质地块竞拍热度提升，土拍分化进一步加剧

部分热点城市中心城区优质地块热度提升，但郊区土地普遍底价成交。2023年10月以来，多城市相继优化土地限价要求，部分核心城市的优质地块土拍升温。例如，10月30日，济南成交的10宗宅地中2宗溢价率在50%以上；11月2日，合肥滨湖区 BK202305 号、包河区 BH202310 号地块均吸引多家房企参拍，成交溢价率均在30%以上；11月15日，成都有2宗地溢价率超15%，30日天府新区麓湖地块溢价率达61%；11月18日，福州有4宗地块溢价率超过两成，其中41号屏西地块经75轮竞拍，溢价率达41%，28日2023-54号地块项目竞拍82轮，溢价率达18%；12月12日，杭州杭政储出〔2023〕165号地块成交溢价率高达38%，28日杭政储出〔2023〕180号地块竞价52轮，溢价率竞拍至36%。在市场调整期，房企更加倾向于获取中心城区优质地块，因此推动部分地块拍出高溢价，甚至拍出区域地价新高，但与此对应的是，即便是核心城市，郊区地块也多以底价出让。

更多城市在土拍规则优化后土地市场未见明显改善。如南京、青岛、武汉、重庆、郑州、厦门等地取消地价上限后的土拍仍普遍底价成交，土拍情绪仍显低迷。土地市场的变化与房地产销售密切相关，在新房销售未见明显

好转情况下，预计企业拿地将延续谨慎态度。

从高溢价地块获取企业来看，央国企仍是绝对主力。根据中指数据，自取消地价上限以来，截至 2023 年 12 月末，22 城高溢价地块获取企业中，央国企拿地金额占比达 70.4%，民企占比 20.4%，混合所有制企业占比 8.1%。

三　土地市场展望

（一）土地市场缩量态势趋缓，但短期低温态势难改，分化加剧

近两年土地市场持续大幅缩量，2023 年 300 城住宅用地成交量已不足 2020 年的一半，随着新房市场逐步迈向新的供需均衡，土地市场继续大幅缩量的可能性降低，预计 2024 年住宅用地成交规模或与 2023 年基本持平。但短期内房企拿地仍较为谨慎，土地市场低温态势难以出现明显改善，土拍分化仍将延续，预计部分核心地块关注度较高，将竞拍出高溢价地块，但低能级城市或核心城市郊区底价出让甚至流拍仍将是主流。从拿地企业来看，央国企由于资金实力相对较好，短期内拿地金额占比或将继续提升。

（二）"人、房、地、钱"要素联动机制建立，土地供应规模与结构更趋合理

土地管理制度改革稳步推进，"人、房、地、钱"要素联动机制逐渐建立，优势地区土地供给量有望增加。2024 年 2 月 19 日，中央全面深化改革委员会第四次会议审议通过了《关于改革土地管理制度增强对优势地区高质量发展保障能力的意见》，强调要增强土地要素对优势地区高质量发展保障能力。2 月 27 日，住建部发布《关于做好住房发展规划和年度计划编制工作的通知》，明确指出："住房发展规划和年度计划是建立'人、房、地、钱'要素联动机制的重要抓手……根据人口变化确定住房需求，根据住房

需求科学安排土地供应、引导配置金融资源，实现以人定房，以房定地、以房定钱，促进房地产市场供需平衡、结构合理，防止市场大起大落。"综合来看，人口规模大且持续增加的优势地区，预计未来资源集聚效应将进一步增强，土地供给量也有望增加。

"保障+市场"的住房供应体系需要建立与之对应的土地供应体系。2023年11月，住建部倪虹部长接受媒体采访时曾表示"规划建设保障性住房，是完善住房制度和供应体系、重构市场和保障关系的重大改革"。2024年2月底，住建部进一步明确"各城市要根据当地实际情况，准确研判住房需求，完善'保障+市场'的住房供应体系，以政府为主保障工薪收入群体刚性住房需求，以市场为主满足居民多样化改善性住房需求"。从保障体系来看，未来几年以公租房、保租房和配售型保障房为主体的住房保障体系建设将明显加速，而保障性住房用地一般以划拨方式出让，预计未来土地供给结构、供应方式也将迎来新的变化。从市场体系来看，商品住宅用地相关规则或将继续优化，除了2023年已经取消土拍地价上限的城市外，未来北上深也有望根据市场变化优化土拍规则，如部分区域或地块取消地价上限或提升溢价率上限等；另外，郊区住宅项目容积率1.0限制或迎来调整，低容积率更宜打造高品质产品，以满足居民多样化改善性住房需求，进而带动房企投资意愿提升。

盘活存量土地，推动城市土地资源高效集约利用。随着我国社会经济快速发展及城镇化率提高，土地资源紧张问题日益突出。2023年9月，自然资源部发布《关于开展低效用地再开发试点工作的通知》，其中提到"长期以来，在一些城镇和乡村地区，包括城中村、老旧厂区，普遍存在存量建设用地布局散乱、利用粗放、用途不合理等问题……聚焦盘活利用存量土地，提高土地利用效率……"盘活存量土地，一方面，针对低效、闲置用地，地方政府一般采取协商收回、调整用途和规划条件、产权置换、引导腾退等方式，如武汉发布通知强调要加快盘活存量用地，明确对已出让尚未建设的存量用地，政府可组织开展土地收回和规划优化，并重新供应等；福清市人民政府发布关于收回福建省福清市医院建设用地使用权的批复，将该地块作

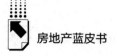

为福清市储备土地。另一方面，政府回购存量土地用于保障性住房建设，特别是用于筹集保租房，将是未来盘活存量用地的重要方向。存量土地的盘活及高效利用，对于经济高质量发展具有重要意义，预计后续更多省区市将加大存量土地盘活力度，促进土地高效集约发展。

参考文献

《中国房地产 2023 年市场总结 &2024 年趋势展望》，中指研究院，2023。
《核心城市土拍升温，土地市场行情待启?》，中指研究院，2023。
《地价上限取消后，2024 年土地市场将发生哪些变化?》，中指研究院，2023。
《地价上限、限墅令取消? 三大影响值得关注》，中指研究院，2023。
《楼市政策频发，土地市场能否迎来转机?》，中指研究院，2023。

B.4

2023年房地产投资形势分析
及2024年展望

任荣荣*

摘　要： 2023年全国房地产开发投资延续下降态势，在固定资产投资和GDP中占比明显下降，但同时呈现结构性亮点，适应住房需求升级趋势的投资增加。当前房地产投资增长面临融资端、销售端、债务端、库存端四重压力，但行业已深度调整至历史低位，在政策环境持续改善和低基数效应下，预计2024年房地产开发投资降幅将收窄至5%左右。建议聚焦构建房地产发展新模式和推动房地产高质量发展，从补齐住房供给短板、盘活提升存量资源、打造建设"好房子"、探索凝结新技术等方面增加有效投资，促进行业转型升级和平稳健康发展。

关键词： 房地产　房地产开发投资　保障房建设

一　2023年房地产投资形势

（一）房地产开发投资延续下降态势，在固定资产投资和GDP中占比明显下降

2023年房地产开发投资延续2022年以来的下降态势，1~12月，房地产开发投资同比下降9.6%，降幅自年初以来逐步扩大（见图1）。经过连续

---

* 任荣荣，中国宏观经济研究院投资研究所房地产室主任，研究员，主要研究方向为城市与房地产经济学、住房政策。

两年下降后，2023 年房地产开发投资在固定资产投资中占比降至 22%，较 2021 年下降 5.1 个百分点，下拉固定资产投资 2.23 个百分点。以"房地产开发投资—土地购置费"衡量的房地产资本形成在 GDP 中占比为 5.27%，较疫情前 2019 年下降约 3.86 个百分点。

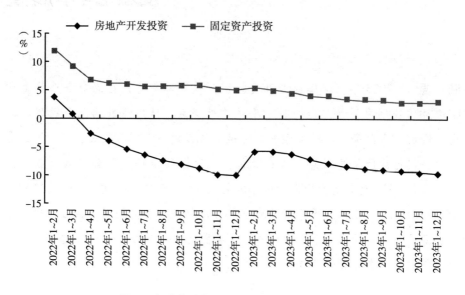

图 1　房地产开发投资与固定资产投资变化

资料来源：国家统计局。

（二）从投资构成看，建筑工程投资降幅较大，实物工程量对开发投资的贡献下降

2023 年，房地产开发投资构成中，建筑工程投资、安装工程投资、设备工器具购置投资和土地购置费占比分别为 55.6%、3.5%、0.9%、38.4%，其中，建筑工程投资在房地产开发投资中占比较上年下降 4.1 个百分点，土地购置费占比较上年上升 3.9 个百分点，一定程度上反映出房地产开发投资中实物工程量的贡献下降。2023 年，建筑工程投资、安装工程投资、设备工器具购置投资和土地购置费同比分别下降 12.2%、4.9%、

2.9%、5.5%，建筑工程投资降幅最大，这也预示着短期内房地产开发投资增长仍面临压力（见图2）。

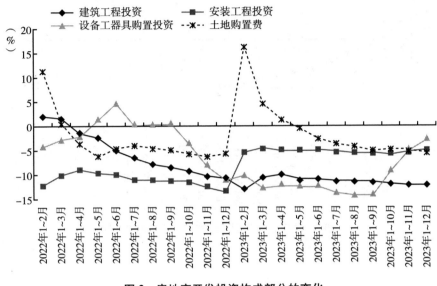

图2　房地产开发投资构成部分的变化

资料来源：国家统计局。

（三）分物业类型看，商业营业用房投资降幅最大

2023年，住宅、办公楼、商业营业用房、其他用房投资在房地产开发投资中占比分别为75.6%、4.1%、7.3%、13.1%，其中，住宅和商业营业用房投资占比分别比上年下降0.2个和0.7个百分点，办公楼和其他用房投资占比分别比上年上升0.1个和0.8个百分点，商业营业用房投资占比下降相对较大。2023年，住宅、办公楼、商业营业用房、其他用房投资同比分别下降9.3%、9.4%、16.9%、7.2%，商业营业用房投资降幅较大，且比上年扩大2.5个百分点，这也是商业营业用房供给过剩较严重、市场自发调整的结果（见图3）。与疫情前2019年相比，办公楼和商业营业用房投资占比分别下降0.6个和2.7个百分点，住宅投资占比则上升2.1个百分点。

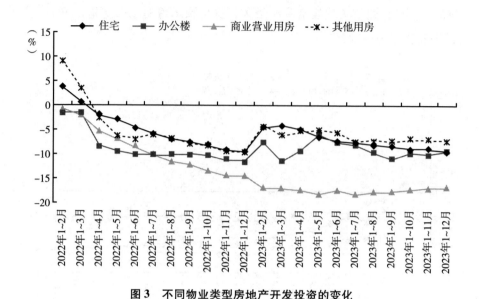

图3 不同物业类型房地产开发投资的变化

资料来源：国家统计局。

（四）分地区看，西部和东北地区房地产开发投资降幅较大

2023年，东部、中部、西部和东北地区房地产开发投资在全国占比分别为60.1%、19.3%、17.8%、2.7%，东部地区投资占比上升5.6个百分点，中部、西部、东北地区投资占比分别下降2.5个、2.9个、0.3个百分点，这也在一定程度上反映出房地产开发建设活动向东部地区集中。2023年，东部、中部、西部和东北地区房地产开发投资同比分别下降5.3%、9.5%、19.6%、24.5%，西部和东北地区投资降幅较大，东部地区降幅比上年收窄1.4个百分点，中部和西部地区降幅比上年分别扩大2.3个和2.0个百分点（见图4）。

（五）房地产开发投资结构呈现亮点，适应住房需求升级趋势的投资增加

一方面，适应住房刚性需求减少而改善需求增加的变化特点，住宅开发

2023年房地产投资形势分析及2024年展望

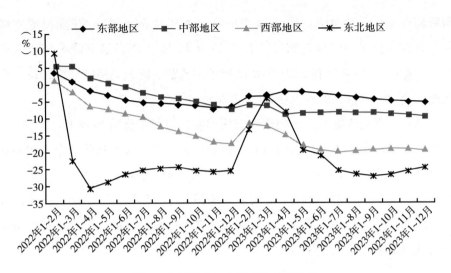

图4 分地区房地产开发投资的变化

资料来源：国家统计局。

投资中，90平方米以下住宅投资占比下降，而144平方米以上住宅投资占比上升。2023年，90平方米以下住宅、144平方米以上住宅投资在全部住宅投资中占比分别为17.7%、17.1%，其中，90平方米以下住宅投资占比较上年下降0.3个百分点，近几年占比呈现持续下降态势；144平方米以上住宅投资占比较上年上升2.0个百分点。另一方面，对接绿色节能、高科技赋能发展趋势与人民对美好生活的需要，符合绿色建筑、装配式建筑、健康建筑、超低能耗建筑、智慧社区、海绵社区等条件的高品质楼盘投资增加，一些城市开始了对"第四代住宅"产品的探索，并形成了多个已落地案例。

二 当前房地产投资面临的主要问题和制约

（一）房地产企业资金来源额下降较快，自筹资金下降更快

2023年，房地产开发企业本年资金来源额12.74万亿元，同比下降13.6%，在上年25.9%降幅的基础上再度下降，且降幅比同期房地产开发投

资降幅高 4.0 个百分点。以房地产企业"本年资金来源额/开发投资完成额"来衡量企业的资金充裕度，在 2022 年和 2023 年大幅下降至历史最低位，明显低于 2008 年和 2014 年两次市场调整期的资金充裕度情况，反映出房地产企业面临较大的资金压力（见图5）。

从各项资金来源看，国内贷款有所改善，自筹资金降幅较大。2023 年，房地产企业资金来源中，国内贷款、自筹资金、定金及预收款、个人按揭贷款分别占 12.2%、32.9%、33.9%、16.9%，同比分别下降 9.9%、19.1%、11.1%、11.9%，国内贷款降幅较上年明显收窄 15.5 个百分点，企业自筹资金降幅与上年持平，是各项主要资金来源中降幅最大的，房企除银行贷款外的其他融资渠道仍然收紧。

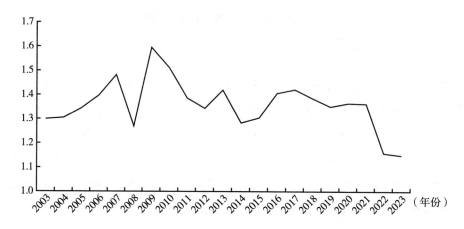

图5　2003~2023 年房地产企业资金充裕度的变化

资料来源：国家统计局，笔者计算。

（二）房地产市场销售端尚无明显改善，企业投资意愿仍低迷

近几年在房地产业去杠杆的政策取向下，房企对商品房销售回款的依赖度上升，2020 年以来定金及预收款与个人按揭贷款在房企资金来源中占比超过一半。而受 2022 年以来商品房销售面积持续下降影响，近两年，定金及预收款、个人按揭贷款均出现较大幅度下降，2022 年分别下降 33.0%、

33.3%，2023年在此基础上再度分别下降11.1%、11.9%。销售回款对项目建设推进形成制约。

当前新市民、年轻人等刚需群体以及部分改善型群体占潜在购房群体的绝大多数。这部分群体中有相当一部分需要通过持有资产置换加价或加杠杆的方式购买新房，因此需要出售持有的二手房。但受收入预期不明朗和住房支付能力下降影响，二手房市场缺乏刚需接盘，改善性住房需求循环遇阻，加大了市场销售端修复难度。商品房销售回款的持续较快下降打破了房企开发建设项目资金的正常循环，在销售端无明显改善的情况下，房地产企业投资意愿仍低迷。根据中指研究院对41家房企高管的问卷调查，五成调查对象认为所属企业2024年拿地力度会降低，三成认为不变，房企整体拿地意愿仍较弱。

（三）房企资金压力较大，债券到期规模仍处于高位

当前房企融资环境仍待改善，尤其是对于民营房企和出险房企。由于新增项目大幅收缩，抵押担保能力匮乏，部分民营和出险房企获得信贷资金较为困难。从房屋施工面积和出险房企存量项目数量情况来看，2023年房屋施工面积仍高达83.8亿平方米，已披露的出险房企项目数量和规模较大，在房企流动性普遍承压情况下项目交付风险依然严峻。

与此同时，房企总体债券到期规模持续处于高位。根据Wind数据库，2024年房企境内信用债正常到期规模2919亿元，回售到期规模达1634亿元，均高于2023年到期规模，3月和4月是阶段性偿债高峰。此外，还有约430亿美元的境外债到期需偿还。当前房地产行业预期和信心受挫，房企经营压力不断上升，多数企业主动选择不断缩表，或对未来供给能力形成制约。

（四）房地产结构性库存高企，总体投资恢复面临压力

当前房地产结构性库存问题突出，对政策差别化和精准化提出更高要求，加大了市场寻求再平衡的难度。从区域结构看，当前高库存主要集中在三、四线城市和多数城市的非主城区。根据中指研究院估算，截至2023年

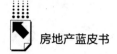

11月末重点50城商品住宅短期库存出清周期为19.6个月，较2022年末延长1.6个月，其中三、四线代表城市短期库存出清周期达27.8个月，短期库存去化压力大。随着房地产政策优化及各地购房支持政策的实施，目前改善型住房需求有所释放，但由于区位好、配套全、环境好的地块相对较少，高品质住宅供应量明显不足。

从物业类型看，商办车位沉淀资金规模较大。由于规划、预期等原因，不少城市存在较大规模空置的商业、办公用房，以及闲置的商办产业用地，还有受政策限制无法出售的车位等，沉淀资金规模较大的同时造成资源浪费。据调研了解，多家房企表示有意愿对闲置资产进行业态调整，如转向长租房、保障房、养老项目等，但受制于土地改性困难、税费过高等多种因素，转型过程中仍面临一些限制。

三　2024年房地产投资形势判断

房地产市场经过两年半的调整，目前各项指标已明显下降并接近未来均衡水平，在宽松政策环境支持和低基数效应下，预计2024年房地产供需指标降幅将收窄，房地产开发投资同比下降5%左右。

（一）行业已经历深度调整，房地产供需指标向新均衡水平趋近

始于2021年下半年的本轮房地产市场调整已持续两年半的时间，当前房地产供给端已深度调整至历史低位。2023年房地产开发企业房屋新开工面积降至9.5亿平方米，较峰值下降近60%，大致相当于2008年的水平；商品房销售面积下降至11.2亿平方米，大致相当于2012年的水平。

当前房地产市场供需指标已向新均衡水平趋近，随着经济回升向好和房地产政策优化调整，在降低购房门槛和提升购房支付能力的政策支持下，居民刚性和改善性住房需求有望逐步释放，特别是高能级城市新增住房需求依然有人口流入、产业聚集、住房消费升级等基本面因素支撑，带动房地产市场实现底部修复。

（二）房地产业对经济的拉动明显下降，房地产开发投资在 GDP 中占比已降至较低水平

伴随房地产市场调整，房地产业对金融的渗透和对经济的拉动明显下降。2021 年以来，房地产贷款余额在金融机构各项贷款余额中占比持续下降，2023 年第四季度末，该占比降至 22.2%，较上年底下降 2.7 个百分点，较历史高点下降 6.9 个百分点，大致相当于 2015 年的水平。土地出让收入在地方本级财政收入①中占比由 2020 年 44.3% 的高点下降至 2023 年的 31.6%，下降 12.7 个百分点，2023 年，土地出让收入相当于地方一般公共预算收入的 49.5%，这一比例在 2020 年曾高达 84.0%。

按照资本形成的口径，以"房地产开发投资—土地购置费"衡量房地产业资本形成，2023 年，房地产开发投资（资本形成）在 GDP 中占比降至 5.3%，较 2013 年 12.1% 的历史峰值下降 6.8 个百分点，已接近 2002 年的占比水平（见图 6）。

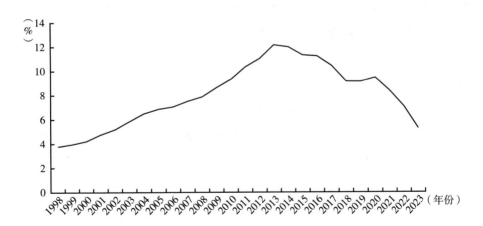

图 6　1998~2023 年房地产开发投资（资本形成）在 GDP 中占比

资料来源：国家统计局，笔者计算。

---

①　包括地方一般公共预算收入和地方政府性基金收入。

（三）宏观和行业政策环境持续改善，房地产开发投资降幅将收窄至5%左右

2023 年 7 月 24 日，中共中央政治局会议提出"我国房地产市场供求关系发生重大变化"以来，国家层面不断优化房地产调控政策，包括延续房地产个人所得税返还政策、出台"认房不认贷"政策、统一各地首套二套房商业贷款首付比、降低二套房商贷利率下限 40 个基点、降低存量房商业贷款利率等，多数城市对限购限价限售政策进行了优化调整，行政性调控政策逐步弱化或退出，居民购房门槛和成本持续降低。从融资端看，2023 年 10 月，中央金融工作会议强调，要促进金融与房地产良性循环，健全房地产企业主体监管制度和资金监管，完善房地产金融宏观审慎管理，一视同仁满足不同所有制房地产企业合理融资需求，在化解行业流动性风险方面释放出积极信号。2024 年 1 月初，住房和城乡建设部与国家金融监管总局联合印发《关于建立城市房地产融资协调机制的通知》，以城市为单元，通过"白名单"方式对房地产项目分类给予融资支持。

展望 2024 年，宏观环境和房地产政策环境仍将持续改善。2023 年 12 月中央经济工作会议定调 2024 年经济工作要坚持稳中求进、以进促稳、先立后破，要强化宏观政策逆周期和跨周期调节，继续实施积极的财政政策和稳健的货币政策，这有助于巩固和增强经济回升向好态势。全国住房城乡建设工作会议明确 2024 年工作重点，住房和房地产板块要坚持因城施策、一城一策、精准施策，满足刚性和改善性住房需求，优化房地产政策，持续抓好保交楼保民生保稳定工作，稳妥处置房企风险，这有助于从供需两端稳定房地产市场。2024 年政府工作报告中将经济增长预期目标定为 5% 左右，体现了积极进取、奋发有为的要求；在"更好统筹发展和安全，有效防范化解重点领域风险"部分，从稳妥有序处置风险隐患方面，提出要"优化房地产政策，对不同所有制房地产企业合理融资需求要一视同仁给予支持，促进房地产市场平稳健康发展"，从健全风险防控长效机制方面，提出要"适应新型城镇化发展趋势和房地产市场供求关系变化，加快构建房地产发展新模式。加大保障性住房建设和供给，完善商品房相关基础性制度，满足居民刚性住房需求和多样化改善性住房需求"，为有效化解房地产风险、推动房地产高质量发展明确方向。

随着政策合力效果显现，房地产市场有望逐步修复，叠加城中村改造、保障性住房建设将从供给端形成一定规模的新增建设，预计2024年房地产开发投资降幅将收窄至5%左右。

四　对策建议

聚焦构建房地产发展新模式和推动房地产高质量发展，当前及未来一段时间房地产开发投资要从补齐住房供给短板、盘活提升存量资源、打造建设"好房子"、探索凝结新技术等方面，促进行业转型升级和平稳健康发展。

（一）稳妥推进保障性住房建设和城中村改造

一是人口净流入的大城市尽快开展工薪收入群体住房问题专项调查，摸清保障性住房需求特点，合理确定保障范围和准入条件并对社会公布，结合存量住房状况、房地产市场销售情况、产业分布及人口流动等因素科学研判保障性住房需求，坚持"以需定建"，优化土地储备和供应管理。充分利用依法收回的已批未建土地、房地产企业破产处置商品住房和土地、闲置住房等建设筹集保障性住房。支持利用闲置低效工业、商业、办公等非住宅用地建设保障性住房。鼓励企事业单位用好存量土地和房屋资源新建或改建保障性住房，引导各地在城市更新项目中增加保障性住房供给。二是完善城中村改造的土地、规划、不动产登记等配套政策，对新增违建和历史遗留"两违"问题、消防责任等问题，明确政策指引，确保城中村改造顺利实施。统筹用好中央预算内资金、地方专项债资金、专项借款资金、与城市更新相关的各类中央财政专项资金支持城中村改造，加快完善配套指导文件明确实施细则，更好发挥政府性资金的带动效能。探索"政府引导、市场运作、公众参与"的城中村改造可持续模式，促进市场运营主体与市属企业和地方平台联动的运作模式。

（二）加大对存量盘活和改造提升的政策支持力度

一是稳步促进公募 REITs 扩容增类，继续支持消费基础设施 REITs、保障性租赁住房 REITs 发行上市，同时逐步拓展底层资产的范围，适时考虑纳入更多商办不动产类型，促进盘活存量资产，拓宽房企资本市场融资渠道。二是顺应房地产业发展阶段转变要求，完善与存量改造提升相适应的政策支持体系，促进新建市场与存量市场的有效互动，统筹实施城市更新行动，引导房地产开发投资服务于产业转型升级和城市可持续发展。

（三）建立促进楼盘品质提升激励机制

一是鼓励地方对建设符合绿色建筑、装配式建筑、健康建筑、超低能耗建筑、智慧社区、海绵社区等条件的高品质楼盘给予财政补助、税费减免、容积率奖励等鼓励措施，形成示范效应。二是对接绿色节能、高科技赋能发展趋势与人民对美好生活的需要，整合并优化现有住宅建设规范和标准，建立引导性住宅建设标准，推进行业协会组织编制高品质住宅建设要求与评价标准，在绿地率、预制率等方面给予政策支持，总结"第四代"住宅建设探索并形成可推广经验，有序推进住房质量提升，满足日益增长的多样化改善性住房需求。

（四）积极引导并赋予房地产投资新内涵

一是引导房地产企业从传统建立在融资—拿地—开发—销售链条基础上的粗放型开发模式，逐步转向精细化运营模式，从更好满足最终需求的角度，将生产高品质的住房产品和服务作为业务深耕方向，推动行业专业化更加细分，住宅产品持续迭代升级。二是把握好房地产与先进制造业、绿色低碳产业、现代服务业、大健康养老产业、先进金融业等产业融合的机遇，探索新技术新设备，引入数字化、绿色化、智能化等新内涵，推动全产业链技术持续进步。

B.5
2023年全国二手房市场分析报告

赵彤阳　张波　陆骑麟　盛福杰*

摘　要：　2023年，我国二手房市场供需关系显著变化，挂牌量增加而找房热度下降，市场出现了供强需弱的现象。购房者信心减弱，主要受房价下跌影响，加之对未来收入不确定性的担忧，其购房决策趋于谨慎。市场特征显示，全国二手房交易量占比较往年有显著的提升，改善型需求增长，居民更关注居住条件改善，置换型需求成为二手房市场活跃的重要动力。展望2024年，政策和金融环境将持续宽松，利率仍有进一步下调的空间，税费调整有望成为减轻购房者负担的重要举措，推动二手房市场实现更加健康稳健的发展。

关键词：　二手房市场　供需关系　改善型需求

一　2023年二手房市场供需关系发生重大转变

（一）二手房挂牌量显著增长，找房热度呈下滑态势

2023年全国百城二手房月均挂牌量达到了482万套，相较于上年增长了11.6%。从月度变化趋势来看，二手房挂牌量在2月出现了显著反弹，并持续保持在高位（见图1）。随着春节后二手房市场的恢复，挂牌量逐渐回

---

*　赵彤阳，58同城副总裁，主要研究方向为房地产营销；张波，58安居客房产研究院首席分析师，主要研究方向为房地产市场；陆骑麟，58安居客房产研究院资深分析师，主要研究方向为房地产市场；盛福杰，58安居客房产研究院资深分析师，主要研究方向为房地产市场。

升至相对正常水平。进入下半年，多个城市开始实施"认房不认贷"政策，这一政策显著提升了房东的挂牌意愿。特别是在 9~10 月，一线城市统一执行该政策，进一步推动了挂牌量的全面回升。

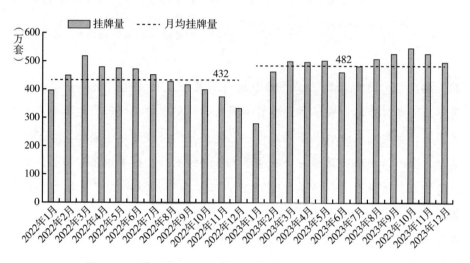

图 1　2022 年 1 月至 2023 年 12 月全国百城二手房挂牌量

资料来源：58 安居客研究院，根据平台二手房挂牌情况统计。

2023 年二手房市场在多重因素影响下呈现复杂多变的态势。尽管政策刺激不断，但市场反应并未达到预期效果，购房者需求整体回落，市场仍面临较大的不确定性。2023 年，全国百城二手房月均找房热度指数①为 1.05（见图 2），相较 2022 年下跌了 7.08%，购房者需求整体呈现回落态势。春节后，全国找房热度指数一度反弹至近两年高点 1.52，但随后逐月回落，年中虽有小幅回升，但整体趋势仍以下降为主。进入下半年，市场热度持续走低，未见明显回升迹象。

尽管 2023 年政府持续出台救市政策以刺激市场，但二手房市场并未出现预期的回升态势。前期政策主要聚焦于二、三线城市，然而这些城市的二手房市场并非楼市交易的主力，因此政策刺激仅能短期内激发部分需求，难

---

① 找房热度指数是指以购房者线上访问数据为基础，从城市、区域、小区、产品等维度对购房者找房情况进行量化评价，衡量购房者需求偏好和对市场的信心。

以形成整体市场的规模效应。随着一线城市逐步放开限购、限贷等限制性措施，市场曾短暂回暖，但进入年底的季节性调整期后，购房需求也相应地进入低热时期。

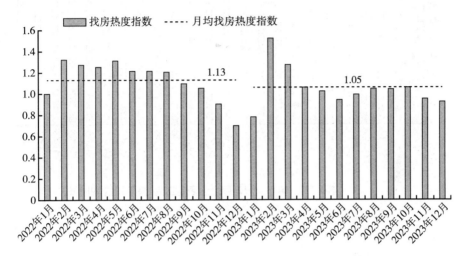

图2　2022年1月至2023年12月全国百城二手房找房热度指数

资料来源：58安居客研究院。

从居民找房热度来看，二手房挂牌时长延长，居民购房决策更加谨慎。2023年，全国百城二手房月均挂牌时长达到了82.2天（见图3），相较于2022年增长了14%。其中，挂牌时长的最高点出现在2023年1月，为93.2天，这一显著增长主要归因于疫情与春节因素的叠加影响。春节后，随着二手房市场的短暂反弹，挂牌时长有所回落。然而，由于各地购房需求持续低迷，市场回暖动力不足，整体交易难度逐渐加大，挂牌时长呈现逐步上升的态势。

（二）多地二手房市场供需关系失衡，呈供强需弱的格局

2023年，我国大部分城市的二手房挂牌量的涨幅超过了其找房热度的涨幅。这表明在这些城市中，二手房市场的供应增长速度较快，而需求的增长速度相对较慢。这有可能会导致二手房市场供需失衡，对房价和市场走势

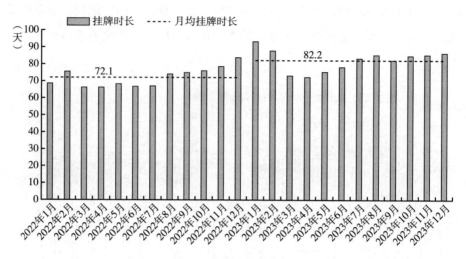

图3　2022年1月至2023年12月全国百城二手房平均挂牌时长

资料来源：58安居客研究院，根据用户在平台找房数据整理。

均产生一定的影响。

在供需关系方面，城市之间存在分化。在一线城市中，北京较为典型，二手房挂牌活跃，挂牌量同比增长13%，而找房热度却同比下降8%（见表1）。广州、上海均出现了挂牌量同比下降而找房热度也同比下降的情况，广州的挂牌量降幅要大于找房热度降幅，上海则相对比较平衡。深圳是唯一挂牌量和找房热度双增长的一线城市，且找房热度涨幅超过挂牌量涨幅，由此可见，一线城市中深圳二手房市场比较活跃。在二线城市中，大部分城市的二手房挂牌量涨幅超过了找房热度涨幅。例如，成都、济南、青岛、武汉、合肥、西安、哈尔滨、南京、南昌、宁波、郑州等城市的挂牌量均显著增加，而找房热度涨幅相对较小甚至是下跌。在三线城市中，挂牌量涨幅超过找房热度涨幅的城市也不在少数。例如，嘉兴、安庆、潍坊、台州、徐州、常州等城市均表现出供应增长快于需求增长的趋势。这反映出在三线城市中，二手房市场的供应也在增加，但需求的增长未能与之匹配。

表 1　2023 年全国百城挂牌量与找房热度同比

单位：%

城市等级	城市	挂牌量同比	找房热度同比	城市等级	城市	挂牌量同比	找房热度同比
一线城市	广州	−20	−11	三线城市	惠州	1	15
	深圳	1	4		威海	1	13
	上海	−17	−18		泰安	−12	−1
	北京	13	−8		扬州	−6	3
二线城市	太原	−2	2		宜昌	−9	−2
	西宁	35	38		淄博	4	10
	昆明	10	4		盐城	3	7
	呼和浩特	23	15		襄阳	−12	−9
	福州	−20	−29		大同	8	10
	大连	−14	−27		镇江	−10	−8
	银川	10	−3		遵义	10	11
	成都	19	6		芜湖	5	6
	济南	15	1		秦皇岛	15	14
	青岛	1	−16		泰州	−1	−2
	武汉	19	2		日照	5	3
	合肥	4	−14		连云港	7	3
	天津	11	−8		岳阳	−3	−8
	苏州	−3	−22		柳州	11	6
	厦门	0	−20		包头	9	2
	兰州	34	10		三亚	6	−2
	西安	32	7		济宁	5	−4
	贵阳	21	−7		枣庄	16	6
	哈尔滨	31	3		九江	7	−4
	南宁	9	−19		淮安	8	−4
	南京	10	−23		宿迁	30	18
	石家庄	25	−13		温州	−7	−20
	长春	36	−2		无锡	−1	−15
	沈阳	30	−8		江门	7	−8
	长沙	41	−3		湛江	18	1
	海口	35	−15		鞍山	2	−18
	重庆	56	4		佛山	−8	−29
	南昌	32	−32		南阳	14	−7
	宁波	45	−21		昆山	−1	−24
	乌鲁木齐	72	4		常德	9	−14
	杭州	45	−24		中山	0	−24
	郑州	54	−18		南通	3	−22

续表

城市等级	城市	挂牌量同比	找房热度同比	城市等级	城市	挂牌量同比	找房热度同比
三线城市	赣州	31	6	三线城市	徐州	23	−11
	大庆	25	0		绍兴	9	−26
	吉林	23	−3		台州	10	−25
	烟台	5	−21		洛阳	36	1
	东营	29	3		泉州	12	−24
	临沂	6	−20		东莞	−1	−44
	珠海	18	−10		保定	40	−4
	唐山	18	−10		绵阳	40	−5
	廊坊	30	2		潍坊	31	−14
	金华	11	−18		南充	43	−4
	邯郸	15	−14		安庆	40	−16
	汕头	26	−3		嘉兴	45	−12
	常州	20	−10		桂林	85	3
	蚌埠	31	1		德阳	139	−5

资料来源：58安居客研究院。

（三）购房者信心不足成为供需关系转变的主要原因

1. 房价下跌引起购房者对市场信心不足

房价长期下跌会对购房者信心产生较大的影响，信心的缺失导致购房者更倾向于观望，进而影响其购房决策行为。根据国家统计局公布的数据，自2006年1月以来，全国70个大中城市二手住宅价格指数同比下跌的情况仅发生过4次。这4次分别出现在2009年3月至5月（持续3个月）、2012年1月至12月（持续12个月）、2014年9月至2015年9月（持续13个月），以及2022年2月至2024年1月，已持续24个月（见图4）。

以往在房价调整时期，楼市刺激政策往往能有效激发购房者购买意愿，带动成交量回升，进而稳定并推动房价上涨。然而，在此次房价调整过程中，尽管实施了降低购房门槛、减少购房成本、提供购房补贴等一系列利好政策，但仅吸引了小部分人群入市，绝大多数购房者仍保持观望态度。

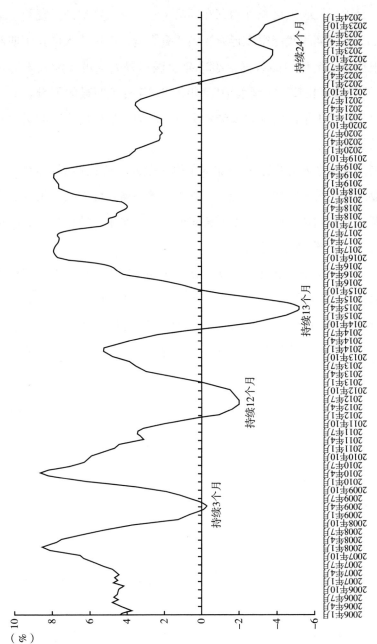

图 4 2006 年 1 月至 2024 年 1 月 70 个大中城市二手房价格指数同比走势

资料来源：国家统计局。

2. 收入增长预期不确定性导致购买信心不足

近年来，我国居民收入增长预期存在不确定性。新冠疫情的反复给全球经济带来冲击，疫情期间我国很多行业受到严重影响，居民收入增长预期变得不确定。根据国家统计局的数据，2023 年全国居民人均可支配收入增长率为 6.3%，这一数字相较于疫情前 2019 年的 8.8% 有了明显的下滑。如果叠加考虑近年来物价水平的波动以及经济下行的压力，居民的实际购买力并未得到显著的提升。

行业间的工资水平差异也进一步加剧了居民收入增长预期不足的问题。一些传统行业和受疫情影响较大的行业，其工资水平增长缓慢甚至出现负增长。例如，制造业和餐饮业的工资增速普遍低于平均水平，使这些行业的从业人员对收入增长的预期较为悲观。

我国居民的债务水平在这几年不断上升，尤其是房贷占比较大。根据国家资产负债表研究中心的数据，我国居民部门杠杆率自 2008 年底的 17.9% 增长至 2023 年底的 63.5%（见图 5），短短 15 年间增长了 2.5 倍。对于居民部门而言，杠杆率的主要增长动力来源于住房贷款，其他消费行为的贷款占比较小。

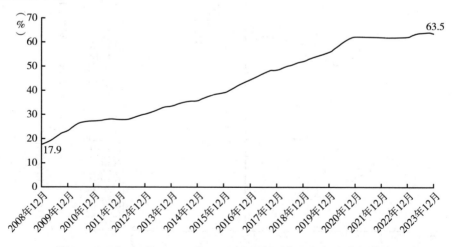

图 5　2008 年 12 月至 2023 年 12 月我国居民部门杠杆率变化情况

资料来源：国家资产负债表研究中心、国家统计局。

考虑到收入预期的不稳定性，购房者在面对可能的失业或降薪风险时，对增加杠杆购房持谨慎态度。他们担心一旦陷入无力还贷的境地，不仅可能损失首付，还可能背负长期无法清偿的债务。因此，即使当前政策提供了低首付购房的利好条件，购房者仍会审慎评估自身的长期还款能力。在当前经济环境下，普通居民进一步增加杠杆购房的可能性相对较小。

二 2023年二手房市场主要特征分析

（一）二手房交易量比重提升，市场进入存量房时代

1. 市场表现：2023年全国二手房交易量占比创历史新高，多城占比超过新房

在过去的数十年中，房地产市场交易以新房为主导，二手房处于辅助地位。然而，当前市场交易结构正发生显著变化，二手房市场逐渐占据主导地位。2023 年 12 月 13 日，在 2023~2024 中国经济年会上，住房和城乡建设部副部长董建国指出，2023 年 1~11 月，全国二手房交易量占比达到 37.1%，创下历史新高，并有 7 个省和直辖市的二手住宅交易量超过新建商品住宅。此外，董建国进一步指出，2023 年 1~11 月，新房与二手房的总交易量实现了同比正增长，这充分表明住房需求保持稳定，并未出现显著收缩。然而，交易结构却发生了显著变化，二手房交易开始替代部分新房交易，成为市场的常态。

从地区来看，部分城市的二手房成交量占比已超过新房，表明这些地区已步入存量房时代，二手房市场成为主导。据 58 安居客研究院统计，2023 年全国重点监测的 30 个城市中，有 19 个城市二手房成交套数占比超过 50%。一线城市中，除深圳外，其余城市二手房成交套数占比均超过五成，北京更是高达 70%，居全国之首。二线城市中，成都表现尤为突出，二手房成交套数占比超过 60%，成交套数超过一线城市。在监测的 5 个三线城市中，佛山、南通、东莞的二手房成交套数占比也都超过了 50%（见表 2）。

表2　2023年全国重点监测的30个城市新房和二手房市场对比

单位：套，%

城市能级	城市	成交套数		二手房成交套数占比
		新房	二手房	
一线城市	北京	65517	153088	70.0
	广州	75757	91127	54.6
	上海	140920	168901	54.5
	深圳	35040	33372	48.8
二线城市	南京	44694	96399	68.3
	大连	19165	40378	67.8
	合肥	36763	68714	65.1
	重庆	61219	108563	63.9
	苏州	36648	62121	62.9
	天津	89663	147406	62.2
	成都	118469	188998	61.5
	杭州	44949	64746	59.0
	西安	66872	95698	58.9
	沈阳	51471	69574	57.5
	厦门	18138	24040	57.0
	长沙	46863	56318	54.6
	宁波	46404	54851	54.2
	武汉	109677	103374	48.5
	郑州	93148	76117	45.0
	长春	44189	34517	43.9
	济南	65240	48335	42.6
	南昌	27222	19690	42.0
	福州	56094	35629	38.8
	青岛	99262	57255	36.6
	南宁	51819	23259	31.0
三线城市	佛山	56603	69538	55.1
	南通	13876	15027	52.0
	东莞	26913	27134	50.2
	镇江	35947	22682	38.7
	烟台	19115	11117	36.8

注：新房指新建商品住宅，二手房即二手住宅。

资料来源：国家统计局，58安居客研究院。

2. 原因分析：交付无忧、性价比高、选择多样成为选择二手房的主要原因

（1）二手房为现房销售，相对于新房交付风险较低

新房购买者有可能面临楼盘延期交付的风险，导致购房者无法按期入住，甚至可能面临资金损失。2022年上半年，受开发停建和交付延期等因素影响，我国多地出现购房者采取"停贷"措施以维护自身权益的现象。为保障购房者合法权益并稳定民生，中共中央政治局于2022年7月28日召开的会议中，首次明确提出"保交楼"的重要任务。此后，在一系列重要会议中，"保交楼"始终作为房地产相关工作的核心议题。

自2022年以来，房地产开发商所面临的交付风险已非个别房企所独有，几乎整个行业都承受着巨大的压力。同样，交付问题也并非局限于个别城市，而是普遍存在于全国各地的房地产市场。因此，对于购房者而言，仅凭个人能力甄别哪家房企或哪个楼盘可能出现问题变得异常困难。在这样的背景下，为了最大限度地降低购房风险，部分购房者选择避免购买新房，认为这是较为安全的策略。然而，楼市中仍存在相当数量的刚性需求客户，他们由于各种原因仍要购房，转而选择二手房作为替代。购买二手房时，购房者可以直接查看房屋的实际情况，包括户型、采光、装修状况、周边环境等。这种直观性有助于购房者更准确地了解房屋的真实状况，减少因信息不对称而带来的风险。

（2）二手房房价回落，"性价比"优势更为凸显

在面临收入增长预期的不确定性时，购房者往往更加注重节约开支与选择高性价比的房产。在此情境下，购买二手房所具备的"性价比"优势逐渐凸显。购房者通过选择二手房，能够更有效地控制购房成本，实现资金的合理利用。因此，二手房市场成为购房者在收入增长预期不确定时的重要选择。

首先，随着二手房市场价格的持续下降，新房对二手房的价差优势逐渐减弱。二手房价格已连续两年跌幅超过新房，且新房价格降幅逐渐收窄而二手房价格降幅持续扩大。根据国家统计局数据，2023年1月，我国70个大中城市新房价格指数同比下跌2.3%，而同期二手房价格指数同比下跌3.8%。2024年1月，70个大中城市新房价格指数同比下跌1.2%，而同期二手房价格指数同比下降则扩大至4.5%（见图6）。由于部分城市实施新房

限价政策，过去有购房者会因新房价格优势而选择卖掉二手房去摇号买新房。然而，随着城市二手房价格的深度调整，这一现象正发生改变，新房价格优势在减弱，新房价格高于二手房价格的地区越来越多，低于二手房价格的地区越来越少，这使二手房的性价比凸显。在此情形下，购房者更倾向于选择"看得见，摸得着"的二手房。

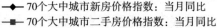

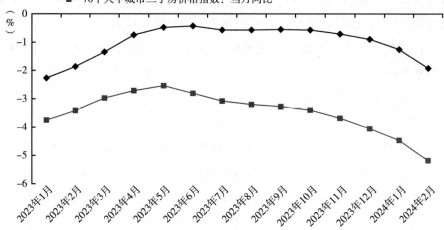

图6　2023年1月至2024年2月70个大中城市新房价格指数和二手房价格指数同比

资料来源：国家统计局。

其次，购买二手房相较于新房，具有一定的时间成本优势。目前，新房的交付周期普遍长达两年，且随着精装修房的增多，交房周期进一步延长。此外，新房交付后还需3~6个月进行通风除味。相对而言，二手房通常能在一个月内完成交房入住，从而避免了长时间的等待，减少了等待期的租金支出。以购买上海一套500万元的房子为例，此类房产租金回报率在2%左右，两年的租金达20万元，购买二手房所节省的租金支出，实质上为购房者带来了房价的九六折优惠效果。

（3）二手房挂牌量大，可供选择的优质房源增多

58安居客研究院数据显示，2023年全国二手房月均挂牌量显著增长，

达到了 482 万套，相较于 2022 年增加了 50 万套。同时，城市存量小区的二手房挂牌率普遍超过 5%，部分小区更是高达 10% 以上，而往年存量小区二手房挂牌率基本在 3% 以内。在这种房源挂牌量和挂牌率双增的大环境下，市场上可供选择的房源数量增多。无论是地理位置、户型结构、房屋品质还是价格等方面，购房者都可以拥有更多的选择余地，从而更容易找到符合自己需求的房源。

从挂牌房源的分布情况来看，2015 年以后的挂牌房源明显增加，尤其是 2023 年下半年，房龄在 2015~2020 年的房源挂牌量增幅达 28%，房龄在 2020 年以后的房源挂牌量增幅更是达 42%（见图 7）。房龄较新的房源供应增加，为购房者在选择房源时提供了更多的选择余地。同时，由于房龄较新房源的品质和设施通常更为优越，购房者也能享受到更好的居住体验。

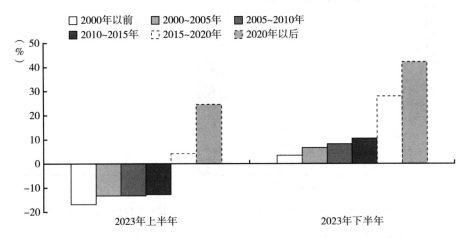

图 7　2023 年全国重点监测城市不同房龄房源挂牌量增幅变化

资料来源：58 安居客研究院。

（二）改善型需求增加，居民找房更加注重居住条件改善

1. 功能方面，居民对三房户型的住宅需求增加

从户型需求来看，居民对三房的需求明显增加。过去，两房在市场上占据主导地位，随着家庭结构的变化和人们对生活品质追求的提高，三房逐渐

受到青睐。根据 58 安居客研究院监测，2023 年居民对两房和三房的找房热度明显高于其他户型。其中，一线城市的两房需求占比最高，达到 38%，三房的需求占比也达到了 34%，仅次于两房需求。二、三线城市的三房找房热度占比分别达 46%、54%，而两房占比只有 31%、24%（见图 8）。

由于一线城市房价较高，购房者在面临经济压力时，更倾向于选择面积适中、性价比高的户型。此外，一线城市人口结构复杂，不同家庭对于户型的需求也存在差异，家庭小型化的趋势使两房依然受到青睐。而二、三线城市房价相对较低，购房者对于户型的选择空间更大，随着居民生活水平提高和生育政策放开带来的家庭结构变化，家庭对于更大、更舒适的居住空间的需求也在增加。

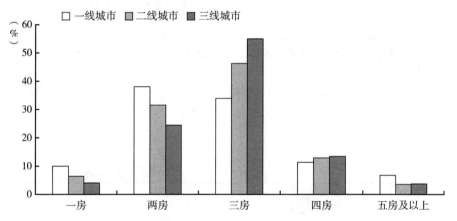

图 8　2023 年全国重点监测城市中一、二、三线城市不同户型找房热度占比

资料来源：58 安居客研究院。

从各类城市不同户型找房需求变化情况来看，一房和两房的需求同比普遍下滑，相比之下，三房和四房的需求同比有所增长。2023 年，一线城市的找房热度整体在下滑。二线城市和三线城市的三房和四房需求增长明显，其中，三房需求分别增加了 9% 和 6%，四房需求则增长了 3% 和 10%（见图 9）。五房及以上的需求同比下滑幅度较大，这可能是由于该户型主要针对高端市场，受经济环境和政策影响较大。

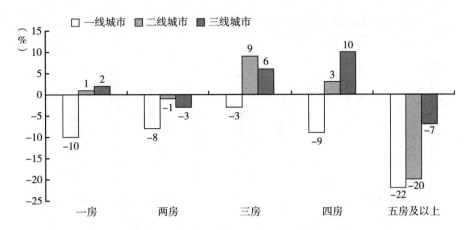

图9　2023年全国重点监测城市中一、二、三线城市不同户型找房热度同比变化

资料来源：58安居客研究院。

2. 面积方面，居民对100平方米以上的住宅需求增加

从住宅面积需求来看，80～100平方米的住宅成为市场上的主流需求。在一线城市中，除了这一主流面积段外，60平方米以下的住宅也展现出一定的市场需求，这主要归因于其所具备的特殊价值，如较低的总价、便捷的交通通勤或优质的教育资源等。然而，在二、三线城市中，对60平方米以下住宅的需求则相对较低。随着城市能级的递减，居民对于大面积住宅的需求逐渐上升，一、二、三线城市对120～140平方米的住宅均展现出较高的需求热度，其找房热度占比依次为8%、14%、20%（见图10）。相比之下，面积在210平方米及以上的住宅需求明显偏低，特别是在二、三线城市，这类住宅的找房热度需求仅占4%左右。这主要是由于大面积段住宅的总价较高，且更容易受到经济波动和政策调整的影响。

2023年，一线城市90平方米以下住宅的找房热度同比普遍出现下跌趋势，跌幅在1%～13%区间，而90～100平方米住宅的找房热度则基本维持与2022年相当的水平。在二线城市中，80平方米以下住宅的找房热度同比均有所降低，同时140平方米及以上的住宅找房热度也出现回落现象，尤其是210平方米及以上的超大面积房源，跌幅显著，达到22%。相比之下，三线城市对大面积住宅的需求在增加，除210平方米及以上的住宅产品外，100

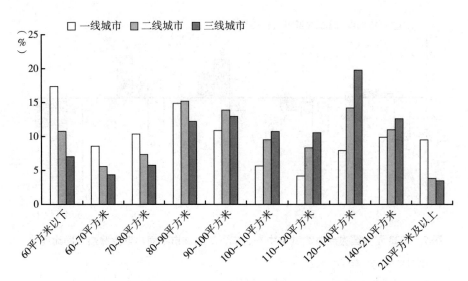

图10 2023年全国重点监测城市中一、二、三线城市不同面积段找房热度占比

资料来源：58安居客研究院。

平方米及以上的住宅市场均呈现不同程度的上涨，涨幅范围在8%~11%区间（见图11）。

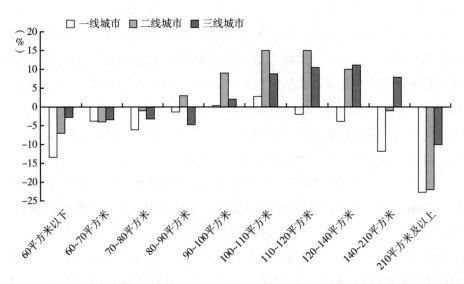

图11 2023年全国重点监测城市中一、二、三线城市不同面积段找房热度同比变化

资料来源：58安居客研究院。

3. 房龄方面，居民对房龄在10年以内的住宅需求显著提升

58安居客研究院数据显示，购房者在选择房源时，呈现明显的房龄偏好趋势，即房龄越新的房源，其找房热度越高。特别是在二、三线城市中，2015~2020年建成的房源，由于其相对较新的房龄和较低的交付风险，受到了购房者的热烈追捧，该类房源找房热度占比分别达到34%、39%（见图12）。相比之下，2000年及以前建成的二手房小区房源，由于其房龄较老，购房者对其关注度普遍较低，其找房热度占比甚至不足10%。一线城市由于开发较早，各房龄段的房源比重相对均衡，因此购房者在选择房源时，对于不同房龄段的关注度也呈现多样化的趋势，1995~2020年各房龄段的房源，其占比均超过了10%。对于2020年以后的新建房源，由于它们基本属于新房范畴，交易税费相对较高，导致了市场上这部分房源的挂牌量相对较少，购房者在寻找房源时，可供选择的范围相应缩小，进而使这部分房源在购房者中的关注度与热度占比相对较低。

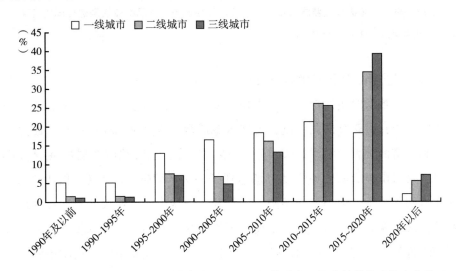

图12 2023年全国重点监测城市中一、二、三线城市不同房龄段找房热度占比

资料来源：58安居客研究院。

2023年老旧房源的市场需求在缩减，而居民对房龄较新的房源的需求在上升。房龄在2015年及之前的二手房需求存在不同程度的下降，市场找

房热度增长主要集中在房龄为 2020 年以后的住宅，一线、二线、三线城市同比增长率分别为 58%、110%、102%（见图 13）。由此可见，市场对于新建或近年建成的二手房需求大幅增加。

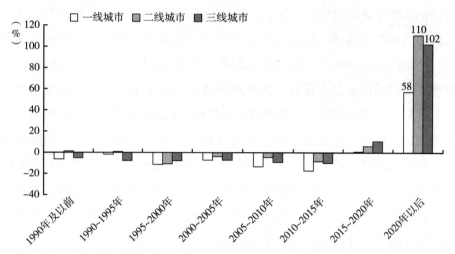

图 13　2023 年全国重点监测城市中一、二、三线城市不同房龄段找房热度同比变化

资料来源：58 安居客研究院。

4. 位置方面，居民对优质地段的住宅需求在不断提升

从居民找房时关注房源的所在位置来看，居民对于位于城市中心或繁华地段的房源具有较高的关注度，这些区域通常拥有完善的商业设施、便捷的交通和丰富的教育资源。2023 年，一线、二线、三线城市的居民在寻找房源时，对城市级商圈的关注度分别达到了 39%、38%、37%（见图 14），这一比例明显高于其他类型的商圈。一线和二线城市的区域级商圈和社区级商圈的找房热度分布相对均衡，主要是因为这些城市的商业氛围较为浓厚，各级商圈都具备一定的吸引力。然而，相较于一、二线城市，三线城市的商业氛围可能较弱，导致其社区级商圈的吸引力相对较小。

（三）置换型需求成为活跃二手房市场的主要推动力

1. 市场表现：置换型需求占比提升，成为活跃二手房市场的主要推动力

58 安居客研究院数据显示，2023 年在安居客平台上进行房源挂牌的房

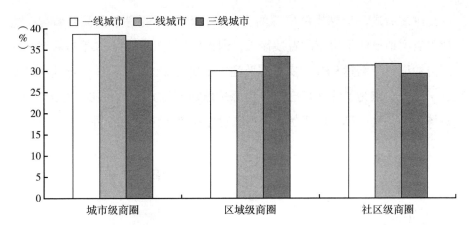

图14 2023年全国重点监测城市中一、二、三线城市不同商圈找房热度占比

资料来源：58安居客研究院。

东中，有高达45%的房东会同时在平台寻找新的房源（见图15），而在一线城市和部分热门二线城市，这一比例更是高达60%以上。同时，考虑到多数房东还会通过经纪人进行房产交易，我们推测，实际上出于置换目的而卖房的房东比例要更高。这表明，置换型需求已经成为当前二手房市场的主要购买推动力。

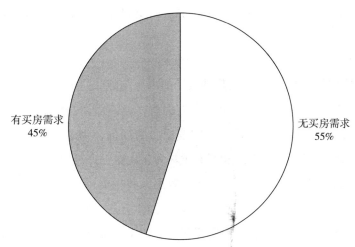

图15 2023年全国百城房东挂牌后是否有买房需求的占比情况

资料来源：58安居客研究院。

挂牌之后进一步寻找新房源的房东中，有33%的房东会关注新房，这一比例真实地反映了房东的置换需求，即他们打算出售现有二手房后购入新房。与此同时，高达93%的房东在关注二手房（见图16）。虽然这其中可能包含了部分房东为了评估自己挂牌房源价值而浏览其他二手房信息的行为，但总体而言，这一高比例仍然表明房东对置换房产存在较高的需求。

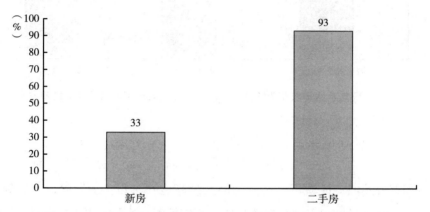

图16 2023年全国百城房东挂牌后对新房、二手房的需求占比

资料来源：58安居客研究院。

2. 置换动机：家庭结构的变化、生活品质的提升以及对更好居住环境的追求

（1）通过住房置换适应家庭结构变化

随着家庭结构的变迁，尤其是孩子的出生与成长，原有住房空间往往难以适应新的生活需求。以一对年轻夫妇为例，他们最初居住的是两居室小户型，然而随着孩子的成长，这一空间变得日益局促，为了提升生活质量，他们选择将现有住房出售，转而购买面积更大、功能更完善的三居室或四居室。

根据2020年第七次全国人口普查数据，我国有40%的家庭居住在一房或两房之中，在这些家庭中，三代及以上同堂且居住在两房及以下的户数比例达4%。这一现象在一线城市更为明显，以上海为例，根据《2020年上海市人口普查年鉴》，居住在一房或两房中的家庭占比高达74%，其中三代及以上同堂且居住在此类小户型的家庭接近50万户，占比约为9%。由此可见，当前仍有部分家庭居住环境需要改善，且随着家庭结构的变化和生活品质的提升，越来越多的家庭开始通过置换住房来改善居住空间，以适应家庭成员的多样化需求。

（2）通过老旧小区置换改善居住条件

随着经济的发展和人们收入水平的提高，越来越多的人开始追求更高品质的生活。他们希望居住在环境更好、设施更完善的小区，享受更好的物业服务和生活配套。因此，他们愿意出售现有的住房，购买更符合自己生活品质要求的二手房。

各城市均存在不同规模的老旧小区[①]，老旧小区挂牌量占比在近年来呈现显著增长态势。2023年，一线城市的老旧小区挂牌量占比均出现了不同程度的上升（见图17）。北京地区的老旧小区在2023年的挂牌量占比相较于2022年几乎翻了一番。该现象不仅限于一线城市，而是广泛存在于各个城市中，几乎所有城市的老旧小区挂牌量均有明显增长。

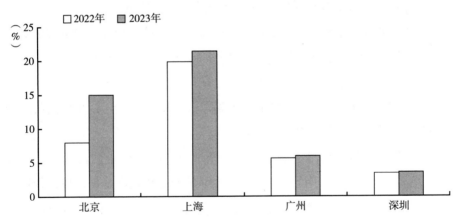

图17　2022年、2023年一线城市老旧小区挂牌量占比

注：老旧小区挂牌量占比＝老旧小区挂牌量/二手房挂牌总量。
资料来源：58安居客研究院。

---

① 本文的老旧小区指建筑年代在2000年以前，年久失修，配套设施落后，户型建筑面积在70m^{2}以下的小区。

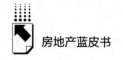

目前老旧小区集中挂牌的现象，主要源于这些小区居住舒适度的相对不足。具体而言，2000年以前的老旧小区在产品设计上较为陈旧，主要满足基本居住需求，常表现为一梯多户、户型偏小、采光通风不佳等问题。随着使用年限增长，小区设施老化现象凸显，如电梯、供水、供气等设施老化，同时物业管理服务未能跟上时代步伐。此外，汽车普及带来的停车位不足问题，以及老龄化加剧导致的上下楼不便，都成为业主置换房产的动因。

在置换过程中，多数卖掉老旧小区的购房者倾向于选择近郊区域的房产。这些区域既享有城市核心区的商业配套设施、便捷交通和医疗条件，又与原有生活圈保持一定联系，距离适中。另一部分购房者则选择远郊区域，以置换更大面积的房产，以满足因结婚生子等原因需要改善居住条件的需求。尽管此举可能增加交通时间成本，但能够获得更好的居住环境。

（3）通过向城市核心区域置换房产来提升生活品质

在购房初期，部分居民由于资金限制或收入较低，只能选择远郊区域的楼盘。然而，这些区域的发展速度往往滞后于近郊和城市核心区域，其生活配套设施相对滞后，交通便捷性不足，且缺乏学区优势。随着居民收入和储蓄的增加，以及对生活和工作便利性的追求，他们倾向于通过出售此类房源以置换位置更佳的房源并提升生活品质。

2023年，各线城市二手房市场中，低价房源的挂牌量同比涨幅高于高价房源，并且随着房源单价的上升，其挂牌量的涨幅逐渐降低。以二线城市为例，单价低于1万元/米²的房源挂牌量相比2022年呈现翻倍增长（见图18），主要原因在于这类房源大多位于二线城市的远郊地区，出售此类房源以置换位置更佳的房源成为许多居民的主要目标。

（4）通过房产置换完成在不同能级城市之间转换

在三线城市的二手房市场中，单价高于5万元/米²的房源挂牌量呈现显著增加的趋势，2023年三线城市此价格段房源挂牌量同比增加79%。该价格段房源在本地基本属于顶端价格，其出售后在本地置换的可能性相对较

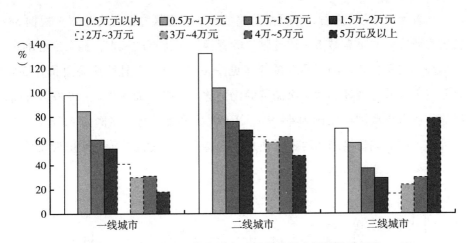

图18 2023年全国各线城市不同价格段房源挂牌量同比

资料来源：58安居客研究院。

小，且改善型住宅的选择空间有限。因此，此类房源的房东倾向于选择向高能级城市进行置换，如省会城市或工作地所在城市。这部分购房者往往已经积累了一定的财富，并且随着各大城市逐步放开落户限制，他们有了更多向高能级城市迁移的机会。

此外，也有一部分人群因为城市竞争压力较大，选择更换城市以寻求更多的发展机会。随着各城市发展的逐步均衡化，他们可能会选择出售手中的房产，返回出生城市进行置业和生活，以实现更为轻松的生活节奏和相对较小的生活压力。

3. 影响因素：置换链不畅降低二手房市场交易流动性

通常情况下，居民的置换行为遵循由低总价向高总价逐步升级的逻辑。在当前房地产市场的背景下，许多购房者在置换时倾向于先出售自有房产以降低财务杠杆。在这一过程中，中低端价格的购房者可能出售手中的房产，转而购买价格更高的房产，而高端价格的购房者则可能进一步升级，出售现有房产以购买更高端的豪宅。这一置换链条的顺畅运作对于整个房地产市场的稳定与发展至关重要。如果链条中的任何一个环节出现问题，整个置换过程都可能受到阻碍，导致市场流通不畅。

从置换意愿度①来看，中低端价格的购房者置换意愿更为强烈。根据 58 安居客研究院对重点城市房源挂牌后的置换情况进行的调查，拥有房源的价格越高，房东再置换的意愿度越低（见图 19）。其中，挂牌房源总价在 500 万元以下的购房者挂牌后再次浏览的比例达 45.6%，而 500 万~1000 万元价格的购房者再次浏览比例为 44.9%，1000 万元及以上的比例为 43.3%。由此可见，中低端价格的购房者置换意愿比持有房源为高总价的购房者要高。

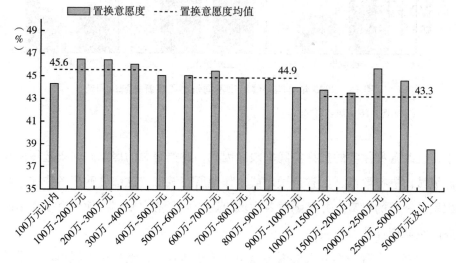

图 19　2023 年全国重点城市不同价格段挂牌房源的购房者置换意愿度

资料来源：58 安居客研究院。

中低端价格购房者置换意愿显著，主要源于对居住条件的改善需求。然而，市场信心不足、收入增长预期的不确定性等因素导致中低端购房群体规模缩减。同时，受早期"7090"政策②影响，市场上涌现大量小户型、低总价房源，最终形成该类型房源的大量供应，从而加大了中低端房源的转手难度。受限于资金问题，如果不能卖掉手头房源，此类购房者难以实现置换目

---

①　置换意愿度通过价格段内在平台挂牌后同时找房的房东占比来反映，比例越高意味着置换意愿度越高。

②　"7090"政策是指新建商品房住宅项目的户型比中，套型建筑面积在 90 平方米以下的房屋户型必须占到整个项目总面积的 70%以上。

标。中低端房源的置换受阻对高端房源市场产生连锁反应，由于缺乏中低端市场的支持，高端房源的置换需求同样受阻。此外，高端房源多位于城市核心或优质地段，配套设施完善，房东的置换意愿相对较低。对于豪宅客户而言，由于豪宅资源的稀缺性和市场上置换项目的有限性，其置换意愿相对更弱，更多关注资产的保值增值。

三 2024年我国二手房行业发展趋势展望

（一）政策和金融环境持续宽松

1. 政策环境宽松，改善市场预期

在房地产行业面临的严峻形势下，为稳定市场预期，促进房地产市场平稳健康发展，2022~2023年楼市政策频繁出台。据不完全统计，2023年各地累计发布政策884次，比2022年的732次增加152次，尤其是进入下半年以后政策出台频次明显增加，月均出台频次在80次以上，远高于上半年（见图20）。经过调整，大多数城市逐步解除了与居民购房有关的限制性政策，如放宽限购条件、降低首付比例、放松限售等，仅有少数城市仍旧在执行相对严格的限制性购房政策。根据58安居客研究院重点57城政策监测数据，截至2024年2月底，57城中执行限购政策的城市有14个，限贷较严[1]的城市有11个，实施限售政策的城市有25个（见表3）。限购政策方面，一线城市限购政策相对严格，其他城市则较为宽松，有些城市的限购政策已近乎取消，如缴纳社保即可购房、外地户籍享受同等购房权利等。限贷政策方面，执行相对严格的城市在认房或认贷方面至少执行了其中一项标准，且贷款比例标准普遍高于最低要求，最为宽松的政策是"认贷不认房"[2]。限

---

[1] 根据限贷政策的政策力度，我们对城市按1~5分进行了打分，其中2分及以上我们认为是执行相对严格的城市。

[2] 认贷不认房是指无论购房者在目标城市名下拥有多少房产，只要贷款已结清，即被视为首套房。

售政策方面，当前限售政策不同于以往"一刀切"的限售政策，通常与限价政策结合起来实施，即有限价政策的楼盘触发积分摇号机制时，该楼盘将执行一定年限的限售，一般为 3~5 年。现在的限售政策更具灵活性和针对性。

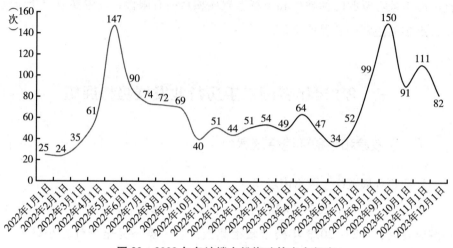

图 20   2023 年各地楼市松绑政策出台频率

资料来源：58 安居客研究院。

表 3   重点城市房地产限制性政策执行情况统计（截至 2024 年 2 月）

类别	城市
限购城市	上海、北京、深圳、海口、广州、杭州、保定、西安、长沙、成都、天津、珠海、石家庄、昆山
限贷较严城市	上海、北京、西安、深圳、海口、广州、长沙、天津、南京、厦门、福州
限售城市	西安、深圳、长沙、成都、石家庄、海口、广州、南京、重庆、贵阳、无锡、惠州、苏州、珠海、佛山、东莞、徐州、长春、常州、上海、杭州、威海、南通、北京、天津

资料来源：58 安居客研究院。

当前房地产市场供需关系发生重大转变，市场需求不足，有必要继续放宽限制性政策，以改善市场预期，促进房地产市场的平稳健康发展。首先，限购政策的调整将根据不同城市的实际情况差异化实施，以平衡市场供需和稳定楼市发展。以杭州为例，2024 年 3 月 14 日，原本已执行相对宽松限购政策的杭州，率先放开了二手房的限购，这一针对性的政策调整可视为政策优化的重要举措。在当前置换需求占据市场主导的背景下，多数购房者倾向于先出售现有房产后再进行购房，因此放开二手房限购政策有助于提升二手房市场活跃度。此举不仅能有效盘活二手房市场，还可促使部分置换人群获得购买新房的资格，对整个房地产市场构成利好。然而，一线城市全面放开限购的可能性相对较低，对于交易活跃度较低的区域或特定类型住宅，可能会逐步降低限制性条件。其次，限售政策可能会进一步放宽，并且与限价政策同时放开的可能性较大。在限价政策未取消的情况下，一、二手房价格倒挂现象将持续存在，为投机性购房群体提供了获利机会。为抑制这种投机行为，需要通过限售政策进行锁定，但同时也在一定程度上削弱了二手房市场的流动性。

2. 利率调整优化，促进消费释放

自 2023 年 1 月实施首套住房贷款利率政策动态调整机制以来，推动首套房贷利率下限调整的城市数量在不断扩大。中国人民银行公布的数据显示，截至 2023 年第一季度末，在符合放宽条件的 96 个城市中，有 83 个城市下调了首套房贷利率下限，有 12 个城市取消了首套房贷利率下限。截至第四季度末，共有 101 个城市下调了首套房贷利率下限，26 个城市取消了该下限（见图 21）。

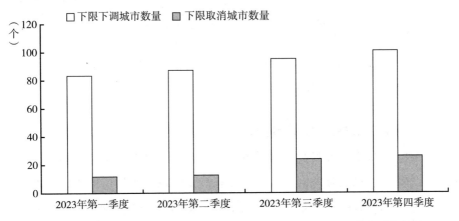

图 21 2023 年第一季度至第四季度涉及首套房贷利率下限调整的城市数量

资料来源：中国人民银行。

2024 年 2 月 20 日，贷款市场报价利率（LPR）下调了 25 个基点，创下历史最大降息幅度，5 年期以上 LPR 从 4.2%降至 3.95%。全国首套房贷平均利率已跌至 4%以下，仅 3.59%，二套房贷平均利率也只有 4.16%，均为历史低位（见图 22）。从不同城市来看，一线城市的首套房贷利率高于基准利率或与基准利率持平，部分二线和三、四线城市在 LPR 基础上下调了30~50 个基点，甚至有个别城市下调幅度达 60 个基点，这表明当前房贷利率仍有进一步下调的空间。特别是一线城市，其房贷利率下调幅度相对较小，且二套房贷款利率普遍上浮。因此，在首套住房贷款利率政策动态调整机制下，预计未来房贷利率仍有进一步下调的空间。

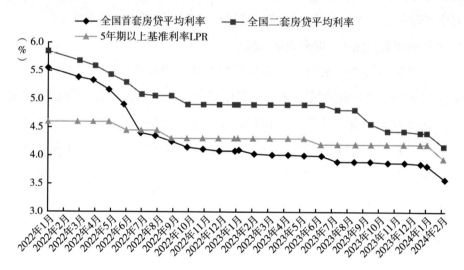

图 22　2022 年 1 月至 2024 年 2 月全国首套、二套房贷平均利率

资料来源：58 安居客研究院。

3. 交易税费调整，提升市场活力

在购房过程中，税和费占据了重要位置，特别是在二手房交易中，这些成本尤为显著。以上海为例，二手房交易涉及的税费包括增值税、个人所得税、契税以及持有期间的房产税。若按最高税率计算，增值税 5%与个人所得税 2%、契税 3%相加，税费比例达 10%。此外，中介费作为另一项重要费用，按照上海大型房地产经纪公司的收费标准（3%）计算，整体税费负担接近

13%。以在上海购买一套总价 1000 万元的改善型房产为例，购房者需承担约 130 万元的税费。这部分费用往往通过房价转嫁给购房者，或直接由购房者承担。再加上每年约 4 万元的房产税，二手房交易中的税费负担对大部分购房者而言确实是一笔较大的成本投入，在一定程度上影响其购买的积极性。

对出售方来说，降低交易成本的有效手段包括缩短税收起征年限和实行退税政策。在增值税方面，多数城市已逐步将免征年限降低至 2~3 年，而上海的免征年限是 5 年，相对于其他城市较为严格。例如，杭州于 2024 年 3 月 14 日实施了新政策，规定持有房产满两年的房东在出售房产时，将全面免征增值税。此外，个人所得税方面也有积极的退税政策出台。根据财政部 2022 年发布的《关于支持居民换购住房有关个人所得税政策的公告》，出售自有住房并在一年内重新购房的纳税人，可享受对其出售自有住房已缴纳个人所得税的退税优惠。展望未来，针对出售方交易成本的降低，将会是继续降低相关税收的起征年限，并进一步扩大退税优惠政策的适用范围。

对买受方来说，降低交易成本的有效手段包括提供契税补贴和调整征税标准。近年来，为激发房地产市场活力，各地政府纷纷出台契税补贴政策。这些政策通常向购房者提供 50%~100% 的契税补贴，具体补贴比例则根据地方政府的财政状况而定。鉴于契税作为地方财政收入的重要组成部分，其补贴政策的实施与地方政府财政状况密切相关。因此，随着财政状况的改善及市场需求的增长，预计 2024 年契税补贴政策将进一步扩大实施范围。房产税方面，目前仅有重庆和上海两市实施房产税征收。重庆在 2024 年 1 月对房产税政策进行了调整，将免征标准从 100 平方米提升至 180 平方米，且该调整主要针对新购的独栋商品住宅和高档住房，这一举措在一定程度上降低了购房者的持有成本。鉴于房产税政策的复杂性和敏感性，短期内房产税征收范围再次扩大的可能性相对较小，预计在未来一段时间内，房产税政策的调整仍将主要集中在现有试点城市，并可能根据实施效果和市场反应进行微调。

在二手房交易过程中，除了国家层面的税收外，中介费也是购房者需要承担的一项重要成本。在一些城市，由于部分房地产经纪公司的市场垄断地位，中介费收费标准高达交易总额的 3%。这些经纪公司不仅对购房者收取

2%的中介费，还向房产出售方征收 1%的费用。然而，在实际操作中，出售方往往将这部分费用转嫁给购房者，导致购房者最终需要承担 3%的中介费。针对这一问题，主管部门已经注意到部分城市房地产经纪公司滥用市场支配地位，随意提高中介费的现象。为此，住房和城乡建设部与国家市场监督管理总局于 2023 年 5 月 8 日联合发布了《关于规范房地产经纪服务的意见》，明确要求解决二手房中介费过高、收费不透明以及经纪服务收费操纵等问题。尽管政策已经出台半年多，但真正执行并降低中介费的城市仍然寥寥无几。预计 2024 年政策方向将会继续放在严格执行降低中介费的政策上，以确保真正降低购房者的交易成本，并进一步提升二手房市场的交易活跃度。这将有助于优化市场环境，促进房地产市场的健康发展。

（二）二手房市场发展进入新局面

1. 随着政策落地和环境改善，二手房市场活跃度逐渐回升

随着政策环境的不断宽松和利好政策的逐步落地，市场活跃度有望进一步提升。政策从制定到实施再到实际成效的显现，往往需要经历一段时间的消化期，预计为 3~6 个月。回顾 2023 年下半年，密集出台的系列利好政策经过这一消化期的酝酿，至 2024 年第一季度开始逐渐显现效果。根据 2024 年最新的找房热度数据，春节后各地找房热度呈现波动上升的趋势，相较于 2023 年第四季度有了显著增长。特别是在 3 月，无论是一线城市还是二、三线城市，其找房热度均呈现明显回升的态势（见图 23）。这一趋势充分证明了前期政策利好效应正在逐步释放，市场活跃度正逐步提升。

随着房地产市场逐渐回暖，居民对二手房市场的观望态度有所减轻。根据 58 安居客平台数据，2024 年春节过后，各地二手房市场的流量转化率①均出现小幅增长。与 2023 年同期相比，2024 年第一季度的流量转化率

---

① 流量转化率＝连接量/流量，其中流量指居民在平台对房源的浏览量，反映居民的找房热度，连接量则是居民通过电话点击、在线咨询、预约看房、订阅关注等与房源产生的连接数量，反映的是居民购买意愿强度。流量转化率越高，意味着居民购买意愿越强，观望情绪较弱，反之，则意味着观望情绪较强。

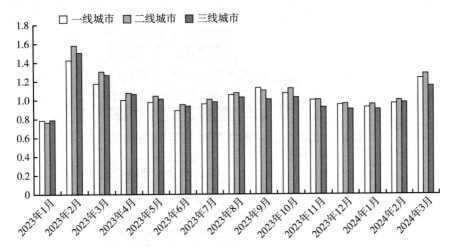

图 23　2023 年 1 月至 2024 年 3 月一、二、三线城市二手房找房热度指数

资料来源：58 安居客研究院。

仍处于较低水平，居民观望情绪尚未完全消散，市场仍处于恢复阶段。然而，与 2023 年第四季度相比，2024 年第一季度的转化率已呈现上升趋势，特别是在 3 月，一线城市如上海、广州、深圳，以及二线城市如成都、合肥、武汉、长沙、郑州等地的流量转化指数①均有显著增长。其中，合肥、成都、长沙、郑州等城市的流量转化指数已回升至 100 以上，成都、合肥和长沙的流量转化指数更是达到 120 以上，显示出二手房市场的信心恢复。相比之下，北京和南京的流量转化指数低于 90，二手房市场观望情绪相对较强（见图 24）。

2. 随着生活条件改善，居民对改善型产品的需求不断增长

2024 年，居民找房需求将更加多元化和细分化。一线城市仍将有一部分市场维持对小户型的基本需求，改善型住宅需求也有明显的增长。在二、三线城市，随着经济发展和收入水平提高，居民对更大面积和更好居住条件的追求将成为主流。从户型层面来看，三房需求逐年攀升，且这一增长趋势

---

① 流量转化指数，根据流量转化率计算得出，反映购房者对市场的信心。值越高，信心越强。

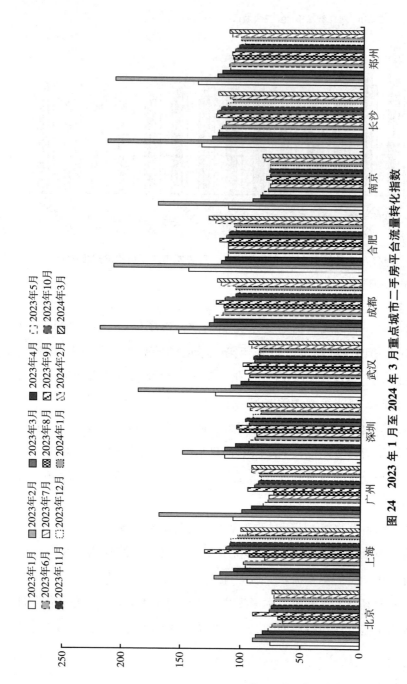

图 24　2023 年 1 月至 2024 年 3 月重点城市二手房平台流量转化指数

资料来源：58 安居客研究院。

在城市能级较低的区域更为明显，特别是在三线城市中占比最高（见图25）。在住宅面积方面，居民对100平方米及以上的大面积住宅需求也在不断增加，特别是120~140平方米这一面积段的住宅需求日益旺盛，并且这一增长趋势同样呈现随城市能级降低而比例增加的特点（见图26）。

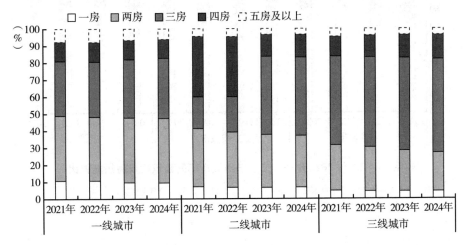

图25　2021~2024年一、二、三线城市不同户型找房热度占比

注：2024年数据统计时间截至2024年3月31日，其余为全年数据。
资料来源：58安居客研究院。

在一线城市中，90平方米以下的小户型仍保持较高的市场份额，其中一房和两房的需求逐年略有下降，但仍占据市场的主导地位。三房及以上的较大户型需求逐年增加，意味着即使在土地稀缺的一线城市，改善型需求也在逐步上升。

对二线城市来说，居民找房需求有向更大居住空间迁移的趋势。90平方米以下的小户型需求持续下降，而100~120平方米以及120~140平方米的中等面积段户型需求稳步增长，尤其是100~120平方米的户型，其市场需求有显著的提升。三房和四房户型的增长也表明了二线城市居民对改善型住宅的追求逐渐增强。在三线城市，100平方米及以上的大户型需求增长最为迅速，特别是120~140平方米以及140~210平方米的面积段，这可能与当地房价相对低廉以及居住环境改善需求相关。同时，210平方米及以上的

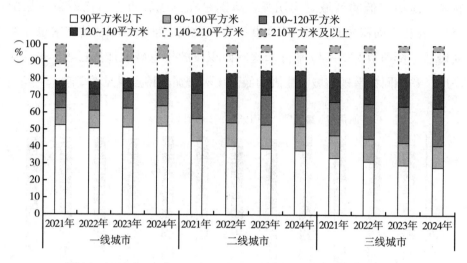

图26　2021~2024年一、二、三线城市不同面积段找房热度占比

注：2024年数据统计时间截至2024年3月31日，其余为全年数据。

资料来源：58安居客研究院。

超大面积住宅需求也有所上升，虽然增幅不大，但也说明居民存在对超改善型住宅的需求。

3. 多地步入存量房市场，二手房市场对新房的替代效应显现

在政策环境日趋优化和市场机制不断完善的背景下，我国房地产市场正从增量市场向存量市场转型，二手房市场将持续保持其活跃态势，并在房地产市场中占据重要地位。随着城市化进程的推进，新增住房需求逐渐趋于稳定，特别是在一线城市及部分热点二线城市的核心区域，新房供应减少，市场逐渐转向以存量房交易为主导。消费者对未来经济和房价预期的不确定性促使他们更倾向于选择即时可入住且价格相对合理的二手房。同时，居民对居住品质的要求在提升，他们更加追求优质的社区环境、完善的生活配套和理想的房屋条件。而随着市场上挂牌房源的增多，许多位于市中心或成熟社区的优质二手房源逐渐释放，这些房源恰好能够满足这部分人群对理想居住环境的需求。

二手房对新房的替代效应日益显著，预计在2024年将进一步增强。

2024年1~2月重点城市的二手房市场数据显示，多数城市二手房成交占比超过50%（见图27），其中南京更是高达85%，显示出二手房在这些城市的房地产市场中占主导地位。与2023年相比，二手房市场成交占比有了显著提升，特别是合肥、东莞、青岛、南京、杭州、长沙、南宁等城市，二手房成交市场占比提升幅度均在15个百分点以上。

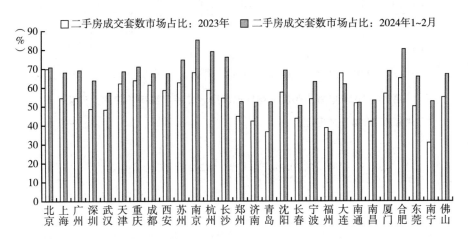

图27　2023~2024年重点城市二手房市场占比情况

注：2024年二手房成交数据统计周期为2024年1~2月。
资料来源：58安居客研究院。

通过新房与二手房的找房热度变化对比，我们发现，在新房找房热度降低的情况下，部分城市的二手房市场找房热度却逆势上升。例如，2024年第一季度南京新房找房热度同比下降27.6%，而二手房找房热度则同比上升10.5%（见图28）。从新房和二手房的流量转化率对比看，大多数城市二手房对新房的转化优势显著增强。以广州为例，自2023年第三季度起，二手房对新房的转化优势持续增强，转化优势比从2023年第二季度的0.20扩大到2024年第一季度的0.27（见图29）。

4. "三大工程"加快推进实施，城中村改造带来发展新机遇

2023年以来，随着"三大工程"被中央多次强调，城中村改造也被多次提及。4月28日，中共中央政治局会议提出，在超大特大城市积极稳步

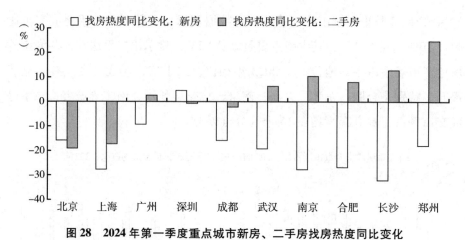

图28 2024年第一季度重点城市新房、二手房找房热度同比变化

资料来源：58安居客研究院。

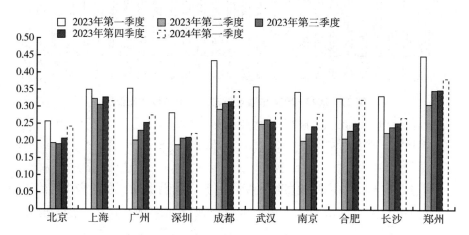

图29 2023年第一季度至2024年第一季度重点城市二手房转化优势比

注：二手房转化优势比＝二手房流量转化率/新房流量转化率。
资料来源：58安居客研究院。

推进城中村改造；7月21日，国常会审议通过《关于在超大特大城市积极稳步推进城中村改造的指导意见》；7月24日，中共中央政治局会议再次提及；7月28日，国务院召开关于在超大特大城市积极稳步推进城中村改造工作部署电视电话会议。根据第七次全国人口普查数据，我国共有21个超大特大城市，其中超大城市 7 个：北京、上海、广州、深圳、成都、重庆、天津；特大城市 14 个：武汉、西安、长沙、南京、杭州、东莞、佛山、郑州、青岛、济南、大连、哈尔滨、沈阳、昆明。

城中村改造的实施将对改造项目所在区域的二手房市场产生深远的影响。首先，伴随着城中村改造的推进，区域的交通、绿化、教育等基础设施得到显著改善，这些措施大大提升了区域的居住环境和品质，从而吸引更多的购房者对改造区域的关注，增强二手房市场需求。其次，城中村改造中的房票安置政策会间接增加二手房市场的需求量。在改造过程中，居民持有的房票可以作为购房的凭证，用于购买指定范围内的二手房源。2023 年以来，广州成为首个推行房票安置的一线城市，此外，还有佛山、洛阳、南充、义乌等超 50 城推出房票安置政策。由于房票通常具有货币价值，并且可以用于购买二手房源，这使城中村居民在购房时拥有更多的资金支持。这种资金支持不仅提高了他们的购房意愿，也增强了他们在二手房市场中的购买力，从而推动了需求增量的增加。最后，城中村改造对二手房市场的房源供应存在一定程度的影响。改造后释放出的新建住房，如果定位为商品房，也可能成为二手房市场的潜在供应。城中村改造是一个长期过程，其对二手房市场供应的影响不会立即显现，但随着改造项目的逐步完成，长期来看可能释放出更多的二手房源。

B.6
2023年中国商业不动产市场分析及2024年预测

杨泽轩　孟　磊　王丽娜*

摘　要： 2023年，购物中心市场存量增速下降，空置率接近疫情前水平；办公楼市场需求周期性反弹，吸纳量创新高，但空置率略有上升，租金持续下调；酒店市场开始恢复，投资活跃，中端及中高端酒店占比仍领先；中高端公寓产品在租赁市场中较为稀缺，受住房租赁政策驱动，较其他产品利润空间更高，迎来市场快速增长，租金有所增长但未恢复至疫情前水平。展望2024年，预计购物中心市场压力将继续增大，商业地产项目拟开业量逐年下降，整个行业进入存量精细化运营时代；办公楼市场供应放缓，吸纳量与租金将同步企稳回升，但空置率或将继续维持高位；酒店市场预计随商务经济恢复而缓慢回暖，但周期较长，体现休闲、娱乐功能的目的地酒店会在2024年乃至未来一段时间内继续保持快速的增长；公寓市场将保持高活跃度，在保租房"基石"之上，借助产品与服务的升级，实现品牌差异化发展。

关键词： 商业不动产　购物中心　办公楼　酒店　长租公寓　REITs

---

* 杨泽轩，万商俱乐部创始人，上海万茂科技创始人；孟磊，万商俱乐部研究院院长，上海万茂科技合伙人；王丽娜，上海丰拓房地产顾问有限公司创始人。

一 2023年中国商业不动产发展总览

（一）商业不动产相关政策

为刺激消费保障民生，2023年政府出台多项政策，促进商业不动产健康发展（见表1）。

表1 2023年商业不动产相关政策时间

时间	出台部门	名称	政策内容摘要
1月13日	住房和城乡建设部联合多部门	《改善优质房企资产负债表计划行动方案》	围绕"资产激活""负债接续""权益补充""预期提升"四个方面，重点推进21项工作任务。综观这21项任务，包括继续推动"保交楼"、多渠道稳定优质房企融资、扩大租赁住房供给、完善金融政策等内容。其中在稳定优质房企融资方面，将加大信贷、债券等新增融资支持力度，调整优化并购重组、再融资等5项房企股权融资措施
2月20日	证监会	《启动不动产私募基金试点工作》	为进一步发挥私募基金多元化资产配置、专业投资运作优势，满足不动产领域合理融资需求，启动了不动产私募投资基金试点工作。证监会表示，在现有私募股权投资基金框架下，新设"不动产私募投资基金"类别，并采取差异化的监管政策，满足不动产领域合理融资需求。其中，不动产私募投资基金的投资范围包括特定居住用房（包括存量商品住宅、保障性住房、市场化租赁住房）和商业经营用房以及基础设施项目等
3月14日	国务院	2023年政府工作报告	2023年城镇新增就业预期目标设置为1200万人左右，城镇调查失业率5.5%左右。充分的就业机会和劳动报酬，将从根本上提高消费意愿和消费者活力，推动零售、餐饮、文旅等多样商业地产市场回暖

续表

时间	出台部门	名称	政策内容摘要
3月24日	证监会	《关于进一步推进基础设施领域不动产投资信托基金（REITs）常态化发行相关工作的通知》	通知共提出四方面12条措施。其中，在加快推进市场体系建设方面，通知提出，研究支持增强消费能力、改善消费条件、创新消费场景的消费基础设施发行基础设施REITs。优先支持百货商场、购物中心、农贸市场等城乡商业网点项目，保障基本民生的社区商业项目发行基础设施REITs
5月23日	国务院国资委	《中央企业债券发行管理办法》	中央企业一般应在每年第一季度（2023年除外）向国资委报送集团公司年度债券发行计划相关材料。在国资委出具批复前，中央企业集团公司可以按拟申请年度计划总额的1/4左右发行债券。办法还规定，国资委批准的中央企业集团公司年度债券发行计划当年有效，不与中央企业在债券市场注册的债券额度挂钩
7月23日	商务部、国家发改委等13部门	《关于促进家居消费若干措施的通知》《关于促进汽车消费的若干措施》《关于促进电子产品消费的若干措施》	对居民购买绿色智能家居产品给予补贴，同时鼓励装修企业围绕厨房、卫生间、阳台、儿童房等局部升级改造，推出优惠套餐。出台了优化汽车限购管理政策、支持老旧汽车更新消费、加快培育二手车市场、加强新能源汽车配套设施建设等十条措施，进一步稳定和扩大汽车消费。提出加快推动电子产品升级换代，大力支持电子产品下乡。开展绿色智能电子产品展销活动
11月27日	央行、国家金融监管总局等八部门	《关于强化金融支持举措助力民营经济发展壮大的通知》	提出鼓励主办银行和银团贷款牵头银行积极发挥牵头协调作用，对暂时遇到困难但产品有市场、项目有发展前景、技术有市场竞争力的民营企业，按市场化原则提前对接接续融资需求，不盲目停贷、压贷、抽贷、断贷，保持信贷、债券等重点融资渠道稳定，合理满足民营房地产企业金融需求

资料来源：各政务公开网站，万商商业研究院。

（二）资本市场

1. 消费 REITs 再次扩容，商业不动产转型迎来新思路

2023 年公募 REITs 有多个里程碑事件，如 3 月国家发改委发布了《关于规范高效做好基础设施领域不动产投资信托基金（REITs）项目申报推荐工作的通知》（发改投资〔2023〕236 号），将消费基础设施纳入公募 REITs 试点范围；年中首批 4 只扩募 REITs 成功上市；年末迎来首批消费 REITs 正式申报及部分产品获批。

消费基础设施公募 REITs 已有 6 只产品正式申报至证监会，预计总募资规模近 180 亿元。资产类型既包括购物中心，也包括奥特莱斯及社区商业。发行人既有国央企背景，也有民营企业。资产分布既有一线城市，也包括新一线城市和二线城市，整体发展势头呈现多元化。截至 2023 年底，已有四单消费 REITs 获批正等待上市发行，包括华夏华润商业 REIT、中金印力消费 REIT、华夏金茂购物中心 REIT、嘉实物美消费 REIT（见表 2）。

表 2　2023 年消费 REITs 获批明细

单位：亿元

企业	名称	项目描述	企业背景	募资用途	募资金额
华润	华夏华润商业 REIT	该购物商场于 2015 年 4 月开业，是全国第九座万象城，总建筑面积达 45 万平方米，开业之初曾被称为是全国规模最大、店铺数量最多、业态组合最丰富的万象城	作为行业领先的城市投资开发运营商，华润置地坚持巩固"3+1"一体化业务组合模式，在经营性不动产业务领域深耕超过二十年，是国内最早发展购物中心业务的开发商之一，已培育出"万象城""万象汇""万象天地"三大商业产品线以及大量优质商业资产	拟用于北京首开万象汇、广州长隆项目、北京西北旺万象汇、杭州华丰商业项目、义乌天地、杭州城北万象城、北京朝阳站、无锡滨湖万象汇、杭州亚奥万象天地等 16 个项目的建设	69.78

企业	名称	项目描述	企业背景	募资用途	募资金额
万科	中金印力消费REIT	杭州西溪印象城位于杭州大城西板块的核心商圈，整体建筑面积25万平方米，现拥有367家商户，是余杭区体量最大的TOD商业综合体。截至目前，已达到99.2%的出租率，是此轮出租率最高的资产项目	印力集团在商业资产储备上同样充足。作为万科旗下的购物中心开发与运营能力平台，截至2023年10月，印力集团运营管理项目超164个，遍布全国53个城市，在管商业面积超过1200万平方米，资产规模超过1000亿元，整体出租率达95%。项目收入和利润均实现23%的年复合增长。其拥有的区域型购物中心品牌"印象城"、片区型购物中心品牌"印象汇"以及"印象城MEGA"、社区商业品牌"印象里"等产品线，均存在未来加入上市资产包的可能性	本次募集资金拟新投资项目包括上海虹桥前湾印象城MEGA、天津和平印象城、杭州奥体印象城、杭州市余杭区BY项目及嘉兴市秀洲区XH项目	35.77
金茂	华夏金茂购物中心REIT	金茂商业将旗下的明星项目——长沙览秀城作为基础设施资产展开申报。该项目位于长沙梅溪湖核心区域，总投资额近20亿元，总建筑面积超10万平方米，自2016年底开业至今已运营7年，是金茂商业旗下的首个自主经营的滨水商业体	金茂商业板块已拥有"览秀城""金茂汇""金茂J·LIFE"等品牌IP，覆盖上海、南京、长沙、青岛、天津等多个核心城市。青岛览秀城、张家港览秀城、天津金茂汇也同样是不逊色的明星项目，金茂商业板块收入、销售额和客流量分别增长68%、125%、110%。此外，金茂在武汉、杭州、天津等高能级城市均有览秀城项目筹备在建。金茂同样也将手握众多高成长性的优质商业资产加入公募REITs	—	10.68

企业	名称	项目描述	企业背景	募资用途	募资金额
物美	嘉实物美消费REIT	物美的项目是物美、麦德龙等品牌超市,以及餐饮、理发、药店等近社区商业,是最贴近居民日常消费的社区商业资产。北京的大成项目、玉蜓桥项目、华天项目和德胜门项目,总建筑面积7.79万平方米	物美商业目前在全国拥有超过1800家多业态门店,年销售规模逾1000亿元,是国内零售产业的"大明星"。除了"物美""麦德龙"等大品牌外,"美廉美""百安居""新华百货"等也是具备成长力的品牌	—	10.44

资料来源：瑞思研究院。

2. 相较于2022年,2023年商业地产领域类 REITs＋CMBS 发行数量提升,但发行总金额有所下降

2023年,国内商业地产领域类 REITs＋CMBS（仅统计零售物业、办公物业、酒店、混合类）共70只,总发行金额987.23亿元。其中 CMBS 为53只,总发行金额780.45亿元;类 REITs 为17只,总发行金额206.78亿元（见表3）。

表3　2023年商业不动产资产证券化（类 REITs/CMBS）部分发行明细

单位：亿元

所在城市	项目名称	发行金额	支持物业	类型
太原	华润置地太原万象城类 REITS	43.58	太原万象城	商业不动产
北京	合生商业物业 ABS	35.5	合生商业	零售物业
上海	海伦中心 CMBS	37.8	海伦中心	办公物业
上海	金融大厦 CMBS	5.9	金融大厦	办公物业

续表

所在城市	项目名称	发行金额	支持物业	类型
上海	海通—大华商业物业资产支持专项计划	16.03	大华商业	零售物业
上海	海通—徐汇绿地缤纷城资产支持专项计划	20.01	绿地缤纷城	零售物业
西安	西部证券—陕投城市运营信息大厦资产支持专项计划	8.01	沈阳大悦城	办公物业
上海	金茂申万—上海金茂大厦—鑫悦绿色资产支持专项计划（碳中和）	30	金茂大厦	办公物业
广州	中金—新世界云门商业资产支持专项计划	10.01	新世界云门商业	零售物业
苏州	城投地产 东吴 苏州城市生活广场资产支持专项计划	3	苏州城市生活广场商业	零售物业 办公物业
深圳	中信证券—招商蛇口消费基础设施—一期资产支持专项计划	8.08	上海市北壹中心	零售物业
成都	成都文旅宽窄巷子和艺术中心资产支持专项计划	11.8	成都文旅宽窄巷子和艺术中心	零售物业
宁波	太平洋—宁波轨交商业项目2023年第1号资产支持计划	8.5	宁波轨交商业项目	零售物业
北京	西部矿业集团公司北京青海金融大厦绿色资产支持专项计划（碳中和）	18.3	北京青海金融大厦	办公物业
安徽	中金—安徽高速地产—安徽高速开元国际大酒店及安徽高速徽风皖韵酒店资产支持专项计划	9.51	安徽高速开元国际大酒店 安徽高速徽风皖韵酒店	酒店

资料来源：瑞思研究院。

截至2023年，商业地产领域CMBS+类REITs项目国央企占比及碳中和这两个主题持续走高的同时，又发生了新的变化：非民营企业发行金额占比超八成；绿色主题延续政策优势仍然是风向；港资企业拓展境内融资渠道，实现创新尝试。

3. 中国 REITs 市场对基本框架和产品治理实现了优化

新加坡 REITs 的成功发展，得益于各方面制度的不断优化和市场的不断演化等诸多因素。德勤和新加坡房地产投资信托协会列出了六点新加坡作为优选上市地的理由：①坚固的治理和监管框架；②国际化的投资群体和交易活动；③多元化的资产类别；④高效的税收框架；⑤稳定的政治环境；⑥活跃的二级市场。除了以上这六点以外，新交所和新加坡金融管理局的几项政策也发挥了保持市场热度的效应，让新加坡 REITs 市场贴近国际发行人运用资本市场的考量和跟上国际投资趋势。

REITs 的扩募是快速实现 REITs 市场规模增长的最重要的方式。从新加坡的经验中，可以学习到扩募机制在丰富 REITs 资产包和分散资产包风险中的重要性。对于市场整体而言，扩募机制能更有效地平衡资产价值，加强 REITs 盘活存量资产的功能。

4. 消费基础设施 REITs 发展进程加快，有望激发更多消费活力

从国际成熟 REITs 市场来看，消费基础设施 REITs 占据较高比例。瑞思研究院院长朱元伟表示，据市场调研机构 Mordor Inteligence 数据，美国 2023 年消费基础设施 REITs 的渗透率约为 10.35%，若以此类比计算，我国消费基础设施 REITs 规模保守估计可达 7000 亿元，未来将具备更大的发展空间。公募 REITs 为消费基础设施投资提供有效的退出渠道，实现"投、融、管、退"闭环。

对消费基础设施 REITs 的政策支持力度的持续加大，有助于进一步提升商业项目运营质效，推动消费模式和消费场景的迭代升级，激发区域消费活力，促进居民消费的恢复和扩大。

5. 消费基础设施 REITs 仍存估值"难题"待解

消费基础设施 REITs 底层资产的估值，会直接影响公募 REITs 的发行价格和实际募集金额。目前监管部门要求，原则上以收益法作为基础设施项目的主要估价方法，影响评估的重要参数，包括土地使用权或经营权剩余期限、运营收入、运营成本、运营净收益、资本性支出、未来现金流预期、折现率等。

消费基础设施资产对管理团队的要求比较高，运营管理尤为重要。消费基础设施REITs底层资产的质量高度依赖于其运营水平，瑞思研究院院长朱元伟认为，消费基础设施运营管理专业性较强，对运营管理机构的能力提出了较高的要求。消费基础设施REITs发行后，基金管理人可以通过建立运营激励奖惩机制，鼓励运营管理机构提升运营管理效能。

二 零售物业市场分析

（一）消费形势

1. 国民收入仍呈正增长，消费规模较上年度大幅上涨

2023年，我国GDP规模超126万亿元，比上年增长5.2%，已连续4年GDP过百万亿元大关。2022年中国人均GDP为89358元，比上年增长5.4%，按年平均汇率折算，达12680美元，近1.3万美元。

同期，社会消费品零售总额471495亿元，同比增长7.1%。从统计局数据可见，2023年是消费重振的一年，消费成为拉动经济增长的主动力，最终消费支出拉动经济增长4.3个百分点，比上年提高3.1个百分点，对经济增长的贡献率是82.5%，提高43.1个百分点，消费的基础性作用尤为突出，相较保守消费的2022年有较大增幅（见图1）。

2023年，城镇居民人均可支配收入51821元，同比增长5.1%，扣除价格因素，实际增长4.8%，尚未达到疫情前增速水平；城镇居民人均消费性支出32994元，同比增长8.6%，扣除价格因素，实际增长8.3%，在促消费扩内需"组合拳"作用下，同比增速超疫情前水平（见图2）。

2. 消费支出结构中可选性消费快速增长

2023年的消费支出结构中，教育文化娱乐及医疗保健消费占比有较为明显的上涨，分别较上年同期增长6.7%、7.0%，医疗保健消费占比已达到10年内最高水平。

从总体情况来看，全国居民人均食品烟酒消费支出7983元，增长

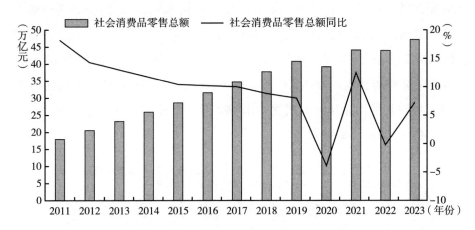

图1　2011~2023年社会消费品零售总额

资料来源：国家统计局，万商商业研究院。

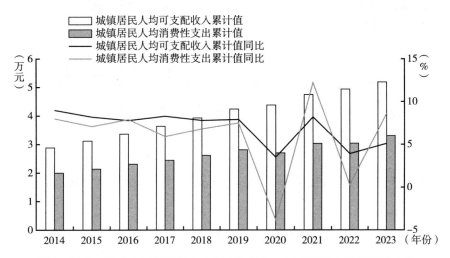

图2　2014~2023年城镇居民人均可支配收入、城镇居民人均消费性支出

资料来源：国家统计局，万商商业研究院。

6.7%，占人均消费支出的比重为29.8%；人均衣着消费支出1479元，增长8.4%，占人均消费支出的比重为5.5%；人均居住消费支出6095元，增长3.6%，占人均消费支出的比重为22.7%；人均生活用品及服务消费支出

1526 元，增长 6.6%，占人均消费支出的比重为 5.7%；人均交通通信消费支出 3652 元，增长 14.3%，占人均消费支出的比重为 13.6%；人均教育文化娱乐消费支出 2904 元，增长 17.6%，占人均消费支出的比重为 10.8%；人均医疗保健消费支出 2460 元，增长 16.0%，占人均消费支出的比重为 9.2%；人均其他用品及服务消费支出 697 元，增长 17.1%，占人均消费支出的比重为 2.6%（见图 3）。

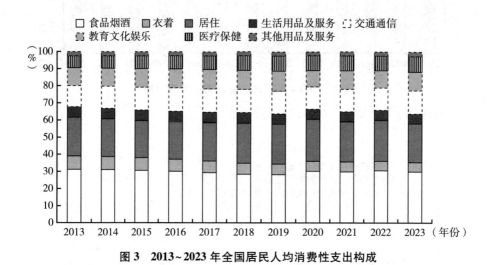

图 3　2013～2023 年全国居民人均消费性支出构成

资料来源：国家统计局，万商商业研究院。

3. 线上线下融合发展趋势下，实物商品网上零售总额占社零总额超 1/4，实体商业承压

后疫情时代，网购习惯成常态，线上线下协同发展的趋势愈发明显。2023 年全年实物商品网上零售总额达到了 13.02 万亿元，同比增长 10.6%，显示出网络零售市场的快速发展。在这一背景下，越来越多的传统零售企业开始转型线上，通过电商平台、直播带货等方式拓展销售渠道，实现线上线下融合发展（见图 4）。

实体零售方面，虽然受到网络零售的冲击，但在"强信心、优供给、扩内需"的政策导向下，实体零售市场逐渐呈现恢复向好的态势。不少实体零售企业通过创新经营模式、提升服务质量等方式，吸引了更多消费者的关注，实现了销售额的增长。

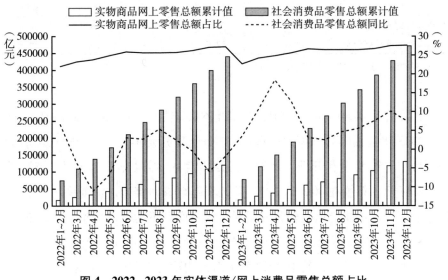

图4　2022~2023年实体渠道/网上消费品零售总额占比

资料来源：国家统计局，万商商业研究院。

（二）购物中心市场分析

1.优质零售物业运营情况有回暖趋势，接近疫情前同期水平

2023年，全国优质零售物业的运营情况呈现缓慢回暖趋势，但较2019年水平仍有较大差距。其中，一线城市优质零售物业整体租金水平呈现同比下降趋势且仍未止跌，空置率则小幅上升。深圳市优质零售物业空置率处于一线城市中最低水平，第三季度仅为4.9%，表现最优，但租金水平持续下降。

综合比较四大一线城市的优质零售物业市场情况，租金层面是北京、上海的租金价格远高于广州及深圳，但相比较而言深圳的零售物业市场整体呈现较高的活力，空置率始终保持在较低水平，自2016年以来空置率就未超过6%（见表4）。

表4 2023年第三季度重点城市商业地产运营情况

单位：%，元/（米²·天）

项目	北京	上海	广州	深圳
优质零售物业空置率	8.3	8.1	8.5	4.9
优质零售物业首层租金	32.7	33.6	25.5	19.3

资料来源：联合资信，万商商业研究院。

2. 疫情后购物中心年度拟开业数量及体量有较大下滑，但开业率有所上升

2023年是我国的"消费提振年""商业复苏元年"，大量前序年份滞后的项目在本年度顺利开业。2023年国内购物中心拟开业总量共计588个，年末实际开业总量在400个左右，开业率超60%并接近疫情前平均水平，但开业项目数量及体量均有较大的下滑，或与商业不动产市场整体呈现饱和状态相关。据不完全统计，2023年度开业量前十的城市中，人均购物面积均达到1平方米及以上，其中2022年上海人均购物面积已达1.07平方米，商业一线城市的市场竞争将明显加剧（见图5和图6）。

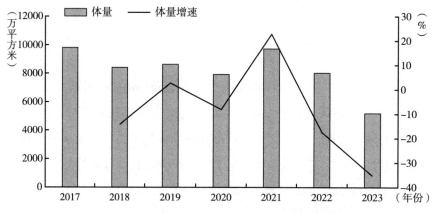

图5 2017~2023年购物中心拟开业项目体量及增速情况

资料来源：赢商网，万商商业研究院。

3. 中小体量项目占比高，大体量项目定位呈现明显差异化

随着优质购物中心的存量逐年提升，市场竞争愈加激烈，从全国来看，

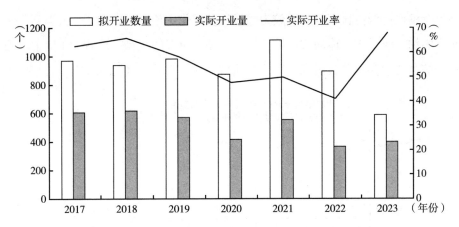

图6 2017~2023年购物中心拟开业数量及实际开业量情况

注：①统计范围为全国368个城市（不含港澳台）管辖行政区内，商业建筑面积3万平方米及以上，计划2023年内开业的购物中心（含1月已开业数据）；②统计数据包含新建项目及存量改造项目；③拟开业项目数量统计时间截至2023年1月30日。

资料来源：赢商网，万商商业研究院。

购物中心的数量、体量已经不能成为竞争优势，更多趋向于精致且具有特色定位的中小体量。从2023年拟开业项目体量来看，3万~5万平方米的小体量项目较同期增长了1%，且较为明显集中在高线级城市，是低线级城市的1.75倍。此外，5万~10万平方米及10万~15万平方米的筹开项目占比突出，分别达到35.26%、29.11%，均超1/4筹开总量。

从2023年上半年的实际开业情况来看，中、小体量项目依旧为主流，15万平方米以下的项目占总量的89%，15万平方米及以上区间仅占11%。总体来看，3万~5万平方米、5万~10万平方米、10万~15万平方米三个区间项目量相当，各占比30%左右。显而易见，商业项目小体量化的趋势仍在继续，社区MALL、区域MALL等小体量项目仍是年度增量项目的主流。

根据赢商网数据统计，2023年上半年15万平方米以上的大体量项目共12个，其中20万平方米及以上的"巨无霸"项目表现突出，包括兰州万达茂（32万平方米），以及成都天府和悦广场二期、杭州港龙悦乐城、武商MALL·南昌、金华义乌绿地朝阳门4个体量在20万平方米的项目。而大体量

项目持续保持低占比，且具有较为明显的差异化定位，可归为 2 个大类别，一是集购物、游乐于一体的文旅综合体，二是全业态的大型生活 MALL，主要服务于综合化的多元消费需求，小体量项目差异较为明显（见图 7）。

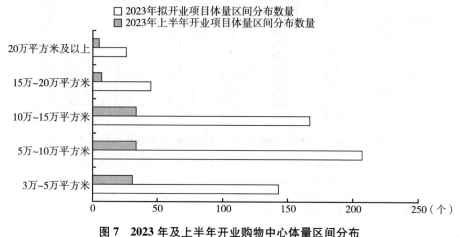

图 7　2023 年及上半年开业购物中心体量区间分布

注：统计范围覆盖全国商业面积在 3 万平方米及以上购物中心。
资料来源：赢商大数据，万商商业研究院。

4. 商业高线级市场依然是港资与外资企业深耕区域

根据行业研究及公开数据整理，2023 年港资、外资企业对中国商业地产市场仍保持持续深耕趋势，但表现相对更为谨慎，11 家企业 2023 年将有 14 个项目开业。

根据赢商网数据，从分布来看，高线级城市地位不变，其中商业一线城市 6 个、准一线城市 4 个、二线城市 2 个、三线城市 2 个（见表 5）。

表 5　港资/外资企业 2023 年拟开业项目

单位：万平方米

运营商	运营商企业属性	城市	项目名称	商业建筑面积	拟开业时间
长实和记	港资	上海	上海 LOVE@ 大都会	22	2023 年
嘉里建设	港资	福州	福州榕城·江上图	7.5	2023 年 4 月
香格里拉	港资	福州	福州香格里拉中心	5.4	2023 年

运营商	运营商企业属性	城市	项目名称	商业建筑面积	拟开业时间
恒基兆业	港资	徐州	徐州湖畔天地广场	6	2023年7月
新鸿基	港资	南京	南京IFC	10	2023年
新世界发展	港资	广州	广州新世界星光道	3.5	2023年
恒基兆业	港资	广州	广州星寰国际商业中心	9	2023年
新世界发展	港资	武汉	武汉汉江·云赫	4	2023年12月
瑞安新天地	港资	上海	上海瑞安鸿寿坊	3.7	2023年7月
瑞安新天地	港资	上海	上海蟠龙天地	4.8	2023年3月
住友	外资	上海	上海长三角绿洲智谷 Terrace Park	5.5	2023年
仁恒置地	外资	苏州	苏州仁恒仓街	14	2023年12月
菲律宾SM	外资	扬州	扬州SM城市广场	23	2023年10月
永旺	外资	武汉	武汉江夏永旺梦乐城	26	2023年11月

注：统计范围覆盖全国商业面积在3万平方米及以上购物中心。
资料来源：赢商网，万商商业研究院。

从参与主体来看，7家港资企业中新世界发展及瑞安新天地均拟开出2个项目，与新鸿基、恒基兆业、长实和记、嘉里建设、香格里拉共推出10个项目，但恒隆、太古均无新购物中心入市。其中，蟠龙天地项目作为瑞安新天地的新一代天地系代表作品，以江南古镇为底，焕新打造UrbanRetreat城市微度假目的地，集商业、住宅、酒店、绿地于一体，打造"公园里的新天地"，成为城市商业与文化融合的又一标杆。

5. 购物中心租金整体呈下滑趋势，但一线城市中高端购物中心保持较高出租率

国内经济形势的逐渐回暖、促消费政策的不断落地以及居民消费需求的稳步回升，都给国内零售市场注入一剂强心针。据戴德梁行监测，截至2023年第二季度，我国16个主要城市的中高端商业存量达1.06亿平方米，主要城市优质零售业市场净吸纳量266.2万平方米，但租金仍整体呈现下滑趋势，上海、西安有小幅上涨，环比分别增长0.50%及3.31%。在购物中心招商策略上，"以量换价"仍是多数二、三线城市购物中心的招商策略，

以换取空铺填满，但一线城市中高端购物中心出租率仍保持较高水平，空置率下降为 11.01%（见图 8）。

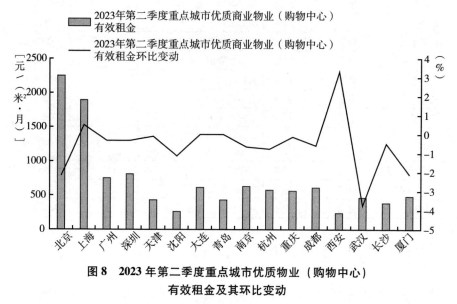

图 8　2023 年第二季度重点城市优质物业（购物中心）
有效租金及其环比变动

资料来源：仲量联行，万商商业研究院。

6.趋向文化符号打造的项目及品牌迅速涌现，更重视消费者情绪价值

在 2023 年的商业经营策略中，各大商业运营商更为关注消费者在精神层面的需求，为消费者在精神食粮充实的角度做了更多的思考。第三季度开业的苏州仁恒仓街与上海龙华会项目，都是基于在地文化与商业、微度假的融合打造，为客户提供有文化、有温度的购物休闲空间；北京朝外 The Box、上海百联 ZX 创趣场、北京 DT51、西安原力场等项目，则是瞄准年轻人对于潮流的追逐而为个性化消费群体定制的潮流中心。

此外，在茶饮品牌打造上，2023 年最受关注的品类当属新中式茶饮品牌，据不完全统计，28 个活跃城市中拥有约 76 个新中式茶饮品牌，目前已初现规模效应。其中头部品牌以 TEASTONE 为代表，特点是聚焦新中式茶饮、周边零售产品与第三社交空间，为中式茶饮爱好者提供闹中取静的体验。

三 办公楼市场分析

（一）全国经济在疫情冲击后缓慢复苏，主要城市净吸纳量明显提升

2023年，我国国内生产总值达126万亿元，同比增长5.2%。其中，第一产业增加值89755亿元，比上年增长4.1%；第二产业增加值482589亿元，增长4.7%；第三产业增加值688238亿元，增长5.8%；第三产业增加值增幅最大，经济结构持续优化。全国经济进入缓慢复苏态势。

从全年看，全国办公楼市场需求承压，空置面积的去化速度不佳，前三季度升降不一，第四季度有所好转。根据仲量联行数据统计，第三季度主要城市有近36万平方米净吸纳量，远低于第二季度的70万平方米；而第四季度主要城市净吸纳量达75万平方米，环比上升108%，较第二季度小幅上涨。受业主"以价换量"招租策略的长期刺激与驱动，第四季度主要城市办公楼市场的净吸纳量明显提升（见图9）。

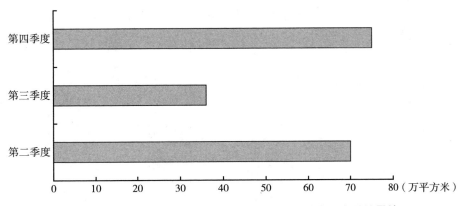

图9 2023年第二季度至第四季度全国城市办公楼市场净吸纳量情况

资料来源：仲量联行，万商商业研究院。

从主力需求客户来看，金融及专业服务业继续成为办公楼市场的主力需求者。内资金融企业在年末租金窗口期，通过升级、搬迁或整合办公室，以

降低成本、提高效率。同时，全国大部分城市的专业服务业需求保持稳定，特别是消费服务、电子商务和教育板块，与 2022 年相比有明显增长。南京在线教育行业通过布局和业务组合调整，积极拓展业务范围，涉足职业、素质和出国教育等新兴领域。天津专业服务业的增长主要来自疫情后留学教育行业的扩张需求，全年有多个留学和在线教育行业实现成交。

（二）甲级办公楼空置率持续上行，一线城市领跑全国吸纳量

从城市线级来看，一线城市在 2023 年下半年净吸纳量总量占比超全国 60%。主要以深圳甲级办公楼市场表现尤为突出，达 21.83 万平方米，较上季度有大幅提升，且大部分源于租赁而非自用需求。其中，深圳福田与前海子市场受惠于政策扶持、产业引导，推动净吸纳量合计占全市约六成。上海和广州的甲级办公楼市场租户则多以成本控制为前提，持观望态度较多，但经济复苏的传导作用及业主以价换量对市场的刺激作用已在年末显现，两个城市的净吸纳量水平较上季度均有所回升。北京甲级办公楼市场在第四季度经历了问询量及看房量的小幅提升，但受制于租赁谈判周期延长，需求未完全落地，净吸纳量较上季度小幅下降。2023 年第三季度，除广州空置率略低外，其余一线城市甲级办公楼空置率均在 20%左右（见图 10）。

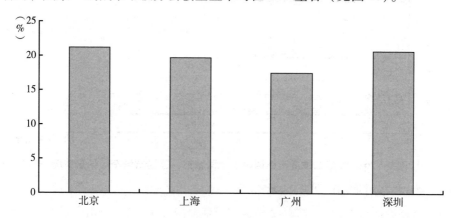

图 10　2023 年第三季度一线城市甲级办公楼市场空置率

资料来源：联合资信，万商商业研究院。

（三）存量过剩与疫情双重压力下，全国租金持续下调

在疫情与供应过剩双重压力下，全国甲级办公楼市场受租户成本控制影响，租金持续下调，业主以价换量的主流招租策略仍在持续。从仲量联行对全国 20 城的甲级办公楼租金监测数据来看，2023 年第四季度租金环比增长值均为负，整体处于下行通道（见图 11）。其中一线城市中，北京下调幅度最大，二线城市中青岛下调幅度最大。

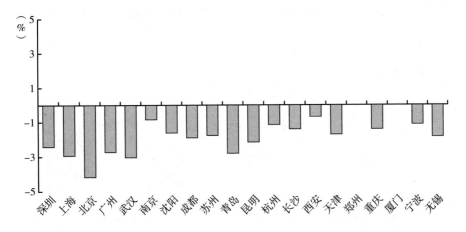

图 11 全国 20 城甲级办公楼租金 2023 年第四季度增长值（环比）

注：无锡、宁波、长沙每半年更新一次；郑州、厦门每年更新一次。
资料来源：仲量联行，万商商业研究院。

自 2018 年后一线城市甲级办公楼空置率逐渐走高，市场活跃度下降，租金走低，2023 年一线城市甲级办公楼租金仍处于缓慢下行趋势（见图 12）。根据联合资信数据整理，北京甲级办公楼市场景气度距离 2019 年水平差距逐渐扩大，办公楼空置率在 2023 年第三季度突破了 20%，租金降至 295.6 元/（米²·月），市场相对低迷。上海甲级办公楼的租金水平逐步下降，为 269.6 元/（米²·月），空置率逐步走高，接近历史峰值，市场整体呈现供大于求的态势，市场竞争激烈。近十年来，广州市办公楼市场一直呈现相对较高的景气度，但自 2020 年以来，市场开始出现变化，表现为租金

水平略有回落，空置率逐步上升，但仍略低于其他一线城市。深圳市办公楼市场在 2018 年后已结束高景气度，空置率大幅上升至 10%，租金水平持续下行，2023 年第三季度的租金仍处于缓慢下行通道，降至 179.1 元/（米²·月），市场压力较大。

综合来看，北京、上海、广州和深圳等一线城市的办公楼市场普遍面临空置率上升、租金水平下行的压力。其中，广州市的办公楼市场相对较为稳定，但也不可避免地受到了租金水平回落和空置率上升的影响。与此相比，深圳市的办公楼市场变化较为明显，景气度下降幅度较大（见图 12）。

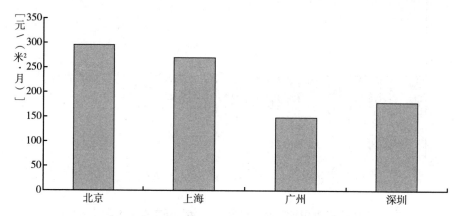

图 12　2023 年第三季度一线城市甲级办公楼市场租金

资料来源：联合资信，万商商业研究院。

四　酒店市场分析

（一）经营环境持续修复，强劲需求带动酒店行业稳健发展

2023 年是疫情后经济恢复发展的一年，对旅游业来说是不同寻常的一年。全年国内旅游市场高潮迭起、活力满满、强势复苏，据文旅部数据及测算：2023 年，国内出游 48.91 亿人次，同比增长 93.3%；国内游客出游总

花费 4.91 万亿元，同比增长 140.3%；国内出游人次和国内旅游收入分别恢复到 2019 年的 81.38%、85.69%。出入境旅游方面，据中国旅游研究院数据，2023 年我国出入境游客超过 1.9 亿人次，较上年增长 2.8 倍以上。

整体而言，2023 年中国旅游市场主要指标增长较为显著，以贵州、云南、河南、江苏为代表省份，其旅游数据已超越 2019 年，旅游经济加速回暖，旅游业在稳增长、调结构、扩内需、促消费、增就业、强信心等方面的作用进一步彰显。

2023 年是旅游行业强势复苏的一年，被压抑三年的出游需求得以释放，旅游逐步成为人们的一种生活方式。与疫情前 2019 年相比，2023 年国内旅游收入恢复至 2019 年同期的 85.69%，差距明显缩小，彰显了国内旅游消费的活力与潜能（见图 13）。

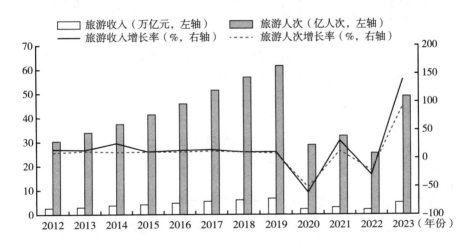

图 13　国内游客人数及国内旅游总花费

资料来源：国家统计局，万商商业研究院。

（二）酒店投资市场酒店签约量大幅回升,投资市场明显回暖

据浩华咨询研究院不完全统计，2023 年 1~11 月，我国新开业酒店数量超 1500 家，其中经济型酒店、中端酒店和中高端酒店占据主要市场份额，

新开业酒店数量分别为 244 家、426 家、492 家，占比分别为 15.98%、27.9%、32.22%。随着行业的稳步发展和酒店管理体系的持续优化升级，新开业酒店数量有望得到进一步扩大，未来中端、中高端酒店仍将占据市场主要地位（见图 14）。

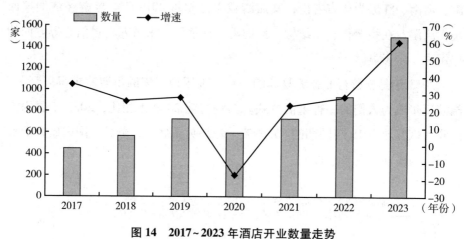

图 14   2017~2023 年酒店开业数量走势

资料来源：浩华管理顾问公司，万商商业研究院。

（三）酒店平均房价较2019年略有上涨，中档和经济型需求优先恢复

庞大的出行需求直接带动 2023 年上半年我国酒店的入住率（OOC）、平均房价（ADR）以及每间可售房收入（RevPAR）等经营指标回升、接近甚至超越 2019 年同期水平。根据 STR 数据，截至 2023 年 6 月，中国内地酒店入住率净值为 62%，以 2019 年同期中国内地酒店入住率为基数 100 核算，截至 2023 年 6 月的中国内地酒店累计入住率指数为 98，即 2023 年上半年中国内地酒店的整体累计入住率接近 2019 年同期水平。

依此类推，2023 年上半年，酒店累计平均房价指数达到 102，略微超越 2019 年同期水平，即酒店平均房价较 2019 年略有上涨；酒店每间可售房收入累计指数则达到 99，接近 2019 年同期水平，但仍有微小差距。

（四）中高端连锁酒店目前也成为国内各大酒店集团抢滩布局的"靶点"

从国内酒店集团"三巨头"首旅、锦江和华住来看，2023年4月25日，首旅如家酒店集团推出全新中高端商务休闲酒店品牌"扉缦酒店"，聚焦商务休闲市场以及国内中高端酒店市场，目前首旅已搭建起以璞隐酒店、和颐至尚酒店等品牌为核心的中高端产品矩阵，截至2023年第一季度末，首旅中高端品牌房量占比提升至36%。锦江酒店的中高端品牌包括锦江都城、康铂、丽枫、喆啡、希岸、维也纳国际等。2023年第二季度，锦江酒店TOP5品牌共新开101家酒店，新开房间数8814间，中高端品牌新开酒店数、房间数分别占比84%、91%。华住集团旗下知名中高端品牌包括汉庭、全季、桔子水晶等，2023年第二季度华住本部新开店374家，其中中高端酒店新开182家，经济型酒店则关闭24家。截至第二季度末，华住集团境内外待开业酒店合计达2845家，经济型、中高端酒店分别为1092家、1753家，中高端酒店环比新增330家。业内认为，华住集团中高端酒店占比有望进一步提高，品牌结构不断向好。

五　公寓市场分析

（一）政府全方位规范住房租赁市场，多主体供给政策解决集中式租赁房源不足问题

党的二十大报告明确，加快建立多主体供给、多渠道保障、租购并举的住房制度。2023年，广东、江苏、北京、上海、广州、天津、杭州、成都等重点省市均在相关指导文件中着重强调培育壮大住房租赁市场的重要性，普遍提出多渠道筹集租赁房源，培育专业化、规模化住房租赁企业，加大保租房等租赁住房供给。

住宅租赁用地的大量集中供应，让长租公寓向大规模、集中式的方向发

展。盘活存量资产，"非改租"政策加速，将闲置、低效物业改造为长租房，近年来，北京、上海、广州、深圳、天津、厦门等地陆续出台"非改租"政策，积极探索盘活存量资源。

长租公寓作为第一个集中爆雷的地产赛道，完成风险出清后，各方参与者纷至沓来，住房租赁市场或将迎来行业发展的新热潮。

（二）中高端租赁市场份额持续增长，未来发展前景更被看好

2023年有7家企业落地中高端公寓产品线，中高端公寓产品在租赁市场中较为稀缺，相比其他长租公寓产品利润相对较高，因此吸引了各类企业入局，包含国企、民企及外企。比如，深振业、张江集团、贝壳、仁恒置地均打造中高端公寓产品线，领盛投资、融通集团、深城投布局服务式公寓产品线。中高端租赁产品不受5%租金涨幅限制，市场潜力较大，更多投资者对长租公寓的投资趋势聚焦在中高端及高端长租公寓市场。高端租赁产品具备天然的"护城河"优势，中高端公寓市场未来将成为更多人的投资选择。

（三）保租房的大量入市，引发了整个市场租金的全面下滑

ICCRA研报显示，2023年除北京以外，其他城市租金均有不同程度的下跌，平均下跌幅度达到22.3%。据其分析称，这一方面受整体经济环境的影响，另一方面则是由于市场供给集中增加，尤其是保租房加速入市，不仅供应量猛增，而且其租金均低于同地段同品质市场化租赁住房，平抑效应凸显。按照住建部的定义，保租房重点保障在城区工作生活、正常缴纳养老保险、在工作地及相邻区县无自有住房的新市民、青年人等群体，不设收入限制，优先保障新就业、从事基本公共服务的新市民。从某种程度上讲，保租房的目标客群，与长租公寓是有交叉的。这意味着，在区位、品质趋同的情况下，长租公寓很难与价格更低的保租房进行竞争。

随着保租房供给的提升，以及住房租赁市场竞争的加剧，未来长租公寓的租金、出租率、续租率等核心经营指标可能会受到一定影响，继而影响到项目的投资回报率。

六　2024年商业不动产市场展望

2024年3月5日，十四届全国人大二次会议开幕。新鲜出炉的政府工作报告在房地产行业发展方面，提及要优化房地产政策，表明政策继续宽松的主基调不会改变。

展望2024年，财政政策适度加力，配合货币政策继续宽松，发力推动产业升级转型和促进内需的国内经济趋势渐趋明朗。对于国内投资者而言，2024年的经济大环境或许要在分化与结构性转变中逐渐变得友善。居民消费的持续复苏将成为2024年经济增长的核心驱动力，预计2024年全年有望实现5%左右的GDP增长。具体到商业不动产市场，表现为一线城市商办进入新增供应高峰，租赁需求也将呈现不同程度的回升；优质零售物业的需求也将稳步上扬。同时，投资者情绪的改善和租赁市场的复苏将共同推动大宗物业交易活跃度的提升。

（一）零售物业市场预测

2024年，全国零售物业市场或将走出小寒冬并呈现缓慢回暖趋势。尽管整体水平仍低于2019年疫情前的水平，但差距或将进一步缩小。一线城市优质零售物业或继续面临租金下降和空置率小幅上升情况。然而，部分城市可能会保持较低的空置率和较为稳定的租金水平。随着消费细分化，区域性、小众圈层消费走热，中小体量商业项目将继续作为新开业项目的主流，其中，城市更新、存量改造及非标项目等也多为小体量项目，都在持续推高小体量项目占比。据赢商网数据预测，拟开业项目体量在10万平方米以下的占比超六成。消费提振和商业复苏的努力可能会影响零售物业的租赁和开业情况。港资和外资企业可能会继续在中国商业地产市场进行深耕，但可能会表现出更为谨慎的态度。随着电商的快速发展，实体零售商圈的边界可能会进一步拓宽，线上线下融合的趋势将更加明显。

受宏观经济下行影响，商业地产项目拟开业量逐年下降，整个行业进入存量精细化运营时代。伴随着利好政策刺激，市场将持续复苏，并迎来震荡式波段上涨。据赢商网统计，2024年全国拟开业商业项目514个，总体量预测4538万平方米，其中购物中心480个，共计4303万平方米，独立百货4个，共计48.6万平方米，商业街区及文旅商业项目30个，共计186万平方米。从数据来看，2024年拟开业项目量为近8年最低，较疫情前2019年及疫情后2020年在数量、体量上均跌逾四成（见图15）。

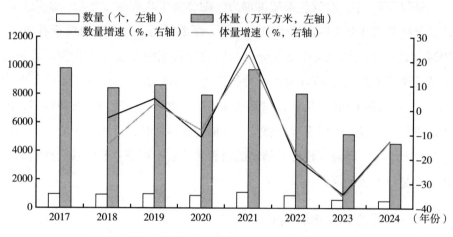

图15　2017~2024年全国拟开业购物中心数量及体量

资料来源：赢商网，万商商业研究院。

（二）办公楼市场预测

预计2024年新增甲级办公楼供应将有所放缓，未来全国办公楼市场可能会继续面临需求承压的情况，空置率可能依旧保持在高位水平，开发商或将更为侧重于存量项目的精细化运营，而对新项目则对可行性评估更为谨慎。科技创新和可持续发展理念将对甲级办公楼的设计、运营和管理提出新的要求。市场参与者将更加关注项目的品质、服务和灵活性，以应对不断变化的市场需求。在此背景下，供求关系将趋于平衡，租金水平有望企稳回升，空置率整体下降但分化趋势明显。

据世邦魏理仕数据，供应层面，受疫情交付延迟影响，2024年全国办公楼新增体量预计将超 800 万平方米，基本与疫情前五年平均水平相当；需求层面，预计 2024 年全国办公楼净吸纳量达 400 万平方米，为 2020 年至 2022 年均值的 90%，略高于 2019 年水平。从客户层面来看，金融、互联网及专业服务行业将继续作为办公楼市场的主要需求来源，而吸纳量的提升可能会依赖于业主采取更具吸引力的招租策略，以价换量策略及产业发展需求可能进一步激发租户需求。随着市场供需关系的逐步改善，预计甲级办公楼的整体租金水平将企稳并可能出现小幅回升。一线城市核心区域的甲级办公楼租金可能率先反弹，而部分供应过剩的二线城市可能仍面临租金压力。

（三）酒店市场预测

谈及 2024 年的酒店业，离不开对大环境的研判。可以说，中国酒店业从来都没有像今天这样高度依赖于宏观经济大势，当然中国经济也从来没有像今天这样受到地缘政治博弈的高度影响。积极的消息是中美两国元首实现了旧金山的会晤，使近年来急速下降的中美关系暂时得以稳定；2023 年 11 月，外交部宣布，自 2023 年 12 月 1 日起，对德、法等六国试行免签政策。

体现休闲、娱乐功能的目的地酒店会在 2024 年乃至未来一段时间内继续保持快速的增长，这主要是由新消费形态决定的，当然也与传统商务市场需求的持续萎靡有关。

商务型酒店是酒店行业的主流业态，全服务型商务型酒店则是主流群体中的主导力量。中国酒店业的真正复苏必须以商务市场的复苏为标志，而商务市场的复苏更需要全服务型商务型酒店加以引领。

酒店业需要在开发、运营、更新改造等多个环节紧密追踪最先进的减排科技成果，并合理地运用到实践中。

（四）公寓市场预测

当下，只是中国住房租赁行业发展的一个阶段，保租房的"狂飙"，更多是为长租公寓未来的发展奠定坚实的基础。未来，保租房更多起到的是

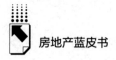
"民生兜底"的作用,而长租公寓,则应聚焦于产品及服务的打磨。保租房是中国住房租赁市场的发展基石,其不仅承接了价格敏感型的客群,以价格优势、政府监管为这部分群体的安居乐业保驾护航,同时也对行业发展起到了引导作用。对于长租公寓而言,保租房的"狂飙",可以让其更加聚焦于那些相对注重生活品质的客群,借助产品与服务的升级,实现品牌差异化发展。

B.7

2023年中国住房租赁市场发展报告

王霞 梁宇宇*

摘 要： 2023年，我国住房租赁市场运行整体平稳，租金同比跌幅收窄，企业经营整体稳健，国企系租赁住房持有规模突出，市占率持续扩大，REITs退出通道逐步常态化，已上市产品业绩良好。政策层面，住房租赁市场国家顶层制度设计围绕加快保障性租赁住房筹集建设及金融支持住房租赁市场发展出台相关政策，各地方城市积极贯彻落实相关政策，密集出台加快保障性租赁住房筹集建设等发展住房租赁市场的政策措施。住房租赁市场未来发展，供求影响因素增多，但市场仍有平稳运行基础，在外部环境与市场双重承压下，企业将更关注运营管理效率提升。为了住房租赁市场更好地发展，政策层面建议进一步优化住房租赁企业税收政策，进一步降低市场化租赁住房纳入保障性租赁住房管理难度，关注平台型住房租赁企业经营风险，探索建立住房租赁从业人员职业化体系。

关键词： 住房租赁 城中村改造 保障性租赁住房

一 2023年住房租赁市场发展情况

2023年，我国住房租赁市场从新冠疫情冲击中，逐步恢复正常化，保障性租赁住房（简称"保租房"）集中入市，租赁房源供应增加，平抑了

---

* 王霞，博士，中国房地产估价师与房地产经纪人学会副秘书长，主要研究方向为房地产经济；梁宇宇，博士，中国房地产估价师与房地产经纪人学会研究人员，主要研究方向为房地产经济。

143

租金上涨压力，市场表现整体平稳，企业经营基本稳健，部分头部企业步入稳定发展阶段。

（一）市场运行整体平稳，租金同比跌幅收窄

据中国指数研究院（简称中指院）50城住宅租赁价格指数，全国50城[①]全年平均租金走势整体平稳。从月度环比来看，季节性因素影响明显，2023年2月务工人员返城后，平均租金明显上涨，3~5月相对平稳，6~7月再次明显上涨，8月后市场开始降温，租金环比涨幅逐月缩小，第四季度后租金逐月下降，市场再次趋冷。同比看，全年平均租金水平较上年有所下降，平均租金累计下跌0.30%，跌幅较2022年收窄2.20个百分点，[②]市场整体有好转迹象（见图1）。

分一、二、三线城市来看，租金走势出现分化，一线城市租金有所回升，二、三、四线城市整体仍延续调整态势。据中指院50城住宅租赁价格指数，2023年，一线城市住宅平均租金累计上涨0.89%，租金平稳回升；二线城市平均租金累计下降0.8%，降幅较2022年有所收窄；三、四线代表城市平均租金累计下降1.68%，跌幅较2022年同期收窄1.82个百分点。[③]

整体来看，2023年住房租赁市场运行仍然偏弱。主要有两方面原因，一是售转租房源增加，当前房地产市场处于下行趋势，部分不着急出售的房源转为出租房源。据贝壳研究院不完全统计，截至2023年10月31日，一线城市在平台上挂牌出租房源量较2022年同期高出10%以上，北京、上海、

---

① 全国50城：北京、天津、上海、杭州、武汉、南京、广州、深圳、成都、重庆、郑州、西安、厦门、宁波、青岛、大连、济南、沈阳、长春、哈尔滨、长沙、合肥、福州、南昌、太原、石家庄、兰州、昆明、贵阳、西宁、南宁、海口、三亚、乌鲁木齐、呼和浩特、银川、苏州、徐州、温州、汕头、柳州、扬州、株洲、唐山、洛阳、嘉兴、惠州、佛山、东莞、无锡。

② 中国指数研究院：《2023四季度中国住房租赁企业规模排行榜》，https：//mp. weixin. qq. com/s/-JKRLE1JD7K6Hl2nNU2VkQ，最后检索时间：2024年3月7日。

③ 中国指数研究院：《2023年中国住房租赁市场总结与展望》，https：//baijiahao. baidu. com/s？id=1784605749975624735&wfr=spider&for=pc，最后检索时间：2024年2月20日。

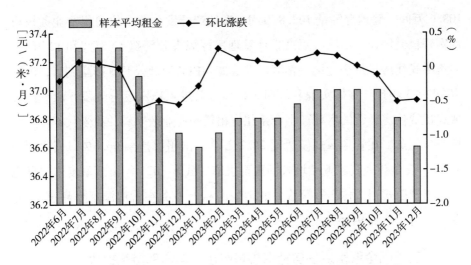

图1　2022年6月至2023年12月50城住宅平均租金及环比变化

资料来源：中指数据库。

广州的租赁库存房源同比分别增长了18.7%、23.6%和16.4%，上海的租赁房源增量最多。个人出租房源增加，导致房屋出租速度同比减缓，2023年1~10月，北京、上海、广州和深圳出租房源成交周期分别比上年同期延长6.1天、7.6天、5.4天和3.0天；[①] 二是保租房集中入市，各地保租房政策的落地和完善，进一步增加了租赁房源供给，平抑了租金价格，特别是对市场上以租金差价为主要收入来源的"二房东"模式的住房租赁企业带来了冲击。

（二）企业经营逐步回归常态，部分头部企业营收稳健增长

2023年，随着新冠疫情影响的结束，经济活动恢复正常化，在房地产行业整体形势依然严峻，住房租赁前期投入大、盈利低的情况下，住房租赁企业开业规模、业务营收、出租率稳中有升。据中指院研究统计，截至2023年底，头部30家住房租赁企业，累计开业集中式住房租赁房源规模

---

① 赵丹：《租金还会继续下降吗？》，https：//mp.weixin.qq.com/s/HtO_vSQxtu0hAhtja XmB2A，最后检索时间：2024年2月21日。

108.6 万间，管理房源量 162.8 万间。房地产开发企业在住房租赁业务板块均实现稳健增长，泊寓、冠寓累计管理房源规模分别超 18 万间和 12 万间，列集中式住房租赁企业第一梯队。继冠寓和招商伊敦公开宣布赢利后，泊寓宣布 2023 年预计整体实现利润回正，标志其进入稳定运营阶段。从专注分散式租赁住房经营的房地产中介系住房租赁企业业绩来看，我爱我家资产管理业务相寓，在管房源规模达到 26.2 万套，出租率达到 96.5%，同比增长 3.9%，已是我爱我家业绩增长的重要引擎。截至 2023 年第二季度末，贝壳专注于分散式租赁住房管理服务的"省心租"业务在管房源规模超过 12 万套，出租率达到 94.5%。

（三）国企系租赁住房持有规模突出，市占率持续扩大

2023 年，全国各地加大人才引进力度，积极推进保租房筹集工作，中央政策支持城中村改造和"平急两用"公共基础设施建设加速落地，国企系住房租赁品牌市场份额持续增加。据 URI 城市租住学会统计，租赁住房管理规模前 50 强的国有住房租赁企业共管理租赁住房约 82.03 万间，管理租赁住房超过 1 万套（间）的企业有 21 家（见表 1）。从城市量级来看，北上广深一线城市国有企业合计管理规模约 33.33 万间，占比高达 41.55%；而新一线城市如成都、苏州、南京、西安、杭州等国有企业合计管理规模约 29.90 万间，占比 37.28%。[①] 另据中指院统计，在 2023 年开业榜前 30 家企业中，有 14 家房企系住房租赁企业、6 家地方国企系、5 家创业系、3 家酒店系、1 家中介系和 1 家金融系，[②] 国企系品牌数量位居第二梯队。2023 年第四季度，地方国企系管理规模延续快速增长势头，管理规模增加 8.8 万间，占头部 30 家企业总增量的 75.2%。

[①] UI 城市租住学会：《中国住房租赁国有企业规模力 TOP50》，https：//baijiahao. baidu. com/ s？ id=1784422529275460011&wfr=spider&for=pc，最后检索时间：2024 年 3 月 1 日。

[②] 中国指数研究院：《2023 四季度中国住房租赁企业规模排行榜》，https：//mp. weixin. qq. com/s/-JKRLE1JD7K6Hl2nNU2VkQ，最后检索时间：2024 年 3 月 7 日。

表1　2023年部分国有住房租赁企业租赁住房管理规模

单位：套（间）

排名	企业名称	租赁住房管理规模
1	广州城投（广州安居）	71500
2	郑州城发安居·美寓	65539
3	珠江租赁（广州安居）	64350
4	华润有巢	56000
5	合房承寓	49000
6	招商伊敦公寓	47483
7	保利公寓	40088
8	深圳房屋租赁公司（含富见安居）	38400
9	上海地产·城方	33675
10	微棠（深圳安居）	32280
11	厦门安居集团	28300
12	中山安居集团	22900
13	苏州恒泰·星寓	16749
14	浦发有家	16625
15	西安安居·乐筑	16605
16	中海长租公寓	16235
17	华发优生活长租公寓	14797
18	首创·和园	14000
19	南京东南	13181
20	宁巢	11600
21	上海城投·宽庭	11353
22	宝地资产·有间公寓	9714
23	成都天投集团	9524
24	西部乐巢	9065
25	广州越秀·星寓	8672

资料来源：URI城市租住学会。

（四）保障性租赁住房加快筹建，一、二线城市保租房集中入市

根据各地住房和城乡建设部门披露的数据，自2023年8月起，已有多

个地区陆续提前完成保租房年度筹集任务，如江西、广西、广州、杭州、金华、滁州、临沧、江门、蚌埠等。另外，截至8月底，江苏省2023年15万套（间）保租房筹集任务已接近完成；截至10月底，广东省已筹集21.5万套（间），目标完成率为97.7%，广州、珠海、汕头、东莞、中山、江门、肇庆、云浮等8个城市均已提前完成筹建任务；截至10月底，新疆4.1万套（间）保租房全部开工建设；上海筹集6.8万套（间），目标完成率为90.7%。[①] 截至2023年底，"十四五"周期过半，2021~2023年全国预计筹集保租房约564万套（间），"十四五"规划目标完成65%，其中，上海、深圳、重庆、北京、广州、杭州等6个城市2022~2023年的筹集任务在20万套（间）以上，杭州、上海、贵阳等9个城市两年的筹集任务占"十四五"规划目标比重超过50%（见表2），重点一、二线城市进入保租房大量入市供应阶段。另据58安居客研究院统计，2021~2023年，深圳新增住房供应中，保租房供应占比达到55%，为一线城市中最高。此外，二线城市规划筹集保租房基本占新增住房供应总量的20%~30%。保租房的集中入市，使此前由租金收益率低导致的租赁住房供应增长缓慢问题得到缓解，也缓和了市场上"小户型、低租金"房源较少的结构性矛盾，住房租赁市场需求和供应进入新均衡状态。

表2 "十四五"期间重点一、二线城市保租房筹集情况

单位：万套（间），%

类别	城市	"十四五"规划目标	2022年筹集任务	2023年筹集任务	2022~2023年筹集任务和	2022~2023年筹集任务占比
一线城市	广州	60	13	10	23	38
	深圳	60	9.3	16	25.3	42
	上海	47	24	7.5	31.5	67
	北京	40	15	8	23	58

---

① 中国指数研究院：《2023年中国住房租赁市场总结与展望》，https：//baijiahao.baidu.com/s？id=1784605749975624735&wfr=spider&for=pc，最后检索时间：2024年2月20日。

续表

类别	城市	"十四五"规划目标	2022年筹集任务	2023年筹集任务	2022~2023年筹集任务和	2022~2023年筹集任务占比
重点二线城市	重庆	40	15	8.1	23.1	58
	杭州	30	14.6	7	21.6	72
	西安	30	7	2	9	30
	成都	30	6	6	12	40
	武汉	25	5.5	5.8	11.3	45
	郑州	23	5	1.242	6.242	27
	宁波	21.3	7.3	5	12.3	58
	厦门	21	8.3	4.2	12.5	60
	青岛	21	4.5	3.5	8	38
	济南	20.5	4	3.5	7.5	37
	长沙	15	2.99	2.605	5.595	37
	南京	15	5	2	7	47
	合肥	15	2.3	1.2	3.5	23
	福州	15	3	2.3	5.3	35
	苏州	15	4.288	3.5	7.788	52
	沈阳	13.5	2.5	2.5	5	37
	天津	10	4.32	0.85	5.17	52
	贵阳	10	3.2	3.05	6.25	63

注：以上为保租房规划目标在10万套（间）以上城市，各城市基本每年均按照既定目标筹集。

资料来源：政府官方数据。

（五）REITs退出通道逐步常态化，已上市产品业绩良好

2023年，住房租赁REITs平稳健康发展，已上市保租房REITs的运营实践助力住房租赁项目"投、融、建、管、退"商业模式逐渐清晰。产业基金的成立、REITs退出通道的常态化，促使更多自持住房租赁项目通过REITs退出。据不完全统计，2023年，至少4个住房租赁产业基金或子基金成立，至少6个保租房项目在积极筹备发行REITs。2023年10月，建信住房服务有限责任公司作为原始权益人，以其在北京、上海、苏州持有运营的三个保租房项目申报发行基础设施公募REITs，实现了底层资产在多城市布

局的突破；12 月，上海城投宽庭保租房 REITs 也正式发售。随着大量新建保租房步入成熟运营期，越来越多的保租房 REITs 产品会推出市场。

从我国首批 4 只保租房公募 REITs 产品披露的财报看，保租房 REITs 产品经营业绩良好，均保持了 90%以上的出租率（见表 3）。其中，华夏基金华润有巢 REIT 发布的第四季度财报显示，该基金收入为 1989.25 万元，净利润为 123.01 万元，经营活动产生的现金流量净额为 1136.87 万元，本期可供分配金额为 1433.92 万元。2023 年，4 只保租房 REITs 的派息率在 3.51%~3.82%区间。

表3 2023 年第二季度已发行保租房 REITs 产品运营情况

产品	息税折旧及摊销出租率前利润率(%)	出租率(%)	本年累计单位可供分配金额(元)	发售价格(元/份)	本年累计单位可供分配金额完成率(%)
华夏北京保障房 REIT	80.74	97.03	0.0550	2.510	2.19
中金厦门安居 REIT	85.96	99.64	0.0578	2.600	2.22
红土创新深圳安居 REIT	96.34	98.80	0.0539	2.484	2.17
华夏基金华润有巢 REIT	70.56	96.52	0.0641	2.417	2.65

资料来源：根据公开资料整理。

二 2023年住房租赁相关政策

2023 年，国家层面召开的重要会议多次对住房租赁市场发展做出部署，住房租赁市场国家顶层制度设计围绕加快保租房筹集建设及金融支持住房租赁市场发展出台相关政策。各地方城市积极贯彻落实相关政策，密集出台保租房建设、金融支持、市场环境优化、促进租房消费等发展住房租赁市场的政策措施。

（一）国家出台的重要政策措施

2023 年，国家层面召开的重要会议关于住房租赁市场发展工作部署以及出台的相关支持性政策如下。

1.金融支持政策进一步发力，金融支持体系基本形成

2023年，住房租赁领域金融支持政策进一步发力，创新性政策密集出台，REITs向市场化租赁住房领域拓展取得实质进展，保租房REITs发行门槛进一步降低，金融支持体系基本形成。2月20日，中国证券投资基金业协会发布《不动产私募投资基金试点备案指引（试行）》，明确不动产私募投资基金的投资范围包括市场化租赁住房在内的特定居住用房，为REITs向市场化租赁住房拓展奠定了基础。2月24日，中国人民银行、银保监会起草了《关于金融支持住房租赁市场发展的意见（征求意见稿）》，被业内称为"金融支持住房租赁17条"，提出以租赁住房开发建设贷款、团体购房贷款、经营性贷款为主的信贷产品支持，其中自有产权住房租赁企业的经营性贷款期限可长达20年，进一步为租赁住房的投资、开发、运营和管理提供多元化、多层次、全周期的金融产品和金融服务体系。3月24日，证监会发布《关于进一步推进基础设施领域不动产REITs常态化发行相关工作的通知》，降低保租房REITs发行门槛，具体包括预计未来3年每年净现金流分派率要求从4%降至3.8%，首次发行目标不动产评估净值要求从10亿元降至8亿元，可扩募资产规模不低于首发规模的2倍。

2.稳步推进保租房建设，大力增加租赁住房供给

保障性租赁住房屡被重要会议提及，新市民、青年人居住问题仍是政府部门关注重点。2023年1月17日召开的全国住房城乡建设工作会议指出，2023年住房和城乡建设工作以发展保障性租赁住房为重点，大力增加保障性租赁住房供给，新开工建设筹集保障性租赁住房、公租房、共有产权房等各类保障性住房和棚改安置住房360万套（间）。3月5日，第十四届全国人民代表大会第一次会议政府工作报告指出今后要加强住房保障体系建设，支持刚性和改善性住房需求，解决好新市民、青年人等住房问题，加快推进老旧小区和危旧房改造。7月31日，《国务院办公厅转发国家发展改革委关于恢复和扩大消费措施的通知》指出，做好保交楼、保民生、保稳定工作，完善住房保障基础性制度和支持政策，扩大保障性租赁住房供给，着力解决新市民、青年人等住房困难群体的住房问题。9月28日，财政部、国家税

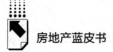

务总局、住房和城乡建设部发布《关于保障性住房有关税费政策的公告》，对保障性住房项目建设用地免征城镇土地使用税，于 2023 年 10 月 1 日起执行，保租房建设成本进一步降低。

3. 配售型保障性住房被提出，与保障性租赁住房政策做好衔接

2023 年，相关政策提出加快推进城中村改造，并与之相结合规划建设配售型保障性住房，对于保障性租赁住房与保障性住房政策如何有效衔接，国务院进行了相应明确。4 月 28 日，中共中央政治局会议指出，在超大特大城市积极稳步推进城中村改造和"平急两用"公共基础设施建设，规划建设保障性住房。7 月 21 日，国务院办公厅发布《关于在特大超大城市积极稳步推进城中村改造的指导意见》，提出要优先对群众迫切、城市安全和社会治理隐患多的城中村进行改造，把城中村改造与保障性住房建设结合好。8 月 25 日，国务院发布《关于规划建设保障性住房的指导意见》，明确提出要协调好保障性住房与商品住房、保障性租赁住房等的关系，城市人民政府继续按照国家现有政策发展用于配租的保障性住房。对符合条件的新市民、青年人特别是从事基本公共服务的机关事业单位和企业人员提供保障性租赁住房，鼓励地方在满足安全要求的前提下，依法依规将空置的商业办公楼改建为宿舍型保障性租赁住房。9 月 5 日，自然资源部发文决定在北京等 43 个城市开展低效用地再开发试点，探索在推进城中村改造中建设一定比例的保障性住房，同时探索利用集体建设用地建设保障性租赁住房。10 月 11 日，住房和城乡建设部表示，在超大特大城市城中村改造将分三类实施，第一类是符合条件的实施拆除新建，第二类是开展经常性整治提升，第三类是介于两者之间的实施拆整结合。城中村改造将与保障性住房建设相结合，各地城中村改造土地除安置房外的住宅用地及其建筑，原则上应当按一定比例建设保障性住房。

（二）地方出台的政策措施

据迈点研究院统计，2023 年，各地方政府共出台住房租赁相关政策 140余条，北京、上海、广州、深圳四个一线城市和杭州、成都两个新一线城市发布政策最多，发布量均超 5 条①，出台的政策措施主要集中在以下四个方面。

1. 贯彻落实中央政策精神，加大保租房筹集力度

一是各地继续加快保租房筹集，不断拓宽筹集渠道。如广州、深圳将城中村改造提升的城中村房屋作为保租房，北京、温州等地探索将健康驿站、方舱等"平急两用"设施用作保租房，成都鼓励大中专院校、科研院所、事业单位等具有存量土地、存量房屋的单位与其他市场主体通过合作共建的方式发展保租房。二是对已有的筹集渠道进行规范。如北京规范利用产业园区工业项目配套用地建设筹集保租房、天津对非居住存量房屋改建为保租房发布指导意见等。三是明确认定方式，优化认定流程。深圳、惠州、漳州、德州等地发布了项目认定办法或细则，如深圳发布《深圳市保障性租赁住房项目认定办法》，对新建项目、居住存量房屋筹集项目、非居住房屋改建项目等，根据项目性质和难度分别实行由区政府组织认定或直接认定方式，简化认定流程。

2. 加强住房租赁资金监管，规范市场秩序

继北京、上海、深圳等一线城市及部分二线城市实施住房租赁资金监管后，2023 年多数二线城市发布了住房租赁资金监管相关政策，政策核心要求是轻资产住房租赁企业单次收取租金超过 3 个月、押金超过 1 个月租金数额的，应将全部资金存入监管账户，增强资金安全性，保护承租人权益。如成都发布了《关于进一步加强住房租赁市场管理的通知》、沈阳发布了《沈阳市住房租赁资金监管办法（试行）》《关于进一步加强全市住房租赁市场监管规范市场秩序的通知》、青岛发布了《关于开展住房租赁资金监管的通知》等，广州、合肥发布了相关征求意见稿，杭州对原有资金监管办法进行了续期等。此外，上海、广东、黑龙江、成都、西安、沈阳、哈尔滨、绵阳等地发布政策，规范房地产中介服务、强化住房租赁市场管理及治安管

---

① 高园园：《2023 年住房租赁行业政策盘点与分析》，https://www.meadin.com/report/261819.html，最后检索时间：2024 年 3 月 13 日。

理、整治住房租赁市场乱象、采集住房租赁企业基础信用等，太原规定住房租赁中介从业人员需参加培训考核后方可上岗。

3. 加大金融财税支持力度，助力住房租赁企业稳健发展

财政支持方面，以"奖补措施"为主。奖补对象包括住房租赁企业或符合条件的家庭、个人。如海南省印发了《海南省城镇保障性安居工程补助资金管理办法》、重庆市印发了《重庆市保障性住房专项补助资金管理办法》，对住房租赁企业或保租房项目给予专项补助；成都、益阳等城市向保障对象发放租赁补贴；厦门市对 5 个保租房项目输送国家奖补资金 2.4 亿元。融资支持方面，积极落实国家金融支持政策，拓宽融资渠道，鼓励发行 REITs。如广东省发布《2023 年广东金融支持经济高质量发展行动方案》，鼓励银行加强住房租赁信贷产品和服务模式创新，推动不动产私募投资基金试点；上海、深圳、重庆等地多次出台政策，支持本地符合条件的保租房项目发行 REITs，针对具体项目给予相应指导。[①]

4. 优化公积金服务，支持住房租赁消费

为了进一步减轻群众租房负担，发挥住房公积金制度保障作用，支持住房租赁消费，2023 年各地纷纷出台公积金提取相关政策。据不完全统计，2023 年约 24 个城市优化了住房公积金提取相关条件和流程。[②] 相关政策优化措施主要集中在提高公积金提取额度、增加提取频次、放松提取条件、简化办事流程、对政策性租赁住房可以使用公积金直接支付房租等。例如，南京市提高住房公积金支付房租限额，对承租保租房的，相应资金可以直接支付给出租单位。杭州市规定多子女家庭、无房家庭租赁住房，提取住房公积金限额可按规定额度标准上浮 50%。石家庄市规定"二孩"及以上家庭租房公积金提取额度提升至 1.8 万元。郑州市规定通过租赁方式解决住房的，公积金提取不限次数。济南市规定"职工自有住房与缴存单位距离 30 公里

---

① 中国指数研究院：《2023 年中国住房租赁市场总结与展望》，https://baijiahao.baidu.com/s? id=1784605749975624735&wfr=spider&for=pc，最后检索时间：2024 年 2 月 20 日。

② 高园园：《2023 年住房租赁行业政策盘点与分析》，https://www.meadin.com/report/261819.html，最后检索时间：2024 年 3 月 13 日。

以上，且在缴存单位所在地就近租房的可申请提取公积金；无房缴存职工可以在签订租房合同后一次性预提公积金支付租房押金和预付房租"。北京市推行保租房项目按月还租，减少租房提取的中间环节，实现职工每月住房公积金直接冲抵房租。

（三）行业组织实施的自律管理措施

行业组织在引领行业发展、规范从业行为方面发挥独特作用。目前，专门成立住房租赁行业组织的城市有深圳、杭州、西安、太原、合肥等；部分城市由房地产经纪行业组织承担住房租赁行业的自律管理工作，如北京、上海、武汉、成都等。2023 年，各行业组织积极开展自律管理活动、制定完善行业自律规范。如北京房地产中介行业协会发布了《北京市住房租赁从业人员专业技能培训和评价暂行办法》，为北京市住房租赁从业人员专业技能评价考试打下基础；武汉房地产经纪与租赁协会印发了《武汉市住房租赁服务基本规范》，为规范住房租赁服务提供相关标准要求；深圳市房屋租赁行业协会成立全国首家房屋租赁行业人民调解委员会，协助化解住房租赁矛盾纠纷；合肥市住房租赁协会开展 2023 年度住房租赁企业信用信息评定工作等（见表4）。

表4   部分地方行业组织发布的自律管理文件及开展的重要工作

单位名称	住房租赁会议及活动、相关研究、信用评价、自律管理文件等
北京房地产中介行业协会	2023 年 12 月，发布《北京市住房租赁从业人员专业技能培训和评价暂行办法》
武汉房地产经纪与租赁协会	每季度发布《武汉集中式长租公寓市场运营报告》 2023 年 3 月，发布《武汉市住房租赁服务基本规范》 2023 年 7 月，发布《武汉市房地产经纪、房屋租赁行业自律惩戒实施办法（试行）》
深圳市房屋租赁行业协会	2021 年 6 月，印发《关于开展星级"文明守法租赁单位"和"宜居出租屋"创建活动的实施方案》 2023 年 7 月，全国首家房屋租赁行业人民调解委员会在深圳揭牌运行

续表

单位名称	住房租赁会议及活动、相关研究、信用评价、自律管理文件等
合肥市住房租赁协会	2023 年 12 月,举办合肥市住房租赁行业供需对接会 2023 年 12 月,开展 2023 年度住房租赁企业信用信息评定工作(合肥市住房租赁协会诚信信息管理系统)

资料来源:根据公开资料整理。

三 住房租赁市场发展展望

(一)供需影响因素增多,市场仍有平稳运行基础

供给方面,2024 年仍有大量新建保障性租赁住房项目上市,预计保障性租赁住房进入供应爆发阶段。需求方面,超大特大城市城中村改造的加快推进,将释放很大一部分住房租赁需求,未来配售型保障房可能分流部分租房需求,但短期看对租赁需求应是正向影响。此外,随着房地产市场特别是新房买卖市场下探,部分房源由出售转为出租,同时部分买房客户可能放慢入市脚步,对租赁市场供求有一定影响。因此,2024 年租赁市场供求影响因素更加复杂,但整体上看,随着宏观经济缓步复苏,租赁市场仍有平稳运行基础。

(二)租赁住房产品更加多元,宿舍类产品热度提高

目前,机构化租赁住房产品主要有宿舍型、公寓型(又分为集中式和分散式)、社区型三类,分别针对不同的客户群体,又以公寓型为主体。过去,集中式公寓产品主要由民营住房租赁企业通过闲置物业改造而来,由于提供标准的居住管理和服务,受到年轻白领的青睐。但近年来,随着保租房建设步伐加快,租赁式社区产品逐渐上市,租赁社区产品在居住体验和租金定价上均有一定优势,对市场上存量租赁住房,特别是集中式公寓型住房租

赁产品产生一定冲击。未来，市场化机构提供的面向白领的集中式住房租赁产品可能要向更高端的服务式公寓或面向蓝领的宿舍型产品转型，而一些人口总量大、流入人口较多的城市普遍存在宿舍型租赁住房供不应求的缺口，[①] 宿舍类产品规模或有一定程度提高。

（三）外部环境与市场双重承压，企业更关注运营管理效率

受宏观经济缓慢复苏及房地产市场下行的影响，2023 年住房租赁市场并没有出现预期的复工复产后的快速回暖，随着下半年市场遇冷，受租金下降、季节性退租提前等因素影响，部分住房租赁企业反映整体盈利不及预期。未来住房租赁市场走势受宏观经济、就业形势等影响显著，企业要想在偏冷的市场环境中更好生存，必将更加关注运营管理效率的提升，包括与运营合作各方的高质量协同以及实行更有效率的运营管理模式，尽快探索形成长期可持续发展的盈利模式。因此，降本增效可能会成为未来一个时期市场化住房租赁企业经营的主旋律。

四　住房租赁市场发展建议

（一）进一步优化住房租赁企业税收政策

随着住房租赁相关税收优惠政策逐步落地，住房租赁企业整体税负已不高，但企业反映，相关政策仍有进一步优化空间。目前，新建保租房建成后对企业整体出租，需要交纳 12% 的房产税，根据财政部、国家税务总局、住房和城乡建设部联合发布的《关于完善住房租赁有关税收政策的公告》，向个人、专业化规模化住房租赁企业出租住房的，减按 4% 的税率征收房产税，因此，各类主体持有的租赁住房向企业整体出租时，须先出租给一个住

---

① 张晓兰：《机构：建议探索形成"宿舍型租赁住房"适配的管理机制》，https://www.bjnews.com.cn/detail/1673520831169441.html，最后检索时间：2024 年 3 月 12 日。

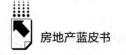

房租赁企业再转租给其他企业才能享受房产税优惠，建议新建保租房对外出租都实行减按 4%的税率征收房产税。此外，承租个人住房后用于转租经营的住房租赁企业反映税收负担仍较重，其须按向个人出租住房取得的全部出租收入的 1.5%缴纳增值税，由于其承租个人的房屋时，房屋所有权人作为自然人出租自有房屋享受增值税减免，住房租赁企业面临进项税额缺失，建议对此类企业的增值税纳税基数按实质收入（即租金差额）进行认定。

（二）进一步降低市场化租赁住房纳入保租房管理的难度

目前，对保租房建设或纳入保租房管理的租赁住房项目，可以享受较多优惠政策。将闲置和低效利用的商业办公、旅馆、厂房、仓储、科研教育等非居住存量房屋改建为租赁住房是当前集中式租赁住房的重要供应渠道之一，其有利于消化存量、推进职住平衡。部分城市要求改建项目必须纳入保租房管理才能改建，但目前改建项目的纳保审核，认定要求高、难度大。同时，各类保租房利好政策侧重向重资产企业、国有企业倾斜，轻资产住房租赁企业、民营企业没有真正享受到。建议对改建类租赁住房项目的申请、审核、实施和验收流程，实行"一站式"服务，优化营商环境，提升验收效率。将保租房享受的优惠政策扩大至市场化租赁住房；完善财政奖补资金扶持政策和考核机制，对民生性租赁住房，如床位型租赁住房项目给予适当政策支持。

（三）关注平台型住房租赁企业经营风险

当前，住房租赁市场经营主体更加多元，国央企、城投公司入市，起到了市场稳定器的作用，但民营企业在市场中的作用仍不能忽视。疫情过后，住房租赁企业特别是民营企业的经营仍面临较大考验，随着租金监管等政策趋严，企业经营的灵活度降低，加之受市场大环境影响，租金下降，许多企业反映盈利不及预期。采取平台经营模式的轻资产住房租赁企业由于产业链长，前后两端既涉及业主又涉及租客，客群大，易遇纠纷，企业抗风险能力弱。但目前住房租赁企业合同备案率较低，监管部门难以对企业的经营情况进行动态监测，在支持企业生存发展基础上还应关注其经营风险，避免群体性事件发生。

（四）探索建立住房租赁从业人员职业化体系

尽管住房租赁从业队伍日益壮大，但当前从业人员职业资格制度、培训体系尚未建立，满足行业发展需要的租赁人才缺失，另外也导致从业人员职业认同感和归属感不足，人员流动较大。加之住房租赁服务需求的不断升级，对租赁从业人员的专业能力和职业素养也提出了更高要求，有必要对住房租赁从业人员的职业进行规划，不断提升职业化水平。目前，北京市成功举办住房租赁从业人员专业技能评价考试，具有一定示范作用。在 2020 年住房和城乡建设部公布的《住房租赁条例（征求意见稿）》中，也提到住房租赁企业应当具备与经营规模相适应的自有资金、专业人员和管理能力。未来，对从业人员实行专业评价和考试是必然趋势，企业和从业人员应做好相关准备，注重专业知识学习和培训，为未来专业人员评价做好准备。

B.8

中国保障性住房发展现状、问题与展望[*]

吴义东　桂宏红　厉诗辰[**]

摘　要：　城市不仅要有高度，更要有温度。规划建设保障性住房，是新形势下适应中国式现代化建设新要求，完善住房制度和供应体系、重构市场和保障关系的一项重大改革。为了解我国保障性住房发展现状，总结现有发展模式存在的问题，本文首先系统梳理了部分典型城市 2021~2023 年保障性住房政策，明确了当前推进保障房建设的重要性。其次，本文分别从全国和区域层面总结了我国保障性住房发展特征。基于上述分析，本文发现当前我国保障性住房发展模式存在以下五点问题：一是部分重点城市仍存在供需错配问题，保障房覆盖面有待进一步提高；二是保障性住房群众参与度仍旧偏低，政策红利功能发挥受限；三是住房保障实际支出与预算存在资金错配现象，住房保障预算管理有待加强；四是保障性住房资金回报率低，市场主体供给意愿不高；五是保障房发展存在违规转租转借、长期空置等现象，政策落地不及预期等问题。在此背景下，要不断完善保障性住房政策，持续加大保障性住房建设和供给，缓解结构性供给不足问题；明确划定保障范围，加大政策宣传力度，提升政策普惠性功能；做好保障性住房建设的长远规划和系统性谋划，提高资金使用效率；加大保障性住房建设主体各类政策支持力度，调动各主体参与积极性；完善制度顶层设计工作，加强全过程监督与管理。

---

[*]　基金项目：教育部人文社会科学研究青年基金项目（项目编号：23YJC790154）；国家自然科学基金面上项目（项目编号：72374003）；安徽省哲学社会科学重点实验室协同创新项目（项目编号：GXXT-2022-098）。

[**]　吴义东，博士，安徽工业大学商学院资格教授，主要研究方向为房地产经济与金融；桂宏红，安徽工业大学商学院硕士研究生；厉诗辰，安徽工业大学商学院硕士研究生。

关键词： 保障性住房　房地产发展新模式　"三大工程"　住房政策

　　2024年2月和3月，住房和城乡建设部分别在福州、西安召开保障性住房建设工作现场会。会议指出，加快推进保障性住房建设是党中央、国务院作出的重大决策部署，是坚持以人民为中心发展思想的生动实践，是适应我国房地产市场供求关系发生重大变化的新形势推出的有力举措。2023年12月，全国住房城乡建设工作会议同样强调，要稳步推进保障性租赁住房、公租房和棚改安置房等建设，在构建房地产发展新模式方面，建立"人、房、地、钱"要素联动的新机制，完善房屋从开发建设到维护使用的全生命周期基础性制度，实施好"三大工程"建设。改善城市低收入居民的居住条件是重要的民生问题，加快建设保障性安居工程，对于改善民生、促进社会和谐稳定具有重要意义。当前，我国房地产市场面临总量供过于求，但结构性供需不匹配的问题。一方面，当前商品房需求仍在放缓，房地产市场尚处在去化周期内；另一方面，现有的住房结构尚未匹配居民多层次的住房需求，不仅存在人口流入规模较大地区住房供给不足，还存在改善性住房供给相对不足等问题。因此，加快推进保障性住房建设和供给，有利于加快构建房地产发展新模式，完善"保障+市场"的住房供应体系，进而满足工薪收入群体刚性住房需求。在此背景下，本文基于保障性住房相关数据，梳理近三年代表性城市保障性住房政策，总结当前保障性住房政策发展现状与问题，并提出针对性建议。

一　保障性住房政策背景

　　2023年中央经济工作会议强调，要加快推进保障性住房建设、"平急两用"公共基础设施建设、城中村改造等"三大工程"。随着城镇化进程的加速和流动人口规模的扩大，进城务工人员、新就业大学生等新市民、青年人的住房问题日益凸显。保障性住房政策作为改善人民居住条件，促进全体人

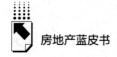

民共同富裕的重要途径，自 1978 年计划经济体制改革下公有住房福利分配制度起，历经 40 余年的长足发展。

改革开放以来，我国城镇住房体系实现了由实物分配到商品化的转变，为使全体民众共享住房商品化的改革成果、满足中低收入群体的住房需求，我国建立了以经济适用房为主体的保障性住房体系。1998 年，国务院下发《关于进一步深化城镇住房制度改革加快住房建设的通知》，启动第一轮房改，提出停止福利分房、建立廉租房制度，逐步实行货币化住房保障方式，建立和完善以经济适用房为主的多层次住房供应体系。直至 2006 年，我国保障性住房制度初步确立。2007 年，国务院颁布了《经济适用房管理办法》《廉租住房管理办法》《关于解决城市低收入家庭住房困难的若干意见》等一系列政策文件，以此为转折点，将经济适用房定位为政策性住房，即享有政府相关税收、福利以及优惠等条件的住房，且购房者将拥有住房产权。此后，公租房首次在深圳试点实施，随后北京、厦门、重庆等多个地区纷纷出台有关公租房建设的方案，逐步形成了以公租房、经济适用房和廉租房等保障性住房为主的住房保障体系。到第三阶段，国务院发布《关于加快发展保障性租赁住房的意见》（国办发〔2021〕22 号），首次在国家层面明确了我国住房保障体系的顶层设计，即以公租房、保障性租赁住房和共有产权住房为主体的住房保障体系，其中又以保障性租赁住房为主力军，从而解决新市民、青年人等群体住房困难问题。此后，无论是住建部还是各地住建部门均明确表示，将保障性租赁住房作为"十四五"期间住房建设的重点，加快建立多主体供给。数十年来，中央政府颁布实施了大量住房保障政策，有效促进了社会保障事业的发展。

2023 年 9 月，国务院《关于规划建设保障性住房的指导意见》（国发〔2023〕14 号，简称"14 号文"）出台，强调要加强监督管理，明确城市人民政府应建立健全保障性住房和保障对象档案，实行全国联网，加强对规划建设保障性住房的全过程监督，严防政策执行走样。作为政府解决低收入群体住房困难的一项惠民政策，保障性住房政策一直是行业热议的对象。诚然，我国保障性住房政策已历经数十年的长足发展，为部分低收入群体实现了"安居梦"。但随着我国经济社会的快速发展和城镇化的加速推进，加上每年规模庞大的新就业大学毕业生，我国租赁市场需求井喷式上涨。然而，大部分人口净流入城市因建设用地紧张、投入回报周期长、回报率低等原因，投资和建设主体供给保障性住房的意愿并不高。此外，当前保障性住房仍存在规划布局不合理、交通及配套设施的建设相对滞后，以及质量信息、分类标准缺乏社会监督和公开机制，导致政府与公众之间存在信息不对称问题。在此情境下，加快推进保障性住房建设，完善保障性住房运营监督细则，有利于保障和改善民生、扩大有效投资，是促进房地产市场平稳健康发展、推动建立房地产发展新模式的重要举措。

二 典型城市保障性住房政策梳理

"十四五"期间，我国坚定推进以发展保障性租赁住房为重点，进一步完善住房保障体系，增加保障性住房的供给格局，实现全体人民住有所居。党的二十大报告从"增进民生福祉，提高人民生活品质"的角度，提出坚持"房子是用来住的、不是用来炒的"定位，加快建立多主体供给、多渠道保障、租购并举的住房制度。现阶段，我国保障性住房也已经形成"增进民生福祉、提高人民住房生活保障"的清晰政策思路，且正在围绕高效对接各界群众对住房急难愁盼需求的供应模式而不断努力。在现有住房供给结构中，围绕加大保障性租赁住房供给重点，持续不断推进公租房、共有产权住房和棚户区改造工作，已经成为从中央到地方加大住房保障的普遍要求。与此同时，通过进一步完善住房保障体系，增强保障性住房的适配性，加快解决城镇困难群众，特别是新市民、青年人住房困难问题等，成为发力保障性住房供给的重点领域之一。因此，各地区纷纷出台相关政策，一系列的政策铺垫旨在实现全体人民住有所居，是增进民生福祉、助力我国保障性住房制度进一步完善的"内外兼修"（见表1）。

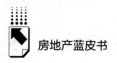
表1 2021~2023年典型城市保障性住房政策梳理

城市	年份	政策文件	政策要点
北京	2021	《关于进一步规范本市新供住宅项目配建公租房、保障性租赁住房工作的通知》	明确配建范围、配建要求、配建程序
	2022	《北京市关于加快发展保障性租赁住房的实施方案》	以建筑面积70m²以下的小户型为主,适当配置多居室等其他种类户型
	2023	《保障性住房设计方案评审工作规程》	首次从五方面细化了样板间的评审要求
上海	2021	《关于加快发展本市保障性租赁住房的实施意见》	明确准入条件,严格租赁管理,稳定租赁价格
	2023	《上海市住房租赁条例》	对出租及承租行为、住房租赁经营、保障性租赁住房等方面做出规定
天津	2021	《天津市非居住存量房屋改建为保障性租赁住房的指导意见(试行)》	明确改建要求、改建程序
	2022	《天津市加快发展保障性租赁住房实施方案》	明确保障对象,严格建设标准
	2023	《天津市非居住存量房屋改建为保障性租赁住房的指导意见》	对于改建项目的房屋类型、布局、出租单元面积以及水电气热供应方面做出规定
重庆	2022	《重庆市关于加快发展保障性租赁住房的实施意见》	以建筑面积不超过70m²的小户型为主,超过70m²的,保障性租赁住房租金应低于同地段同品质市场租赁住房标准,年涨幅不超过5%
南京	2022	《南京市发展保障性租赁住房实施办法》	对房源筹建、支持政策、供应管理做出了明确规定
苏州	2021	《关于加强苏州市人才租赁住房保障工作的若干意见》	未来3年提供不少于10万套人才公寓,人才公寓租金一般不高于同区域市场平均租金的70%
	2022	《苏州市发展保障性租赁住房实施办法》	明确保障房筹建方式,对土地支持、税费优惠、资金奖补、金融支持等方面做出了明确规定
杭州	2021	《杭州市关于加快发展保障性租赁住房实施方案》	主要解决符合条件的新市民、青年人等群体的住房困难问题,以建筑面积不超过70m²的小户型为主,租金低于同地段同品质市场租赁住房租金
	2023	《关于实施"春雨计划"的意见》	完善住房保障和供应体系,面向新市民和青年群体,进一步加大公租房、保障性租赁住房供应

城市	年份	政策文件	政策要点
青岛	2022	《青岛市关于加快发展保障性租赁住房的实施意见》	从房源建设、出租、运营等方面提出了发展保障性租赁住房的具体举措,明确了保障对象范围、申请条件、户型面积、租金标准等内容
	2023	《"保障性租赁住房+青年人才驿站"试点工作方案》	建立保租房和青年人才驿站长效合作机制,明确申请条件以及申请程序
郑州	2022	《郑州市关于加快发展保障性租赁住房的实施意见》	明确保障性租赁住房主要解决符合条件的新市民、青年人等群体的住房困难问题。面向社会供应的保障性租赁住房,原则上不设户籍和收入限制
武汉	2021	《武汉市关于加快发展保障性租赁住房的意见》	在"十四五"期间,计划建设筹集保障性租赁住房 25 万套(间)
	2023	《关于保障性住房有关税费政策的公告》	对保障性住房项目建设用地免征城镇土地使用税。此外,对个人购买保障性住房,减按 1% 的税率征收契税
长沙	2021	《长沙市关于加快保障性租赁住房的实施意见》	利用非居住存量土地和非居住存量房屋建设、改建保障性租赁住房,用水、用电、用气价格按照居民标准执行
	2022	《长沙市"十四五"住房保障规划(2021~2025)》	"十四五"期间,全市新建(筹集)公租房 1 万套,新增公租房货币补贴 3.5 万户,新建(筹集)保障性租赁住房 15 万套,棚户区改造达 0.91 万户
	2023	《长沙市公共租赁住房管理办法》	公租房主要为成套小户型或集体宿舍,单套建筑面积原则上不超过 60m²;政府投资筹集的公租房按不高于同地段同类型住房市场平均租金的 70%(即最高限价)
广州	2021	《广州市关于进一步加强住房保障工作的意见》	加强规划计划管理,优化市区责任分工;加大用地保障力度,推动多渠道供应土地;加大政策支持力度,推动多主体参与筹建

续表

城市	年份	政策文件	政策要点
深圳	2022	《深圳市人才住房和保障性住房配建管理方法》	城市更新和招拍挂用地项目配建人才住房和保障性住房应当坚持六项原则,以集中配建为主、分散配建为辅
	2023	《深圳市保障性住房规划建设管理办法》	明确保障性住房房源筹集方式、设计建造要求、建筑面积标准、项目准入和退出机制
成都	2021	《成都市关于加快发展保障性租赁住房的实施意见》	租金年涨幅不超过 5%,建筑面积以不超过 70m² 的小户型为主,最大不超过 90m²
	2022	《成都市保障性租赁住房运营管理暂行办法》	租金价格调整以一个周期年为单位,且年租金涨幅不得超过 5%,租金可以按月或按季度收缴,但不得一次性收缴超过 3 个月的租金
	2023	《关于支持各类市场主体积极建设保障性租赁住房的实施方案》	明确适用范围、房源筹集方式、项目认定、运营模式、支持政策、监督管理等 6 个方面内容
西安	2022	《西安市关于加快发展保障性租赁住房的实施意见》	保障性租赁住房主要解决在本市工作且无自有住房的新市民、青年人等群体的住房困难,以建筑面积不超过 70m² 的小户型为主
济南	2022	《济南市关于加快保障性租赁住房的实施意见》	以建筑面积在 70m² 以下的小户型为主,占比不得低于 80%,租金年涨幅不超过 5%,调整周期不超过 2 年
长春	2022	《长春市关于发展保障性租赁住房的实施意见》	"十四五"期间计划新增保障性住房不低于 3 万套、年内新增 1 万套的建设目标,并配套出台了 5 项用地支持政策确保保障性租赁住房建设用地供应
福州	2021	《福州市关于加快发展保障性住房的实施意见》	以建筑面积不超过 70m² 的小户型为主。园区配套宿舍以间为单位建设,户型面积以 40m² 以下为主。租金年度涨幅不超过 5%
	2022	《福州市加快发展保障性租赁住房的实施细则》	坚持"小户型、低租金"原则,保障性租赁住房户型面积原则上不超过 70m²,以 45m² 以下小户型为主

资料来源:各市人民政府网站。

2019 年 7 月，财政部、住建部公布 2019 年中央财政支持住房租赁市场发展试点入围城市名单，北京、长春、上海、南京、杭州、合肥、福州、厦门、济南、郑州、武汉、长沙、广州、深圳、重庆、成都等 16 个城市首批入围。随后，天津、石家庄、太原、沈阳、宁波、青岛、南宁、西安等 8 个城市于 2020 年第二批入围。2021 年 6 月，《国务院办公厅关于加快发展保障性租赁住房的意见》（国办发〔2021〕22 号）提出"扩大保障性租赁住房供给，缓解住房租赁市场结构性供给不足"，并在意见中给予了土地、审批流程、中央补助资金、降税减负、金融等方面的政策支持。同时，明确了在北京、上海、天津、重庆、南京、苏州、杭州、青岛、郑州、武汉、长沙、广州、深圳、成都、西安等 40 个重点城市开展保障性租赁住房试点工作。本文针对部分典型城市，对其 2021~2023 年保障性住房政策进行梳理，一系列保障性住房相关政策的出台落地，均表现出保障性住房制度正处于快速发展时期。

三 保障性住房发展特征分析及趋势研判

自 1994 年房改以来，我国保障房建设已有近 30 年的发展历程，衍生出经济适用房、共有产权房、廉租房、公租房、保障性租赁住房等多种形式，大致可划分为"配售"、"配租"及"改造"三种类别，满足了不同群体的住房需求。而随着城市化进程的加速和流动人口规模的扩大，进城务工人员、新就业大学生等新市民、青年人的住房困难问题日益凸显，已有住房供应体系无法解决新市民、青年人的住房困难问题。因此，加快推进保障性住房等"三大工程"建设，是完善住房制度和供应体系、重构市场和保障关系的重大改革。在此背景下，保障性住房制度的优化和发展呈现新的特征，为了满足更多的新市民、青年人的住房需求，国家和地方政府出台了一系列相关政策，不断扩大保障房的覆盖范围。为深入了解我国保障性住房的发展现状与特征，本文从全国及区域两个维度展开系统性分析，总结我国保障性住房发展特征，研判今后保障性住房制度的改革发展趋势，为完善保障性住房制度提供经验证据。

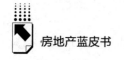

（一）从全国总量数据考察保障性住房发展特征

1. 保障性住房建设加速推进，重心逐渐转向保障性租赁住房

2023 年，中央公共财政住房保障支出预算约 630 亿元，相较于 2014 年增加了约 250 亿元，实际支出也呈不断上涨趋势，达到近十年最高值。近年来，棚户区改造、老旧小区改造、城中村改造先后加速发展，自 2019 年棚改退潮、旧改加速推进，到 2023 年，我国累计新开工改造城镇老旧小区数量已经达到 21.87 万个，开工累计进度已达到 99.4%，这说明旧改已接近尾声。而伴随着棚户区改造、老旧小区改造逐步完成，2016 年后我国公共财政在保障性安居工程方面的支出呈下降趋势，从 2016 年的约 4400 亿元回落至 2022 年的 2700 亿元（见图 1 至图 3）。

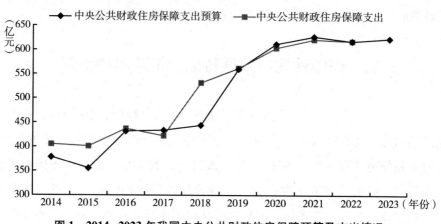

图 1 2014~2023 年我国中央公共财政住房保障预算及支出情况

资料来源：Wind 数据库。

相对于保障性安居工程支出的下降，住房改革支出却呈现逐年上升趋势，直至 2022 年支出已达约 4500 亿元（见图 4）。为了解决以新市民为代表的灵活就业人员住房问题，近年来公共财政在住房公积金、提租补贴、购房补贴上的支出都在一定程度呈现上升趋势。在此期间，保障性租赁住房于 2021 年被首次提出，面向大中城市的配租型保障房成为我国保障性住房体系的重点内容。根据住房和城乡建设部数据，"十四五"期间，全国计划筹

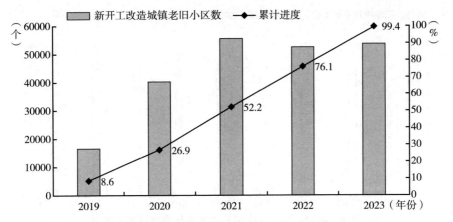

图2　2019~2023年我国新开工改造城镇老旧小区数量及累计进度

资料来源：Wind数据库。

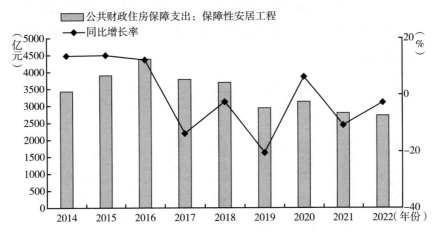

图3　2014~2022年我国公共财政在保障性安居工程方面支出情况

资料来源：Wind数据库。

集建设保障性租赁住房870万套（间），预计可以帮助2600多万新市民、青年人改善居住条件。截止到2023年9月，全国筹集建设保障性租赁住房204万套（间）的任务已完成72%。此外，随着公共财政在棚户区改造、农村危房改造等保障性安居工程支出的回落，在廉租房即将退出保障房视野的背景之下，保障性租赁住房建设投资将成为保障性安居工程的重点支出内容

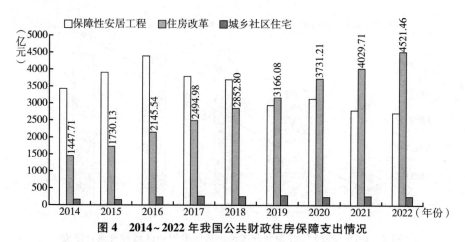

图4 2014~2022年我国公共财政住房保障支出情况

资料来源：Wind 数据库。

（见图5）。由此可见，我国对于保障房建设一直给予高度关注，并且发展势头正猛，保障性安居工程的普及程度也越来越高，由此住房问题得到解决的新市民群体也在稳步增加。

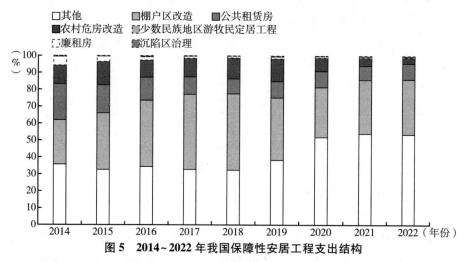

图5 2014~2022年我国保障性安居工程支出结构

资料来源：Wind 数据库。

2. 城市住房结构有所改变，自有住房需求不断上升

第七次全国人口普查数据显示，我国流动人口高达 3.67 亿，相较于六普增长 69.73%。而这一群体在流入地均有住房需求，导致我国保障房需求不断攀升。结合五普、六普及七普城市住房来源的家庭户数据，可以看出20 年内我国城市住房结构有较大的改变。首先，从五普数据的住房结构来看，购买原公有住房、自建住房、租赁其他住房分别占据城市住房结构的29.44%、26.78%、23.22%。直至 2010 年，商品房快速发展，从 2000 年的9.21% 上涨至 30.48%，且在 2020 年达到 46.46%。2010~2020 年十年新增购买商品房的家庭户 715.37 万户，与之相反的是购买原公有住房和自建住房的比例逐年下降，分别从 2000 年的 29.44%、26.78% 下滑至 2010 年17.30%、16.43%，再到 2020 年的 7.83%、10.06%（见图 6）。且 2010~2020 年购买原公有住房以及自建住房的家庭户分别减少了 85.13 万户和330.27 万户。与此同时，租赁住房依然存在较大需求，根据图 7 可知，2010~2020 年租赁其他住房、租赁廉租房/公租房的家庭户分别增加了148.33 万户和 50.6 万户。由此可见，我国城市住房结构呈现较大的改变，从前期以非自有产权住房为主逐渐转变为自有产权住房需求，且租赁住房市场依旧具有较大发展潜力。

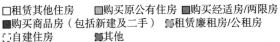

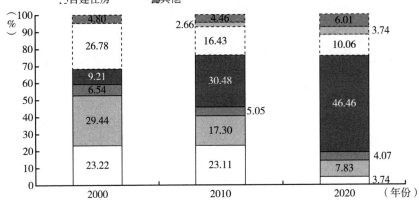

图 6 2000~2020 年我国城市住房结构变化对比

资料来源：第五、六、七次全国人口普查数据。

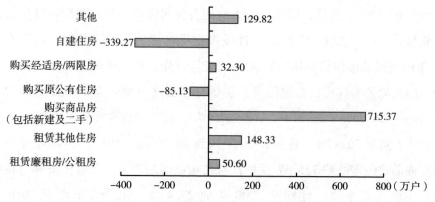

图7 2010~2020年我国各类住房形式的家庭户变动

资料来源：第七次全国人口普查数据。

3. 资金筹集模式以政策资金为主导，社会资本参与

2023年9月，国务院《关于规划建设保障性住房的指导意见》明确了未来建设保障性住房的三大资金来源，主要为中央补助、地方专项债以及利用公积金发放开发贷。就目前来看，地方公共财政依旧是建设保障房的主要资金来源。由图8可知，近十年地方公共财政在住房保障方面的支出占比均超过90%，峰值可达到93.56%。2022年，地方公共财政在住房保障方面支出达到6881.3亿元，占当年公共财政住房保障支出的91.77%，同比增长6.5%（见图9）。

图8 2014~2022年我国公共财政住房保障支出情况

资料来源：Wind数据库。

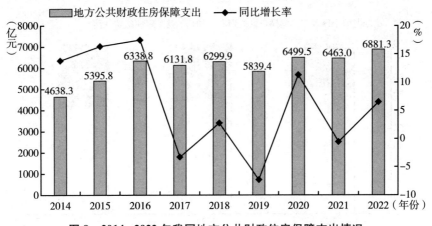

图9 2014~2022年我国地方公共财政住房保障支出情况

资料来源：Wind 数据库。

　　反观中央补助资金整体规模较小，自 2021 年保障性租赁住房被纳入保障性安居工程后，中央补助资金呈现持续上涨的趋势。根据国家发改委、住建部发布的《关于下达保障性安居工程 2021 年第三批中央预算内投资计划的通知》，其中用于支持保障性租赁住房建设的投资额度占 2.95%，共计 28.34 亿元，是保障性租赁住房首次被正式纳入保障性安居工程补助资金。随后两年，保障性租赁住房的补助金额不断上升，分别于 2022 年、2023 年达到了 72.43 亿元、77.11 亿元，占据当年保障性安居工程补助资金的 9.17% 和 13.92%。整体看来，中央预算内投资主要流向了老旧小区改造、棚户区改造和公租房，2023 年占据总体预算的 63.64% 和 22.44%，但随着老旧小区改造和棚户区改造接近尾声，预计后续中央补助资金将更多用于支持保障性住房等"三大工程"的建设（见图10、图11）。

　　除中央补助外，资金方面还包括地方政府专项债和保障性住房开发贷款。由于专项债相较于银行贷款以及其他融资平台拥有更为明显的成本优势，与当前加快推进保障性住房等"三大工程"的政策导向相适应，其低成本、长周期的资金能够与保障房建设进度相匹配。由图12可知，2021～2023 年用于保障性安居工程的年度支出规模均在 4000 亿元以上，其中 2021

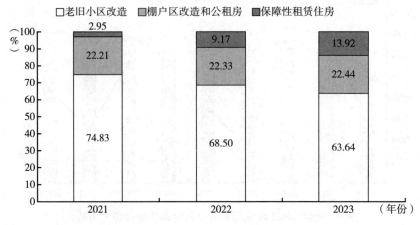

图10　2021~2023年保障性安居工程中央预算内投资结构

资料来源：中华人民共和国财政部。

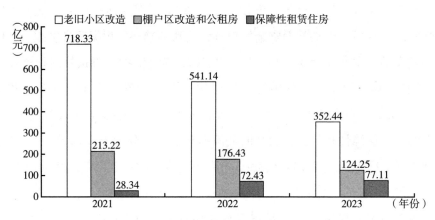

图11　2021~2023年我国中央预算内投资分布情况

资料来源：中华人民共和国财政部。

年、2022年支出规模均超过6000亿元，2021~2023年累计规模已达1.72万亿元。保障性住房开发贷款方面，根据全国住房公积金报告，截至2022年末，全国累计向373个保障性住房试点项目发放公积金贷款872.15亿元，累计回收试点项目贷款870.64亿元，试点项目贷款余额1.51亿元。根据图13可知，近年来保障性住房开发贷余额在2020年第二季度达到峰值后呈现

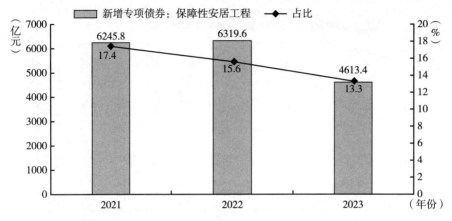

图 12　2021～2023 年我国保障性安居工程新增专项债券

资料来源：Wind 数据库。

回落状态，由 47200 亿元降至 2021 年第二季度的 46500 亿元，同比下降了
1.5%。2022 年第二季度保障性住房开发贷余额为 45600 亿元，与 2020 年相
比下降了 3.4%。2023 年 12 月，国家开发银行、国家进出口银行、中国农
业发展银行净新增抵押补充贷款（PSL）3500 亿元，期末抵押补充贷款
32522 亿元，将在一定程度上补充保障房建设资金。此外，保障房建设资金
还可以通过公募 REITs 融资。2021 年 7 月，保障性租赁住房被正式纳入国
内基础设施过公募 REITs 试点范围，截至 2023 年 10 月已成功发行 4 只，累
计金额达 50 亿元。

（二）从区域维度考察保障性住房发展特征

1. 区域之间存在较大差距，因城施策持续推进

"十四五"期间，各省份纷纷出台了有关保障房建设规划，其中广东省和
浙江省"十四五"规划新增保障性租赁住房套数分别为 129.7 万套和 120 万
套，江苏、上海、北京、山东、重庆等地规划新增保障性租赁住房套数也均
超过了 40 万套。分区域来看，东部地区计划新增保障性租赁住房相较于其他
地区较高，各省份"十四五"期间计划新增保障性租赁住房套数普遍超过 40
万套，累计计划新增保障性租赁住房约 490 万套。与之相反，东北地区计划新

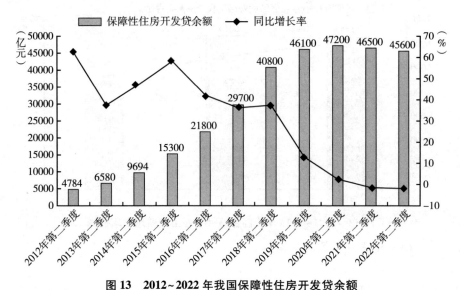

图 13　2012~2022 年我国保障性住房开发贷余额

资料来源：Wind 数据库。

增保障性租赁住房套数则较少，黑龙江省与吉林省"十四五"期间计划新增保障性租赁住房套数均为 3 万套，与其他地区存在较大差距。由于东部地区新市民和青年人较多、房价较高、住房压力较大，因此位于东部地区省份的居民对于保障性租赁住房具有更强烈的需求。根据统计的各地区"十四五"期间保障性租赁住房建设量，可以看出新增常住人口越多的省份，其规划的保障性租赁住房套数越多，二者之间基本呈现正相关关系，且存在部分省份供给不足以及供给过剩等问题。其中，广东、浙江 2022 年新增常住人口分别为309 万人、304 万人，其保障性租赁住房规划套数以超过 120 万套位居榜首（见图 14 和图 15）。

此外，"14 号文"明确指出，保障性住房建设坚持以需定建，支持城区常住人口 300 万以上的大城市率先探索实践。根据第七次全国人口普查数据，2020 年城区人口超过 300 万的城市共有 35 个，包括北京、上海、广州、深圳等 4 个一线城市，以及其他 31 个二、三、四线城市。由图 16 可知，北京、上海、广州和深圳"十四五"期间计划供应住房分别为 100 万

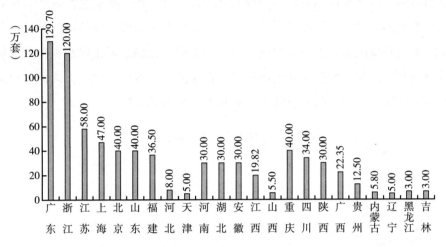

图14 "十四五"期间各地计划新建(筹建)保障性租赁住房数量

资料来源:各省住房和城乡建设局官网。

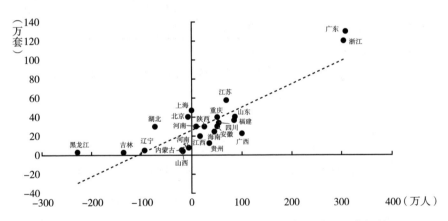

图15 2022年各地区新增常住人口与保障性租赁住房规划套数关系

资料来源:国家统计局、各省住房和城乡建设局官网。

套、105万套、131万套、89万套,其中保障性住房计划供应分别为40万套、42万套、60万套、40万套,均占据本市住房供应计划的40%及以上。根据上述数据可知,从区域分布来看,保障房筹建规模主要集中在东部地区,其他区域筹建规模相对较小。且在35个试点城市中,北京、上海、广州和深圳，其保障性租赁住房规模均在 40 万套以上。由于这些城市均具有人口流入相对集中、住房供需矛盾突出以及房价上涨较快等特征，足够的保障房供应是解决流入人口住房问题的关键举措。在满足新市民和青年人住房需求的同时，加快保障房建设还可以调整房地产市场供应结构，确保住房市场多元供给，为房地产企业探索发展新模式提供新思路。

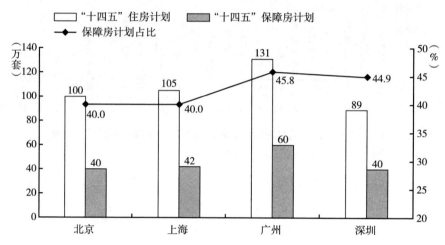

图 16　一线城市"十四五"期间计划保障房供应套数

资料来源：各市住房和城乡建设局官网。

2. 城市存量闲置资源较多，保障房供给潜力巨大

当前我国城镇化正处于增量转存量的转型时期。在城市化高速发展的 30 余年内，形成了一大批低效、错配、闲置的商业办公楼、旅馆、厂房等非居住存量资产，这类资源均可为保障房建设提供房源。以甲级写字楼为例，本文梳理了包括北京、上海、广州和深圳 4 个一线城市在内的 16 个城市 2023 年第二季度写字楼存量统计数据。首先，根据图 17 可看出，各城市甲级写字楼的空置率普遍较高，其中武汉、天津、长沙、重庆和沈阳甲级写字楼空置率均超过了 30%，累计空置面积达到 415.3 万平方米。北京、上海、广州和深圳甲级写字楼空置率则相对较低，但也均在 15%~25%，且呈上升趋势（见图 18）。从空置面积来看，16 个城市累计甲级写字楼空置

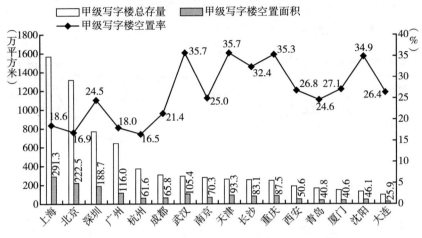

图17　2023年典型城市甲级写字楼存量、空置情况

资料来源：Wind 数据库。

面积约为 1600 万平方米，约占总存量的 22.5%。根据国务院《关于加快发展保障性租赁住房的意见》（国办发〔2021〕22 号），保障性租赁住房面积以不超过 70 平方米的小户型为主，若将空置写字楼改造，即可形成约 30 万套保障性租赁住房。

　　其次，各城市商超、商业综合体等零售物业同样存在空置率较高的情况。从图 19 可以看出，除深圳、杭州、南京之外，其他城市优质零售物业空置率相对较高，且大多具有明显的上升趋势，其中重庆、成都、武汉空置率在 2023 年均超过了 10%。随着我国传统消费模式的改变，城市零售物业空置规模在未来一段时间内预计会持续扩大，这将为存量改建保障性租赁住房提供新的资源。由此可见，城市现有闲置房产资源将成为保障性住房建设的重要房源之一。从供给端看，现阶段我国城市存量资源规模大、空置率高，供给潜力充分；从需求端看，存量改建保障性租赁住房能够精准契合新市民、青年人的住房需求，能够有效解决住房结构性问题。

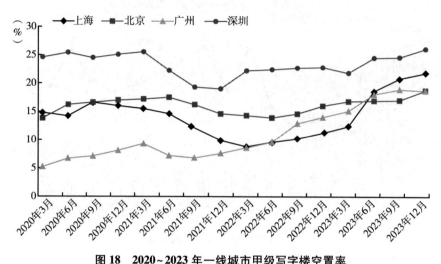

图18　2020~2023年一线城市甲级写字楼空置率

资料来源：Wind数据库。

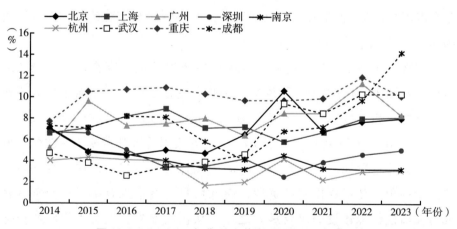

图19　2014~2023年典型城市优质零售物业空置率

资料来源：Wind数据库。

四 当前保障性住房模式存在的问题分析

（一）部分重点城市仍存在供需错配问题，保障房覆盖面有待进一步提高

近年来，随着我国经济社会的持续快速发展，城市人口规模也呈现不断扩张的趋势，我国城镇化进程取得明显成效。多数农村居民向城市转移，不仅加速了全国范围内的人口流动，也将在一定程度上扩大城市住房的总需求量。根据七普数据可知，尽管我国镇、乡村的人均住房间数分别为1.06间、1.25间，已经达到了"一人一房"的指标要求，但城市地区的人均住房间数仅为0.91，也即从总量层面看，我国城市地区仍然存在住房短缺的结构性问题。同时，进一步从省份地区角度分析人均住房间数与城镇化率、人均GDP之间的关系（见图20至图22），结果可以发现，人均住房间数与城镇化率、人均GDP这两个指标呈负相关关系。当前，人口向经济发达地区和城市群集聚的趋势已愈发明显，通常而言，较高水平的人均GDP及城镇化率也意味着该城市更可能是人口流入地城市，因此它们往往面临更大程度的住房紧缺问题。

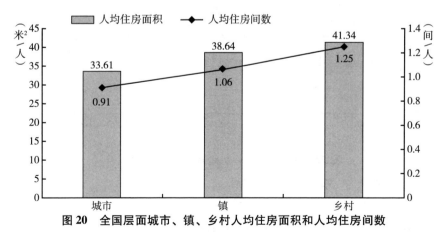

图20 全国层面城市、镇、乡村人均住房面积和人均住房间数

资料来源：第七次全国人口普查数据。

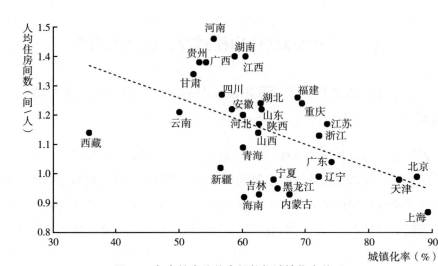

图21　各省份人均住房间数与城镇化率关系

资料来源：第七次全国人口普查数据。

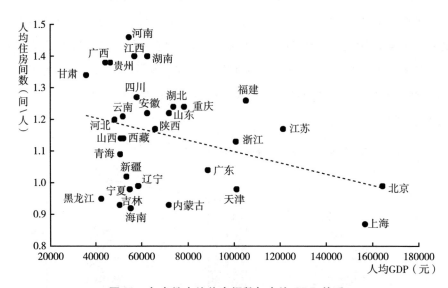

图22　各省份人均住房间数与人均 GDP 关系

资料来源：第七次全国人口普查数据。

　　为使新市民、青年人、中低收入群体等得到基本的住房保障，应尽可能确保住房市场实现多元化供给，这一举措在解决住房困难问题的同时，亦能促进房地产业的健康良性发展。保障性住房作为缓解群众阶段性住房困难的重要渠道，是市场化供给的有益补充。尽管近年来政府和相关地方机构已采取多项行动以扎实推进住房保障工作，但与日益增长的住房需求相比，仍然存在部分重点城市住房供给不足的问题。从中指数据库中全部土地与保障房土地成交规划建筑面积的比值可以看出，2023 年仍有部分重点城市的保障房面积占比低于 30%，杭州、苏州、宁波、合肥、郑州、无锡、西安、青岛等地的保障房占比甚至低于 10%，住房保障水平明显与当地住房需求不匹配，这也说明当前保障房的市场供应仍然存在较大的提升空间，许多重点城市仍然存在保障房供需错配问题。因此，保障房建设的覆盖面需要进一步扩大，由此才能保证总量层面上保障房建设从供给短缺阶段迈入供求平衡阶段（见图 23）。

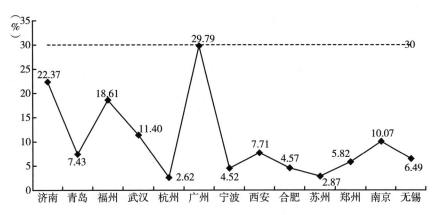

图 23 2023 年部分重点城市保障房土地成交规划
面积占全部土地成交规划面积比重

资料来源：中指数据库。

（二）保障性住房群众参与度仍旧偏低，政策红利功能发挥受限

根据七普数据可知，目前不论公民是何种职业类型、受教育程度高低与否，他们选择租赁廉租房/公租房以及购买经济适用房/两限房的比例整体都处于较低水平，各类群体通过保障房解决住房问题的比例均不超过 10%

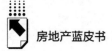
（见图24）。受制于当前城乡二元体制以及差异化的户籍制度，我国住房保障政策在制定过程中会更倾向于向特定群体倾斜，部分地区在保障性住房的申请要求中添加了本地户籍或满足一定工作期限等要求，这在一定程度上将一些新市民群体排除在保障范围之外，由此使许多需要借助保障性住房解决其阶段性住房困难的群体不能享受到该项政策支持。同时，由于当前保障性住房的保障范围仍然处于相对模糊的状态，如"符合条件""新市民""青年人"等概念缺乏统一的范围界定，这将增加申请人判断其自身是否符合保障范围的难度，且由于保障性住房涉及多项政策法规，这将使不同群体对保障性住房政策的认知产生差异。从图25中可以看出，受教育程度处于未上过学、学前教育、小学、初中的群体选择保障性住房解决住房困难问题的比例分别为3.52%、3.66%、3.49%、4.89%，总体上占比均低于5%，平均水平为3.89%左右；而受教育程度处于高中、大学专科、大学本科、硕士研究生、博士研究生选择保障房解决住房问题的比例分别为6.82%、6.52%、6.06%、6.12%、9.13%，平均水平为6.93%，整体比例明显高于受教育程度偏低群体，这一数据也进一步说明，不同群体对于保障性住房相

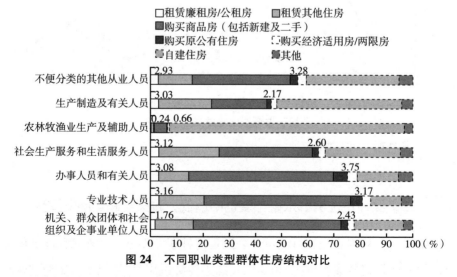

图24 不同职业类型群体住房结构对比

资料来源：第七次全国人口普查数据。

关政策的把握程度将会因其理解能力等因素而产生差异，因此保障性住房的政策普及度有待进一步提升，特别是对于受教育程度偏低群体，确保申请流程、保障范围、政策法规等保障性住房的基本内容让有需要的群体"应知尽知"。此外，由于现阶段大部分保障性住房的体量偏大，而当前许多地区存在土地资源短缺的问题，因此保障性住房项目大多会选址在离城市中心较远的地方，这会导致相应配套设施难以及时建成以满足居民的日常应用，进而隐性增加住房困难群体的其他生活成本，因此相关群体出于日常通勤、子女教育、医疗服务等方面的需求，将较少或无法选择保障性住房以解决其住房需求，各类配套设施的不完善可能会导致保障性住房建成后的闲置率偏高，进而不利于该项政策发挥其应有的红利效应，造成公共资源配置效率低、阻碍社会代际流动等问题。因此，应合理确定保障性住房相关政策条例、提升保障性住房政策普及度、解决好保障性住房相关基础设施等问题，从而使住房困难群体能够充分利用这一利好政策。

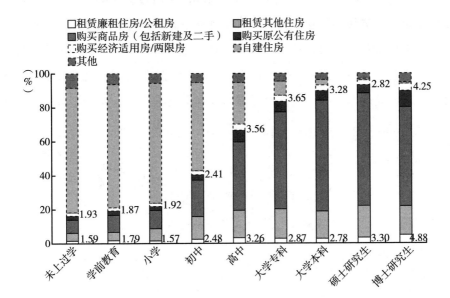

图 25　不同受教育程度群体住房来源情况

资料来源：第七次全国人口普查数据。

（三）住房保障实际支出与预算存在资金错配现象，住房保障预算管理有待加强

通过对比2014~2022年我国公共财政住房保障支出预算与公共财政住房保障实际支出可以发现，我国住房保障实际支出与预算之间存在资金错配现象，如2015年、2016年、2018年、2020年我国住房保障支出预算要低于实际支出，而其他年份的住房保障支出预算则高于实际支出（见图26）。事实上，保障性住房基于其自身的特殊性质，需要尽可能做到与实际需求相匹配，防止出现"供过于求"或"供不应求"的供需错配问题。作为一种公共产品，保障性住房的建设需要大量资金进行支撑，政府投资是其最重要的资金保障方式。然而，在我国当前的财税体制下，各地政府财力不一，部分地区在推动保障性住房建设过程中，由于面临资金不足或规划不当等问题，无法按照保障性住房建设要求以及实际需求进行足够的资金投入，这将导致保障性住房建设出现后续工作难以开展、建设质量不达标以及落后于人口发展实际需要等情况，从而不能真正有效地解决住房困难群体的现实住房需求，致使保障性住房建设的经济效益不尽如人意；当然，也存在部分地区由于缺乏长远规划，导致其投资保障房建设的规模过大，从而造成房屋资源

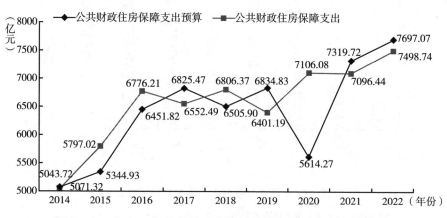

图26 2014~2022年公共财政住房保障支出预算与实际支出对比

资料来源：Wind数据库。

过剩等情况。保障性住房建设是一项超前性的工作，从项目准备、投资、建房再到有效供给，其中每一个环节均需要耗费大量人力、物力及时间成本，而政府所拥有的财力资本是有限的，因此，为使保障性住房能够切实有效地解决有需要群体的住房困难问题，需要根据实际发展需求和当前所具备的现有条件等进行合理的住房保障预算管理，从而实现资源配置的帕累托最优。

（四）保障性住房资金回报率低，市场主体供给意愿不高

保障性住房是我国社会保障体系的重要组成部分，随着当前城镇化进程的不断加速，各地区对于保障性住房的建设需求日益增加，尤其是一些新市民、青年群体较多的人口流入热点城市，而这也意味着其建设发展需要有足够大的资金支持。然而保障性住房基于其"保障"的特殊性质，使其项目投资回报周期长，且由于其后期运维成本较高，因此保障性住房的经营和管理成本也将较高。同时，由于保障性安居工程建设周期长，因此会出现建设进度与资金拨款周期不对应的情况，由此其也常常出现资金沉淀问题。在相关房地产企业、集体经济组织和园区、金融机构等相关参与方自有资金有限的情况下，较低的市场回报率将在极大程度上制约住房保障建设主体的积极性。因此，目前市场上保障性住房的筹建主体仍然以国有企业及相关政府平台公司为主，其他社会资本的参与力度明显不足。同时，对于租赁类保障性住房来说，其住房经营管理模式相较于经济适用房、共有产权房等其他保障性住房而言也更为复杂，具有流动性较差、变现与退出难度高等特点，因此其持有与建设往往需要相关主体投入大量低成本的长期资金支持。且通常而言，保障性租赁住房需保持租金低于市场价的标准，而目前我国住房保障市场上有关保障性租赁住房融资的相关激励政策及实施路径尚缺乏清晰的指南，这也将进一步增加其融资难度，使相关参与主体面临短期内难以保持资金平衡的问题。唯有将这些"拦路虎"切实有效解决，才能提高相关市场主体建设保障性住房的积极性与参与度。

（五）保障房发展存在违规转租转借、长期空置等现象，政策落地不及预期

保障性住房政策是国家为解决中低收入群体住房困难问题而推出的一项限定标准、限定价格或租金的社会保障性政策，关系到民生福祉和社会稳定。保障性住房设立的初衷是为那些无力在市场上购买商品房的住房困难群体提供安身之所。然而，当前却频频出现将保障房违规转租转借、长期空置等情况，这无疑使保障房的红利效应无法真正惠及需要保障的群体，也损害了诸多中低收入群体的利益，破坏了市场秩序，导致资源得到不公平分配，进而不利于社会的和谐稳定。保障性住房的相关条件是硬性的，每个人的实际情况却是随着其自身发展而不断变化的。因此，当一个人的发展条件已经不符合保障房的保障范围时，应及时将这些保障指标让渡给真正有需要的住房困难群体。保障性住房被承租人转租以谋取利益、长期空置等行为不仅违背了政策的初衷，损害了公共利益和社会公平，也意味着有限的资源未能得到充分利用。作为一项具有社会福利性质的保障政策，保障性住房应充分发挥其维护社会公共利益的作用，而不应当成为部分人牟利的工具。因此，相关主体应共同努力，将保障性住房回归其本质，从而为真正需要的人提供庇护所。

五 房地产发展新模式下保障性住房政策的优化思路

（一）持续加大保障性住房建设和供给，缓解结构性供给不足问题

保障性住房作为解决中低收入群体住房困难的重要工具，有利于缓解当前各城市特别是新市民、青年群体较多的大城市的住房矛盾，进而推进房地产转型和宏观经济持续高质量发展。因此，为解决当前许多城市出现的保障性住房结构性供给不足、"夹心层"群体住房困难问题，应加大保障性住房的建设和供给，从而让各工薪收入群体实现"居者有其屋"，缓解其购房焦虑。具体而言，应首先提高保障性住房之于有需要群体的可支付性，各地应

积极为保障性住房建设创造条件，通过中央补助资金、专项债券、商业配套贷款、税收优惠等金融和财税等各个层面的政策支持以控制保障性住房的建设成本，由此降低项目建设过程中的成本负担，提升其可支付性，进而实现有效供给。其次，为加快发展保障性住房，应解决好土地供给问题。需统一思想，创新土地来源，通过多种渠道筹集房源。在当前各地新增建设用地供应越来越少的情况下，需要充分促进存量用地的二次开发利用，如对于部分闲置低效的工业、商业、办公等非住宅用地及部分闲置宅基地、依法收回的已批未建土地、司法处置的住房和土地等，可更改其用途，通过改造和修缮以使其满足保障性住房的居住功能和低于市场价格的双重属性。最后，可以将保障性住房与城中村改造、公共交通用地综合开发以及片区开发类项目相结合，由此在解决保障性住房土地供给问题的同时，亦能为其他项目健康持续发展创造条件。通过推动保障性住房多主体投资、多渠道供给的新建设思路，为房地产行业及宏观经济的稳定发展注入强劲动力。

（二）明确划定保障范围，加大政策宣传力度，提升政策普惠性功能

为了让更多有需要的群体获得民生保障，解决其住房困难问题，应坚持建立健全多层次、宽覆盖的住房保障体系，在合理范围内适当降低准入门槛，扩大保障性住房的覆盖范围，将一些新就业无住房职工及符合条件的外来务工人员纳入住房保障范围，对困难群体实现精准保障，确保城市中低收入住房困难群体实现"应保尽保"，从而切实提升住房困难群体的获得感和幸福感。同时，应加大保障性住房相关政策和法规的宣传力度，使"人找政策"转变为"政策找人"。具体而言，可以采用线上与线下相结合、印刷政策宣传手册等方式，为相关群体答疑解惑，定期将相关保障性住房的房源位置、信息、价格、申请条件及流程等告知给有需要的住房困难群体，并为其提供可行性方案，切实提高群众对住房保障相关政策条例的知晓率。当然，还可以通过定期发放住房保障满意度调查问卷来了解群众的真实感受，听取其意见和建议，并适当对保障性住房的相关条例进行调整，由此真正把

保障性住房政策落到实处，让这一项红利政策惠及更多住房困难群体。此外，由于当前大城市保障性住房的供给区位通常较为偏远，因此在保障性住房项目建设前，应考虑到保障房的长远供给问题，对土地规划进行合理安排，如相关项目选址应优先安排在交通相对便捷、公共设施较为健全的区域，防止所建设的保障性住房因位置偏远、交通不便利等造成相关房源长期空置，从而造成资源浪费。当然，对于保障性住房也应做好相关的配套政策，要完善保障性住房的相关落户政策、学区政策等，让保障性住房购买群体也能享受到平等的公共服务，进而推动保障性住房的持续健康发展。

（三）做好保障性住房的长远规划和系统性谋划，提高资金使用效率

由于保障性住房的规划与建设是一项长期工程，因此唯有做到财务平衡，才能确保工程顺利推进。具体而言，各城市应首先坚持问题导向和目标导向，明确保障性住房建设的发展目标、重点任务和政策举措等，科学合理确定保障房供给规模，坚持"以需定建"准则，按照当地经济社会发展情况和被保障群体的实际住房需求，有序发展并适时调整住房保障方式，如保障性住房建设数量、建设标准、用地供应比例、资金来源及支持比例、配售情况及管理模式等一系列问题，做到因地制宜、因城施策，而不是盲目推进，由此实现房地产市场平稳健康发展。其次，各地还应当加快形成"实施一批、储备一批、谋划一批"的项目滚动推进机制，做好保障性住房项目建设全过程的合理谋划和储备。最后，各地需多措并举来实现"以人定房，以房定地、以房定钱"的"人、房、地、钱"四要素联动的新机制，进而促进房地产市场供需平衡、结构合理。总而言之，为使保障性住房的惠民生、促转型、稳经济的效能得以充分发挥，应规范保障性住房建设的相关财政预算及其他投资支持，保证资金管理制度化、规范化、科学化，进而提升资金使用效率。

（四）加大保障性住房建设主体各类政策支持力度，调动各主体参与积极性

由于保障性住房的收益具有较强的外部性，为调动相关主体参与保障

性住房建设的积极性，应首先支持银行向各类新建、改建保障性住房的建设主体提供开发建设贷款，向相关住房租赁企业运营自有产权保障性租赁住房提供经营性贷款，持续加大对保障性住房建设运营的信贷支持力度，鼓励发行专用于建设保障性住房的金融债，支持商业银行为保障性住房建设、运营管理、配套相关基础设施等环节提供专业化金融服务，由此拓宽相关主体的融资渠道，进而提升其参与积极性。其次，应加大对保障性住房参与主体的相关财政补助及政策支持，如允许企事业单位、商办、旅馆、厂房等土地资源变更用途，且无须补缴土地价款；对于一些利用非居住存量土地建设保障性住房的相关主体，在经过审核认定后，对其水、电、气等消费予以减免优惠，并降低其税收负担；进一步加大中央财政资金对保障性住房的支持力度等，由此降低相关主体的运营资金成本。最后，应简化保障性住房相关项目的审批流程、缩短项目审批时间。当然，对于保障性租赁住房而言，应探索制定科学合理的租金定价机制，防止相关供给企业出现亏损的现象，进而不利于保障性住房的良性循环供给。具体而言，可以在低于相同类型的市场租赁住房租金的要求下，保证相关的开发企业能够获取适当的利润，也即保障性住房能尽量做到保本微利，此外也可通过将收益率较好与较差的项目进行捆绑以分配给相关企业，也即发挥好不同项目、不同客户、不同价格层次之间的资产组合效应，由此平衡相关企业的最低收益率要求。

（五）完善制度顶层设计工作，加强全过程监督与管理

为确保保障性住房真正用于解决住房困难群体的安居问题，增强住房保障对象的获得感和幸福感，需要不断完善制度顶层设计工作，以此维护保障性住房建设实施过程中的公平与正义。为此，应首先做好严格的封闭管理工作，禁止保障性住房以买卖、赠予等方式流入市场进行上市交易。其次，需要做好保障性住房开工前的项目调研工作，避免出现保障房建成后长期空置的情况，由此提升资源利用和配置效率。各地要依据相关标准合理确定保障性住房的保障范围和准入条件，严格审核保障范围人群，建立公开且常态化

的受理机制，将符合条件的住房困难群体纳入轮候库，在合理轮候期内对这些群体予以保障，以此保证资源的合理有序分配。再次，需加强全过程监督，建立群众监督与举报机制，确保保障性住房的使用符合相关政策规定，相关媒体也应加大对违规使用保障性住房行为的曝光力度，加强监督工作，各地应建立联动机制，如积极探索并尝试保障性住房智慧管理系统，采用物联网、大数据及人工智能等新技术以实现保障性住房的线上化、数字化、一体化管理，由此健全保障性住房服务的管理平台，防止出现骗取优惠政策的现象。相关部门亦应加大执法力度，对违规租借保障性住房等行为予以严厉处罚。最后，还需要进一步加强保障性住房相关法律法规与政策条例的宣传，让群众知晓保障性住房建设的性质和意义，并提高他们的法律意识，使其严格遵守保障性住房相关规定和政策要求。群众自身也需要树立正确的住房观念，不能为追求片刻物质享受而牺牲真正需要保障的群体的利益。当然，对于申请保障性住房的群体而言，他们也应做好入住前备案、居住期间人口变更备案、非申请家庭成员临时居住备案、因生病等原因造成保障性住房连续空置 6 个月以上备案等工作，以便于相关部门对保障性住房的使用情况做好核查工作。

参考文献

邹旭等：《保障性住房用地配置的空间格局及影响因素——基于省、市、县三级空间错配视角》，《经济地理》2022 年第 8 期。

王先柱等：《建立公开规范的住房公积金制度研究》，经济科学出版社，2020。

吴义东等：《共同富裕视角下住房公积金制度收入效应及其分配》，《经济体制改革》2022 年第 5 期。

董昕：《住房保障、财政支出与城乡人口迁移》，《城市问题》2023 年第 1 期。

李烨等：《我国保障性住房建设情况与特征研究》，《城市发展研究》2020 年第 7 期。

服 务 篇

B.9

2023年中国房地产经纪行业发展报告

王明珠 王 佳*

摘 要: 2023年,住房和城乡建设部、国家市场监管总局联合印发《关于规范房地产经纪服务的意见》(建房规〔2023〕2号),各地主管部门和代表性机构积极贯彻落实,经纪服务佣金费率普遍下调,行业高收费形象有所改善;随着房地产市场供求关系发生重大变化,房地产经纪连接住房供需的重要纽带作用凸显,行业营业收入逆势增加;存量市场、买方市场驱动行业转向高质量发展,房地产经纪机构数量增加,从业人员数量下降,行业效率有所提高;直播、短视频等传播方式成为行业"新基建",行业管理面临新挑战。未来,随着房地产市场限制性措施逐步解除,房地产经纪市场将日趋成熟,市场集中度将逐步提高;随着两部门文件纵深推进落实,主管部门重拳整治房地产市场秩序,行业发展环境将得到进一步改善;随着负面典型案例发挥警示作用、个人信息保护相关团体标准实施,行业对客户个人信息

---

* 王明珠,中国房地产估价师与房地产经纪人学会研究中心业务主管、助理研究员,主要研究方向为房地产经济;王佳,中国房地产估价师与房地产经纪人学会资格考试部主任、助理研究员,主要研究方向为房地产经济。

保护将切实改善；对"直播卖房"等新模式的研究将加强。

关键词： 房地产经纪 规范服务 佣金下降 个人信息保护 直播卖房

房地产经纪（俗称"房地产中介"或"房产中介"），主要为房地产供给者和需求者的房屋交易提供相关专业服务。房地产经纪本质上是房地产特别是住房的流通服务，如同物流行业服务于普通商品流通。近年来，随着房地产市场供求关系发生重大变化，新房去化难度增加，存量房交易占据主导，房地产经纪连接住房供需的重要纽带作用日益凸显，已成为新建商品房销售的重要渠道、存量房交易不可或缺的环节。同时，作为住房和城乡建设领域稳定房地产市场、落实住房改善消费支持政策的重要抓手，房地产经纪在促进住房流通、提高住房交易效率、降低住房交易成本等方面的重要作用日渐彰显。

一　房地产经纪行业发展的总体情况

2023 年，房地产经纪行业呈现动态平衡的特点：佣金方面，总体规模和二手房佣金规模均有所提升、新房佣金规模有所下降，但二手房佣金费率有所下降；机构方面，总体规模有所扩大，但门店数量在缩小；人员方面，从业人员数量减少，但专业人员数量有所增加，行业整体呈现效率提升、结构优化的态势。

（一）房地产经纪行业营业收入情况

根据国家统计局数据，2023 年全国新房①销售金额约 11.7 万亿元；根据中国房地产估价师与房地产经纪人学会（简称中房学）测算，2023 年全

---

① 本报告中新建商品房简称新房。

国二手房成交额约 8 万亿元。[①] 按新房经纪服务渗透率[②] 30%左右、二手房经纪服务渗透率 85%以上测算，2023 年通过房地产经纪服务完成的房地产交易额约 10 万亿元，较 2022 年增长 25%；按平均佣金费率 1.8%测算，2023 年佣金规模约 1800 亿元，较 2022 年增长 12.5%（见图 1）。整体来看，在新房交易减少、二手房交易增加、经纪服务渗透率逐步提高、二手房买卖佣金费率普遍下降等综合因素影响下，2023 年全国房地产经纪行业营业收入整体逆势增加，二手房业务规模约为新房业务规模的 2 倍。

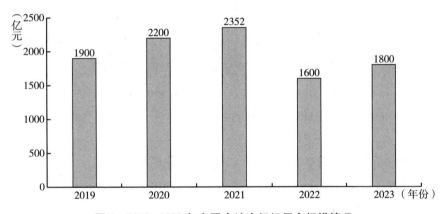

图 1　2019~2023 年全国房地产经纪佣金规模情况

资料来源：2019~2021 年资料来源于贝壳研究院；2022~2023 年资料来源于中房学。

（二）房地产经纪机构情况

1. 房地产机构规模有所回升，新注册机构显著增长

据中房学房地产经纪行业信息库统计，截至 2023 年 12 月 31 日，全国工商登记且存续的房地产经纪机构约 39.7 万家，其中 2023 年新注册机构约 5.7 万家，新增注册机构较 2022 年增加 1 倍以上；机构总量较 2022 年底增加近 3.1 万家，增幅约 8.6%（见图 2）。2023 年下半年市场企稳回升后，

---

① 根据代表性机构二手住宅成交金额及住宅占全部商品房比例测算。
② 指通过房地产经纪服务完成的房地产交易占全部房地产交易的比例。

部分已退出的从业人员重操旧业，成熟优质房地产经纪人员独立开店势头强劲等是新注册机构数量显著增长的主要原因。

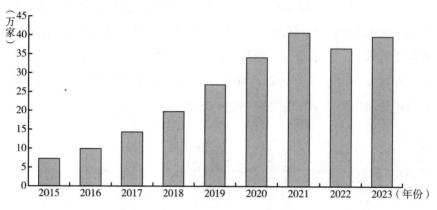

图2　2015~2023年全国房地产经纪机构总量情况

资料来源：中房学房地产经纪行业信息库。

2. 新增机构注册资本在300万元以下的占近95%

据中房学房地产经纪行业信息库统计，2023年全国新增房地产经纪机构注册资本仍以300万元以下为主，占比为94.65%，与2022年基本一致；其中，注册资本在100万元（含）以下的机构占比，较2022年减少近19个百分点；注册资本在101万~300万元（含）的机构占比，较2022年增加近19个百分点。主要有两个方面原因：一是在以加盟模式为主的市场下，新增机构以单店形式为主；二是头部机构为降本增效，采用的大店模式一定程度上提高了机构的进入门槛。而注册资本在301万~500万元（含）、500万元以上的机构占比分别仅为1.77%、3.58%（见图3）。

3. 经营年限1年及以下的新机构占比增长迅速

据中房学房地产经纪行业信息库统计，2023年全国成熟（经营年限5年以上）房地产经纪机构占比为32.71%，年轻（经营年限3年及以下）机构占比为41.79%。具体来看，截至2023年12月31日，经营年限5~10年（含）、10年以上的机构占比分别为23.92%、8.79%；经营年限3~5年（含）、1~3年（含）、1年及以下的机构占比分别为25.50%、27.62%、14.17%。受下半

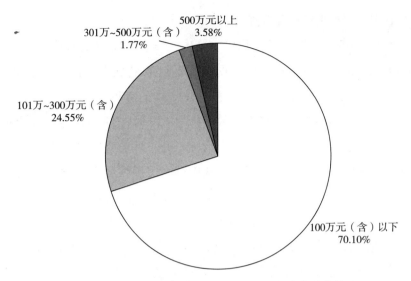

图3　2023年全国新增房地产经纪机构注册资本分布情况

资料来源：中房学房地产经纪行业信息库。

年市场企稳回升后新注册机构显著增加影响，经营年限1年及以下的机构占比增长迅速，几乎是2022年的2倍；经营年限1~3年（含）、10年以上的新老机构占比均有所下降，经营年限3~5年（含）、5~10年（含）的青壮年机构占比基本维持不变（见图4）。

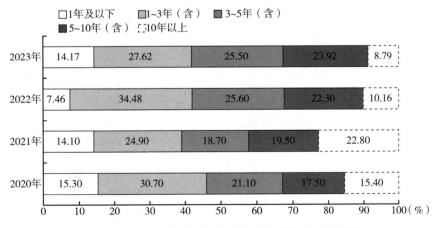

图4　2020~2023年房地产经纪机构经营年限分布情况

资料来源：中房学房地产经纪行业信息库。

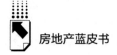

4. 代表性机构规模有升有降

2023 年，58 安居客、贝壳找房、德祐、链家、21 世纪不动产、我爱我家、到家了、麦田房产等代表性平台企业和经纪机构规模有升有降。与 2022 年相比，门店数、经纪人员数指标均增加的有贝壳找房、德祐、到家了、唐山千家。门店数、经纪人员数指标均下降的有 58 安居客、我爱我家、中原地产。门店数、经纪人员数两个指标一升一降的有链家、儒房地产+鲁房置换、包头联邦置业、麦田房产，其中链家门店数由 5765 家下降至 5524 家，但经纪人员数从 9.7 万人增加至 10.3 万人，包头联邦置业情况类似，同样为门店减少、人员增加；儒房地产+鲁房置换、麦田房产则情况相反，均为门店增加、人员减少，反映出机构不同的经营策略。此外，21 世纪不动产基本保持稳定，门店数量、经纪人员数量维持在 1 万家、6 万人以上（见表 1）。

表 1　2022 年、2023 年代表性房地产经纪机构和平台企业变化情况

序号	房地产经纪机构和平台企业	年份	经纪人员数（万人）	门店数（家）	进入城市数（个）
1	58 安居客	2023	60	140000	771
		2022	66	146826	824
2	贝壳找房	2023	43.5	45586	—
		2022	39.4	40516	—
3	德祐	2023	20.3	23149	—
		2022	18.4	21057	—
4	链家	2023	10.3	5524	29
		2022	9.7	5765	—
5	21 世纪不动产	2023	6+	10000+	165
		2022	6.2	10039	174
6	儒房地产+鲁房置换	2023	4.8	8736	362
		2022	6.5+	7000+	700+
7	我爱我家	2023	3.4	2889	11
		2022	3.9	4409	35
8	中原地产	2023	1.6	663	30
		2022	1.9	824	39

续表

序号	房地产经纪机构和平台企业	年份	经纪人员数（万人）	门店数（家）	进入城市数（个）
9	到家了	2023	1.2	1133	3
		2022	1.1	1119	4
10	麦田房产	2023	0.55	311	—
		2022	0.65	304	—
11	唐山千家	2023	0.41	442	2
		2022	0.32	394	2
12	包头联邦置业	2023	0.13	148	6
		2022	0.12	158	5

注：经纪人员数包括业务人员和职能人员；儒房地产+鲁房置换均为容客集团下的品牌经纪机构；麦田房产仅为北京麦田房产经纪有限公司数据；排名根据2023年房地产经纪人员数。

资料来源：中房学根据调研数据整理。

（三）房地产经纪从业人员情况

截至2023年12月31日，全国房地产经纪从业人员约有179万人，取得全国房地产经纪专业人员职业资格的约43万人，取得全国房地产经纪专业人员职业资格并办理登记的人员约15.7万人。

1. 从业人员减少5万人，专业人员登记数量持续增长

根据中房学对11家[①]代表性房地产经纪机构和平台企业调研测算结果，2023年全国房地产经纪从业人员约有179万人，较2022年减少5万人（见图5）。取得全国房地产经纪专业人员职业资格并办理登记的人员（以下称登记人员）总量保持增长态势，据中房学房地产经纪行业信息库统计，截至2023年12月31日，全国累计登记人数达15.7万人（见图6），其中，2023年全国新增登记人员1.2万人，同比下降38.4%，主要是受疫情影响，2022年取得房地产经纪专业人员职业资格考试的人数减少，办理登记的人员基数缩小。具体来看，登记人员中，房地产经纪人登记人数为7万人，

[①] 包括贝壳找房（含链家、德祐）、58安居客、我爱我家、21世纪不动产、中原地产、北京麦田房产、儒房地产+鲁房置换、到家了、乐有家、唐山千家、包头联邦置业。

2023 年新增 0.6 万人；房地产经纪人协理登记人数为 7.5 万人，2023 年新增 0.5 万人。

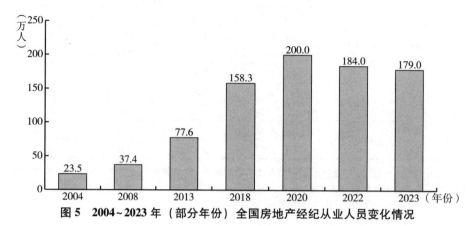

图 5 2004~2023 年（部分年份）全国房地产经纪从业人员变化情况

资料来源：2004 年、2008 年、2013 年、2018 年资料来自国家统计局公布的全国经济普查数据；2020 年资料来源于贝壳研究院；2022 年、2023 年资料来源于中房学对代表性企业调研测算结果。

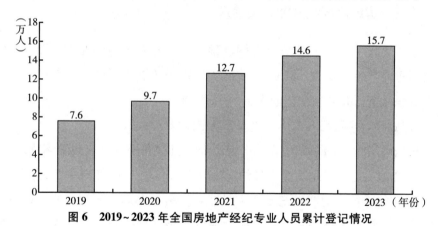

图 6 2019~2023 年全国房地产经纪专业人员累计登记情况

资料来源：中房学房地产经纪行业信息库。

2. 从业房地产经纪专业人员①平均年龄为35.8岁，30岁以上的占比增至近80%

据中房学房地产经纪行业信息库统计，从业房地产经纪专业人员平均年

––––––––––––––––

① 指通过房地产经纪专业人员职业资格考试并经登记后实际从业的人员。

龄为35.8岁，较2022年提升1.9岁，以31~40岁的社会中坚力量为主。其中，31~35岁占比最大，为32.0%，其次是36~40岁、26~30岁、41~45岁，占比分别为23.2%、19.8%、13.2%。30岁以上的占比为77.2%，较2022年提高5.5个百分点，说明从业房地产经纪专业人员在慢慢沉淀，尤其是存量专业人员深耕此行业的意愿较强（见图7）。具体来看，从业房地产经纪人年龄分布主要集中在31~40岁，从业房地产经纪人协理年龄分布主要集中在26~35岁，这一年龄分布主要与房地产经纪人协理职业资格考试门槛低于房地产经纪人息息相关（见图8）。从专业人员、从业人员对比情况来看，二者25岁及以下年轻人的占比形成了鲜明的对比，从业人员中，25岁及以下的年轻人占比接近10%，远高于专业人员的2.94%；而在31~35岁、36~40岁、46岁及以上年龄段的占比中，从业人员则均低于专业人员。从业人员平均年龄明显低于专业人员（见图9）。

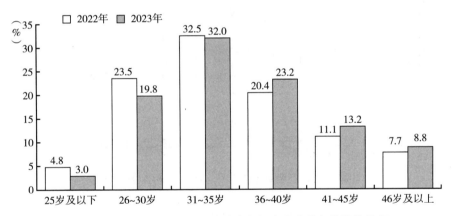

图7　2022年、2023年从业房地产经纪专业人员年龄结构情况

资料来源：中房学房地产经纪行业信息库。

3. 专业人员学历水平远高于从业人员，从业人员仍以高中及以下学历为主

据中房学房地产经纪行业信息库统计，房地产经纪专业人员以大专学历为主，占比为47.70%，其次是本科学历，占比为37.82%，大专及以上学历合计占比86.30%，近九成；高中及以下学历占比仅为13.70%。据中房学对11家代表性机构调研测算结果，房地产经纪从业人员以大专及以下学历为主导，

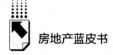

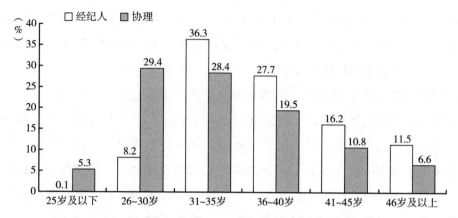

图8　2023年从业房地产经纪人、房地产经纪人协理年龄结构情况

资料来源：中房学房地产经纪行业信息库。

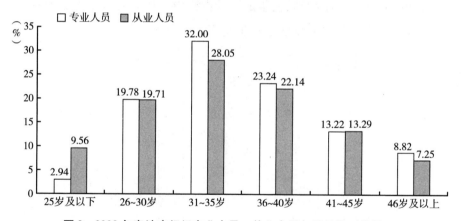

图9　2023年房地产经纪专业人员、从业人员年龄结构对比情况

资料来源：房地产经纪专业人员数据来自中房学房地产经纪行业信息库；房地产经纪从业人员数据为中房学对11家代表性机构调研测算结果。

占比为84.80%，其中高中及以下占比超过半数，从业人员仍以高中及以下的低学历为主。本科及以上从业人员占比仅为15.20%，这一占比尚不到专业人员的一半（见图10）。整体来看，专业人员学历水平远高于从业人员。

4. 职业资格报考热度回升，报考规模基本恢复至疫情前

2023年，房地产经纪专业人员职业资格考试恢复正常，全国31个省、自治区、直辖市，以及5个计划单列市统一开考，全年报考人数约10.6万

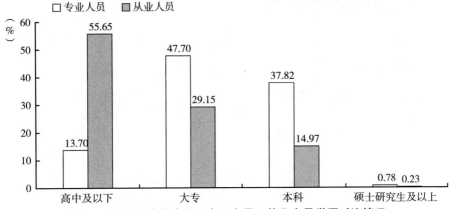

图10 2023年房地产经纪专业人员、从业人员学历对比情况

资料来源：房地产经纪专业人员数据来源于中房学房地产经纪行业信息库；房地产经纪从业人员数据为中房学对11家代表性机构调研测算结果。

人，同比增长265%，合格人数约3.3万人，合格率维持稳定水平。其中，房地产经纪人报名人数约6.3万人，合格人数约1.6万人，合格率约为25%；房地产经纪人协理报名人数约4.3万人，合格人数约1.7万人，合格率约为40%，报考规模基本恢复至疫情前（见图11、图12）。截至2023年12月31日，取得全国房地产经纪专业人员职业资格的约43万人，其中房地产经纪人17.2万人、房地产经纪人协理25.8万人。

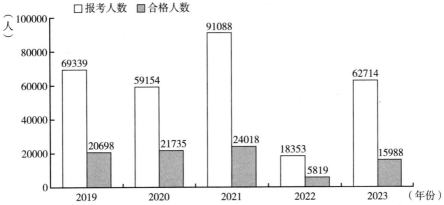

图11 2019~2023年全国房地产经纪人职业资格考试报名人数及合格人数

资料来源：中房学房地产经纪行业信息库。

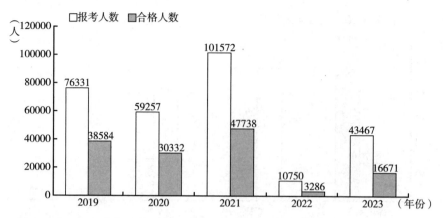

图 12　2019~2023 年全国房地产经纪人协理职业资格考试报名人数及合格人数

资料来源：中房学房地产经纪行业信息库。

二　房地产经纪行业发展的新环境

（一）市场重大变化推动行业高质量发展

2023 年，在房地产市场下行压力下，政策方面加大力度积极采取措施，尤其是 7 月 24 日中共中央政治局会议作出"适应我国房地产市场供求关系发生重大变化的新形势"重大判断后，"认房不用认贷"、降低首付比例和利率等多项优化房地产的政策密集出台，各地因城施策、一城一策、精准施策稳定房地产市场。房地产经纪作为连接住房供需的媒介和桥梁，长期来看，随着房地产市场供求关系发生重大变化，以存量为主的市场本身更加依赖经纪服务特别是高质量经纪服务；短期来看，各地为简化交易流程、降低交易成本、加速二手房流通而进行的政策创新探索，也亟须发挥房地产经纪的纽带作用，综合驱动房地产经纪服务从"有没有"转向"好不好"。

1. 部分地方探索住房"以旧换新"模式，加强一、二手房联动

随着房地产市场供求关系发生根本性转变，买一卖一、买大卖小等改善性置换客户已成为核心购买力人群，但市场整体流动性不足，导致置换链条

无法衔接。2023 年下半年以来,针对改善置换群体,多地推出住房"以旧换新"①(或称"卖旧换新""卖旧买新")。其中,以南京、上海、青岛、宁波、南通等地为代表探索的房地产经纪机构与房地产开发企业、购房者"三方联动"新模式,为购房人提供了先买新房、后卖旧房的解决方案:购房人缴纳定金锁定新房后,房地产经纪机构挂牌旧房并在一定期限内出售,旧房卖出则购房合同生效,反之则退还定金。这一模式既保障了购房人交易安全,从根本上解决了购房人怕违约的痛点,又推动了房地产经纪机构与房地产开发企业的友好合作,加强一、二手房联动。聚焦某一具体的"以旧换新"交易,能否完成整个置换流程的关键在于房地产经纪机构能否在约定时间将购房人的旧房出售,对经纪机构的转化效率、综合服务能力提出更高要求。

此外,从推行主体来看,各地推行"以旧换新"的主体主要有三类。一是行业主管部门,如连云港市房地产市场调控发展领导小组办公室于 2023 年 10 月 17 日发布《关于进一步促进住房消费活跃房地产市场的通知》,明确"鼓励房地产开发企业、经纪机构为参与'换新购'的购房者提供专属房源和优惠方案";二是行业组织,如南京房地产业协会、南京市房地产经纪行业协会于 2023 年 9 月 7 日发布《关于促进一二手房联动支持"卖旧换新"住房改善需求的通知》,面向各房地产开发企业、房地产经纪机构,联合推出"换新购"服务新模式;三是房地产经纪机构等企业,如上海、青岛等地链家与个别新房项目合作,探索为置换客户提供卖旧买新服务。

2. "带押过户"模式持续推进,助力优化交易流程、降低交易成本

2023 年 3 月 3 日,自然资源部、银保监会印发《关于协同做好不动产"带押过户"便民利企服务的通知》,进一步推动不动产"带押过户",优化交易流程,降低制度性交易成本。据不完全统计,全国已有包括广州、成都、

---

① 从操作模式来看,各地已推出的住房"以旧换新"主要包括两类:第一类为房地产开发企业或第三方回购旧房模式,以山东济南、潍坊、临沂等地的部分新房项目为代表;第二类为房地产经纪机构与房地产开发企业、购房者"三方联动"模式。本报告仅探讨有房地产经纪机构参与的第二类"以旧换新"模式。

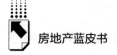

南京、西安、济南、青岛、深圳、昆明、苏州、无锡、东莞、珠海等超 40 个城市正式发文推行二手房"带押过户"。但在实际过程中，一笔"带押过户"交易需要卖方、买方、不动产登记部门和银行等多方的参与，在旧抵押和新抵押不是同一家银行的情况下，更加需要各参与方主动作为、理顺流程、密切配合、做好细节把控。房地产经纪在整个"带押过户"交易过程中起着较为重要的纽带作用，从短期看，不动产"带押过户"可能会减少个别房地产经纪机构的"过桥资金"业务收入；从长期看，不动产"带押过户"可以降低换房门槛，加快二手房交易效率，有助于增加房地产经纪机构的交易量。

（二）两部门发文促进行业规范化发展

2023 年 4 月 27 日，住房和城乡建设部、国家市场监管总局联合印发《关于规范房地产经纪服务的意见》（建房规〔2023〕2 号）（简称《意见》），从加强从业主体管理、明确经纪服务内容、合理确定经纪服务收费、严格实行明码标价、严禁操纵经纪服务收费、规范签订交易合同、加强个人信息保护、提升管理服务水平、加大违法违规行为整治力度、加强行业自律管理 10 个方面作出要求。《意见》是近年来，主管部门对房地产经纪行业从业主体、服务收费、服务内容、经纪行为等进行的一次较为全面的规定，对规范房地产经纪行业发展、促进经纪行业公平竞争、消费者自由选择经纪服务、提升经纪服务质量具有积极作用。其中，关于合理确定经纪服务收费、降低二手房买卖中介费的规定同时作为稳定房地产市场的一项政策工具，对于降低交易成本、加快住房流通同样具有积极作用。

《意见》发布后，各地主管部门和代表性房地产经纪机构积极落实，房地产经纪行业执业环境明显改善。截至 2023 年 12 月 31 日，全国已有山西、辽宁、黑龙江、山东、河南、广东、太原、呼和浩特、芜湖、荆门、安康等 29 个省市主管部门相继发布文件（见表 2），落实《意见》要求。除北京、太原、南宁、马鞍山、漳州等个别地方发文仅规范机构备案、存量房交易资金监管等专项内容，其他地方发文多为实施细则，从主体管理、服务收费、服务内容、经纪行为管理等多个方面落实《意见》要求。其中，个别地方，此前因多种原因制约，导致行业主管部门在机构备案、人员实名登记、交易合同网签备案及交易资金监管等方面的制度建设较为薄弱，行业管理基础不足。《意见》发布后，这些地方认真贯彻落实，研究制定配套文件和工作措施，加强对管理薄弱方面的要求，为当地行业进一步规范发展奠定基础，行业发展环境明显改善。

表2　地方主管部门发文落实《意见》情况汇总

序号	地区	政策	主要内容
省　级			
1	北京	12月27日，《北京市房地产经纪机构、住房租赁企业备案管理暂行办法》	明确机构备案具体要求
2	山西	9月7日，《关于进一步做好房地产经纪行业规范服务的通知》（晋建房规字〔2023〕178号）	房地产经纪机构管理、人员管理、行为管理、行业自律管理、行业联合监管
3	辽宁	7月19日，转发《住房和城乡建设部 市场监管总局关于规范房地产经纪服务的意见》的通知	机构备案、经纪服务收费、违规行为整治3个方面
4	黑龙江	8月31日，《关于进一步规范房地产经纪服务的实施意见》（黑建规〔2023〕4号）	从业主体管理、经纪机构服务内容、经纪服务收费、明码标价、签订交易合同等12个方面
5	安徽	《安徽省住房城乡建设厅、安徽省市场监督管理局关于贯彻落实国家两部门规范房地产经纪服务意见的通知》（建房〔2023〕108号）	—
6	福建	9月13日，福建省住房和城乡建设厅、福建省市场监督管理局转发《住房和城乡建设部 市场监管总局关于规范房地产经纪服务的意见》的通知（闽建房〔2023〕17号）	加强经纪机构备案登记管理、落实从业人员实名登记制度、规范经纪机构服务内容公示、推进管理服务系统建设、强化交易风险管理、整顿规范经纪行为等7个方面
7	江西	9月20日，江西省住房和城乡建设厅与江西省市场监督管理局联合发布《关于进一步规范房地产经纪服务的通知》	严格落实备案制度、加强从业人员监管、明确经纪服务内容、规范经纪服务收费、防范交易风险、保障交易资金安全等9个方面

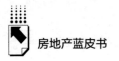

续表

序号	地区	政策	主要内容
省　级			
8	山东	6月9日,山东省住房和城乡建设厅、山东省市场监督管理局关于转发《住房和城乡建设部　市场监管总局关于规范房地产经纪服务的意见》的通知(鲁建房函〔2023〕1号)	机构备案管理、机构信息公示、从业人员实名登记、存量房交易合同网签备案、存量房交易资金监管等
9	河南	10月10日,《关于加强全省房地产经纪服务管理的通知》(豫建行规〔2023〕5号)	加强机构备案管理、严格实名登记、健全行业管理服务平台功能、推广示范文本、明确公示内容等9个方面
10	广东	8月30日,《广东省住房和城乡建设厅　广东省市场监督管理局关于规范房地产经纪服务的实施意见》(粤建房函〔2023〕680号)	机构备案、从业人员实名登记、明码标价、签订交易合同、个人信息保护等12个方面
11	重庆	4月28日,《重庆市住房和城乡建设委员会关于进一步规范房地产经纪行为的通知》(渝建〔2023〕11号)	落实机构备案管理、强化从业人员管理、加强经纪活动管理(包括房源发布、服务收费、资金监管等)
		4月28日,《重庆市住房和城乡建设委员会关于进一步加强和规范存量房交易合同网上签约的通知》(渝建〔2023〕12号)	加强存量房交易合同网签备案
市　级			
1	山西太原	5月23日,太原市房产管理局发布《关于加强房地产经纪机构备案管理的通知》	加强房地产经纪机构主体管理
2	山西临汾	10月30日,《关于进一步做好房地产经纪行业规范服务的通知》(临建字〔2023〕195号)	加强房地产经纪机构管理、经纪人员管理、经纪行为管理、行业自律管理、行业联合监管5个方面
3	内蒙古呼和浩特	6月28日,呼和浩特市住房和城乡建设局发布《关于进一步加强房地产经纪机构及从业人员管理的通知》(呼住建字发〔2023〕811号)	严格落实房地产经纪机构备案工作、全面推行经纪从业人员实名登记制度
		10月13日,《呼和浩特市住房和城乡建设局　呼和浩特市市场监督管理局关于规范房地产经纪服务进一步加强行业管理工作的通知》	从业主体管理、规范经纪服务内容、规范服务收费行为、规范签订交易合同、严厉查处经纪机构垄断行为等9个方面

续表

序号	地区	政策	主要内容
市　级			
4	吉林省吉林市	9月22日,吉林市人民政府办公室关于印发《吉林市进一步促进房地产消费若干措施》的通知(吉市政办发〔2023〕11号)	经纪服务收费、实行明码标价制度,不得混合标价和捆绑收费,发挥房地产经纪行业协会作用等
5	江苏南京	10月13日,南京市住房保障和房产局、国家金融监督管理总局江苏监管局、中国人民银行江苏省分行营业管理部发布《关于进一步做好南京市存量房交易资金监管工作的通知》	存量房交易资金监管范围包括购房定金、首付款、购房贷款等购房款项,鼓励房地产经纪机构将经纪服务费用纳入交易资金监管范围
6	安徽芜湖	7月11日,芜湖市住建局、市市场监督管理局、中共芜湖市委网信办三部门发布《关于规范房地产经纪服务的通知》(芜市建〔2023〕61号)	加强从业主体实名制管理、规范房源信息发布、规范经纪服务行为、规范经纪服务收费、明确网络平台责任、加强个人信息保护、加大违法违规行为整治力度等9个方面
7	安徽马鞍山	10月18日,马鞍山市房地产产权市场管理处发布《关于进一步加强存量房交易资金监管的通知》	存量房交易资金监管
8	安徽阜阳	9月12日,阜阳市房屋管理局、阜阳市市场监督管理局联合发布《关于贯彻落实省级两部门规范房地产经纪服务意见的通知》(阜房办〔2023〕59号)	搭建或完善房地产经纪管理服务平台、加强房地产经纪机构和人员备案管理、推广实名制登记、严格实行明码标价、严禁操纵经纪服务收费、合理确定收费标准等9个方面
9	福建漳州	10月18日,《漳州市住房和城乡建设局 漳州市市场监督管理局关于进一步规范存量房交易有关事项的通知》(漳建房〔2023〕43号)	交易房源核验、存量房交易资金监管、加强违规整治
10	河南济源	《济源市房地产管理局关于进一步加强房地产经纪行业管理的通知》	—
11	湖北荆门	7月17日,荆门市住建局、市市场监督管理局联合发布通知	经纪机构备案和从业人员实名登记、合同示范文本信息公示、监督执法检查
12	湖北宜昌	7月28日,《宜昌市住房和城乡建设局关于进一步规范房地产经纪服务的通知》	机构备案、信息公示、交易合同、行业监管

续表

序号	地区	政策	主要内容
市　级			
13	广东 广州	10月30日,《广州市住房和城乡建设局 广州市市场监督管理局关于规范房地产经纪服务的实施意见》(穗建房产〔2023〕658号)	加强机构和人员管理、公开标示价格信息、严肃查处违法违规行为、建立完善工作机制等
14	广西 南宁	5月12日,《南宁市住房和城乡建设局关于进一步做好存量房(二手房)交易资金监管经纪服务工作的通知》(南住建〔2023〕230号)	存量房交易资金监管
15	海南 三亚	10月26日,《三亚市住房和城乡建设局关于进一步规范房地产经纪服务有关事项的通知》	从业主体管理、违法违规行为整治、行业自律管理
16	贵州 贵阳	6月1日,《贵阳市住房和城乡建设局关于进一步加强房地产经纪管理工作的通知》(筑建通〔2023〕152号)	机构备案、实名从业、明码标价、行业自律、联合执法
17	陕西 西安	9月28日,西安市住房和城乡建设局、西安市市场监督管理局关于印发《规范房地产经纪服务的意见》的通知(市建发〔2023〕172号)	强化房地产经纪机构及从业人员管理;规范房地产经纪服务事项;鼓励房地产经纪机构分档定价,合理确定经纪服务收费;提升管理服务水平;实施行业信用评价,加强分级分类监管等8个方面
18	陕西 安康	8月14日,安康市住房和城乡建设局与市场监督管理局联合发布《关于进一步加强房地产经纪机构管理工作的通知》(安住建发〔2023〕347号)	严格备案程序,强化动态管理;规范经纪行为,严格明码标价;及时更新信息,加强信用管理;严格信息公示,畅通举报渠道等6个方面
区县级			
1	浙江 永康	5月26日,《永康市住房和城乡建设局关于进一步规范房地产经纪机构服务行为的通知》	从业主体管理、经纪服务行为、机构信息公示及个人信息保护、行业自律管理
2	青岛 西海岸新区	9月4日,青岛西海岸新区住房和城乡建设局、青岛西海岸新区市场监督管理局发布《关于进一步规范房地产经纪服务的通知》(青西新住建发〔2023〕278号)	加大政策宣传执行力度、规范经纪机构服务行为、规范经纪服务价格行为、配合净化市场发展环境

资料来源:中房学根据公开资料整理。

（三）标准体系建设引领行业专业化发展

2017年修订的《中华人民共和国标准化法》明确，国家鼓励社会团体、企业等开展或者参与标准化工作，加强团体标准、企业标准建设。近年来，中房学会同部分地方房地产经纪行业组织，以推动房地产经纪行业高质量、专业化发展为核心，全力推进行业标准体系建设，制定发布了一系列行业相关规范和标准，如《房地产经纪服务合同推荐文本》《房屋状况说明书推荐文本》《"真房源"标识指引（试行）》《房地产经纪执业规则》《武汉市房地产经纪规范服务（门店）评价规则》《杭州市房地产经纪服务标准》等。一些头部房地产经纪机构和平台企业也积极制定企业相关服务标准，提升经纪服务质量，树立企业标杆形象。2023年，中房学发布了两项关于房地产经纪行业的团体标准，奠定了行业标准体系建设基础，引领行业沿着专业化、高质量发展之路砥砺前行。

1. 中房学发布首个团体标准，行业标准体系建设取得突破

2023年8月8日，中房学发布首个团体标准《电子证照规范 房地产经纪专业人员登记证书》（T/CIREA JJ001-2023）。该标准规定了房地产经纪专业人员电子登记证书的证照信息项、样式要求及编码规则，适用于房地产经纪专业人员登记证书的证照信息交换、共享和处理等，为房地产经纪专业人员登记证书的推广使用及动态更新，房地产经纪行业信息化建设、数字化转型，与全国一体化在线政务服务平台数据对接、信息共享奠定了基础，对提升房地产经纪专业人员登记服务效率、便利度具有重要意义，同时也从根本上解决了纸质登记证书携带展示不便、信息更新不及时，以及易丢失、易伪造等问题。

2. 中房学发布首个关于个人信息保护的团体标准，行业个人信息保护加强

2023年10月26日，中房学发布房地产经纪行业首个关于个人信息保护的团体标准《房地产经纪服务中客户个人信息保护指南》（T/CIREA JJ002-2023）。该标准规定了房地产经纪服务中的客户个人信息保护总体要

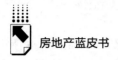

求，明确了房地产经纪服务前、中、后三个阶段的个人信息处理要求，以及个人信息保护保障措施，给出了房地产经纪服务中涉及处理的个人信息示例、客户个人信息脱敏示例，适用于房地产经纪机构及其房地产经纪人员在房地产经纪服务中的客户个人信息处理及保护活动等。该标准贯彻落实了《中华人民共和国个人信息保护法》等法律法规及相关国家标准的要求，弥补了房地产经纪行业个人信息保护标准上的空白，对房地产经纪机构及其人员提升个人信息保护意识、规范个人信息处理活动、完善个人信息保护措施、保护客户个人信息权益具有重要意义。

三　房地产经纪行业发展的新情况

（一）服务收费普遍下调，行业高收费形象有所改善

2023 年 9 月以来，为落实《意见》要求，代表性机构陆续下调佣金费率，买卖双方付费模式被市场快速接受。如北京链家于 9 月 26 日将佣金费率标准从 2.7% 下调至 2.0%，收费模式从购房人单方支付改为买卖双方各承担 1%；大连链家佣金费率标准由 2.5% 降低至 2%；东莞链家由 3% 降低至 2%；贝壳找房在天津、武汉等 12 个城市推动双边收费。当前市场形势下，除少量新政前交易双方已达成一致意见的交易外，交易双方普遍接受双边收费方式。

头部经纪机构降费，带动其他经纪机构费率进一步降低。如受北京链家降费影响，我爱我家、麦田房产、中原地产、21 世纪不动产均已经下调佣金费率标准至 2% 左右，并在此基础上仍可能有一定折扣；其他小房地产经纪机构佣金费率已经降低至 1% 以下。广州裕丰地产在广州全面实行买卖双方各收 0.69%，实现佣金透明化，进一步带动了广州其他经纪机构实际收佣下调。乌鲁木齐 12 家经纪机构实行经纪服务收费分档定价（分档打折收费），在机构定价的基础上，成交价格越高、折扣越大。

服务收费普遍下调，行业高收费形象有所改善。根据中房学对北京、深

圳、重庆、山东、长沙等41个地方①的调研结果，《意见》发布以来，五成以上地方代表性房地产经纪机构已对收费标准、收费方式、实际收费等方面进行调整。近七成地方的老百姓认为所在地方当前房地产经纪服务收费水平合理，可以接受，行业高收费形象得到改善。

（二）直播、短视频等传播方式成为行业"新基建"

直播、短视频等传播方式成为行业"新基建"，各房地产经纪机构普遍使用。2023年2月17日，快手发布房产业务业绩，2022年快手房产业务总交易额突破100亿元，"直播卖房"模式引起业内广泛关注与讨论。新媒体应用改变的只是行业获客及服务的方式，而非对行业的替代。对此业内已基本形成共识，越来越多的房地产经纪机构、房地产经纪人将直播、短视频作为经营私域流量获客的工具和方法，且对其依赖度越来越高。根据中房学对41个地方的调研结果，江苏、杭州等7个地方40%以上的房地产经纪人利用线上工具开展业务。

抖音、快手等头部平台企业专注线上，发挥科技企业优势，围绕赋能线下、降低获客成本，加强与线下经纪机构等的合作，截至2023年12月31日，抖音房产类企业号已经突破50万个，房产创作者规模超过190万名，同比增长159%，其中有经纪人特征的用户量超过50万名，占比超过1/4；在快手理想家签约的房产主播中，从线下房地产经纪人转型房产主播人数占比同比翻倍，截至2023年6月，快手理想家签约主播数超过1.5万名。2024年初，抖音在北京、上海、广州、成都、杭州、青岛等6个省市发起抖音房产平台数字营销人才培养项目，帮助房地产经纪人员系统学习并快速提升短视频、直播等数字营销技能水平。

房地产交易领域平台企业均已布局"直播卖房"、房产短视频内容等，

---

① 41个地方包括：北京、上海、广州、河北、山东、江西、江苏、福建、重庆、天津、深圳、成都、沈阳、大连、太原、南充、长沙、武汉、三亚、宁波、合肥、杭州、济南、青岛、海南、厦门、郑州、安阳、济源、焦作、开封、洛阳、南阳、平顶山、三门峡、商丘、新乡、周口、拉萨、呼和浩特、包头。

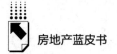

帮助旗下经纪机构和经纪人员打造个人品牌。2023年5月，天猫好房宣布将战略重点定位为"房地产数字化营销生态"，以免费流量扶持、现金补贴方式吸引房产内容创作者和商家持续入驻。贝壳找房推出面向房产短视频达人的"银河计划"，通过给予流量扶持和培训，助力房产主播账号和内容优化升级，已覆盖约60个城市，达人号1万余个；2024年3月，贝壳找房大连站与快手理想家达成合作，双方将共同培养专业房产主播经纪人，探索经纪行业在新媒体领域的发展和房产线上营销新模式。58安居客为经纪人搭建的"趣探房"服务拓展至48城，帮助房地产经纪机构和经纪人打造个人品牌。

（三）机构不断调整经营策略，加盟模式成为主流

为应对市场下行、人员流失等不利影响，企业普遍积极采取应对措施，在强化社区服务、提升服务品质、优化经营策略、发展抗周期性业务等方面持续发力。一方面，降本增效，包括退出部分城市、聚焦重点城市经营，与其他业态共享门店，分摊租金成本，采取大店模式，降低人均店面成本。如中原地产退出成都等部分城市的二手房业务，专注新房市场；越来越多经纪品牌门店引入快递代收或社区团购等其他业态服务，在分摊租金成本的同时，增加与社区的黏性互动；直营品牌链家持续推动大店模式，2023年所属门店数量下降，但经纪人员数量逆势增加，店均人数由16.8人增加至18.6人。另一方面，调整经营战略，包括直营门店转加盟，进行薪酬调整，不过度追求门店数量增长，加快发展具有抗周期性的住房租赁业务。如西安百年行缩减直营门店，大力发展加盟门店，门店规模逆势增加至500多家；重庆到家了、唐山千家等区域性品牌机构代表，则通过采取薪酬调整、激励政策或品牌整合等不同经营策略，较好地应对了市场下行及行业竞争压力。

加盟模式已成为市场主流。一方面，在过去几年中，面对市场波动，加盟模式抗风险能力较强的优势凸显。如老牌特许加盟品牌21世纪不动产在过去市场下行时，关店率远低于行业平均水平，截至2023年底，旗下加盟门店数量、经纪人员数量维持在1万家、6万人以上；另一头部加盟品牌德

祐，同样在 2023 年表现较好，旗下经纪门店数从 18.4 万家增加至 20.3 万家，经纪人员数从 2.1 万人逆势增加至 2.3 万人。另一方面，加盟模式因具有抗风险能力强、机制灵活等优势，成为经纪品牌扩大市场规模的首选，同时也在成熟经纪人员独立开店时受到青睐，如 58 安居客旗下加盟品牌诺家在武汉、成都等城市持续发力，门店数量显著增长。

（四）经纪人员专业化、职业化发展趋势初见端倪

一直以来，经纪人员职业化水平低、专业服务能力不足被认为是制约经纪行业整体服务质量的根源之一，也是被消费者诟病最多的问题之一。但目前这一沉疴顽疾正在改善，专业人员数量、专业人员占全部从业人员比重、登记专业人员数量均创新高。2023 年在房地产经纪从业人员总量减少的趋势下，报考房地产经纪专业人员职业资格的人数逆势增加，截至 2023 年 12 月 31 日，取得房地产经纪专业人员职业资格的约 43 万人，专业人员占全部从业人员比重增加至 24%，办理登记的专业人员数量同样呈逐年增长态势。主要有以下两方面原因。一是从业人员对持证上岗重要性的认识有所提高，存量市场、买方市场下，卖房变得越来越难，唯有提供专业服务才能得到市场认可，自媒体时代经纪人员在树立个人品牌时也需要专业资格的加持。二是部分地方提高了对经纪机构备案时房地产经纪专业人员数量的要求，为经纪人员取得专业人员职业资格提供了直接动力，如 2023 年 12 月北京市出台的《北京市房地产经纪机构、住房租赁企业备案管理暂行办法》，要求经纪机构"具备 4 名（含）以上房地产经纪专业人员，其中至少 2 名为房地产经纪人，法定代表人和主要业务负责人（总经理或同等职位人员）应为房地产经纪专业人员"；分支机构"具备 2 名（含）以上房地产经纪专业人员，且分支机构实际负责人（店长或同等职位人员）应为房地产经纪专业人员"。此外，各地对房地产经纪从业人员的信用管理、实名从业管理持续加强，每年举办房地产经纪人员职业技能竞赛的地方主管部门和企业范围越来越广，引导经纪从业人员向专业化、职业化发展，多个利好因素叠加驱动了这一趋势性转变。

四　房地产经纪行业发展的新趋势

随着房地产市场限制性措施逐步解除、房地产市场回升企稳，房地产经纪市场日益成熟，头部品牌集中化趋势将进一步显现；在存量市场、买方市场下，以置换需求为主导的一、二手联动将进一步加强；随着负面典型案例发挥警示作用，《房地产经纪服务中客户个人信息保护指南》团体标准正式实施，行业客户个人信息保护将切实改善；随着"直播卖房"等新模式监管问题的日益突出，相关问题研究将进一步加强。

（一）市场集中化趋势将进一步显现

市场集中度是衡量市场成熟度的重要指标，随着我国房地产市场逐步成熟，房地产经纪品牌集中化趋势已逐步显现。以北京、广州、深圳、武汉四个城市为例，截至 2023 年 12 月 31 日，排名前五的房地产经纪品牌①均占据了 45%以上的市场份额，其中北京、深圳排名前五的经纪品牌的市场份额分别达到80%、60%以上。品牌经纪机构的交易效率远高于市场平均水平，如北京排名前五的经纪品牌，其门店占比约为 35%、经纪人员占比不足 60%，即北京 1/3的经纪门店、六成的房地产经纪人员，完成了 80%以上的交易，广州、深圳、武汉均是类似情况。未来，随着各城市房地产市场限制性措施逐步解除，房地产经纪市场日益成熟，房地产经纪行业将持续分化，头部品牌在特定城市或区域内的集中化趋势将更加明显。

（二）一、二手联动将进一步加强

在存量市场、买方市场下，预计未来一、二手联动将进一步加强。房地产经纪机构可关注蕴含其中的发展机遇，进一步发挥房地产经纪在促进住房流通中的重要作用。一方面，受市场驱动，一、二手联动已成为释放置换需

---

① 经纪品牌包括加盟、直营、合伙制等不同形式的品牌经纪机构，不包括相关平台企业；排名根据二手房买卖交易量。

求的重要渠道。另一方面，受政策驱动，作为盘活存量市场、拉动新房销售的积极举措，2024 年以来又有多个城市推出"以旧换新"，如 1 月 10 日，亳州市人民政府网站发布消息，亳州市住房发展中心、房地产交易中心及房地产业协会联合开展"以旧换新"购房节，由房地产开发企业和房地产经纪机构共同参与为购房者提供一站式服务；1 月 14 日，经鄂州市住房和城乡建设局同意，鄂州市房地产业协会与鄂州市房地产中介行业协会联合发布《关于开展"以旧换新"支持改善性住房需求的倡议书》，推出"以旧换新"服务新模式；2 月 20 日，扬州市住房和城乡建设局发布《关于鼓励市区商品住房"以旧换新"的通知》，推广房地产开发企业、经纪机构及购房客户"三方联动"式"以旧换新"做法，并实施"以旧换新"契税补贴政策；4 月 23 日，深圳市房地产业协会与深圳市房地产中介协会联合发布《开展我市商品住房"换馨家"活动》的通知，鼓励商品住房"以旧换新"；5 月 3 日，上海市房地产业协会、上海市房地产经纪行业协会联合倡议在本市发起商品住房"以旧换新"活动。随着后续更多城市、企业跟进执行"以旧换新"模式，一、二手房市场梯度消费和联动效应将进一步加强。

（三）客户个人信息保护将切实改善

近年来，我国对公民个人信息保护日益重视，保护力度不断加强。房地产中介机构及其人员掌握的客户个人信息体量大、范围广、敏感度高，存在较大的信息泄露风险隐患。针对这一行业特点，主管部门持续加大对相关违法违规行为的打击力度。2023 年 4 月 27 日《意见》提出的十个方面要求中，有一条专门针对个人信息保护。2023 年 12 月，全国住房城乡建设工作会议提出，要重拳整治房地产市场秩序，纠治房地产中介个人信息保护等方面乱象。2024 年 1 月 17 日，住房和城乡建设部办公厅又通报了 5 起房地产中介行业侵犯公民个人信息违法违规典型案例，其中涉及经纪人员非法对外出售、私自留存公司内部业主信息，采取购买、收受、交换等方式非法获取公民个人信息，非法获取、出售业主房源信息等，相关当事人均被判刑。该通报案例受到行业内及相关媒体的广泛转载，对加强房地产中介行业公民个人信息保护具有重要警示教育作用。此外，随着《房地产经纪服务中客户个人信息保护指南》团体标准的正式实施，房地产经纪机构及其房地产经纪人员对相关法律法规要求的掌握和理解将不断加强，对客户个人信息处理的合规管理将不断提高，房地产中介行业个人信息保护将得到切实改善。

（四）对"直播卖房"等新模式的研究将加强

随着自媒体的发展，抖音、快手、小红书、微信视频号、闲鱼、B站等众多内容、社交平台已成为主要获客渠道①，为行业发展带来新的机遇与挑战。一方面，直播、短视频为房地产经纪机构转型发展、房地产经纪人员树立个人品牌带来了新机遇，线上获客、私域经营降本增效作用明显，线上营销促成的交易量占比持续提升。另一方面，对房地产行业利用直播、短视频的边界尚不清晰，不同平台对房产主播准入要求不一，其中抖音明确提出，将分批要求房产经营类账号提交经纪机构备案等资质，但大部分平台准入门槛较低，行业监管缺少抓手。根据中房学对41个地方调研结果，54%的地方行业组织表示，所在地方房地产经纪人员在利用私域流量、网络直播等线上工具开展业务时存在不规范行为。对此，行业主管部门无法直接沿用以往针对传统房地产经纪服务的监管模式，且对其行为认定、监管责任主体尚存争议，企业相关业务探索也无章可循。行业管理面临新的挑战。这一问题已受到主管部门的关注，预计未来，行业对网络直播等社交平台及相关行为与房地产经纪的关系研究将加强，中房学已委托相关课题研究，并将于2024年在《中国房地产估价与经纪》杂志设相关专刊，以通过对网络直播具体应用和效果的深入认知，明确网络直播的服务性质和边界，引导网络直播平台、短视频内容媒介在房地产经纪活动中发挥积极的作用，助力行业规范、可持续、高质量发展。

---

① 抖音房产业务平台、巨量算数团队发布的《2024抖音房产生态白皮书》显示，直播和短视频已经成为房地产交易过程中重要的宣传和获客渠道，并有显著的降本增效优势。2023年，抖音日均房产内容消费用户超过2亿人次；房产短视频累计消费VV（即Visit View，访客访问的次数）超过3000亿，日维度短视频消费同比增长13%；房产直播累计消费PV（即Page View，页面浏览量）超过100亿，日维度直播消费同比增长41%；房产兴趣用户和创作者互动次数超过560万次/天。

B.10
2023年中国房地产估价行业发展报告

程敏敏　宋梦美　刘朵*

摘　要： 近年来，我国房地产估价行业发展进入战略机遇和风险挑战并存时期。2023年，房地产估价机构规模总量有所减少，但一级估价机构数量保持平稳增长，估价业务量增加但经营收入并未出现明显回升。传统房地产估价业务持续缩减，估价机构在社会稳定风险评估、房地产市场价值咨询、城市更新（含老旧小区改造）等新兴业务领域持续开展有益探索。2024年，在经济持续向好的大环境下，房地产估价行业整体将继续保持平稳发展。随着行业标准体系建设的不断推进，房地产估价系列技术指引发布将加快进程。房地产估价行业未来发展，需要正视恶性低价竞争问题，尽快建立科学的估价机构综合实力评价体系，人才的培养、创新能力的提升、信息技术应用等成为估价机构可持续发展的重要因素。

关键词： 房地产估价　估价机构　估价业务

一　2023年房地产估价行业发展总体情况

2023年，房地产估价行业发展面临经营收入增长乏力、执业风险加大

---

* 程敏敏，中国房地产估价师与房地产经纪人学会研究中心主任、副研究员，主要研究方向为房地产法；宋梦美，中国房地产估价师与房地产经纪人学会研究中心助理研究员，主要研究方向为房地产经济；刘朵，中国房地产估价师与房地产经纪人学会研究中心高级工程师，主要研究方向为房地产信息化。

等困难，但整体维持稳定态势，机构规模、经营收入与上年相比略有下降。同时，地域间、大中小估价机构发展出现一定分化。

（一）房地产估价机构规模略有缩减，区域发展差距有所拉大

从全国情况来看，房地产估价机构规模总量同比略有下降。根据中国房地产估价师与房地产经纪人学会（简称中房学）房地产估价行业信息库统计，截至2023年12月31日，全国房地产估价机构及其分支机构共5687家，同比减少1.3%。其中，一级估价机构1089家，保持平稳增长态势，增长率为4.0%，但增速放缓，增幅同比下降6个百分点；二级估价机构2316家，同比下降3.8%；三级估价机构1268家，同比增长0.9%（见图1、图2）。

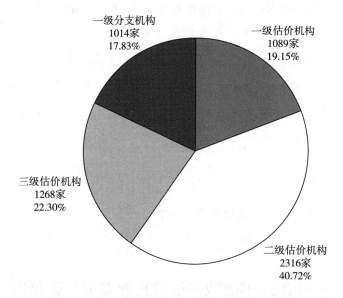

一级分支机构
1014家
17.83%

一级估价机构
1089家
19.15%

三级估价机构
1268家
22.30%

二级估价机构
2316家
40.72%

图1　2023年全国不同类型房地产估价机构情况

资料来源：中房学房地产估价行业信息库。

从区域发展情况来看，51.6%的省份房地产估价机构数量出现缩减。根据中房学房地产估价行业信息库统计，全国16个省份房地产估价机构（不含分支机构）数量出现下降情况。其中，河南、黑龙江减少数量最多，分

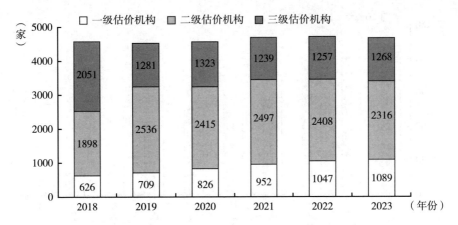

图2 2018~2023年各级房地产估价机构规模情况

资料来源：中房学房地产估价行业信息库。

别减少15家、14家；估价机构数量前三的广东、山东、江苏，分别增加3家、4家、4家（见图3）。估价机构规模数量靠后的西藏、宁夏、青海、海南、新疆、甘肃、广西等10个省份，只有海南省估价机构规模同比增加（见图4）。

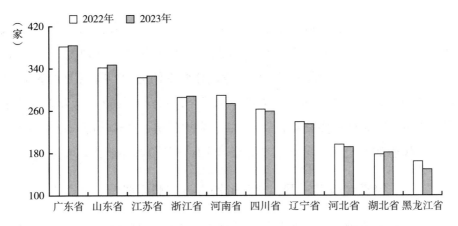

图3 2022年和2023年规模靠前的省份房地产估价机构数量

资料来源：中房学房地产估价行业信息库。

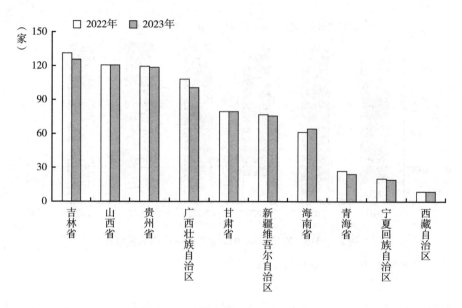

图4　2022年和2023年规模靠后的省份房地产估价机构数量

资料来源：中房学房地产估价行业信息库。

（二）资格房地产估价师人数增加明显

2023年房地产估价师职业资格考试为新职业资格制度实施以来的首次全国统一开考，考试报名和实际参考人数创历史新高，分别为3.6万人、3.0万人。其中，6019人考试合格，考试合格率约为19.9%（见图5）。自1995年举办首次房地产估价师资格考试至今，累计有接近7.9万人取得了资格证书。但受有关政策未出台影响，新考取的房地产估价师未能办理注册执业。截至2023年底，累计有7万余名房地产估价师注册执业（见图6）。

（三）经营量收不匹配，部分机构进行战略调整

2023年，房地产估价业务量整体回升，但受经济大环境影响，营业收入未能实现相应增加，部分房地产估价机构尤其是中小估价机构生存发展遇到困境，通过缩减人员和分支机构等措施控制经营成本。

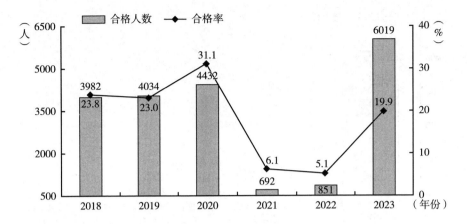

图5　2018~2023年全国房地产估价师资格考试合格人数及合格率

资料来源：中房学房地产估价行业信息库。

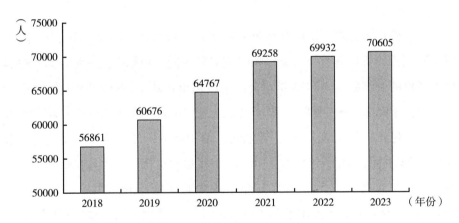

图6　2018~2023年全国房地产估价师累计注册人数

资料来源：中房学房地产估价行业信息库。

从估价业绩来看，一级房地产估价机构业务量明显改善。根据全国一级房地产估价机构填报的业绩数据，2023年全国一级估价机构完成的平均估价项目数2115个，同比增加30.2%；平均评估总价值387亿元，同比增长34.8%；平均评估总建筑面积、总土地面积分别为338万平方米、331万平方米，同比增长14.2%、11.8%（见图7）。

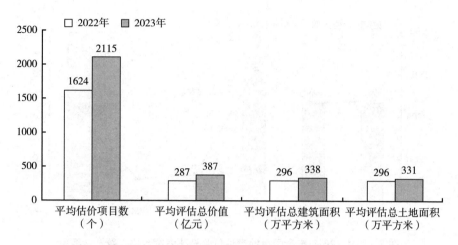

图7 2022 和 2023 年全国一级房地产估价机构业绩完成情况

资料来源：中房学房地产估价行业信息库。

从经营收入来看，房地产估价机构平均营业收入与上年相比有所下降，但不同规模的机构营业收入受影响程度有所不同。根据全国一级房地产估价机构填报的业绩数据，2023 年，全国一级估价机构平均营业收入为 1582 万元，同比下降 2.7%（见图 8）；营业收入前 10 的一级估价机构平均营业收入为 2.2 亿元，同比增长 1%；营业收入前 100 的一级估价机构平均营业收入为 7373 万元，同比下降 2%。46% 的一级估价机构经营收入出现下降。其中，营业收入高于 1.5 亿元的头部企业中有 3 家出现下降；营业收入在 5000 万~15000 万元中上水平和 1000 万元以下一般水平的一级估价机构中，营业收入出现下降的比重均占一半左右；而营业收入处于 1000 万~5000 万元中等水平的一级估价机构中，营业收入下降的比重相对较小，约为 34%。根据 2023 年全国各级估价机构填报的营业收入情况估算，2023 年全国估价机构营业收入总额 310 亿元，同比增长 0.6%。

在业务量增加、经营收入未有相应提升的情况下，为应对经营困境，部分房地产估价机构通过撤并分支机构、减少房地产估价师数量等举措来降低经营成本。根据中房学房地产估价行业信息库统计，分支机构规模继 2022 年首次下降以来，2023 年进一步下降至 1014 家，同比下降 3.4%（见图

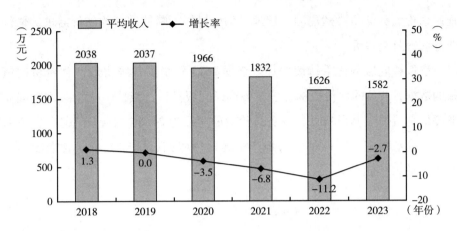

图8　2018~2023 年全国一级房地产估价机构平均营业收入及增长率

资料来源：中房学房地产估价行业信息库。

9）；39%的估价机构缩减了分支机构数量，25%的估价机构减少了聘用的估价师人数。

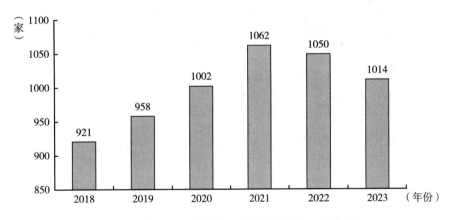

图9　2018~2023 年房地产估价机构分支机构规模

资料来源：中房学房地产估价行业信息库。

（四）估价业务进一步深化拓展

房地产估价涉及知识面广、市场感知力强、适应领域广。为突破传统房

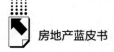

地产估价业务竞争激烈局面，房地产估价机构不断挖掘新的估价需求，估价业务内容日趋多元。

咨询顾问服务比重持续增加。根据 2023 年全国各级房地产估价机构填报的数据，39%的估价机构开展了咨询顾问服务，一级估价机构咨询顾问业务评估总价值占其所有评估业务总价值的比重为 24.6%（见图 10），服务内容涉及社会稳定风险评估、房地产市场价值咨询、城市更新（含老旧小区改造）等多个领域。

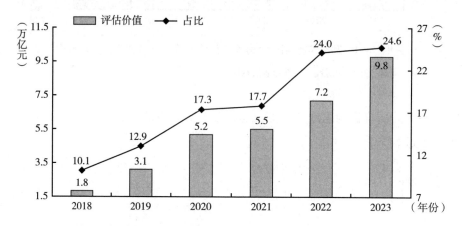

图 10　2018~2023 年全国一级房地产估价机构咨询顾问业务评估总价值及占比

资料来源：中房学房地产估价行业信息库。

围绕国家重大战略实施和重点领域的估价业务有所拓展。近年来，党中央、国务院提出可持续发展理念，ESG（Environmental, Social and Governance，环境、社会和治理）发展备受社会关注，在住房租赁领域做出的系列重大决策部署，也为房地产估价提供了新的发展机遇。根据全国一级房地产估价机构填报的业绩数据，2023 年，500 余家一级估价机构开展了租金评估服务，涉及项目数 5000 余个，开展租金评估服务的机构数和项目数与 2022 年相比均增加了近 1 倍。戴德梁行、世联、仲量联行、高力国际等机构积极为企业提供 ESG 信息披露报告、尽职调查、绿色债券发行等相关咨询服务。

（五）执业风险不断显现

2023 年评估行业受法律制裁的重大案例时有报道，如证券领域多家资产评估公司因出具的资产评估报告存在问题而被证监会处罚。日常工作检查或投诉举报中，也经常发现房地产估价机构及其房地产估价师存在违法违规问题。这其中既有证书挂靠等职业操守问题、实地查勘等估价程序不合规引致的违法违规行为，也有虚构估价案例或重要参数导致估价报告严重失实等问题。究其原因，一方面，房地产估价涉及金融安全、老百姓合法权益维护、民生稳定等重要领域，随着我国法治化建设不断完善，估价结果合理性遭受质疑的情况不断增加；另一方面，少部分房地产估价机构及估价人员追求短期经济利益，迎合委托人等需求进行高估或低估，在金融安全和审计调查力度加大的情况下，执业风险不断暴露。

二 2023年房地产估价行业发展相关政策及重要事件

2023 年，"三大工程"、城市更新、资产证券化等与房地产估价行业发展相关的政策密集出台，为房地产估价机构拓展业务领域提供了良好的发展环境和机遇。同时，围绕行业监管和估价行为规范，部分省市开展了行业监督检查，发布了系列技术指引，推动行业规范健康发展。

（一）2023年房地产估价行业发展相关政策

1. "三大工程"建设为估价业务拓展空间

2023 年 7 月，中共中央政治局会议提出，要加大保障性住房建设和供给，积极推动城中村改造和"平急两用"公共基础设施建设，盘活改造各类闲置房产。2023 年 7 月以来，《关于积极稳步推进超大特大城市"平急两用"公共基础设施建设的指导意见》《关于在超大特大城市积极稳步推进城中村改造的指导意见》《关于规划建设保障性住房的指导意见》陆续出台。加快推进"三大工程"建设，是构建房地产发展新模式的重要抓手，也是适应新型城镇化发展趋势和房地产供求关系变化的重要体现，同时也为房地产估价机构高质量发展提供了新的机遇。在房地产资产管理和价值挖掘等领域，房地产估价机构具有天然专业优势，随着"三大工程"的推进，房地产估价机构可在有关方案策划、市场调研、存量房资产交易等方面进一步拓展业务领域，提供高质量估价服务，实现创新、可持续发展。

2. 房地产资产证券化物业估价范围增加

2023 年 3 月，为落实中国证监会开展不动产私募投资基金试点要求，规范私募投资基金从事不动产投资业务，中国证券投资基金业协会发布《不动产私募投资基金试点备案指引（试行）》，明确不动产私募投资基金的投资范围包括特定居住用房（包括存量商品住宅、保障性住房、市场化租赁住房）、商业经营用房、基础设施项目等，房地产资产证券化的发行对象扩展至市场化租赁住房。2023 年 10 月，为进一步拓宽基础设施领域不动产投资信托基金（REITs）试点资产范围，证监会发布《关于修改〈公开募集基础设施证券投资基金指引（试行）〉第五十条的决定》，公募 REITs 基础设施增加百货商场、购物中心、保障性租赁住房等类型，房地产估价在房地产资产证券化领域的业务范围进一步深化，前景愈加广阔。

3. 城市更新中的估价服务作用日益彰显

随着城市发展由"增量扩张"转向"存量更新"，开展城市更新已成为实现新型城镇化高质量发展的重要途径。中指院数据显示，2023 年，全国层面的城市更新相关政策数量为近三年最高，发布了如《住房和城乡建设部关于扎实有序推进城市更新工作的通知》《住房城乡建设部等部门关于扎实推进 2023 年城镇老旧小区改造工作的通知》《自然资源部办公厅关于印发〈支持城市更新的规划与土地政策指引（2023 版）〉的通知》等，地方层面如北京、上海、广东、山东等至少 15 个省份出台了超过 30 项政策。2023 年 11 月 17 日，上海发布《关于建立"三师"联创工作机制推进城市更新高质量发展的指导意见（试行）》，明确城市更新中引入责任规划师、责任建筑师、责任评估师，强调专业的人干专业的事，进一步提升了房地产估价师在城市更新领域发挥的重要作用，凸显房地产估价服务的专业价值。

4.标准政策体系不断完善，推动行业规范发展

一是行业执法检查持续开展。2023 年，上海、浙江、山东、广东、江苏、江西等省份陆续开展房地产估价行业相关专项检查，对估价机构执业情况、内部管理质量、分支机构管理和估价报告质量等方面开展监督检查，不断净化执业环境。除日常检查外，湖北省针对房地产司法评估工作中存在的超期鉴定、无理由拒绝评估等问题，专门发布《关于开展房地产估价机构司法鉴定评估积案化解暨行业自律检查的通知》，进一步规范房地产估价机构和估价人员司法评估活动。

二是规范估价活动的地方性细则相继发布。为进一步规范房地产相关估价活动，地方根据《房地产估价规范》等，制定了具体的估价办法或指引，如针对矛盾较为突出的房屋征收评估，北京、黑龙江、佛山等省市发布了《关于进一步规范国有土地上非住宅房屋征收评估与补偿工作的通知（试行）》《关于进一步规范国有土地上房屋征收与补偿工作的通知》《佛山市国有土地上房屋征收与补偿办法》，对房屋用途认定、评估方法等内容进行了详细规定；为规范浙江省集体土地住宅房地产司法评估行为，浙江省发布《浙江省集体土地住宅房地产司法评估技术指引（试行）》；为进一步规范北京市共有产权住房价格评估活动，北京发布《北京市共有产权住房价格评估技术指引》。

（二）重要事件及其对行业的影响

全国知名房地产估价机构座谈会召开。2023 年 4 月 22 日，全国知名房地产估价机构座谈会在滁州召开，全国 20 余家知名房地产估价机构负责人围绕新形势下房地产估价机构的发展开展交流探讨。会议聚焦当前行业发展中存在的问题，探讨未来发展方向，有利于引导估价机构积极开拓新业务、探索新方向、把握新机遇，不断加强新形势下房地产估价机构人才引进、做好人才培养。

因违反《反垄断法》一评估行业协会被行政处罚。2023 年 12 月 8 日，福建省市场监管局官网公布一则反垄断行政处罚决定书——福州市房地产估

价协会因达成并实施垄断协议，被处以 30 万元罚款。据了解，福州市房地产估价协会组织相关评估企业签订了《承诺函》，统一规定了福州地区房地产评估服务价格收费标准，并制定了《房地产评估项目招投标中评估费报价指引》，对评估机构在招投标中的应标行为进行统一，明确采取业内通报等手段对违反指引的企业进行相应惩戒。上述行为因违反《反垄断法》等有关规定而被处罚。近年来，国家不断加强反垄断和不正当竞争执法，并针对企业、行业协会等不同主体发布了系列文件。2023 年 3 月，国家市场监督管理总局修订出台《禁止垄断协议规定》，进一步完善涉及行业协会垄断行为的有关条款内容。2023 年 6 月，《关于行业协会的反垄断指南（征求意见稿）》① 向社会公开征求意见，引导行业协会加强反垄断合规建设。如何既做到有效治理行业评估低收费行为，又不触犯有关法律法规，引发行业思考。

《历史保护建筑估价技术指引（征求意见稿）》公开征求意见。2023 年 11 月，中房学组织编制并发布了团体标准《历史保护建筑估价技术指引（征求意见稿）》，向社会公开征求意见。该文件的发布，有利于维护历史保护建筑估价当事人合法权益和公共利益，科学合理确定历史保护建筑的经济价值，进而为规范历史保护建筑估价行为，促进历史保护建筑合理利用提供技术指导和参考依据。

首批公募 REITs 进入评估机构更换期。根据《公开募集基础设施证券投资基金指引（试行）》，评估机构为同一只基础设施基金提供评估服务不得连续超过 3 年。首批公募 REITs 的评估机构陆续服务满三年期限。自 2023 年以来，有多只公募 REITs 相继发布公告，更换基金评估机构。截至 2024 年 1 月，首批 9 只基础设施公募 REITs 产品中已有 5 只宣布更换评估机构。

2023 中国房地产估价年会聚焦机构内部治理与高质量可持续发展。2023 年 12 月 27 日，中房学在北京举办了主题为"机构内部治理与高质量

---

① 已于 2024 年 1 月 10 日由国务院反垄断反不正当竞争委员会印发。

可持续发展"的 2023 中国房地产估价年会，全国各地房地产估价机构负责人、地方房地产估价行业组织负责人、国际知名房地产咨询顾问机构代表围绕行业重大议题展开交流研讨。估价年会的召开，有利于推动估价机构重视内部治理，并逐步构建既符合现代企业管理基本原理，又适合估价机构特点及机构自身情况的内部治理体系，从"人治"转向"法治"，建立一套较完整的管理制度、规则、程序，提高机构治理水平和运营管理效率，防范估价执业风险，保障估价机构高质量、可持续发展。

三　2024年房地产估价行业发展展望

2024 年，随着国家重大战略的落地实施，各城市房地产市场持续调整，房地产估价行业整体将继续保持平稳发展，但大中小估价机构分化现象可能会持续，行业面临一定整合。与此同时，为维持正常运营，估价机构将在业务拓展上持续发力。在行业标准体系建设上，系列技术指引发布进程将加快。

（一）房地产估价行业整体继续维持平稳

房地产估价不属于暴利行业，发展相对稳定，从近 30 年的发展来看，也未出现大起大落情况。2024 年，房地产估价行业发展环境错综复杂，但国家和社会对房地产估价需求会持续增加，行业发展前景依然可期。房地产估价机构和分支机构经过前两年的整合调整，预计 2024 年不会出现大的规模缩减。从房地产估价从业人员来看，行业一直面临人才紧缺问题，加上对房地产相关行业缺乏信心，房地产估价师流失率或流动率不会有很大变化。

（二）房地产估价机构发展分化继续

受国际国内经济形势及房地产市场、地方财政收入影响，房地产估价机构面临回款难题，估价业务量增加、营业收入相对稳定的状况将持续。大的

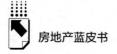
房地产估价机构因有一定财力积累，能继续维持发展。部分尤其是长期依靠法定房地产估价业务的中小房地产估价机构，则可能难以为继，面临被合并的局面。而具有开拓意识和创新能力，或深耕某一专业领域的"专精特新"估价机构，因具有较强的适应性，或专业的不可替代性，在市场调整期表现更好，有望进一步赢得市场认可。

（三）粤港澳大湾区估价进一步发展

粤港澳大湾区建设作为国家重大发展战略，已经连续八年被写入政府工作报告。2024 年政府工作报告指出，"支持京津冀、长三角、粤港澳大湾区等经济发展优势地区更好发挥高质量发展动力源作用"。国家在推动粤港澳大湾区的发展上，出台了如《粤港澳大湾区发展规划纲要》《关于推进粤港澳大湾区职称评价和职业资格认可的实施方案》《粤港澳大湾区国际一流营商环境建设三年行动计划》等系列支持政策，在职业资格互认、职称评价等方面不断推进，探索扩大业务范围，推动大湾区打造国际一流营商环境。近年来，广东省房地产估价机构发展势头突飞猛进，机构规模一直位于全国前列。近水楼台先得月，在政策利好形势下，粤港澳大湾区及周边房地产估价机构，将抓住粤港澳大湾区建设的重大历史机遇，聚焦粤港澳大湾区高质量发展，进一步拓展估价业务。

（四）行业发展政策环境进一步优化

2022 年 11 月，财政部就《中华人民共和国资产评估法（修订征求意见稿）》面向社会公开征求意见。2023 年修订稿经征求相关部门意见，按照立法进程，有望在 2024 年进一步推进。在行业监管上，在估价执业风险日益显现的情况下，国家或地方主管部门或将进一步加强监管、予以规范。同时，近年来中房学围绕房地产估价业务目录、历史建筑估价、社会稳定风险评估等基础性、前瞻性问题加强研究，不断完善研究成果，推动行业标准体系建设，预计 2024 年将发布多项房地产估价技术标准。

四 房地产估价行业发展建议

（一）多举措治理恶性低价竞争

在房地产抵押估价、征收评估等传统房地产估价领域，竞争一直较为激烈，房地产估价机构通过降低收费来获取业务的情况相当普遍。尤其是随着现代信息技术的发展，网络询价、自动估价更是加剧了行业竞争局面，部分房地产估价机构、数据公司以远远低于成本的报价甚至零元报价竞标，以恶性压价等不正当手段招揽业务的不正之风愈演愈烈，并有逐渐扩大态势。以恶性压价的不正当手段招揽业务的行为，违反了《资产评估法》《价格法》《招标投标法》《房地产估价机构管理办法》等法律法规，面临轻则警告，重则被责令停业、吊销营业执照，甚至被追究刑事责任的风险。

恶性压价行为的治理，需要多方联动。一方面，估价机构要正视恶性压价行为的危害性，严格执行收费标准，不断提升内部治理能力，加强对估价人员和分支机构的管理，做到合理收费，提供质价相符的服务，并加强监督，防止"回扣"行为蔓延；另一方面，各级房地产估价行业协会要提醒广大估价机构认识到恶性压价行为的危害和潜在的风险，对存在恶性压价行为的估价机构，视情况采取约谈、要求整改、不予向有关单位推荐入库、计入不良信用档案等自律惩戒措施。各级各地房地产估价行业协会还可通过加强联动，推动信息共享及联合惩戒等举措，提升治理效果。但同时，房地产估价行业协会也要增强反垄断合规管理意识，避免"好心办坏事"。

（二）建立科学的机构综合实力评价体系

为充分发挥房地产估价鉴证服务作用，为房地产交易提供参考，司法、金融、军队等部门愈加青睐委托经营能力强、信用好的估价机构开展相应估价活动。随着房地产估价服务的作用日益凸显，社会信用体系建设工作的推进，行业管理手段的转变等，建立科学的房地产估价机构综合实力评价体系

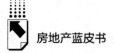

尤为重要。综合实力应是各方面能力综合体现，而非仅仅是经营业绩，具体应包括以下几个方面：经营能力如经营收入、从业年限等，效益规模如人均产出、房地产估价师人数等，行业贡献如参与行业课题研究、建言献策等，以及社会责任等方方面面，同时还要将违法违规、违约失信等诚信状况纳入评价范围。除上述内容外，房地产估价机构综合实力的评价还应考虑以下两个方面。一是估价报告质量。房地产估价报告作为估价的核心成果，其质量好坏决定了估价机构和估价师的专业水平，也是估价服务质量的核心体现。估价报告质量好坏应作为估价机构综合实力重要指标予以考虑。二是分支机构行为纳入总公司一并考虑。分支机构非为独立法人主体，总公司有责任对下设的分支机构执业行为进行监管，分支机构因违法行为受处罚，不利结果应及于总公司。根据《资产评估法》的规定，房地产估价行业协会负责房地产估价行业自律管理，应建立会员信用档案。为加强行业自律管理，提升行业信用水平，全国性房地产估价行业协会应尽快建立或完善行业综合实力评价体系，依法开展行业信用评价，提高诚信房地产估价机构在政府、市场与社会中的接受度和影响力。

（三）加大对人才的培养

加强对接班人的培养。根据中房学房地产估价行业信息库的统计，房地产估价机构法定代表人平均年龄近 50 岁，50 岁以上占比近一半（48.1%），这些人员即将面临退休，如何培养年轻骨干，顺利实现新老传承是行业面临的突出问题。为此，房地产估价机构要提前制订接班计划，识别辨别并确定接班人，给接班人创造带队伍机会等。

重视青年人才的培养。房地产估价专业性更多依赖实践经验，但也要不断注入新鲜血液，保持活力，尤其是在社会变化日新月异、知识信息更迭速度越来越快、新型房地产估价业务顺应而出的时代，要更加重视青年人才的培养。根据中房学房地产估价行业信息库，房地产估价师平均年龄为 46 岁，35 岁以下的青年人才只占 10%。如何吸引、培养、留住学习能力和创新意识更强的青年人才，是当前房地产估价机构亟须解决的问题。一方面，估价机构要广纳青年人才，如通过与校企合作，发挥各自资源优势，将理论知识培养与估价实践相结合，提前储备青年人才资源。同时，要为青年人才提供良好的职业发展路径和继续教育、培训等机会，如依托师徒制开展传帮带，使青年人尽快熟悉估价业务，促进其成长。另一方面，考虑到青年人不稳定等特点，喜欢尝试不同的职业和岗位，职业归属感、忠诚度有待提高，可以通过企业文化建设、薪酬激励等方式，吸引和留住人才。

注重全面综合型人才的培养。房地产估价涉及的知识面广，加之随着经济高质量发展，人们对房地产估价服务的需求日益多元，对服务质量的要求也愈来愈高，仅仅具备估价基本知识无法满足市场需要。房地产估价机构要转变单一注重估价理论和估价实践的培训模式，根据业务需要积极提供大数据、人工智能等领域知识，开展评估咨询服务所需专业知识等多元化的培训。房地产估价行业协会为估价师提供的继续教育，也应与时俱进，在培训内容方面不断推陈出新、创新发展内容。

（四）提高拓展创新能力

社会经济发展给房地产估价带来了诸多新的发展机遇，根据中房学的梳理，房地产估价及相关业务类型近100项，涉及社会经济生活的方方面面。其中，近年来深化拓展的新型估价、咨询等业务类型占比近一半。房地产估价机构要转变被动应对市场的发展思维，不断创新业务领域，挖掘新机遇。但同时，创新拓展不应只是局限于当下，短暂获得新的业务，渡过眼前困境，而应着眼于长期发展，立足估价专业性，实现可持续发展。近年来，在市场立足的房地产估价机构主要从事高端金融和资本市场、与房地产估价相关的综合性专业服务及有关咨询、某个估价专业领域等业务，这几类机构的共同特征是抓住市场主体内生的新需求，专注专业、长期发展，创新估价服务。

（五）注重信息技术的应用

信息化技术的应用渗透到我们生活的方方面面，其在部分房地产估价活动及业务流程中已有发展，如估价活动中网络询价、自动估价等在房地产司法评估、房地产抵押估价、房地产有关税基评估中的应用，金融机构线上委托房地产抵押估价业务，房地产估价数据的采集、处理及积累，房地产估价有关参数确定等；房地产估价业务流程中智能客服系统，估价报告生成，线上录制实地查勘活动、获取估价对象周边信息、生成实地查勘表并存储实地查勘记录；以及电子估价报告、电子档案的运用等。信息技术的发展，估价机构应注意以下两方面内容。

一是对于信息技术的发展，房地产估价机构应有正确认识并予以重视。信息化技术必将影响各行各业，房地产估价行业也不例外。从信息技术目前已有的运用来看，其极大地提高了房地产估价效率和精确度，减少了运营成本和人工带来的误差。但估价行业信息技术的运用并不等于估价自动化或自动估价，也不等于电子化或 OA 办公系统，或停留在对数据的分析和应用上。随着人工智能（AI）的发展，估价技术路线、评估结果等关键内容，均会有信息技术的广泛嵌入。房地产估价机构应把握国家的政策红利，注重信息技术等方面的人才培养，不断适应时代发展要求，提升核心竞争力。

二是信息技术既是工具又是估价业务拓展动能。信息技术的发展，在使某些工作岗位消失的同时也带来新的机会。根据统计，数字经济领域提供就业岗位近 2 亿，人力资源和社会保障部最新发布的《中华人民共和国职业分类大典（2022 年版）》净增了 158 个新职业，其中标注数字职业的有 97 个。在估价领域也是如此，信息技术的运用不是代替房地产估价师，而是会产生新的业务增长点。2023 年 2 月，中共中央、国务院印发的《数字中国建设整体布局规划》明确，"要全面赋能经济社会发展"，包括"做强做优做大数字经济""发展高效协同的数字政务""建设绿色智慧的数字生态文明"等，并指出"释放商业数据价值潜能，加快建立数据产权制度，开展数据资产计价研究"，房地产估价机构可发挥专业服务优势，做好房地产数据资产梳理及价值评估有关标准研究，开展房地产数据调研，利用自身积累的房地产相关数据资产为政府、金融等部门提供咨询服务等。2022 年工业和信息化部办公厅印发的《中小企业数字化转型指南》指出，中小企业

"联合数字化转型服务商或第三方评估咨询机构等开展转型成效评估，重点开展业务环节数字化水平评估和企业经营管理水平行业横向和纵向对比分析，从生产效率、产品质量、绿色低碳等方面评估企业转型价值效益"，这也为房地产估价机构开展相关评价咨询活动提供了方向。

参考文献

柴强：《房地产估价要适应环境变化 守正创新发展》，中国房地产估价微信公众号，2023。

梁田胜、李聪：《致力实现评估机构的数字化转型，畅想人工智能"AI"与不动产评估的跨界协作》，载《2023 中国房地产估价年会交流论文集》，2023。

韩宣伟、蒋文军：《正确认识并稳步实施估价机构数字化转型》，载《2023 中国房地产估价年会交流论文集》，2023。

许军等：《估价行业数字化转型路径探索》，载《2023 中国房地产估价年会交流论文集》，2023。

B.11
2023年物业管理行业发展报告

刘寅坤 吴一帆 周 勤*

摘 要： 2023年是全面贯彻党的二十大精神的开局之年，是三年新冠疫情防控转段后恢复发展的第一年。物业管理行业明确作为"重要的民生行业"的定位，贯彻落实"城市三分建七分管"理念，推动好房子、好小区、好社区、好城区"四好"建设。通过党建引领，主动融入社区治理，推动基层治理现代化。2023年，物业管理行业营业收入稳步增长，行业规模逐年扩大，在服务业中的占比逐步提升，直接经济贡献巨大。同时，物业管理带动上下游产业链发展，提供间接经济贡献。在就业方面，物业管理行业是落实稳就业促就业的重要力量，为社会稳定做出了重要贡献。

关键词： 物业管理 基层社会治理 党建引领 城市更新

一 行业发展总体情况

（一）行业管理面积达382.5亿平方米

随着我国城镇化的推进和老旧小区物业管理全覆盖的实施，以及行业不

---

* 刘寅坤，中国物业管理协会副秘书长，物业管理师，副研究员，主要研究方向为物业管理、基层社会治理、社区居家养老；吴一帆，中国物业管理协会行业发展研究部副主任，助理研究员，主要研究方向为物业管理；周勤，《中国物业管理》杂志社融媒体中心研究部主任，主要研究方向为物业管理、基层治理。

断在多业态布局、全业态发力拓展，行业的服务范围逐步向城市服务、乡村管理等领域延伸，在增量交付和存量渗透双重因素推动下，行业管理规模持续稳定增长。根据《中华人民共和国2023年国民经济和社会发展统计公报》数据，全年新建商品房销售面积111735万平方米；新开工改造城镇老旧小区5.37万个，涉及居民897万户。据此测算，2023年物业管理行业管理面积较上年增加14.0亿平方米，总管理面积达382.5亿平方米，同比增长3.8%（见图1）。

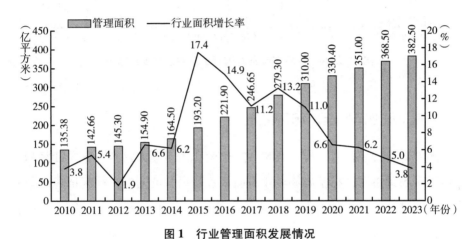

图1 行业管理面积发展情况

（二）行业从业人员达872.1万

物业管理行业规模大、业务范围广、企业数量多、项目覆盖范围广，成为稳定就业、拉动就业的重要平台。特别是随着物业管理行业社会价值、服务价值和资本价值的显现，行业对人才的虹吸效应增强。经测算，2023年物业管理行业从业人员约872.1万人（不包含外包人员），占全国就业人员[①]的1.17%；行业从业人员同比增长3.8%，新增32.0万人（见图2）。

---

① 根据《中华人民共和国2023年国民经济和社会发展统计公报》，2023年末全国就业人员74041万人。

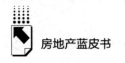

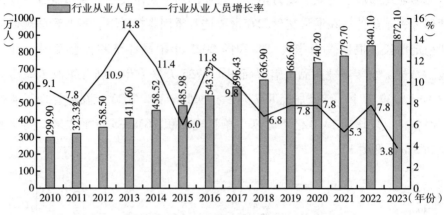

图2　2010～2023年物业管理行业从业人员发展情况

（三）行业产值近1.45万亿元

随着物业管理行业规模持续扩大、经营业态不断丰富，业务向社区和居民生活多场景渗透，在基础物业服务收入稳步增长的同时，社区增值服务和多种业态收入日益增加，行业的整体产值持续提升。经测算，2023年物业管理行业营业收入达到1.45万亿元，同比增长3.8%（见图3）。

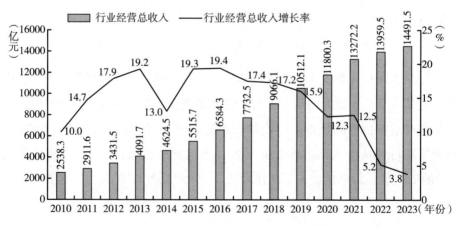

图3　2010～2023年物业管理行业经营总收入情况

二 行业发展的新环境

（一）党建引领融入基层治理，新时代赋予行业新使命

1.党建引领物业管理融入基层治理的必要性

党建引领物业管理融入基层治理，是新时代赋予物业管理行业的历史使命。2023年3月5日，习近平总书记在参加十四届全国人大一次会议江苏代表团审议时的讲话指出，"基层治理事关人民群众切身利益，是国家治理的基石，统筹推进乡镇（街道）和城乡社区治理，是建设社会主义现代化国家的基础工程，是高质量发展的前提和保证"。2022年1月，中共中央组织部、中共中央政法委员会、民政部、住房和城乡建设部联合印发《关于深化城市基层党建引领基层治理的若干措施（试行）》（中组发〔2022〕2号），提出要"强化社区物业党建联建，以高质量物业服务推进美好家园建设"，"推进物业服务和物业服务企业党建全覆盖，强化党组织对业主委员会的指导，建立社区物业党建联建和协调共治机制"。

推动党建引领物业管理融入基层治理，是化解矛盾纠纷、解决群众急难愁盼问题的有效途径。2022年10月16日，习近平总书记在党的二十大报告中指出，要"完善网格化管理、精细化服务、信息化支撑的基层治理平台，健全城乡社区治理体系，及时把矛盾纠纷化解在基层、化解在萌芽状态"。解决住宅小区内矛盾突出问题，需要建立党建引领下的社区居民委员会、业主委员会、物业服务企业协调运行机制。

党建引领物业管理融入基层治理，是物业管理行业高质量发展的迫切需求。2023年3月5日，习近平总书记在参加十四届全国人大一次会议江苏代表团审议时的讲话指出，"高质量发展是全面建设社会主义现代化国家的首要任务"。物业管理行业经过40多年的发展，经历了从无到有的发展历程，进入从有到优的发展阶段，"高质量发展"也是新时期物业管理行业的发展主题，是新阶段下物业管理行业的发展任务。

2. 大力推进党建引领物业管理融入基层治理

一是扩大党的组织覆盖和工作覆盖，主动融入基层区域化党建联动机制。各地大部分建立了基层区域化党建联动机制，建立物业管理项目负责人定期到居委会报到和报告工作制度，接受社区"两委"的指导、监督。采取交叉任职、党课联上、活动同办、工作联手、资源共享等措施，拓展基层党建工作共建平台；把党组织的领导写入小区业主管理规约、业主大会（业主委员会）议事规则。

二是积极融入人民群众，参与基层党组织领导的基层群众自治机制。习近平总书记在党的二十大报告中指出，要"健全基层党组织领导的基层群众自治机制，加强基层组织建设，完善基层直接民主制度体系和工作体系，增强城乡社区群众自我管理、自我服务、自我教育、自我监督的实效"。物业服务企业不断创新工作方式，提升参与意识和参与能力。在党组织领导下，协同社区居委会、小区业委会、志愿服务组织等多方力量，整合社区内外资源，调动居民参与社区生活积极性，形成基层党组织领导下的基层群众自治机制。

三是大力提升物业服务水平，提供家门口的优质服务，让人民群众生活更方便、更舒心。习近平总书记在参加十四届全国人大一次会议江苏代表团审议时的讲话指出，"要紧紧抓住人民群众急难愁盼问题，采取更多惠民生、暖民心举措，健全基本公共服务体系，着力做好重点群体就业帮扶、收入分配调节、健全社会保障体系、强化'一老一幼'服务等工作"。物业服务企业在大力提升物业服务能力的同时，有条件的企业正积极向养老、托幼、家政、房屋经纪、快递收发等领域延伸，围绕居民生活服务需求，提供多样化服务。

四是坚持和发展新时代"枫桥经验"。2023 年 9 月习近平总书记在浙江考察时指出，"要坚持好、发展好新时代'枫桥经验'，坚持党的群众路线，正确处理人民内部矛盾，紧紧依靠人民群众，把问题解决在基层、化解在萌芽状态"。物业服务纠纷复杂多样，在源头早发现、早解决，协调包括物业服务企业在内的社区多元主体，结合物业纠纷的特点，统筹解决社区矛盾纠纷。探索政府、协会、法院、社会等各方有效协作机制，建立矛盾纠纷多元调解工作机制。

五是积极融入基层公共安全治理体系，让人民群众安全感更有保障。物业服务企业利用好独特优势：一是熟悉小区、熟悉业主；二是具有广阔的覆盖面；三是拥有规模庞大的员工队伍；四是员工工作在基层，具有高效的组织动员能力。在疫情防控、基层应急抢险、防台防汛等公共紧急安全事件中，物业服务企业积极配合基层政府、服务大局，全力保障人民群众生命财产安全。在日常管理中，加强燃气、房屋、消防等各类风险隐患排查治理，并确保突发事件发生时能够及时有效处理，通过参与联防联控，融入社区公共安全治理体系。

表1　2023年推动物业管理融入基层治理的地方政策

时间	内容
5月1日	《合肥市住宅小区物业管理条例》实施。住宅小区物业管理活动应当坚持党建引领，按照政府监管、业主自治、属地管理、协商共建、科技支撑的工作原则，建立街道乡镇各级党组织领导下的居民委员会、村民委员会、业主委员会、业主、物业服务企业等共同参与的住宅小区治理体系
5月1日	新修订的《绵阳市物业管理条例》实施。建立中国共产党基层组织领导下的居(村)民委员会、业主委员会、物业服务人等协调运行机制，形成社区治理合力。将物业服务纳入现代服务业发展规划，将物业管理纳入社区服务体系建设规划和社会治理体系，促进物业管理规范和健康发展。鼓励各级人民政府通过购买服务方式委托符合条件的物业服务人承担社区治理相关服务
5月1日	新修订的《温州市物业管理条例》实施。建立健全社区(村)党组织领导下，社区居民委员会、村民委员会、业主组织、物业服务人等共同参与、协调运行的物业管理治理架构。在物业管理区域内，根据中国共产党章程的规定设立党的基层组织，开展党的活动，发挥党建引领作用
6月1日	《鞍山市物业管理条例》实施。物业管理应当遵循党委领导、政府主导、业主自治、专业服务、属地管理、协商共建的原则。坚持以党建为引领，以居民参与社会治理为依托，以办实事、聚民心为目标，将物业管理纳入基层社会治理体系，形成社区治理合力。推动物业服务企业、业主委员会、物业管理委员会成立党组织，发挥党建引领作用。建立健全社区、村党组织领导下的居(村)民委员会、业主委员会、物业服务企业议事协调机制

续表

时间	内容
5月10日	中共泰安市委、泰安市人民政府办公室发布《关于实施"物业融网·红暖万家"工程深化红色物业红色网格一体运行的若干措施》,实施红色物业提质扩面行动;实施红色网格提档升级行动;实施物业网格深度融合行动;实施"物业融网·红暖万家"品牌创建行动
6月25日	中共泸州市委城乡基层治理委员会办公室发布《党建引领小区治理工作指南(试行)》,以党建引领红色物业为主线,细化城市治理单元,育强居民自治力量。完善"1+3+N"治理架构,推行"六有"便民服务
8月22日	成都市住房和城乡建设局发布《关于建立物业小区问题用心用情马上解决长效机制的通知》,按照"分类处置、分工负责、分级管理"的原则,建立健全物业小区问题用心用情马上解决的长效机制,实现群众反映的物业小区问题最短时间回应、最快速度处理、最小单元化解、最低社会影响
7月24日	福建省住房和城乡建设厅发布《关于加强物业党建联建 促进基层治理水平提升行动方案》,按照"一年扩覆盖盖强基础,两年补短板抓规范,三年促提升见长效"的总体安排,2023年,健全物业党建联建工作体制机制;2024年,持续推进无物业服务小区兜底物业服务,开展红色物业示范社区(小区)选树工作,持续健全完善物业管理制度;2025年,力争全省无物业服务的住宅小区全部实现物业服务覆盖,形成一批可借鉴、可复制、可推广的红色物业示范社区(小区)样板,物业服务管理制度体系基本健全

资料来源:政府网站,中国物业管理协会整理。

(二)提供好服务,构建物业管理发展新模式

1.进入城市更新重要时期,转变行业发展模式

党的十八大以来,我国深入实施新型城镇化战略,加快推进老旧小区改造、棚户区改造,城市功能与品质明显提升,城乡协调融合发展向更高水平推进,到2023年末,我国常住人口城镇化率达到了66.2%。第七次全国人口普查数据显示,我国73.8%的城镇家庭拥有住宅,城镇住房人均建筑面积从2000年第五次全国人口普查的22.4平方米,增长到2020年第七次全国人口普查的38.6平方米。国家统计局数据显示,我国约1/3的家庭住宅房龄超过20年,即大约9000万户城镇居民住宅建于2000年之前,其中又有11.6%的住宅房龄在33年以上(见图4)。

城镇住宅正由大规模增量建设阶段转为存量提质改造和增量调整并重阶段，新型城镇化更需要提高精细化管理和服务水平，让人民群众享有更高品质的生活，物业管理行业发展模式也相应由新增市场拓展为主，转向存量更新和新增市场并重。

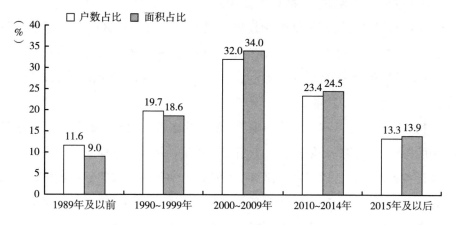

图4 中国城镇住宅建设年代对比

资料来源：国家统计局、民生证券。

2.推进"三项制度"试点，完善存量住宅物业管理机制

面对存量房屋规模大、老龄化凸显、"重建设、轻管理"理念遗留等问题，住房和城乡建设部推进住房体检、房屋养老金、房屋保险"三项制度"试点工作。建立三项制度是贯彻落实习近平总书记重要指示批示精神和党中央、国务院决策部署的具体工作举措，是有效解决我国城镇房屋安全突出问题、补齐既有房屋安全治理体系短板的基础性制度安排。

2023年4月，全国自建房安全专项整治工作电视电话会议指出，要积极构建房屋安全管理长效机制，加快推进房屋安全管理地方立法，积极推进房屋养老金、房屋定期体检、房屋质量保险"三项制度"试点。目前，部分城市已经开始探索房屋养老金制度试点相关工作。

2023年12月，住房和城乡建设部发布《关于全面开展城市体检工作的指导意见》，"把城市体检作为统筹城市规划、建设、管理工作的重要抓手"

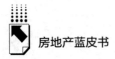

"从住房到小区（社区）、街区、城区（城市），找出群众反映强烈的难点、堵点、痛点问题""聚焦解决群众急难愁盼问题和补齐城市建设发展短板弱项，有针对性地开展城市更新"。加强对住宅小区的体检，在制度层面建立房屋养老金制度，有助于推动建立可持续的存量房屋物业管理机制。

3. 抓好"三个革命"，落实老旧小区管理

住房和城乡建设部倪虹部长提出"持续推进老旧小区改造，建设完整社区"，要抓好"三个革命"，即"楼道革命"，消除安全隐患，有条件加装电梯；"环境革命"，完善配套设施，加装充电桩等和适老化的改造；"管理革命"，党建引领、物业服务。

物业服务企业落实"三个革命"，联合社区多方力量，提升老旧小区硬件和服务短板。例如，依靠社区党组织，申请使用专项维修资金，完成小区设施设备大修工程；通过社区议事决策机制，决议重要议题，解决电梯维保抢修、楼道堆占、消防通道堵塞等业主关注的老大难问题；向街道申请投入专项资金改造公共设施，改善小区环境面貌；引入社区康养、便民食堂等服务，提供社区居家养老服务；协力解决老旧小区停车、充电、活动场地、加装电梯等普遍难点问题，推进老旧小区改善居住环境。

以国有企业为代表，与属地街道、社区合作，推进老旧失管小区物业兜底接管工作。例如，签订地企共建协议，整合调度社区、企业各方资源建立"服务联合体"；解决辖区"三不管"楼院无人看管、部分小区物业管理水平低、基础设施不完善情况；从城市管理高度，协同当地住房和城乡建设部门、街道和社区，试点开展老旧小区连片物业管理等。

4. 推进完整社区建设，提供群众急需服务

自 2020 年以来，住房和城乡建设部大力推进完整社区建设。2022 年 10 月，住房和城乡建设部与民政部联合发布了《关于开展完整社区建设试点工作的通知》，重点围绕四方面探索可复制、可推广经验：完善社区服务设施；打造宜居生活环境；推进智能化服务；健全社区治理机制。2023 年 7 月，住房和城乡建设部办公厅等印发了《完整社区建设试点名单》，决定在 106 个社区开展试点，为期 2 年。11 月，国务院办公厅转发了国家发改委

《城市社区嵌入式服务设施建设工程实施方案》的通知。随后，国家发改委、住房和城乡建设部与自然资源部联合印发了《城市社区嵌入式服务设施建设导则（试行）》。

物业服务企业发挥贴近居民的优势，助力完整社区建设。补齐社区服务短板，发展社区养老、托幼、家政、助餐等生活服务业务，加快推动线上线下生活服务融合，更好地满足居民多样化多层次生活需求。尤其是在群众生活需求密切的相关赛道发力，如以"一老一小"为重点，在养老、托育领域提供服务（见表2）。

表2　2023年社区养老相关鼓励政策

时间	内容
3月31日	财政部发布《关于做好2023年政府购买服务改革重点工作的通知》，提出要支持对符合条件的特殊困难群体开展养老、精神障碍、社区康复等领域的政府购买服务，健全基本养老和康复关爱服务体系，推进老年群体、特殊群体关爱保护和社会融入
5月12日	民政部、财政部等发布《关于开展2023年居家和社区基本养老服务提升行动项目申报和组织实施工作的通知》，明确提出通过中央专项彩票公益金支持，面向经济困难的失能与部分失能老年人建设10万张家庭养老床位，提供20万人次居家养老上门服务
5月21日	中共中央办公厅、国务院办公厅发布《关于推进基本养老服务体系建设的意见》，指出要落实发展养老服务优惠扶持政策，鼓励社会力量参与提供基本养老服务，支持物业服务企业因地制宜提供居家社区养老服务
9月7日	《居家养老上门服务基本规范》国家标准发布，文件由民政部提出，这是我国针对居家养老上门服务发布的首个国家标准，将为合理界定居家养老上门服务范围、规范供给主体资质条件及供给流程内容要求等提供基本依据
10月20日	民政部、住房和城乡建设部等发布的《关于印发积极发展老年助餐服务行动方案的通知》指出，鼓励企业参与建设和运营老年助餐服务设施、有条件的机关企事业单位食堂提供老年助餐服务，引导物业服务企业为老年人提供就餐便利，支持餐饮企业采取运营老年助餐服务设施、社区门店开办老年餐桌等方式，参与老年助餐服务
11月1日	国家卫生健康委办公厅、国家中医药局综合司、国家疾控局综合司等联合印发《关于印发居家和社区医养结合服务指南（试行）的通知》，明确指出提供居家和社区医养结合服务的医疗卫生机构，其科室设置、设施设备配备应符合医疗卫生机构国家和行业现行标准，确保服务质量和安全，为老年人提供优质、专业的服务

资料来源：政府网站，中国物业管理协会整理。

（三）从规模驱动到高质量发展，回归服务本质

1.房地产市场调整，物业管理行业发展转型

2023年，房地产市场仍面临风险挑战，中央出台一系列政策，包括"认房不认贷"、降低贷款首付比例和利率、支持居民换购住房税费优惠等，实现守住不发生系统性风险的底线。根据国家统计局数据，房地产开发企业新开工房屋面积在2019年达到峰值，之后新增面积逐年下降，这意味着未来新建房屋管理面积的逐年下降，物业管理行业的增长方式同样面临转型（见图5）。

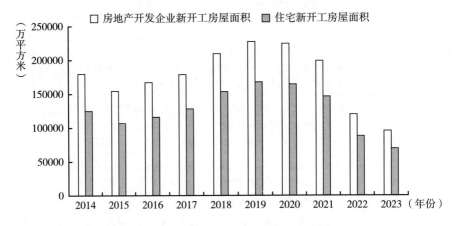

图5 2014～2023年房地产开发企业新开工房屋面积趋势

资料来源：国家统计局。

2023年末，反映物业管理板块走势的恒生物业服务及管理指数比年初下降。基于流动性影响以及经济复苏预期降低等因素，2023年恒生指数整体呈下行走势，但物业管理和地产行业指数降幅大于恒生指数。市场对行业关联方风险仍有担忧，但走势逐步企稳（见图6）。

2.营业收入保持增长，盈利能力实现修复

2023年末，上市物业服务企业数量达到了65家，其中A股6家。2023年上市物业服务企业数量增加3家，实际新上市仅2家，另有因资产置换纳

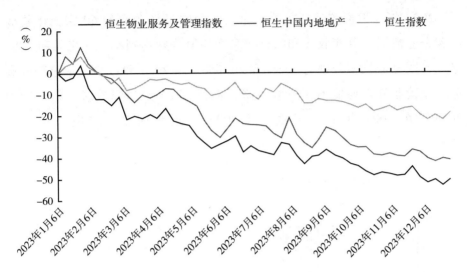

图6 2023年恒生物业服务及管理指数、地产指数和恒生指数涨跌幅

资料来源：公司公告，中国物业管理协会整理。

入板块的1家已上市企业。这是近四年来，新上市企业数量最少的一年。另外，2023年末，65家上市物业服务企业总市值为2383亿元，比2022年末总市值下降了44.0%（见图7）。

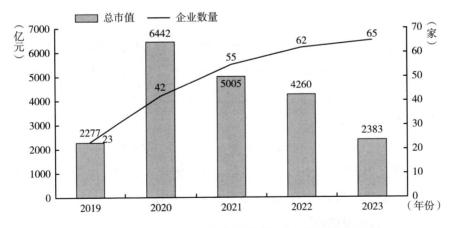

图7 2019~2023年上市物业服务板块企业数量和总市值

资料来源：公司公告，中国物业管理协会整理。

2023 年，根据统计公布的营业收入和归母净利润的 60 家上市物业服务企业数据，营业收入和归母净利润均值分别达到 47.64 亿元和 2.58 亿元，同比增长率分别为 7.8% 和 20.6%。自 2021 年以来，上市物业服务企业营业收入均值增速持续下降，但是 2023 年降幅放缓。归母净利润均值在 2022 年大幅下跌，但 2023 年止跌回升，实现增长（见图 8）。

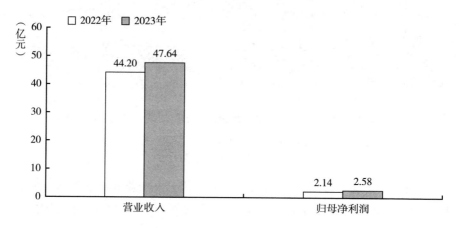

图 8 2023 年上市物业服务企业营业收入、归母净利润均值（60 家同样本企业）

资料来源：公司公告，中国物业管理协会整理。

2023 年，上市物业服务企业毛利率均值为 23.3%，同比下降 1.5 个百分点。净利润率均值为 6.3%，同比上升 0.4 个百分点。物业服务企业主营业务盈利能力有所下降，但企业通过提升管理能力、降低相关费用，实现净利润率的修复（见图 9）。

统计同样本 43 家上市物业服务企业近五年的期间费用率，从 2019 年的 18.9% 下降至 2023 年的 10.8%。企业通过优化管理流程、应用数字化中后台等工具，提升了管理效率，降低了相关费用占比。

3. 在管规模持续增长，规模增速放缓

2023 年 49 家企业披露了在管面积数据，在管面积均值为 1.47 亿平方米，同比增长 12.0%。统计 36 家同样本企业 2021~2023 年连续披露的在管

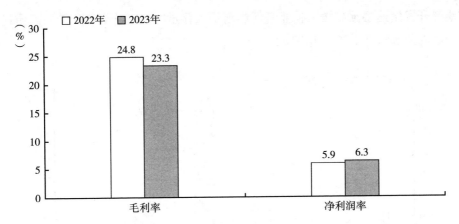

图9　2023年上市物业服务企业毛利率和净利润率（60家同样本企业）

资料来源：公司公告，中国物业管理协会整理。

面积，2022年同比增速为20.0%，2023年为13.8%，在管面积增长速度放缓（见图10）。

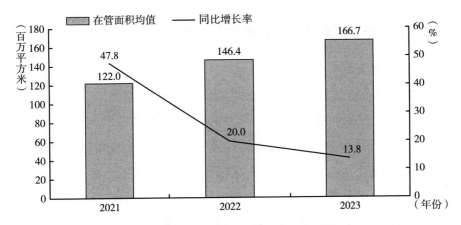

图10　上市物业服务企业在管面积均值和增长率（36家同样本企业）

资料来源：公司公告，中国物业管理协会整理。

2023年的收并购事件也显著减少，甚至有已经公布的并购意向最后中止。企业调整发展战略，由规模扩张转向精益化运营，将原来用于收并购拓展的款项重新分配到提升服务品质、设置激励计划和提升日常经营。随着房地产开发增速逐渐放缓，物业管理逐渐步入存量时代，从规模化转向高质量发展已成为行业共识（见图11）。

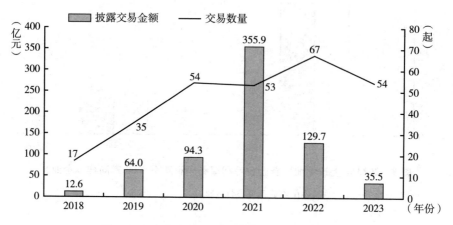

图11　上市物业服务企业披露历年并购交易金额

资料来源：公司公告，中国物业管理协会整理。

（四）打造发展新动能，拓展行业新增长点

1. 大力发展社区生活服务

2023年12月，全国住房城乡建设工作会议提出"构建房地产发展新模式""拓展物业服务范围，满足居民多样化居住服务需求"。近年来，物业服务企业社区增值服务营业收入保持快速增长，但受到疫情和地产因素影响，近两年增速下降。物业服务企业发展的社区增值服务，过去多是与地产业务息息相关，如租售经纪、车位销售、美居等。随着新房规模缩减，存量更新时代来临，人口老龄化等日益突出等，物业服务企业社区增值服务业务方向也在发生转变，如向发展政府鼓励的养老托育、社区助餐、家政便民、健康服务方向转变。

2. IFM综合后勤服务业务快速增长

综合设施管理（Integrated Facility Management，IFM）根据客户需求提供定制化服务，以一站式的解决方案帮助客户降低运营成本、提高效率。根

据沙利文 2023 年发布的报告，中国 IFM 市场发展尚不成熟，IFM 业务渗透率在国际上的平均水平大约为 50%，而在中国市场只有 8%。目前，国内一批物业服务企业相继通过 ISO41001 设施管理体系认证，搭建起标准的设施管理体系。以 5 家典型上市物业服务企业披露的 IFM 业务收入数据为例，2022 年 IFM 业务收入均值达到 18.95 亿元，同比增长 26.93%，在总体营收中占比均值为 14.4%（2023 年因公布相关数据企业少，未进行同比比较）（见图 12）。

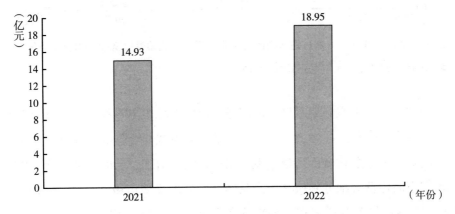

图 12 2021~2022 年 5 家披露数据的上市物业服务企业 IFM 收入均值

资料来源：企业公告，中国物业管理协会整理。

团餐服务是物业服务企业近年来聚焦的热点赛道。一方面，受 IFM 国际巨头企业的成长路径启发，团餐服务成为撬动企业在 IFM 领域布局的重要支点；另一方面，团餐业务客户与企业客户群体高度重合。目前，有十余家上市物业服务企业布局了团餐业务，从 6 家公布相关营业收入数据的企业来看，2023 年收入均值为 2.45 亿元，同比增长率达 23.74%，保持较快增速，在样本企业总体营收中占比约为 6.3%（见图 13）。

3. 城市服务提升空间价值

城市空间服务涉及多业态横向协同，以及服务运维的统筹管理、协同增效。参与城市服务有市政类基础服务、城市综合治理类、智慧城市运维类等

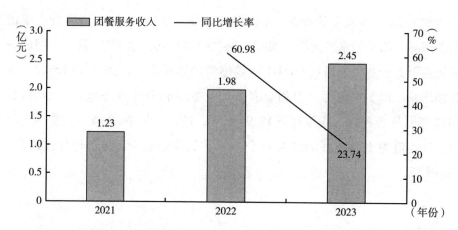

图 13　2021～2023 年 6 家披露数据的上市物业服务企业团餐服务收入均值及增长率

资料来源：企业公告，中国物业管理协会整理。

多种模式；有环卫服务、景区全域服务、镇域全域服务多种类型；有与各地国资平台合资合作成立参股公司，或与地方政府战略合作等多种合作方式。

物业服务企业正全面搭建起市政服务、社区治理、老旧小区改造、数字化城市空间运营等细分领域系列产品体系，并形成城市服务品牌。2023 年，8 家上市物业服务企业公布了城市服务营业收入数据，均值为 16.03 亿元，同比增长率为 4.63%，在其营业收入中占比为 9.9%。

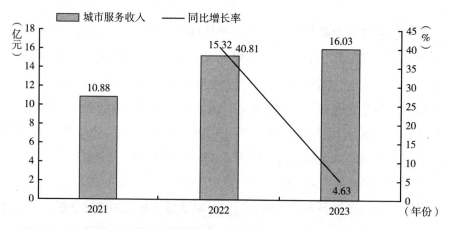

图 14　2021～2023 年 8 家披露数据的上市物业服务企业城市服务收入及增长率

资料来源：企业公告，中国物业管理协会整理。

三 行业发展的新趋势

（一）深度融入基层治理，提升行业重要性

一是明确物业管理定位。物业管理是小区内的公共服务，具有外部性特征，虽然不同于政府管理和公共服务，但有一定的公共属性，并不是完全的市场化行为。

二是完善决策机制。坚持党建引领，把物业管理纳入基层社会治理体系，落实街道社区的属地责任，提高物业管理覆盖率，推动物业服务项目和企业党建全覆盖，建立基层党组织领导下居委会、业委会和物业服务企业协调运行机制，将资源下沉到小区，服务拓展到小区。

三是完善运营机制。督促物业服务企业合法经营，规范收费，公开透明。鼓励物业服务企业向养老、托幼和家政服务等领域延伸，探索"物业服务+生活服务"模式。建设智慧社区，提升小区设施智能化水平。提高物业服务企业的规模化、技术化、标准化水平，降低运营成本，提升运营效率。

四是完善评价机制。加强事中事后监管，完善业主、物业服务企业、政府以及第三方对物业管理的评价机制，加强监管，严肃查处物业服务企业的违法违规行为，优化市场环境，同时健全物业服务价格的形成机制。

（二）推进"总对总"在线诉调，完善多元纠纷调解机制

2023 年 11 月 6 日，习近平总书记在会见全国"枫桥式工作法"入选单位代表时表示，要坚持和发展好新时代"枫桥经验"，为推进更高水平的平安中国建设做出新的更大贡献。2023 年 8 月，最高人民法院办公厅与住房和城乡建设部办公厅联合印发《关于建立住房城乡建设领域民事纠纷"总对总"在线诉调对接机制的通知》，在最高人民法院与住房和城乡建设部之间建立对接机制，全面推进住房城乡建设领域民事纠纷多元解纷工作。

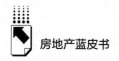

2023 年 10 月，住房和城乡建设部办公厅发布《关于开展住房城乡建设领域民事纠纷"总对总"在线诉调对接试点工作的通知》，选取 6 省（区、市）开展试点。11 月，中国物业管理协会等 5 家行业协（学）会共同发起成立全国住房城乡建设领域民事纠纷调解事务联合协调委员会，作为住房城乡建设领域民事纠纷调解事务的议事协调和日常管理机构，并接受住房和城乡建设部法规司的业务指导。

建立物业服务多元纠纷调解机制，是响应习近平总书记的号召、促进基层矛盾化解、维护社会和谐安定的重要工作。全力推进物业服务纠纷"总对总"调解试点工作，"预防在前，调解优先"，将纠纷预防在源头、化解在萌芽、解决在前端，促进群众矛盾化解、维护社会和谐安定。

（三）政策定调鼓励物业服务，向高品质多元化专业化升级

2023 年末，国家发改委发布《产业结构调整指导目录（2024 年本）》，自 2024 年 2 月 1 日起施行，物业服务从"鼓励类—其他服务业"调整至"鼓励类—商务服务业"。产业结构调整指导目录的修改，反映了物业管理行业在经济发展和服务民生中发挥的不可替代的重要作用。鼓励类产业主要是对经济社会发展有重要促进作用的产业，包括有利于普惠性、基础性、兜底性民生建设和服务业发展的产业。

《产业结构调整指导目录（2024 年本）》将物业服务纳入"鼓励类—商务服务业"是行业共同努力取得的成绩。2023 年 8 月，国家发改委就《产业结构调整目录（2024 年本）》征求意见，当时的版本中"鼓励类—商务服务业"并没有物业服务这个项目。中国物业管理协会和各地协会一起行动，向国家发改委反馈了 899 条意见，最终被采纳。

政策的鼓励将进一步推动物业服务向高品质和多样化升级，向专业化和价值链高端延伸。物业管理具有生活性服务业和生产性服务业双重属性，接下来物业管理要在两条赛道上共同发展。一是推动住宅物业服务向高品质和多样化升级，提升物业服务质量，这是关乎基层治理与人民群众幸福生活的大事。二是推动非住宅物业服务向专业化和价值链高端延伸，如医院、高校

等非住宅业态管理具有较强专业壁垒，物业服务企业要提升专业能力，体现专业价值。

（四）完整社区提质扩面，建设便民生活服务圈

住房和城乡建设部、国家发改委、民政部等七部门联合印发完整社区建设试点名单，在 106 个社区开展为期 2 年的完整社区建设试点。完整社区建设试点工作将与城镇老旧小区改造、养老托育设施建设、充电设施建设、一刻钟便民生活圈建设、社区卫生服务机构建设、家政进社区、社区嵌入式服务设施建设等重点工作统筹起来。

随着居家养老、托育、改善型装修、社区配套服务等需求涌现，物业服务企业链接社区周边生活服务资源，整合家政保洁、养老托育等社区到家服务，助力建设便民惠民的生活服务圈。参与和推进社区适老化、适儿化改造，营造全龄友好、安全健康的生活环境。推进智能化服务，共同建设智慧社区。专注特定领域，发挥自身资源优势，打造具有特色的社区增值服务。

（五）提升物业服务品质，提高群众满意度

高质量发展的核心在于高质量地运营，企业关注建立服务标准、提高服务品质，借助智能化手段提升管理效率、优化客户体验。以上市物业服务企业公告为例，90%以上的企业提到开展品质建设、提升服务品质，如以客户为中心提升服务体验，提升客户满意度，加强投诉管理，设立品质体验官，进一步推动品牌升级等。

在住宅存量市场，伴随着业主委员会组建率不断提升，物业服务市场化制度逐步完善，存量居住项目更换物业服务公司的需求也将增加。优质存量项目竞争更加激烈，企业不仅需要投入资源，还要优化运营等综合能力，提升精细化服务，积累品牌口碑，从而在存量市场竞争中生存。

（六）建立信息公开公示制度，完善信用评价机制

《民法典》《物业管理条例》以及各省市物业管理条例对建立物业管理

"信息公开公示制度"提出要求。多地政府结合地方实际陆续发布相关政策，开展专项行动。例如，北京市发布《住宅物业管理项目"晒服务标准、晒收费标准"专项行动工作方案》，福建省印发《福建省住宅小区物业服务事项公开公示管理实施细则（试行）》，四川省成都市发布《关于建立完善物业服务双晒机制营造阳光互信市场环境的实施意见》等。"双晒"机制有助于推动解决物业服务信息不对称、收费不透明、质价不相符等行业共性问题。同时，还需要关注厘清物业服务信息公示的合理边界，维护物业管理各方主体权益，构建合法合规的良性互动关系。

在推进行业诚信自律建设方面，物业服务资质取消后，各地陆续开展了信用评价工作，但是标准不统一。中国物业管理协会正努力推进全国层面的信用评价工作，为政府提升事中事后的监管效能提供信息参考，为企业提供独立、客观、公正的信用等级评定，为业主选择物业服务企业提供统一的评判标准。

（七）推进质价相符改革，明确服务标准

人力、物资各项成本逐年上涨，而物业服务价格调整难度较大，一些企业因此降低服务标准，引发业主对服务质量的不满。市场上还存在低价恶性竞争，破坏了行业良性生态。老旧小区经过城市更新改造后，硬件设施更新升级，而提供规范化物业服务对于维护改造成果更加重要。

显性服务规范化、隐性服务透明化，为物业服务价格的调整提供法规和政策依据。例如，上海市建立物业服务价格评估与履约质量评价机制，发布物业服务市场价格监测信息；北京市物业费标准可委托第三方评估，并明确相应评估内容及原则；广州市发布《关于进一步规范我市住宅物业服务收费等有关问题的通知》，明确物业收费应当遵循合理、公开以及收费与服务水平相适应的原则等。

质价相符的基础是明确服务标准和规范，各地持续完善相关法规和政策。例如，深圳市市场监督管理局印发《住宅物业服务规范》地方标准，北京市住房和城乡建设委员会印发《北京市住宅项目物业服务合规手册（2023年版）》，西安市住房和城乡建设局发布《物业服务质量第三方评估技术规范（征求意见稿）》等。

（八）履行社会责任，实现可持续发展

2023 年 5 月 21 日，习近平总书记回信勉励上海市虹口区嘉兴路街道垃圾分类志愿者时强调，垃圾分类和资源化利用是个系统工程，需要各方协同发力、精准施策、久久为功。5 月 23 日，住房和城乡建设部在山东省青岛市召开全国城市生活垃圾分类工作现场会，部署持续深入推进垃圾分类工作。12 月召开的住房城乡建设工作会议提出，指导 15 个城市创建垃圾分类示范城市，遴选 15 个基础较好的县级市开展垃圾分类试点，帮助排名靠后的城市提档升级，力争地级及以上城市居民小区生活垃圾分类覆盖率达到 95%。位居社区服务一线的物业服务企业，是推进垃圾分类工作的重要参与方。履行在垃圾分类工作中的责任和义务，推动再生资源的循环利用，引导社区形成绿色生活方式，创造可持续发展价值。

随着行业发展进步，企业开始关注社会效益、环境效益、经济效益多重发展衡量维度，将 ESG 纳入发展战略，与经营环节相结合。例如，进行节能改造，关注低碳减排；参与城市更新改造和居家养老项目，建设老年和儿童友好型社区；开展社区主题活动，发动社区居民参与，体现邻里互助，提升社群氛围；开展安全巡查、联防联动，建设安全社区；与公益组织、社区志愿者等联动，开展社区志愿服务，为老年群体、特殊困难群体提供帮助，增强美好家园的凝聚力和幸福感。

四　结语

展望未来，宏观经济复苏向好，城镇化进入新发展阶段，地产风险持续缓解，物业管理行业发展模式面临转型。面对群众对美好生活的新期待、社会发展对物业服务的新要求，物业管理行业始终贯彻新发展理念，继续融入基层治理，服务于居民生活品质升级需求，培育新动能新增长点，以科技创新推动行业向现代化服务业转型。

B.12
2023年个人住房贷款市场分析及展望

蔡 真*

摘　要： 　2023年，在住房贷款利率持续下降、住房消费金融服务持续优化的情况下，因出现提前还贷潮，个人住房贷款余额下降至38.17万亿元，同比减少1.60%。从市场结构看，截至2023年上半年，六家国有大型商业银行个人住房贷款余额合计为26.85万亿元，占全国金融机构个人住房贷款余额的69.5%，依然是我国个人住房信贷市场的主力军。从风险看，部分商业银行个人住房贷款不良率和不良余额在2023年继续呈现"双升"的情形，新增二手住房贷款价值比也有所上升，但受益于审慎的个人住房信贷政策，个人住房贷款整体风险可控。2023年末，住户部门债务收入比为144.89%，房贷收入比为77.22%；住户部门债务收入比上升趋势放缓，房贷收入比连续两年下降，住户部门债务过快增长的势头得到遏制。展望2024年，政策方面，政府部门为进一步释放住房消费需求潜力，改善房地产市场需求偏弱的形势，会进一步下调LPR、差别化住房信贷利率下限，住房消费金融服务也将持续优化。数量方面，受就业和收入增长预期依然较弱、投资理财收益较差等因素影响，存量住房贷款借款人降低家庭负债的意愿仍然较强，个人住房贷款余额增长乏力。价格方面，个人住房贷款利率还会进一步下行。风险方面，受房价持续下行影响，部分房价高峰时点购入的住房可能会沦为负资产，进而导致商业银行个人住房贷款不良率和不良余额的上升。

关键词： 　个人住房贷款　不良率　提前还贷

---

* 蔡真，中国社会科学院金融研究所副研究员，兼任国家金融与发展实验室房地产金融研究中心主任，主要研究方向为房地产金融与风险管理。

一　个人住房贷款市场运行情况

（一）总量运行情况

个人住房贷款，通常也被称为个人住房按揭贷款，指商业银行等金融机构向在城镇购买、建造、大修各类型住房的自然人发放的贷款，借款人必须以购买、建造或已有的住房产权为抵押物或其他抵押、质押、保证、抵押加阶段性保证等提供担保。

截至2023年底，我国金融机构个人住房贷款余额为38.17万亿元，同比减少1.60%（见表1），同比增速自2016年以来连续7年下降；个人住房贷款余额年度净增额约为−6300亿元，表现为负增长。2023年末，个人住房贷款余额占金融机构各项贷款余额的比重为16.07%，较2022年末下降了2.06个百分点，表明个人住房贷款余额的同比增速大幅低于金融机构各项贷款余额的同比增速。

表1　1998~2023年个人住房贷款市场情况

单位：万亿元，%

年份	个人住房贷款余额	个人住房贷款余额同比增长率	金融机构各项贷款余额	个人住房贷款余额占总贷款余额的比例
1998	0.07	271.58	8.65	0.81
1999	0.14	94.05	9.37	1.49
2000	0.33	142.34	9.94	3.32
2001	0.56	67.47	11.23	4.99
2002	0.83	48.56	13.13	6.32
2003	1.20	45.28	15.90	7.55
2004	1.60	35.15	17.74	9.02
2005	1.84	15.00	19.47	9.45
2006	2.27	19.00	22.53	10.08

年份	个人住房 贷款余额	个人住房贷款 余额同比增长率	金融机构各项 贷款余额	个人住房贷款余额占 总贷款余额的比例
2007	3.00	33.60	26.17	11.46
2008	2.98	10.50	30.34	9.82
2009	4.76	43.10	39.97	11.91
2010	6.20	29.40	47.92	12.94
2011	7.14	15.60	54.79	13.04
2012	8.10	13.50	62.99	12.86
2013	9.80	21.00	71.90	13.63
2014	11.52	17.50	81.68	14.10
2015	14.18	23.20	93.95	15.09
2016	19.14	35.00	106.60	17.95
2017	21.90	22.20	120.13	18.23
2018	25.75	17.80	136.30	18.89
2019	30.07	16.70	153.11	19.64
2020	34.44	14.60	172.75	19.94
2021	38.32	11.30	192.69	19.89
2022	38.80	1.20	213.99	18.13
2023	38.17	-1.60	237.59	16.07

资料来源:《中国货币政策执行报告》《金融机构贷款投向报告》,中国人民银行;Wind。

　　住房既是消费品也是资产,其价格波动与个人住房信贷增速表现出较强的正相关性。房价上涨较快的阶段,也是个人住房贷款增速较快的阶段;房价持续下跌的阶段,同时也是个人住房贷款增速下降或负增长的阶段。从余额增速来看,个人住房贷款余额同比增速从 2017 年第二季度开始呈持续下降态势(见图 1);2023 年,个人住房贷款余额同比增速延续这一走势:第一、二、三、四季度个人住房贷款余额同比增速分别为 0.3%、-0.7%、-1.2% 和-1.60%,同比增速出现连续三个季度为负的情况。从季度净增量数据来看,

2023年第一季度个人住房贷款余额净增量为1400亿元，第二、三、四季度个人住房贷款余额分别净减少3400亿元、1800亿元、2500亿元。总体来看，2023年，个人住房贷款余额增速持续回落，且余额连续三个季度表现为负增长。导致这种情况发生的主要原因是大量购房者提前偿还个人住房贷款。

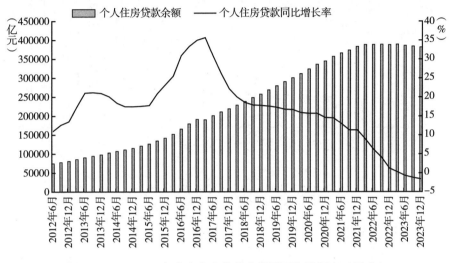

图1 2012~2023年个人住房贷款余额及同比增长率（季度）

资料来源：Wind。

（二）市场结构情况

国有大型商业银行是我国个人住房贷款业务的开拓者，最早一笔个人住房贷款就是由中国建设银行于1985年发放的。截至2023年上半年，中国工商银行、中国农业银行、中国银行、中国建设银行、交通银行、中国邮政储蓄银行六家国有大型商业银行个人住房贷款余额合计为26.85万亿元，占全国金融机构个人住房贷款余额总量的69.5%（见图2），这表明国有大型商业银行依然是我国个人住房信贷市场的主力军。2017年以来，这六家国有大型商业银行个人住房贷款余额占全国金融机构个人住房贷款余额总量的比例有所下降。不过，2010~2019年，该比例均维持在70%以上；2020~2023年，该比例下降至69%左右。

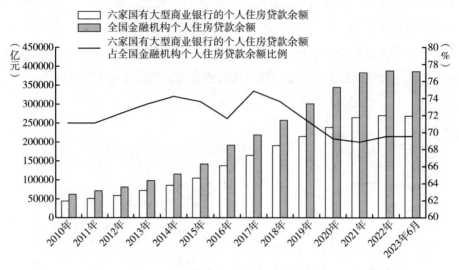

**图 2 六家国有大型商业银行的个人住房贷款余额及占全国金融机构
个人住房贷款余额总量的比例**

资料来源：Wind。

从六家国有大型商业银行的个人住房贷款余额同比增速来看，自 2016
年以来，六大行的个人住房贷款余额同比增速持续下降，这一走势与全国个
人住房贷款余额同比增速的走势基本保持一致。其中，2016~2017 年的增速
表现为急剧下降，从 2016 年末的 31.2% 下降至 2017 年末的 19.7%；在
2017~2021 年增速降幅变小且较为稳定，从 2017 年末的 19.7% 缓慢下降至
2021 年末的 11.0%；2022 年，六家国有大型商业银行的个人住房贷款余额
同比增速再次表现为大幅下降，由 2021 年末的 11.0% 下降至 2022 年末的
1.8%；2023 年，六家国有大型商业银行的个人住房贷款余额同比增速进一
步下降至 6 月末的 -0.5%，略高于同期全国金融机构个人住房贷款余额
-0.7%的同比增速，但远低于同期六家国有大型商业银行贷款总余额
13.5%的同比增速。从银行贷款业务结构来看，个人住房贷款占六家国有大
型商业银行贷款总额的比例，从 2010 年末的 16.9% 上升到 2019 年末最高
时的 31.5%，之后开始缓慢下降；2023 年 6 月末，个人住房贷款占六家国

有大型商业银行贷款总额的比重下降至25.6%，较峰值下降5.9个百分点（见图3）。

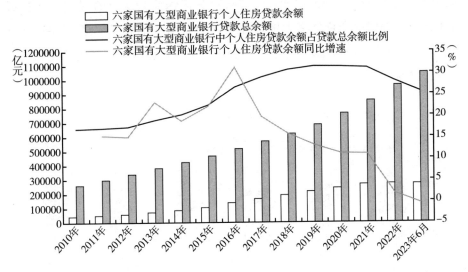

图3　2010~2023年六家国有大型商业银行个人住房贷款余额情况

资料来源：Wind。

从截面数据来看，六家国有大型商业银行2023年半年报显示，中国建设银行个人住房贷款规模最大，为6.48万亿元，占该行贷款总额的28.06%，较上年末下降了2.90个百分点；中国工商银行个人住房贷款余额为6.37万亿元，占该行贷款总额的25.20%，较上年末下降了2.51个百分点；中国农业银行个人住房贷款余额为5.32万亿元，占该行贷款总额的24.46%，较上年末下降了2.65个百分点；中国银行个人住房贷款余额为4.86万亿元，占该行贷款总额的25.28%，较上年末下降了2.81个百分点；交通银行个人住房贷款余额为1.50万亿元，占该行贷款总额19.20%，较上年末下降了1.53个百分点；中国邮政储蓄银行个人住房贷款余额为2.32万亿元，占该行贷款总额的29.71%，较上年末下降了1.66个百分点（见图4）。虽然受个人住房贷款余额增速负增长的影响，六家大型国有商业银行的个人住房贷款业务规模占贷款业务规模的比例在2023年均有所下降，但

是个人住房贷款业务的占比仍是最高的，远高于制造业，交通运输、仓储和邮政业等主要行业贷款业务的占比。因此，个人住房贷款依然是六家国有大型商业银行最重要的贷款业务。对照央行和银保监会发布的《关于建立银行业金融机构房地产贷款集中度管理制度的通知》的要求，截至 2023 年 6月，六家大型国有商业银行的个人住房贷款余额占比全部低于监管要求的上限（32.5%）。

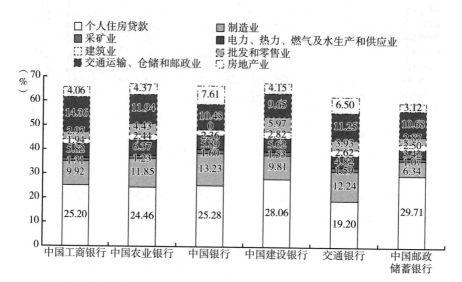

图 4　2023 年六家国有大型商业银行主要贷款业务占比（2023 年半年报）

资料来源：Wind。

（三）个人住房金融服务情况

优化住房金融服务，满足居民合理的住房信贷需求，对促进房地产市场的健康平稳发展至关重要。从个人住房贷款放款周期情况来看，2023 年末，全国百城个人住房贷款平均放款周期为 20 天（见图 5），已低于三周。与 2021 年 10 月最长时的 73 天相比，已大幅缩短，这表明个人住房消费金融服务在持续优化。2023 年末，一线城市的平均放款周期为 27 天；二线城市的平均放款周期为 26 天。

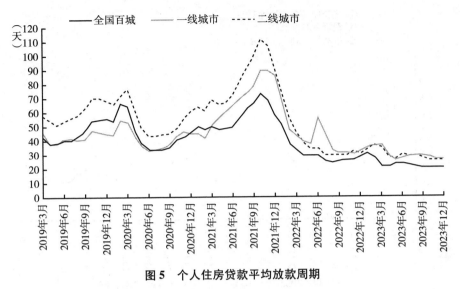

图 5　个人住房贷款平均放款周期

注：图中的一线城市包括北京、上海、广州、深圳，二线城市包括天津、重庆、西安、南京、合肥、成都、佛山、东莞。

资料来源：贝壳研究院。

二　个人住房贷款利率走势情况

（一）全国首套、二套住房贷款平均利率情况

从 50 城个人住房贷款的平均利率水平来看，2023 年，全国首套住房贷款全年的平均贷款利率约为 3.97%，较 2022 年 4.63% 的全年平均贷款利率下降了 66 个基点。从首套住房贷款平均利率走势来看，与 2022 年的快速下滑不同，2023 年呈现为缓慢回落趋势（见图 6）。2023 年末，全国首套住房贷款的平均贷款利率约为 3.88%（为 LPR 减 32 个基点），较 2022 年末的 4.11% 下降了 23 个基点，下降幅度高于 LPR 的 10 个基点的降幅。其中，中山、珠海两个城市的首套住房贷款利率已降至 3.6%，珠海、福州、哈尔滨、昆明等 24 个样本城市的首套住房贷款利率已低于 4%，全部样本城市的首套住房贷款利率均不高于同期 LPR（4.2%）。

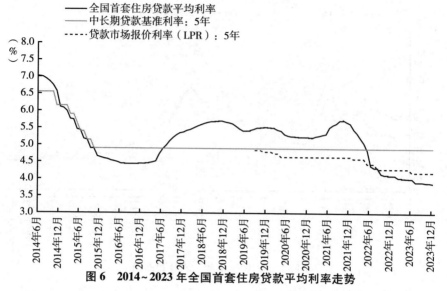

图6 2014～2023年全国首套住房贷款平均利率走势

注：住房贷款利率统计的50个城市包括北京、常州、成都、大连、东莞、佛山、福州、广州、贵阳、哈尔滨、杭州、合肥、呼和浩特、惠州、济南、嘉兴、昆明、兰州、廊坊、洛阳、绵阳、南昌、南京、南通、宁波、青岛、泉州、厦门、上海、绍兴、深圳、沈阳、石家庄、苏州、太原、天津、温州、无锡、芜湖、武汉、西安、徐州、烟台、银川、长春、长沙、郑州、中山、重庆、珠海。

资料来源：贝壳研究院，中国人民银行，Wind。

从二套住房贷款平均利率水平看，2023年，全国二套住房贷款全年的平均贷款利率约为4.76%，较2022年5.21%的全年平均贷款利率下降了45个基点。从二套住房贷款平均利率走势来看，2023年上半年二套住房贷款的平均利率维持在4.92%的水平，但下半年快速下降了50个基点（见图7）。2023年末，全国二套住房贷款的平均贷款利率约为4.42%（为LPR加22个基点），较2022年末下降了50个基点。珠海、常州等43个样本城市的二套住房贷款利率下调至房贷利率政策下限——4.40%（LPR加20个基点）。

总的来看，2023年，受益于LPR水平的下调、新发放首套住房贷款利率政策动态调整机制的实施和房贷利率政策下限的降低，我国首套、二套住房贷款的平均利率均有一定程度的下调。其中，二套住房贷款利率的下调集中在下半年，且下调幅度更大，首套、二套住房贷款的利差较2022年末缩小了27个基点。

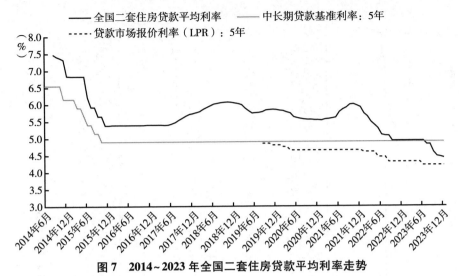

图7 2014~2023年全国二套住房贷款平均利率走势

资料来源：贝壳研究院，中国人民银行，Wind。

（二）部分城市住房贷款利率情况

从四个一线城市的个人住房贷款利率走势情况来看，2023年，北京、上海、广州、深圳的个人住房贷款利率均有所下降。2023年末，北京首套、二套住房贷款利率分别为4.20%和4.75%，均高于全国平均水平；首套、二套住房贷款利率分别下调65个基点和60个基点，首套、二套住房贷款的利差由上年末的50个基点扩大到年末的55个基点。上海的首套、二套住房贷款利率分别为4.10%和4.40%，首套住房贷款利率高于全国平均水平，二套住房贷款利率略低于全国平均水平；首套、二套住房贷款利率分别下调55个基点和95个基点，首套、二套住房贷款的利差由上年末的70个基点收窄至年末的30个基点。广州首套、二套住房贷款利率分别为4.10%和4.50%，均高于全国平均水平；首套、二套住房贷款利率分别下调20个基点和40个基点，首套、二套住房贷款的利差由上年末的60个基点收窄至年末的40个基点。深圳首套、二套住房贷款利率与广州相同，分别为4.10%和4.50%，也均高于全国平均水平；首套、二套住房贷款利率分别下调50个基点和40个基点，首套、二套住房贷款利差由上年末的30个基点扩大到年末的40个基点（见图8）。

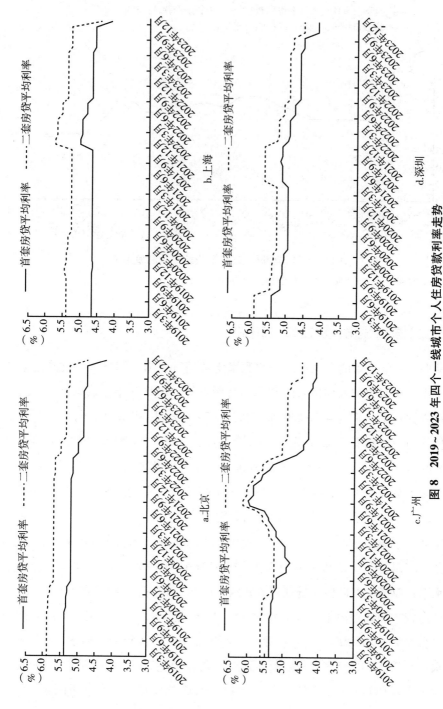

图 8 2019~2023 年四个一线城市个人住房贷款利率走势

资料来源:《城市房贷利率简报》, 贝壳研究院; Wind。

从四个样本二线城市个人住房贷款利率情况来看，2023 年，南京、杭州、武汉和重庆四个二线城市首套、二套住房贷款的利率走势呈阶梯式下降的态势。2023 年末，南京首套、二套住房贷款利率分别为 4.00% 和 4.50%，均高于全国平均水平；首套、二套住房贷款利率分别下调 10 个基点和 40 个基点，首套、二套住房贷款的利差由上年末的 80 个基点收窄到年末的 50 个基点。杭州的首套、二套住房贷款利率分别是为 4.00% 和 4.40%，首套住房贷款利率高于全国平均水平，二套住房贷款利率略低于全国平均水平；首套、二套住房贷款利率分别下调 10 个基点和 50 个基点，首套、二套住房贷款的利差由上年末的 80 个基点收窄至年末的 40 个基点。武汉首套、二套住房贷款利率分别为 3.80% 和 4.40%，均略低于全国平均水平；首套、二套住房贷款利率分别下调 10 个基点和 60 个基点，首套、二套住房贷款的利差由上年末的 100 个基点收窄至年末的 60 个基点。重庆首套、二套住房贷款利率分别为 4.00% 和 4.40%，首套住房贷款利率高于全国平均水平，二套住房贷款利率略低于全国平均水平；首套、二套住房贷款利率分别下调 10 个基点和 50 个基点，首套、二套住房贷款利差由上年末的 80 个基点收窄到年末的 40 个基点（见图 9）。

（三）存量首套住房商业贷款利率的调整情况

2023 年，个人住房贷款"提前还贷潮"多次登上热搜。在个人住房金融服务持续优化、LPR 下调 10 个基点的情况下，大量借款人仍出于降低利息支出和调整家庭资产负债表方面的考虑，大规模提前偿还个人住房贷款。这也使个人住房贷款存量余额从 2023 年第二季度开始连续负增长。

为引导商业性个人住房贷款的借贷双方有序调整优化资产负债，规范住房信贷市场秩序，央行在 2023 年 7 月 14 日国新办举行的 2023 年上半年金融统计数据情况新闻发布会上，提出"支持和鼓励商业银行按照市场化、法治化原则，与借款人自主协商变更合同约定，或者是新发放贷款置换原来的存量个人住房贷款"。2023 年 8 月 31 日，央行和国家金融监管总局联合

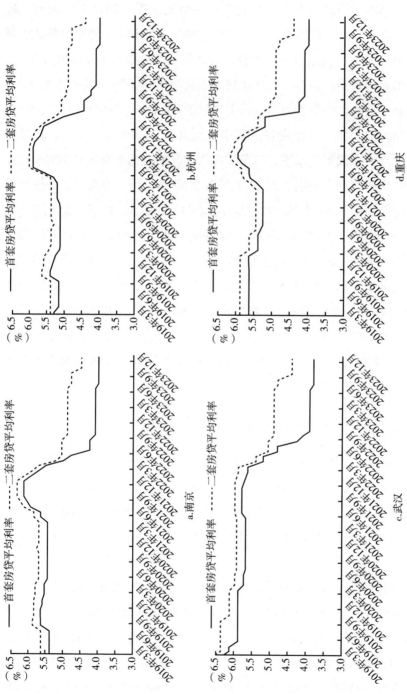

图9 2019～2023年四个样本二线城市个人住房贷款利率走势

资料来源:《城市房贷利率简报》, 贝壳研究院; Wind。

发布了《关于降低存量首套住房贷款利率有关事项的通知》，明确提出对于2023年8月31日前金融机构已发放的和已签订合同但未发放的首套住房商业性个人住房贷款或借款人实际住房情况符合所在城市首套住房标准（认房不认贷）的其他存量住房商业性个人住房贷款，借款人可以自2023年9月25日起，向承贷金融机构提出申请，通过协商变更贷款合同约定的利率水平或新发放贷款置换存量首套住房商业性个人住房贷款的方式调整和降低存量首套房个人住房贷款利率。但是调整后利率水平的LPR加点幅度，不得低于原贷款发放时所在城市首套住房商业性个人住房贷款利率政策下限。2023年9月5日之后，各商业银行也陆续发布实施存量首套住房贷款利率调整的规则公告。2023年9月25日开始，各商业银行通过统一批量调整和借款人申请两种方式对存量首套住房贷款利率进行调整。

从央行公布的数据来看，此次存量首套房个人住房贷款利率调整工作，推动了超过23万亿元的存量个人住房贷款的利率下降，平均降幅为73个基点，可以为借款人每年减少约1700亿元的利息支出；共惠及5325万户约1.6亿人，户均每年减少约3200元的利息支出。降低存量首套房个人住房贷款的利率，切实减轻了借款人的利息负担。

三　个人住房贷款市场风险状况分析

（一）部分商业银行个人住房贷款不良率和不良余额"双升"

贷款不良率是衡量商业银行贷款质量和风险的重要指标；相应地，个人住房贷款不良率是对个人住房贷款风险的度量指标，它是一个事后指标。从16家样本商业银行的个人住房贷款不良率数据来看，2023年上半年，样本银行个人住房贷款不良率为0.18%～1.67%，均值为0.57%、中位数值为0.49%，不同银行间差异较大，但是平均来看仍远低于同期商业银行平均1.62%的不良贷款率。从银行的经营视角来看，个人住房贷款仍是风险最低

的一个贷款品种，因此，也就不难理解个人住房贷款位居各商业银行贷款投向之首了。个人住房贷款不良率相对于其他贷款较低的原因有三。第一，来自银行对第一还款来源居民收入的风险控制。相对于企业收入，居民收入的现金流更为稳定。长期来看，居民收入会伴随着经济发展而增长，因此，个人住房贷款的违约风险会相对较小。加之银行在放贷时要求居民月收入达到还款月供两倍以上，这一措施也很好地控制了风险。住房在中国极受重视，即使在还款能力不足的情况下，借款人主动违约意愿也较低，存在借助"六个钱包"或亲友的民间借贷还款的情况。第二，我国实行审慎的个人住房信贷政策，对于个人住房贷款提出较高的首付比例要求。目前，我国商业银行首套住房贷款的最低首付比例要求在20%~35%区间，二套住房贷款的最低首付比例要求在30%~60%区间，这可以有效降低借款人主动违约意愿，有利于商业银行控制个人住房贷款的风险。第三，房价在过去较长一段时间里经历了多轮上涨，住房抵押是个人住房贷款的重要担保措施，因此，对于大部分存量个人住房贷款来说保护垫较厚。

从近年来样本商业银行个人住房贷款不良率和不良余额的变化来看，2023年上半年，中国农业银行、中国邮政储蓄银行、苏州银行的个人住房贷款不良率略有下降，下降幅度分别为0.01个、0.07个和0.02个百分点；招商银行的个人住房贷款不良率维持不变；而交通银行、中国工商银行、中国建设银行、浦发银行、民生银行、郑州银行、杭州银行、上海银行、成都银行、重庆银行、青农商行、渝农商行的个人住房贷款不良率和不良余额出现了"双升"的情况，不良率上升幅度在0.02~0.24个百分点（见表2）。在房地产市场区域形势大分化的背景下，我们需要警惕因区域性房价大幅下行或期房项目烂尾引发个人住房贷款抵押资产质量迅速恶化，从而导致区域商业银行个人住房贷款不良率大幅上升的风险。例如，区域房价下行幅度较大、期房项目烂尾较多的郑州，该区域的城市商业银行——郑州银行的个人住房贷款不良率增长异常迅速；2019年至2023年上半年，其个人住房贷款不良率分别为0.11%、0.52%、0.96%、1.65%、1.67%，不良贷款余额也从0.34亿元增长至5.82亿元。

表2 部分样本商业银行个人住房贷款不良率及不良余额

单位：%，亿元

银行简称	金融机构类型	个人住房贷款不良率					个人住房贷款不良余额				
		2019年	2020年	2021年	2022年	2023年6月	2019年	2020年	2021年	2022年	2023年6月
中国农业银行	大型商业银行	0.3	0.38	0.36	0.51	0.5	123.86	176.55	188.72	272.58	267.11
交通银行	大型商业银行	0.36	0.37	0.34	0.44	0.47	40.38	48.49	50.83	67.31	71.04
中国工商银行	大型商业银行	0.23	0.28	0.24	0.39	0.42	116.79	162.07	154.6	253.94	267.46
中国邮政储蓄银行	大型商业银行	0.38	0.47	0.44	0.57	0.5	64.89	90.44	94.1	128.78	115.35
中国建设银行	大型商业银行	0.24	0.19	0.2	0.37	0.42	124.84	113.2	129.09	238.47	269.28
浦发银行	股份制商业银行	0.27	0.34	0.4	0.52	0.58	19.78	28.65	36.68	45.66	49.86
民生银行	股份制商业银行	0.21	0.22	0.26	0.5	0.57	8.81	11.08	15.68	28.76	32.01
招商银行	股份制商业银行	0.25	0.29	0.28	0.35	0.35	27.49	37.59	38.21	49.04	48.65
郑州银行	城市商业银行	0.11	0.52	0.96	1.65	1.67	0.34	1.86	3.91	6.23	5.82
苏州银行	城市商业银行	0.12	0.04	0.15	0.24	0.22	0.25	0.11	0.47	0.83	0.77
杭州银行	城市商业银行	0.04	0.07	0.05	0.11	0.18	0.23	0.49	0.43	0.95	1.65
上海银行	城市商业银行	0.16	0.14	0.09	0.16	0.2	1.47	1.77	1.48	2.7	3.29
成都银行	城市商业银行	0.25	0.25	0.25	0.41	0.46	1.49	1.83	2.12	3.58	4.09
重庆银行	城市商业银行	0.34	0.29	0.27	0.52	0.71	0.9	0.03	1.17	2.16	2.88
青农商行	农村商业银行	0.23	0.27	0.41	0.75	0.84	0.5	0.78	1.33	2.4	2.57
渝农商行	农村商业银行	0.33	0.31	0.46	0.77	1.01	2.38	2.8	4.69	7.51	9.59

（二）居民新增购房的财务杠杆水平有所提高

贷款价值比（Loan to Value Ratio，LTV）指贷款金额与抵押品价值（评估价值或交易价格中的较小者）的比例，是一个国际通用的抵押贷款风险评估指标，多见于抵押贷款，可以用于衡量金融机构的抵押品价值对贷款的保障程度。LTV 具体计算公式为：贷款价值比（LTV）= 贷款金额/住房市场价值。相关研究表明，LTV 与个人住房贷款违约率呈显著正相关性，即 LTV 越高，个人住房贷款的违约风险就会越大。原因是当房价波动使作为抵押品的住房市场价值小于待偿还的个人住房贷款金额时（即 LTV 大于 1 时），其会对理性的贷款人产生违约激励，金融机构面临的贷款违约风险增加。LTV 除了作为风险监测的指标，它也是宏观审慎管理的政策工具之一，即通过提高首付比来而降低 LTV，以此达到防范市场风险向信用风险传导的目的。

由于我们难以获得计算存量个人住房贷款价值比所需的数据，基于数据可得性方面的考虑，我们计算了一线城市和部分二线城市新增二手住房贷款价值比。这一指标反映了当年居民部门在购买二手住房中使用杠杆的程度，也可以反映新增二手住房贷款的信用风险的大小。2023 年末，一线城市中北京的平均新增二手住房贷款价值比为 41%，上海的平均新增二手住房贷款价值比为 45%，均处于较低水平；广州的平均新增二手住房贷款价值比为 60%，深圳的平均新增二手住房贷款价值比为 57%，均处于合理水平。二线城市方面，成都的平均新增二手住房贷款价值比为 61%，合肥的平均新增二手住房贷款价值比为 62%，南京的平均新增二手住房贷款价值比为 59%，天津的平均新增二手住房贷款价值比为 62%，均处于合理水平；西安的平均新增二手住房贷款价值比为 65%，重庆的平均新增二手住房贷款价值比为 67%，东莞的平均新增二手住房贷款价值比为 69%，佛山的平均新增二手住房贷款价值比为 71%，处于相对较高水平，但平均首付比例亦在三成左右（见图 10）。

总体来看，受首套房"认房不认贷"政策的实施、首套房和二套房最低首付比例政策下限下调的影响，样本城市新增二手住房贷款价值比在 2023 年均有所上升，居民购房的财务杠杆水平有所提高。但是 12 个样本城市购房者的平均首付支付比例在三到六成，新增二手住房贷款抵押物保障程度仍较高，个人住房贷款整体风险可控。

（三）住户部门房贷收入比连续两年下降

住户部门债务收入比（Debt to Income，DTI）是指住户部门债务余额与

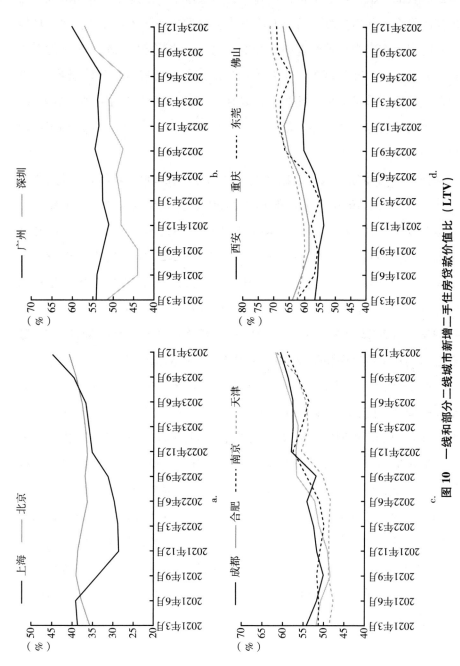

图10 一线和部分二线城市新增二手住房贷款价值比（LTV）

资料来源：贝壳研究院。

可支配收入的比值，用于衡量住户部门的债务水平。因为住户部门债务中占比最高的是个人住房贷款，所以DTI成为多数发达经济体和部分新兴市场经济体实施房地产宏观审慎管理的重要工具之一。从该指标的分子分母的含义来看，分子为住户部门债务（主要为住户部门的消费贷款和经营贷款），是一个存量指标；分母为可支配收入，是住户部门偿还债务的主要资金来源，它是一个流量指标。住户部门债务与名义可支配收入的比值，可以用于反映住户部门债务负担水平。

从住户部门债务收入比数据来看，该指标仅在2008年下降，其余年份都处于上升趋势。2008年前上升速度比较慢，从2005年底的37.85%缓慢上升至2008年末的43.17%，年均上升1.77个百分点；2008年之后开始快速上升，从2008年底的43.17%快速上升至2020年末的139.02%，上升了95.85个百分点，年均上升7.99个百分点；从2021年开始，住户部门债务收入比上升趋势显著放缓；2023年末，住户部门债务收入比为144.89%，与2022年末相比，仅上升了0.97个百分点。从房贷收入比[①]数据来看，其从2008年底的22.54%上升至2021年末的77.22%，累计上升了54.68个百分点；但受个人住房贷款余额同比增速持续大幅下滑影响，该指标从2022年开始明显回落，从2021年底的77.22%下降至2023年末的69.04%，两年间下降了8.18个百分点（见图11）。虽然一线和部分样本二线城市的新增二手住房贷款价值比在上升，居民新增购房的财务杠杆水平有所提升，但是已购房居民在大规模地偿还存量个人住房贷款，使住户部门房贷收入比连续两年下降。总体来看，2023年住户部门债务收入比上升趋势放缓，房贷收入比持续回落，住户部门债务过快增长的势头得到遏制。2022~2023年，住户部门债务收入比和房贷收入比走势的背离，可能意味着部分借款人在违规使用经营贷置换个人住房贷款，使住户部门总体债务规模继续上升，但房贷规模下降。

[①] 即个人住房贷款余额与居民可支配收入的比值。

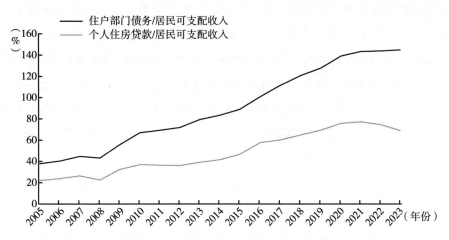

图 11 2005～2023 年我国住户部门债务收入比和房贷收入比

注：住户部门债务为居民贷款，数据来自中国人民银行《金融机构本外币信贷收支表》，包括消费贷和经营贷；个人住房贷款数据来自中国人民银行《中国货币政策执行报告》《金融机构贷款投向统计报告》；居民可支配收入数据采用国家统计局公布的年度人均可支配收入与年末总人口数量相乘得到。

资料来源：Wind、CEIC、国家统计局、中国人民银行。

（四）个人住房贷款市场出现"提前还贷潮"

2023 年，"提前还贷"多次登上热搜，大量的存量个人住房贷款借款人开始集中提前偿还个人住房贷款。从已发行 RMBS 基础资产的早偿率情况来看，2023 年末，个人住房贷款的早偿率（年化）为 15.4%，远高于 2022 年末的 8.9%，也高于 2016～2022 年的 10.3% 的平均水平，为 2016 年以来的最高值。分季度来看，2023 年第一、二季度个人住房贷款的早偿率（年化）分别为 15.2%、13.1%；第三季度个人住房贷款的早偿率（年化）高达 59.7%，提前还贷规模达到峰值；随着 9 月底《关于降低存量首套住房贷款利率有关事项的通知》政策的实施，第四季度个人住房贷款的早偿率（年化）回落至 15.4%（见图 12）。

从国家金融监督管理总局公布的数据来看，2023 年新增个人住房贷款的规模为 6.4 万亿元。但是由于出现了较大规模的提前还贷，2023 年个人住房贷款余额反而净减少了6300亿元,表现为负增长。大量借款人提前偿还个人住房贷款,导致个人住房贷款市场出现"提前还贷潮"。究其原因,一方面是因为新增和存量住房贷款利率差较大,叠加理财市场收益率较低,部分前期较高利率的借款人为降低利息支出和资金的机会成本,开始利用家庭储蓄存款或违规使用经营贷来提前偿还房贷;另一方面因为居民部门的就业、收入增长预期较弱,部分家庭开始通过减少债务、增加储蓄、减少投资、降低消费等方式来调整家庭资产负债表。

提前偿还个人住房贷款,对于借款人来说,如果还贷资金来自家庭储蓄,可以降低利息支出,但是如果偿还贷款资金是来自转贷或经营贷的置换,则可能会存在一定的风险隐患。对于商业银行来说,个人住房贷款一直以来是商业银行最为优质的贷款业务,具有规模大、周期长、收益稳定、风险低等特征。大规模的个人住房贷款提前还贷潮,一方面会降低商业银行贷款业务规模增速和利润水平,另一方面商业银行还需承受收回资金的再投资风险。

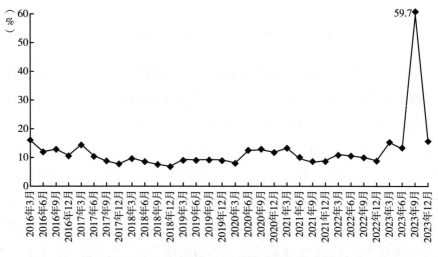

图12　2016~2023年个人住房贷款早偿率（年化）

资料来源:Wind。

四　2024年个人住房贷款市场展望

　　展望2024年，政策方面，政府部门为进一步释放住房消费需求潜力，改善房地产市场需求偏弱的形势，会进一步下调LPR、差别化住房信贷利率下限，住房消费金融服务也将持续优化。数量方面，我们认为受就业和收入增长预期依然较弱、投资理财收益较差等因素影响，存量住房贷款借款人降低家庭负债的意愿仍然较强，个人住房贷款余额增长乏力。价格方面，我们认为个人住房贷款利率还会进一步下行，一方面LPR利率还有继续下行趋势；另一方面仍需通过降低房贷利息负担来支持居民住房消费，推动住房市场的平稳健康发展。风险方面，受房价持续下行影响，部分房价高峰时点购入的住房可能会沦为负资产，进而导致商业银行个人住房贷款不良率和不良余额的上升；受改善性需求占比上升影响，在"认房不认贷"的政策下，居民新增购房的财务杠杆水平还会有所上升；但是受个人住房贷款余额增速下滑影响，房贷收入比可能会继续回落；经营贷违规置换个人住房贷款产生的风险在2024年将逐渐暴露，需持续关注。

B.13
2023年住房公积金政策调整监测报告

汪为民*

摘　要：　2023年，142个城市因城施策出台了254项住房公积金调整政策，涉及提高贷款最高额度、助力国家优化生育政策、降低首付比例、加大租房提取力度的内容最多。其中，住房租赁提取的政策优化主要体现在提高提取额度、实施差别化提取、拓宽提取方式等。未来，住房公积金政策调整要适应我国房地产市场供求关系发生重大变化的新形势，着力从需求端和供应端为解决新市民和青年人住房问题提供有效支持。

关键词：　住房公积金　政策调整　住房租赁提取

住房公积金已经成为地方政府使用最为频繁的政策工具，通过调整优化住房公积金政策，释放政策信号，提振市场信心，租购并举支持缴存人解决住房问题，有效地促进了房地产市场平稳健康发展。政策变动又可以为制度调整提供动力和方向，在房地产市场发生深刻变化的形势下，迫切需要不断加大政策调整创新力度，稳步推进和完善住房公积金制度。

一　2023年全国住房公积金政策变动情况

2023年，各地按照因城施策的要求，密集出台了一系列住房公积金调

---

* 汪为民，中国房地产业协会房地产金融与住房公积金和担保研究分会秘书长，高级工程师，主要研究方向为住房政策。

整政策，有的是城市中心独立行文发布的，有的是列入政府统筹发展政策中综合性发布的。

（一）政策出台时间

据不完全统计，2023年有142个城市中心出台了254项调整政策，其中，下半年政策出台数量较上半年有所增加（见图1）。

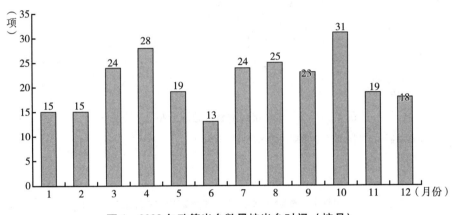

图1　2023年政策出台数量按出台时间（按月）

资料来源：全国房地产政策变动监测报告（中房网）。

（二）政策出台地域分布

2023年，政策出台数量按地域分布（按省份）出台数量前10的省份为：安徽、浙江、河南、江苏、广东、山东、江西、湖北、河北、贵州（见图2）。

（三）政策内容项分析

2023年调整政策中，涉及提高贷款最高额度、助力国家优化生育政策、降低首付比例、加大租房提取力度的内容数量最多（见图3）。

比较2022年政策调整内容，2023年涉及助力国家优化生育政策、提取公积金付首付、加大租房提取力度等政策调整内容增加显著，而提高贷款最高额度、人才支持政策方面内容有所减少（见图4）。

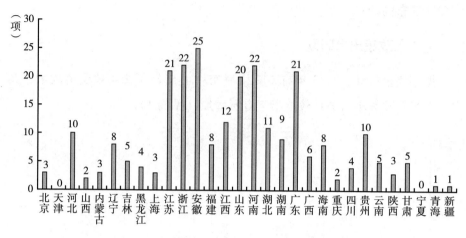

图2 2023年政策出台数量按地域分布（按省份）

资料来源：全国房地产政策变动监测报告（中房网）。

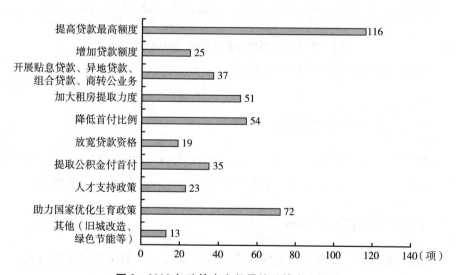

图3 2023年政策出台数量按政策内容统计

资料来源：全国房地产政策变动监测报告（中房网）。

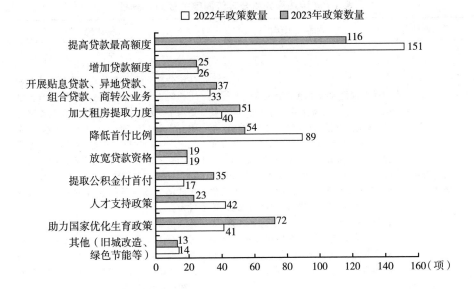

图4　2023年政策调整内容项同比分析

资料来源：全国房地产政策变动监测报告（中房网）。

二　政策调整主要内容分析

各地住房公积金政策调整内容主要涉及贷款和提取政策，政策调整的核心是提升缴存职工的住房消费支付能力。住房公积金以城市为单位管理，业务发展环境不同，导致各地在政策执行上的差异。各地出台的政策调整内容总体上与国家促进房地产市场健康发展政策取向是一致的，也有利于健全住房公积金缴存、使用、管理和运行机制。同时，与地方的人才引进、优化生育、绿色节能等政策进行了很好的衔接，但部分政策调整内容的公平性和目标有效性有待商榷，在提高政策调整科学性、精准性方面也还存在较大的改进空间（见表1）。

表1 各地住房公积金政策调整主要内容分析

政策调整项目	内容及示例	分析评价
提高贷款最高额度	包括上调额度和在原确定额度上上浮比例两种方式,后者主要为差别化信贷政策,如安徽马鞍山规定"夫妻双方均缴存住房公积金的,最高贷款额度由60万元提高至70万元;单方缴存住房公积金的,最高贷款额度由45万元提高至50万元"。不少城市还区分首套和二套、新建商品房和再交易住房、购房区域、绿色建筑等实施贷款最高额度差别化政策,如安徽芜湖规定申请首次住房公积金贷款购买新建商品住宅的,贷款额度可再上浮20%	住房公积金的保障水平与最高贷款限额正相关,这是住房公积金贷款政策的重要调整变量。提高贷款最高额度能减轻购房资金压力,减少贷款利息成本,一定程度增强居民购房信心,有利于房地产市场需求释放。但最高贷款限额确定过高有可能导致资金流出过快,不利于防止低息贷款给予贷款人群的补贴额度过大。 差别化最高贷款额度政策实施,体现了对首套住房、改善性住房需求、绿色住宅等精准支持。另外,个别四、五线城市政策调整幅度过大,存在政策科学性、公平性和稳定性的问题
提高存贷倍数	分针对所有购房行为和特定购房行为两种情形,如广东潮州规定"贷款最高限额由原来不得超过申请时借款人住房公积金账户内存储总额的15倍,提高至不得超过申请时借款人住房公积金账户内存储总额的20倍"。福建福州规定,职工申请住房公积金贷款购买二星级以上绿色建筑住房或者购买装配式建造的商品房,在其他贷款条件符合的情况下,住房公积金贷款额度在可贷额度基础上上浮20%。 部分城市设定"保底贷",如绍兴市上调住房公积金贷款保底额度,将全市住房公积金贷款保底额度统一调整为不低于30万元	公积金账户余额倍数体现的是"以存定贷"的思想,强调个体对公积金池的贡献。 账户余额倍数调整应大于贷款限额扩张程度,对中高收入人群而言,账户余额倍数一般高于最高贷款限额,实际贷款额度即为最高限额;而对中低收入人群,贷款额度则多为账户余额倍数。 "保底贷"的设定,聚焦"扩中""提低",有利于促进有效住房需求

政策调整项目	内容及示例	分析评价
提取支付首付款	缴存人贷款时,除可提取还款外,还可提取账户余额支付购房首付款,如江苏苏州规定"自2023年6月1日起,苏州公积金账户余额可提取用于支付首付,新房、二手房同样适用。提取公积金用作首付款后,符合公积金贷款条件的缴存人来申请公积金贷款,已被提取的公积金一并计入有效账户余额,用作贷款额度计算"。 个别城市虽然出台相关政策,但将其作阶段性实施政策,如安徽合肥市发文明确,《关于支持提取住房公积金支付购房首付款的通知》政策有效期延长两年,至2025年12月31日止	首付款的作用不仅是支付部分房款,还是申请购房贷款的必要条件。 根据《住房公积金管理条例》,职工在购买自住住房时,可以提取职工住房公积金账户内存储余额。 提取支付首付款能有效提振首付能力,有效促进住房消费,但普遍推广对部分城市有资金压力
减低首付比例	同步执行所在地房地产市场调控政策。福建泉州规定,职工家庭首次申请住房公积金贷款购买首套住房的,首付款比例调整为不低于20%。职工家庭第二次申请住房公积金贷款或购买第二套住房的,首付款比例调整为不低于30%。 实施差别化首付比例。如福建福州规定,职工家庭申请纯住房公积金贷款购买产权面积在144平方米(含)以下的首套自住住房,按首付款比例不低于20%执行;购买产权面积在144平方米(含)以下的二套自住住房及144平方米(不含)以上的自住住房,按首付款比例不低于30%执行	首付比例的下调,不仅减轻了购房者的经济压力,也提升了他们购房的可能性。 首付款比例确定影响因素主要是对风险的考量和市场调控的需要。目前,住房公积金贷款风险较小,首付款比例在一定范围内调整,对风险总体影响不大。 应探索实行中性的住房金融政策。即在贷款利率下调时,适当上调首付比例;在贷款利率上调时,则适当下调首付比例,实行住房贷款首付和贷款利率反向调整政策,防止因利率调整造成购房人支付能力在短期内发生重大变化,进而造成市场需求和房价的大幅波动。 个别城市针对购买保障性住房、商品住房,首套,购买第二套或第二次申请,采取不同标准,以提高前者的可贷款额度。 不同年龄阶段的借款人其首付能力是完全不同的,应根据借款人年龄和收入水平,提供不同的首付选择

续表

政策调整项目	内容及示例	分析评价
放宽贷款资格	主要从住房公积金缴存时间、拥有住房的情况以及购买住房的属性等三个方面放宽贷款资格。包括放开缴存限制,对特殊人员取消缴交时间限制等,如贵州省全省取消两次住房公积金个人住房贷款必须间隔12个月及以上的限制;采取"认贷不认房"或"认房不认贷"的标准确定现有住房套数,如遂宁市规定,在房屋套数认定上,只查询缴存人家庭尚未结清的住房贷款情况,不再查询缴存人家庭住房信息;扩大贷款业务品种、降低楼盘准入标准,如江苏规定全省适用住房公积金法拍贷业务,河南周口市将对主体结构工程进度的要求由原来的"完成主体封顶"调整为"达到主体结构的2/3"。 还有个别城市出台了"一人购全家帮"政策,即直系亲属可提取住房公积金用于支付购房款或者偿还房贷	规定"认房不认贷""认房又认贷"的政策,实质是剥夺了缴交人低息贷款的权益,与《住房公积金管理条例》中"保障缴交人的合法权益"相矛盾,其结果是拥有住房的缴交人群的贷款权益得不到保障,导致该群体对制度的合理性产生疑问。 放宽贷款资格同时也是扩大有效需求的有效措施,对促进住房消费有着重要意义。 "一人购全家帮"一定程度上有助于减轻购房人购房压力。警惕随之可能带来的不理性
加大商转公业务	"商转公"是将商业性住房贷款转住房公积金贷款的简称。包括启动或恢复业务开展和取消有关限制内容等,如浙江金华自10月16日起,全市实行商业性个人住房贷款转公积金贷款新政策。部分城市放宽了申请"商转公"及"部分商转公"贷款的住房消费行为时间限制,如山东威海市规定,商转公贷款取消办理商业住房贷款不超过三年的限制,调整为取得房屋不动产权证后即可申请。湖南长沙规定,新增顺位抵押方式办理商业银行住房贷款转住房公积金贷款,职工无须自筹全部资金结清原商业银行住房贷款后再转住房公积金贷款	"商转公"业务能将利率更高的商贷转为利率较低的公积金贷,对于还贷家庭的压力可以减轻不少,是对住房公积金缴存人的权益保障,另外,也提供了公积金资金流动调节的备用工具。是否能"商转公",或是"商转公"能实施多久,也在一定程度上取决于公积金这个"池子"有多少水;同时,也受制于商业银行配合债权转让的意愿。 目前开展"商转公"的城市不多,而且大多是结合当地住房市场情况及公积金资金使用情况,为促进住房消费,采取的阶段性支持措施

政策调整项目	内容及示例	分析评价
开展异地贷款	异地贷款主要指在外地缴存住房公积金,如在本地购房可在本地申请住房公积金贷款。河南周口市取消贷款户籍限制。异地缴存公积金在周口本地购房人员申请公积金贷款的,由需要周口辖区户籍,调整为不受户籍限制。汕头规定,对异地缴存住房公积金到汕头购房的职工,取消其与配偶必须有一方为汕头户籍或一方须在汕头缴存住房公积金的条件限制。 异地贷款还有一种形式,住房公积金缴存人在外地购房,可在缴存地申请住房公积金贷款,简称"同城化贷",如北京规定"疏解人员在雄安新区购房时,可以向北京中心申请住房公积金个人住房贷款,由北京中心发放贷款"	异地贷款政策促进以人力资源为主的各类要素在城市间自由流动,对促进消费及制度完善具有重要意义。也有利于公积金资金沉淀、公平问题以及目标效率问题的有效解决。异地贷款对于生活城市变动、回原籍置业的购房者来说,有利于解决个人住房需求,特别适用于在一、二线城市工作并缴存公积金,但买不起当地住宅的年轻人,去三、四线城市买房。这一模式推广也面临许多问题,如两地管理中心的协调以及中心短期利益与长期利益的协调,贷款资金回收风险,地方政府、委托银行与购房人参与的积极性
加大租房提取力度	主要包括逐步放宽提取资格、适当提高额度、提高业务办理效率。放宽提取资格,如上海扩大提取申请人范围,提取申请人范围为业主本人及其配偶、父母、子女。提高租房提取额度方式包括:①规定上调提取额度,如江苏南通加大对新市民、青年人租房支持力度,将公积金租房提取额度由每月1000元/人调整为1200元/人;②按实际房租提取,如北京职工租住保障性租赁住房的,可依据实际房租提取住房公积金;③按月缴存额度提取,如深圳规定所有符合租房提取条件的职工均可按月应缴存额的100%提取住房公积金	加大租房提取力度,推动实现"租购并举"。建立"租购并举"的住房制度,是保持房地产市场平稳健康发展的重要举措,也是实现"让全体人民住有所居"的有效途径

续表

政策调整项目	内容及示例	分析评价
支持城镇老旧小区居民提取住房公积金	用于加装电梯等自住住房改造,2023年进一步将政策支持范围扩大到缴存人及配偶双方父母,如山东淄博市进一步扩大老旧小区加装电梯提取使用住房公积金范围,职工本人、配偶、双方父母在本市既有多层住宅加装电梯的,可提取住房公积金支付加装电梯费用,所有提取人合计提取金额不超过实际出资额;安徽六安优化加装电梯支持政策,加装电梯可申请提取职工本人、配偶和共同生活家庭成员(父母、子女)住房公积金,合计提取金额不超过加装电梯实际支付金额	有助于建立政府与居民、社会力量合理共担改造资金的机制,落实权责对等原则。通过支持城市更新,住房公积金发挥了其在满足人民群众美好生活需要、推动惠民生扩内需、推进城市更新和开发建设方式转型、促进经济高质量发展等方面的积极作用。加强城市更新和存量住房改造提升,做好城镇老旧小区改造,这些工作需要长期稳定、低成本的资金支持,住房公积金应主动适应城市开发建设方式转型的需要,探索优化住房公积金使用方向,改变目前贷款单一使用渠道,适应多元化资金需求,为城市更新及城镇老旧小区改造提供资金支持
实施人才支持	主要包括提高贷款最高额度、提高存贷倍数、降低住房首期款比例等内容,如贵州毕节规定对市委、市政府引进的高层次人才,引进后3年内在毕节市购买首套自住住房申请住房公积金贷款的,最高贷款额度在现行毕节市住房公积金贷款最高额度的基础上上浮20%,住房公积金贷款额度计算方式为贷款申请人及共同申请人公积金账户余额的20倍;浙江丽水规定,A、B类高层次人才在丽水行政区域内购买家庭自住住房的,在按规定比例支付首付款后,可全额申请公积金贷款。C、D类和E类博士高层次人才在丽水行政区域内购买家庭自住住房的,住房公积金贷款最高限额上浮60%	此项政策涉及住房公积金定位及公平性,学术上有争议,官方无定论。一种意见认为考虑到引进人才这个群体,大多参加工作时间短,初期资金积累少,但收入稳定风险低,为体现政策支持,降低住房首期款比例、提高贷款最高额度,是住房公积金作为地方政策工具应有之义。另一种意见则认为保障性住房政策对象是指中低收入住房困难家庭,人才住房政策不属于住房保障体系,应由财政或企业补贴实施。住房公积金作为一项互助性金融制度设计,不应涉及其中

续表

政策调整项目	内容及示例	分析评价
助力国家优化生育政策	主要为提高贷款最高额度和提取限额，如上海规定"自2023年5月1日起，符合本市住房公积金租赁提取规定的多子女家庭，可按照实际房租支出提取住房公积金。符合本市住房公积金贷款规定的多子女家庭购买首套住房，最高贷款限额（含补充公积金最高贷款限额）在本市最高贷款限额的基础上上浮20%"；浙江丽水规定，三孩家庭首次申请住房公积金贷款购买首套自住住房的，住房公积金贷款最高限额上浮20%，三孩家庭市场租赁自住住房的，提取限额上浮50%	贯彻落实中共中央、国务院《关于优化生育政策促进人口长期均衡发展的决定》（2021年6月26日）、国家卫生健康委等16部门《关于进一步完善和落实积极生育支持措施的指导意见》（国卫人口发〔2022〕26号）"住房政策向多子女家庭倾斜，在缴存城市无自有住房且租赁住房的多子女家庭，可按照实际房租支出提取住房公积金；对购买首套自住住房的多子女家庭，有条件的城市可给予适当提高住房公积金贷款额度等相关支持政策"。但此项政策涉及面不大

三　当前住房公积金支持住房租赁政策实施

住房公积金贯彻落实党中央、国务院"解决好大城市住房突出问题，尽最大努力帮助新市民、青年人等缓解住房困难"的决策部署，聚焦租赁市场发展和人民群众急难愁盼，及时调整完善租赁提取政策，充分发挥住房公积金改善职工居住条件的制度作用，住房公积金制度的受益人群从"购房职工"不断延伸到"租房职工"。

（一）上缴公租房（廉租房）建设补充资金支持保障性住房建设

住房公积金运作产生的增值收益，在留足贷款风险准备金、住房公积金管理中心的管理费用后，补充用于城市公租房（廉租房）建设。2022年，全国提取公租房（廉租房）建设补充资金982.96亿元，累计向地方政府提供公租房（廉租房）建设补充资金6518.01亿元。2018～2022年提取公租房（廉租房）建设补充资金占当年分配增值收益的比例分别为58.85%、

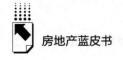

60.67%、61.24%、66.08%、69.78%，逐年提高，为保障性住房的筹集建设提供了重要的资金来源。

（二）持续优化住房租赁提取政策

不断提高租房提取额度。在2022年有40家城市中心提高租房提取额度的基础上，2023年又有51家城市中心发文提高租房提取额度。提高租房提取额度的方式包括上调提取额度、按实际租金提取、按月缴存额提取。2022年全国支持1537.87万人租房提取，提取金额为1521.39亿元，比上一年增长20.87%。

实施差别化租房提取政策，惠及新市民、青年人、多子女家庭等多类群体。如天津规定新市民、青年人通过市场租房的，职工本人及配偶可按照不超过上月本人住房公积金月缴存额提取住房公积金。上海将"一间房""一张床"公积金租赁提取业务模式扩大至公租房提取业务中，持续加强城市建设者管理者等群体的住房公积金使用需求。北京规定符合国家人口生育政策、在行政区域内无自有住房且租赁住房的多子女职工家庭，可自幼子（女）出生之日起3年内，提取住房公积金账户余额用于支付房租。

拓宽租房提取方式。北京对职工家庭因配租集体租赁住房或政策性租赁住房需交房租的，可由单位集中向资金中心提出申请，经审核同意后，可以提取住房公积金支付房租。广州中心按照"租房优先购房，提取优于贷款"的原则，创设了"按月付房租"新模式，并在保障性租赁住房开展试点。减少传统的提取环节，由中心直接将承租人的住房公积金划转给租赁企业，全程实现无感操作。承租人还享受免租金、房租打折等优惠。这种新模式既帮助租房人减轻压力，又可以省心省事，解决新市民、青年人工作起步阶段的住房问题。深圳等多地中心与建信住房公司合作推出公积金在线提取服务，用户使用"CCB建融家园"App可在线提取公积金并存入银行账户，十分简单便捷。

（三）直接投资和持有租赁住房

利用增值收益探索支持租赁住房发展新路径。如青岛中心创新使用住房公积金增值收益购入 426 套、4.97 万平方米租赁住房，明晰产权归属，面向新市民、青年人配租。上海中心在市政府的支持下，利用住房公积金增值投资收购 3881 套公共租赁住房，定向出租给符合条件的缴存职工。

（四）提供项目贷款支持租赁住房建设

2009 年 10 月住建部发布了《关于利用住房公积金贷款支持保障性住房建设试点工作的实施意见》，提出在不影响住房公积金正常业务进行的前提下，可以利用部分结余资金贷款支持保障房建设。这样既调动了闲置资金，使资金增值，又弥补了保障房建设的资金缺口。此后有 93 个试点城市开展了此项工作。截至 2021 年末，累计向 373 个保障性项目发放贷款 872 亿元，累计回收试点项目贷款 868.90 亿元，试点项目贷款余额 3.25 亿元。2023 年《国务院关于规划建设保障性住房的指导意见》规定支持利用住房公积金向缴存职工发放购买保障性住房的个人住房贷款，在确保贷款资金安全的前提下，在城区常住人口 300 万以上的大城市试点利用住房公积金发放保障性住房开发贷款。目前有关城市正在积极推进试点工作。

四　房地产新定调下住房公积金政策优化

2023 年 7 月 24 日，中共中央政治局会议指出"我国房地产市场供求关系发生重大变化"，9 月，国务院下发了《国务院关于规划建设保障性住房的指导意见》，要求加大保障性住房建设和供给，推动建立房地产业转型发展新模式。原来以解决刚需为核心的政策，要让位给升级、改善型需求；原来交给市场的刚需，则要移交给保障住房。

当前住房公积金制度面临新的机遇和挑战，要努力做到准确识变、科学应变、主动求变，围绕更好满足居民刚性和改善性住房需求，在推动构建房

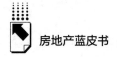

地产发展新模式中更好地发挥住房公积金作用，因时因地精准施策，把握好"时度效"，并以政策创新稳步推进制度改革。

住房公积金要适应我国房地产市场供求关系发生重大变化的新形势，着力从需求端和供应端为解决新市民和青年人住房问题提供有效支持，这既是通过扩大新市民及青年人住房需求，去产能以化解目前房企债务风险的需要，也是基于构建房地产发展新模式，完善住房公积金制度的内在要求。要构建配贷政策服务于自愿缴存机制设计，将新市民纳入制度覆盖范围，更好地满足新市民的基本住房需求；要全面落实因城施策要求，实行差别化资金使用政策，保障公平性，促进当地住房市场平稳运行；要适应城市开发建设方式转型的需要，探索住房公积金使用方向，为发展租赁住房和城镇老旧小区改造提供资金支持。

（一）坚持先立后破

当前各地稳步扩大灵活就业人员参加住房公积金制度试点，积极推进保障性住房贷款，充分体现"市场归市场、保障归保障"的导向。但目前住房公积金缴存职工已达到1.69亿人，缴存余额9.24万亿元，个人贷款余额7.29亿元（2022年12月统计数），如此规模存贷关系以及相关权益处理将会很复杂且需要较长时间。另外，住房公积金制度在当前落实去风险、稳增长方面发挥着重要作用，在没有新的机制替代情况下，仍需要发挥住房公积金在住房资金积聚和住房信贷上的作用，保障市场稳定的自住性和改善性需求。

（二）坚持因城施策

住房公积金应强化作为地方政府政策工具的作用。房地产政策对应地方事权，地方政府支持和社会认可是住房公积金可持续发展的基础。因城施策是基调，当前市场分化加快，超大特大城市政策端要做的，就是在适当的时间进行引导，住房公积金要配合其他房地产政策进行相应调整；其他城市的房地产市场需要更多的"救市"政策，住房公积金应在释放有效住房需求方面发挥重要作用。要拓宽公积金提取和使用渠道，着力支持新市民、青年人分层解决住房困难问题，包括一线、二线城市使用公积金租房及支付相关住房费用，以长期稳定和低成本资金支持租赁住房建设，降低租赁住房开发建设成本，并改善稳定租赁关系；同时，借助公积金异地贷款及差别化信贷政策，引导一线、二线"返乡购房"，三线、四线"就近购房"。

（三）坚持以人为本

住房公积金制度作为一项互助金融制度的安排，涉及广大缴存职工的切身利益，在改革政策设计中，要将缴存人的需求和利益置于至高无上的地位，更加主动地满足他们的需求，社会诉求是政策调整的最大动力；要注重借款人权益的保护，特别是杜绝对弱势群体歧视行为的发生，包括通过放宽贷款条件、低息优惠、提高贷款额度等诱导，对不具备还款能力的群体提供购房贷款，不仅会加大贷款风险，也与构建租购并举的住房制度导向不一致；应注重缴存职工公平权、知情权的保障，做好政策调整后"新""老"职工之间的政策衔接以及未享受政策收益公积金缴存群体的补偿机制。政策要素的确定要保持相对的稳定性，不要轻易改变。住房公积金存贷关系是一种行政契约，而稳定的政策是管理中心对契约的遵守。政策的稳定性有利于缴存人形成稳定的预期，选择自己的社会行为，并自觉地执行政策。政策要素频繁地调整，包括因为资金供给阶段性不足、地方政府短期市场调控政策，就调整贷款要素，不利于权益保障。

（四）坚持统筹推进

加强系统集成，对新出台的举措、新制定的政策应开展政策取向一致性评估，确保同向发力、形成合力；政策调整要有鲜明的指向性，要服务于保障性住房建设、"平急两用"公共基础建设、城中村改造"三大工程"的推进，积极探索参与房屋体检、养老金、保险3项制度建设；要将住房公积金政策实施短期政策调整与推进重点工作开展及探索完善住房公积金长效机制

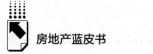
有机结合起来，如灵活就业缴存试点、区域一体化管理、三年服务提升行动、推进数字化发展、探索住房公积金资产证券化等，发挥政策协同效应；要重视贷款要素调整风险的防范，对放宽提取、贷款政策产生的资金流动性风险和信贷风险进行评估并构建风险防范机制。

B.14

2023年法拍房大数据分析报告*

杨　倩　邹琳华**

摘　要：　2023 年，法拍房市场热度有所提升，挂拍量、成交量均有不同程度的提升。住宅用房和商业用房占据了法拍市场的主导地位，2023 年二者合计占总挂拍量超过九成。法拍房的优势在于价格存在折扣，但交易中存在一些隐性风险，法拍房流拍率依然居高不下，法拍房成交率略低于上年同期，市场出现了供大于求的情况。40 个大中城市挂拍量较高的城市是成都、重庆，成交率较高的城市是上海、杭州。各城市法拍相关政策或将继续保持优化态势，在政策面的支持和市场认知度提升的双重作用下，预计未来法拍房市场将会更加活跃。

关键词：　法拍房　住宅　商业用房

法拍房数量走势是重要的宏观经济和房地产市场晴雨表。在国外经济周期和房地产周期中，法拍房（foreclosure）无疑是非常重要的景气度量指标。为此，中国社会科学院"住房大数据动态监测"实验室项目、纬房研究院、国信达数据联合对全国法拍房市场进行了持续跟踪研究，并完成了 2023 年全国法拍房大数据分析报告。数据显示，2023 年 1～12 月全国法拍房挂拍量为 533607 套，同比增长 20.89%（1～11 月同比增长 18.03%）；成交量为

---

* 本文系中国社会科学院实验室孵化专项资助项目"住房大数据动态监测"（项目编号：2024SYFH005）成果。
** 杨倩，北京国信达数据技术有限公司数据分析师；邹琳华，中国社会科学院财经战略研究院住房大数据项目组组长，纬房研究院首席专家。

151429 套，同比增长 19.94%（1~11 月同比增长 19.51%）；成交率为 28.38%，其中商业用房成交率最低。

一　法拍房总体情况

（一）总体概况

近几年法拍房市场快速发展，认可度不断攀升。2023 年 1~12 月全国司法拍卖房产市场①（简称"法拍房"）挂拍量②为 533607 套，同比增加 9.22 万套；挂拍金额③为 7869.01 亿元；成交量④为 151429 套，同比增加 2.52 万套，成交率⑤为 28.38%；成交金额为 2747.84 亿元；平均成交折扣率⑥为 79.66%。

与 2022 年 1~12 月相比，全国法拍房挂拍量同比增长 20.89%，成交量同比增长 19.94%，成交金额同比上涨 7.18%。2023 年法拍房市场热度有所提升，挂拍量、成交量均有不同程度的提升，法拍房源逐步被大众所接受。法拍房之所以受到青睐，与折扣不无关系，2023 年平均成交折扣率同比减少 13.29 个百分点，折扣率越低则表明成交折扣越大（见表 1）。

表 1　2023 年 1~12 月司法拍卖情况及同比

年份	挂拍量(套)	成交量(套)	成交率(%)	成交金额(亿元)	平均成交折扣率(%)
2022 年 1~12 月	441401	126249	28.60	2563.7	92.95
2023 年 1~12 月	533607	151429	28.38	2747.84	79.66

① 数据来源：阿里、京东、公拍网、人民法院诉讼资产网、拍卖行业协会、北京产权交易所、工行融 e 购。
② 挂拍量指挂拍房产数，多次拍卖房产记录最后一次记录，体现房产拍卖市场供应情况。
③ 挂拍金额指房产的挂拍金额，多次拍卖房产记录最后一次记录，体现市场供给侧新增的资产规模。
④ 成交量指成交资产笔数，体现拍卖市场交易活跃程度。
⑤ 成交率＝成交量/挂拍量，体现拍卖市场中资产成交可能性，成交率越高表示拍卖市场的流动性越高。
⑥ 平均成交折价率为成交房产成交折价率均值，成交折价率＝成交金额/成交房产评估金额。

随着法拍房关注度的提升，相关政策也在不断落地。2023年10月16日，杭州优化调整房地产市场调控措施，其中提出对参与杭州市限购范围内住房司法拍卖的竞买人，取消"须符合本市住房限购政策"限制。法拍解除限购的举措无疑对法拍房的成交带来利好，各城市法拍相关政策或将继续保持优化态势，优化法拍房限购有利于各方盘活存量，部分城市的政策仍有宽松预期。

（二）各类型法拍房情况

法拍房市场在2023年表现较为活跃，各类型挂拍量和成交量均有增加，其中住宅房源成交率较高。2023年1~12月全国各类型法拍房中住宅用房、工业用房成交率分别是35.99%、29.18%，商业用房成交率偏低，为17.36%。随着法拍市场逐渐成熟，成交率可能会有所提高，由于竞争程度较高，提升空间有限（见表2）。

表2 2023年1~12月各类型房产司法拍卖情况

房产类型	挂拍量(套)	成交量(套)	成交率(%)	成交金额(亿元)	平均成交折扣率(%)
住宅用房	315091	113411	35.99	1683.08	79.43
商业用房	184832	32082	17.36	751.33	79.95
工业用房	5110	1491	29.18	258.49	91.40
其他	28574	4445	15.56	54.93	80.01
合计	533607	151429	28.38	2747.84	79.66

在挂拍物业类型方面，住宅用房、商业用房一直是法拍房的主流产品，2023年1~12月全国法拍房中住宅用房占比最高，达59.05%，同比增长20.08%，住宅用房挂拍量的明显增长，意味着投资者和购房者对于住宅用房法拍房的兴趣在增加。商业用房挂拍量占比34.64%，工业用房挂拍量占比0.96%（见图1）。

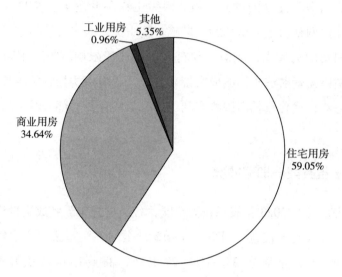

图1　2023年1~12月各类型挂拍量占比

（三）城市情况

2023年1~12月，40个大中城市挂拍量较高的城市是成都、重庆、郑州、南宁、昆明，挂拍量分别是19432套、17268套、10167套、6757套、6017套；成都法拍房挂拍量持续增加，但法拍房市场成交量相对较低，房地产购入门槛较低、各路资本都在进入房地产，后续可能因为陷入司法纠纷、个别民企老板经营失误等问题，导致一些房子被迫拿去挂拍。成交率较高的城市是上海、杭州，成交率分别是74.63%、73.68%。

法拍房的主要优势在于价格普遍存在折扣，但在法拍房交易中也存在一些隐性风险，包括房屋是否存在长租约、非法占用、无法落户等问题，需要竞买人自行调查判断。平均成交折扣率最高的城市是温州，成交折扣率为97.66%。

尽管法拍房关注度有所提高，流拍率却依然居高不下，多数人持观望态度。流拍率较高的城市分别是兰州、西宁、呼和浩特、哈尔滨、贵阳，均超80%（见表3）。

表3 2023年1~12月全国40个大中城市法拍房成交情况

城市	挂拍量 (套)	成交量 (套)	成交率 (%)	成交均价 (元/米²)	成交金额 (亿元)	平均成交 折扣率(%)	流拍率 (%)
成都	19432	6505	33.48	22420	124.54	76.17	66.52
重庆	17268	7351	42.57	9746	66.41	70.92	57.43
郑州	10167	2300	22.62	9068	32.03	75.52	77.38
南宁	6757	2417	35.77	7825	24.53	77.94	64.23
昆明	6017	1686	28.02	16885	24.37	85.89	71.98
长沙	5672	2569	45.29	9225	33.87	88.42	54.71
哈尔滨	5421	758	13.98	5742	12.92	81.93	86.02
广州	5018	2021	40.28	22032	58.59	76.12	59.72
贵阳	4682	836	17.86	7620	7.31	82.21	82.14
北京	4544	2615	57.55	43728	212.31	83.78	42.45
沈阳	4508	1613	35.78	5556	16.69	69.17	64.22
天津	4499	1746	38.81	17417	43.33	77.37	61.19
武汉	4493	1762	39.22	12606	35.93	71.62	60.78
合肥	4260	1231	28.90	12314	25.26	82.58	71.10
福州	4150	1890	45.54	15829	40.88	82.58	54.46
苏州	4077	2560	62.79	13540	52.75	76.22	37.21
大连	3594	1481	41.21	8064	25.51	70.17	58.79
无锡	3553	1503	42.30	26321	33.97	73.60	57.70
南昌	3514	1008	28.69	7929	15.56	72.40	71.31
杭州	3324	2449	73.68	33076	105.85	76.64	26.32
深圳	3278	1824	55.64	49475	140.73	85.83	44.36
南京	3147	1683	53.48	39542	62.92	73.66	46.52
银川	3121	908	29.09	5717	8.7	75.97	70.91
宁波	3076	1513	49.19	42919	55.84	80.35	50.81
厦门	2900	1083	37.34	28398	38.89	83.30	62.66
长春	2736	682	24.93	36783	10.27	77.73	75.07
温州	2701	1863	68.97	10945	31.3	97.66	31.03
青岛	2673	1089	40.74	10751	27.46	79.04	59.26
济南	2639	754	28.57	11156	14.95	80.12	71.43
上海	2621	1956	74.63	47374	189.03	86.62	25.37
石家庄	2610	1244	47.66	8267	19.62	81.74	52.34
呼和浩特	2292	255	11.13	8410	3.49	79.32	88.87

续表

城市	挂拍量 （套）	成交量 （套）	成交率 （%）	成交均价 （元/米²）	成交金额 （亿元）	平均成交 折扣率（%）	流拍率 （%）
西安	2255	692	30.69	13353	20.5	87.87	69.31
北海	1847	672	36.38	4118	3.76	74.18	63.62
兰州	1693	144	8.51	9564	6.57	77.72	91.49
海口	1592	624	39.20	13074	13.13	82.05	60.80
乌鲁木齐	1381	398	28.82	7634	5.9	83.72	71.18
太原	768	234	30.47	9496	3.86	85.03	69.53
西宁	734	84	11.44	7289	1.28	79.76	88.56
三亚	678	230	33.92	30826	7.5	82.41	66.08

（四）法拍报名人数

2023 年 1~12 月，40 个大中城市法拍房平均报名人数较多的城市分别是上海、温州、北京、深圳，平均每套房有超过 5 人报名（见表4）。

表4　2023 年 1~12 月 40 个大中城市法拍房平均报名人数

单位：人

城市	平均报名人数	城市	平均报名人数
上海	5.47	杭州	4.76
温州	5.38	宁波	4.76
北京	5.35	福州	4.3
深圳	5.25	南京	4.15
苏州	4.85	成都	4.15
厦门	4.84	北海	4.11
无锡	4	南昌	3.5
石家庄	3.97	银川	3.44
合肥	3.91	海口	3.43
广州	3.86	郑州	3.38
济南	3.81	乌鲁木齐	3
武汉	3.77	哈尔滨	2.98
南宁	3.71	青岛	2.98

城市	平均报名人数	城市	平均报名人数
长沙	3.68	贵阳	2.88
天津	3.66	长春	2.74
大连	3.63	呼和浩特	2.44
重庆	3.6	沈阳	2.41
昆明	3.56	太原	2.13
西安	3.56	西宁	2.11
三亚	3.52	兰州	1.84

二 住宅用房法拍情况

（一）总体概况

2023 年 1~12 月，全国法拍住宅用房挂拍量为 315091 套；挂拍金额为 3046.09 亿元；成交量为 113411 套，成交率为 35.99%；成交金额为 1683.08 亿元；平均成交折扣率为 79.43%。

与 2022 年 1~12 月相比，全国住宅法拍房挂拍量同比增长 34.22%，成交量同比增长 24.94%，在挂拍量、成交量增长的同时，法拍房成交金额同比呈现上涨的趋势，涨幅低于挂拍量。成交均价同比下降 10.85%，成交率同比下降 2.67 个百分点，成交金额同比上涨 15.51%，平均成交折扣率同比下降 12.56 个百分点（见表 5）。

表 5　2023 年 1~12 月住宅用房拍卖情况及同比

年份	挂拍量 （套）	成交量 （套）	成交率 （%）	成交均价 （元/米²）	成交金额 （亿元）	平均成交 折扣率（%）
2022 年 1~12 月	234765	90770	38.66	12590	1457.06	91.99
2023 年 1~12 月	315091	113411	35.99	11224	1683.08	79.43

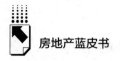

（二）城市情况

2023 年 1~12 月，全国已成交法拍住宅用房中 40 个大中城市挂拍量较高的城市是成都、重庆、郑州、南宁、昆明，挂拍量分别是 10658 套、9485套、5832 套、5306 套、4358 套，成都法拍市场在 2023 年表现相对活跃，市场供需状况相对稳定；成交率较高的城市是上海、杭州、北京、厦门，均超 70%；平均成交折扣率较高的城市分别是温州、长沙，均在 90%以上；流拍率较高的城市分别是兰州、西宁、呼和浩特、哈尔滨，均超 80%（见表 6）。

表6 2023 年 1~12 月全国 40 个大中城市法拍住宅用房成交情况

城市	挂拍量（套）	成交量（套）	成交率（%）	成交均价（元/米²）	成交金额（亿元）	平均成交折扣率(%)	流拍率（%）
成都	10658	4353	40.84	12462	72.95	78.53	59.16
重庆	9485	5367	56.58	6183	44.21	72.56	43.42
郑州	5832	1990	34.12	8908	23.5	75.29	65.88
南宁	5306	2192	41.31	7692	21.01	77.70	58.69
昆明	4358	1359	31.18	8538	16.35	82.80	68.82
长沙	3834	2155	56.21	9120	25.36	90.23	43.79
广州	3828	1684	43.99	22422	48.79	75.06	56.01
哈尔滨	3503	585	16.70	5624	4.86	81.71	83.30
沈阳	3327	1395	41.93	5470	9.69	69	58.07
福州	3218	1532	47.61	15203	30.86	81.22	52.39
武汉	3195	1517	47.48	12606	27.05	71.10	52.52
天津	2901	1387	47.81	14154	26.96	76.42	52.19
贵阳	2876	651	22.64	6641	5.58	79.29	77.36
北京	2841	2065	72.69	48647	160.06	83.96	27.31
苏州	2812	1836	65.29	14739	35.13	76.52	34.71
大连	2781	1263	45.42	7940	14.51	69.82	54.58

续表

城市	挂拍量 （套）	成交量 （套）	成交率 （%）	成交均价 （元/米²）	成交金额 （亿元）	平均成交 折扣率(%)	流拍率 （%）
合肥	2750	967	35.16	12751	16.14	82.53	64.84
温州	2440	1717	70.37	9006	20.68	97.62	29.63
南京	2381	1396	58.63	44217	44.22	72.43	41.37
深圳	2361	1593	67.47	52418	123.8	86.23	32.53
杭州	2348	1886	80.32	23092	62.68	76.86	19.68
长春	1886	565	29.96	6614	5.26	80.13	70.04
青岛	1879	833	44.33	11620	16.37	78.52	55.67
济南	1774	629	35.46	11456	10.83	80.65	64.54
无锡	1709	1138	66.59	10983	18.04	73.94	33.41
宁波	1704	982	57.63	16081	19.28	80.83	42.37
北海	1684	649	38.54	4037	3.49	74.01	61.46
石家庄	1683	989	58.76	8446	11.52	82.52	41.24
南昌	1657	713	43.03	7966	8.82	72.41	56.97
西安	1654	577	34.89	13360	12.58	87.56	65.11
上海	1512	1240	82.01	52886	115.42	82.68	17.99
海口	1299	583	44.88	12979	10.63	82.31	55.12
呼和浩特	1165	160	13.73	8034	1.82	77.69	86.27
银川	1077	502	46.61	5444	3.92	76.93	53.39
兰州	1005	115	11.44	8704	6.02	77.79	88.56
乌鲁木齐	973	320	32.89	6681	2.75	83.14	67.11
厦门	774	562	72.61	32995	27.79	82.15	27.39
三亚	643	218	33.90	31300	7.1	82.16	66.10
太原	568	187	32.92	8518	2.58	85.10	67.08
西宁	536	64	11.94	7684	0.54	80.59	88.06

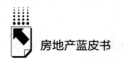

三 商业用房法拍情况

（一）总体概况

2023 年 1~12 月，全国司法拍卖商业用房挂拍量为 184832 套；挂拍金额为 3862.93 亿元；成交量为 32082 套，成交率为 17.36%；成交金额为 751.33 亿元；平均成交折扣率为 79.95%。

与 2022 年 1~12 月相比，全国法拍商业用房挂拍量同比增长 39.21%，成交量同比增长 45.46%，成交均价同比下降 33.44%，成交金额同比上涨 18.50%，平均成交折扣率减少 14.40 个百分点（见表 7）。

表 7　2023 年 1~12 月商业用房拍卖情况及同比

年份	挂拍量（套）	成交量（套）	成交率（%）	成交均价（元/米²）	成交金额（亿元）	平均成交折扣率
2022 年 1~12 月	132771	22056	16.61	25870	634.05	94.35
2023 年 1~12 月	184832	32082	17.36	17220	751.33	79.95

（二）城市情况

2023 年 1~12 月，全国已成交法拍商业用房中 40 个大中城市挂拍量较高的城市是成都、重庆、郑州，挂拍量分别是 7880 套、6158 套、3651 套；成交率较高的城市是上海、苏州、杭州、宁波、温州，均超 50%；平均成交折扣率较高的城市分别是昆明、贵阳、三亚，均在 93% 以上；流拍率较高的城市分别是兰州、哈尔滨、呼和浩特、郑州、西宁，均在 90% 及以上（见表 8）。

表8　2023年1~12月全国法拍商业用房成交情况

城市	挂拍量 （套）	成交量 （套）	成交率 （%）	成交均价 （元/米²）	成交金额 （亿元）	平均成交 折扣率（%）	流拍率 （%）
成都	7880	1756	22.28	46489	41.01	72.25	77.72
重庆	6158	1911	31.03	9981	19.14	66.37	68.97
郑州	3651	296	8.11	10220	7.57	76.94	91.89
南昌	1821	281	15.43	7900	4.22	71.27	84.57
无锡	1797	341	18.98	78683	12.53	70.98	81.02
贵阳	1789	185	10.34	12446	1.73	93.72	89.66
银川	1740	338	19.43	6098	4.28	74.60	80.57
长沙	1635	379	23.18	10048	7.29	78.27	76.82
昆明	1621	311	19.19	53882	7.31	99.68	80.81
合肥	1483	246	16.59	10966	6.31	80.43	83.41
哈尔滨	1473	106	7.20	6996	7.47	89.50	92.80
南宁	1418	220	15.51	9251	1.76	80.20	84.49
天津	1374	261	19	38130	11.68	81.71	81
北京	1316	414	31.46	27568	46.13	84.47	68.54
武汉	1174	227	19.34	13184	6.88	74.65	80.66
广州	1065	283	26.57	20143	9.47	81.38	73.43
上海	1029	653	63.46	39596	51.83	84.09	36.54
苏州	996	575	57.73	10133	8.51	70.43	42.27
杭州	962	550	57.17	73818	33.56	74.85	42.83
沈阳	938	162	17.27	6742	4.55	69.18	82.73
福州	912	348	38.16	19031	8.07	88.49	61.84
呼和浩特	876	71	8.11	10173	1.54	90.88	91.89
深圳	862	207	24.01	32708	12.81	81.14	75.99
济南	849	121	14.25	10018	3.8	77.38	85.75
宁波	786	427	54.33	110055	22.42	77.91	45.67
南京	753	279	37.05	15775	17.35	80.05	62.95
青岛	732	228	31.15	8229	6.81	79.57	68.85
石家庄	718	217	30.22	7592	6.35	79.49	69.78
兰州	685	29	4.23	13436	0.55	77.42	95.77
大连	601	156	25.96	7862	4.93	73.13	74.04
长春	584	89	15.24	7793	2.85	64.73	84.76
西安	581	111	19.10	13488	7.76	89.65	80.90

续表

城市	挂拍量（套）	成交量（套）	成交率（%）	成交均价（元/米²）	成交金额（亿元）	平均成交折扣率（%）	流拍率（%）
厦门	564	155	27.48	16480	4.4	78.74	72.52
乌鲁木齐	395	76	19.24	12777	3.13	86.58	80.76
海口	281	37	13.17	14596	2.24	75.77	86.83
温州	236	123	52.12	23452	3.14	90.57	47.88
太原	199	46	23.12	13004	1.26	84.76	76.88
西宁	190	19	10	6517	0.48	74.78	90
北海	161	23	14.29	6543	0.26	79.06	85.71
三亚	30	9	30	26696	0.36	93.30	70

四 工业用房法拍情况

（一）总体概况

2023 年 1~12 月，全国司法拍卖工业用房挂拍量为 5110 套，挂拍金额为 545.5 亿元；成交量为 1491 套，成交率为 29.18%；成交金额为 258.49 亿元；平均成交折扣率为 91.4%。

与 2022 年 1~12 月相比，全国法拍房工业用房挂拍量同比减少 8.46%，成交量同比减少 18.57%，成交金额同比下降 26.44%，平均成交折扣率减少 58.21 个百分点（见表 9）。

表 9 2023 年 1~12 月工业用房拍卖情况及同比

年份	挂拍量（套）	成交量（套）	成交率（%）	成交金额（亿元）	平均成交折扣率（%）
2022 年 1~12 月	5582	1831	32.80	351.39	149.61
2023 年 1~12 月	5110	1491	29.18	258.49	91.40

（二）城市情况

2023 年 1~12 月，全国已成交法拍工业用房中 40 个大中城市挂拍量较高的城市是郑州、天津，挂拍量分别是 641 套、221 套；成交率较高的城市是杭州、厦门、海口，均达 100%；平均成交折扣率较高的城市分别是厦门、广州、海口、温州，均在 140% 以上；流拍率较高的城市分别是呼和浩特、贵阳、兰州、北海、西安、乌鲁木齐，均为 100%（见表 10）。

表 10　2023 年 1~12 月全国法拍工业用房成交情况

城市	挂拍量 （套）	成交量 （套）	成交率 （%）	成交金额 （亿元）	平均成交 折扣率（%）	流拍率 （%）
郑州	641	8	1.25	0.82	77.98	98.75
天津	221	98	44.34	4.69	79.33	55.66
重庆	159	44	27.67	2.76	69.99	72.33
沈阳	58	12	20.69	1.62	75.89	79.31
武汉	56	13	23.21	1.99	77.16	76.79
上海	55	45	81.82	21.09	91.46	18.18
大连	45	14	31.11	4.28	72.95	68.89
长沙	42	15	35.71	0.92	85.80	64.29
长春	35	4	11.43	0.48	74.54	88.57
南宁	28	4	14.29	1.76	81.25	85.71
成都	26	15	57.69	1.61	87.59	42.31
无锡	25	19	76	3.16	98.15	24
石家庄	24	7	29.17	0.87	75.30	70.83
温州	24	23	95.83	7.48	140.11	4.17
深圳	24	15	62.50	3.34	96.18	37.50
宁波	23	22	95.65	14.05	114.41	4.35
昆明	23	10	43.48	0.34	99.55	56.52
北京	22	7	31.82	2.26	70.02	68.18
哈尔滨	21	4	19.05	0.11	86.28	80.95
银川	19	4	21.05	0.15	63.94	78.95
合肥	17	13	76.47	2.25	96.48	23.53
苏州	16	15	93.75	8.48	120.24	6.25

续表

城市	挂拍量 （套）	成交量 （套）	成交率 （%）	成交金额 （亿元）	平均成交 折扣率(%)	流拍率 （%）
青岛	15	9	60	2.47	92.63	40
杭州	13	13	100	9.61	122.29	0
南京	8	5	62.50	1.34	78.68	37.50
福州	8	5	62.50	1.92	87.68	37.50
呼和浩特	7	0	0	0	0	100
贵阳	7	0	0	0	0	100
厦门	6	6	100	2.72	310.29	0
南昌	6	4	66.67	1.11	108.69	33.33
济南	6	2	33.33	0.31	69.94	66.67
西宁	5	1	20	0.26	100	80
广州	4	2	50	0.17	223.21	50
兰州	3	0	0	0	0	100
北海	2	0	0	0	0	100
西安	2	0	0	0	0	100
乌鲁木齐	2	0	0	0	0	100
海口	1	1	100	0.26	164.55	0
太原	0	0	0	0	0	0
三亚	0	0	0	0	0	0

热 点 篇

B.15
2023年住房新需求分析报告

许小乐　刘丽杰*

摘　要： 2023年，我国住房需求呈现如下特征：改善性需求成为购房主力，购房决策回归理性；在分布上核心城市的住房改善需求更强劲，改善方式主要是以房换房；产品偏好上追求更大的居住面积和更好的居住环境。展望未来，现有部分住房居住条件差、人口年龄结构上移以及鼓励性住房政策等都驱动改善性住房需求持续释放，同时消费者对于围绕住房展开的服务品质提出更高要求，将驱动居住服务品质升级。

关键词： 住房需求　住房改善性　居住服务

---

* 许小乐，贝壳研究院首席市场分析师，主要研究方向为住房政策与房地产市场；刘丽杰，贝壳研究院高级分析师，主要研究方向为住房政策与房地产市场。

一 住房新需求的特征分析

（一）需求主力：改善性需求逐步成为购房主力

首次购房群体趋势性减少。一方面，2023 年全国城镇化率达到 66.16%，城镇人口为 9.3 亿人。考虑到未来城镇化率的提高速度边际放缓，预计新增城镇人口将趋势性下降。另一方面，我国住房自有率较高。第七次全国人口普查数据显示，2020 年我国城镇家庭户住房自有率已超过 70%。这意味着，在新增城镇人口减少的趋势下，首次购房需求会趋势性减少（见图 1）。

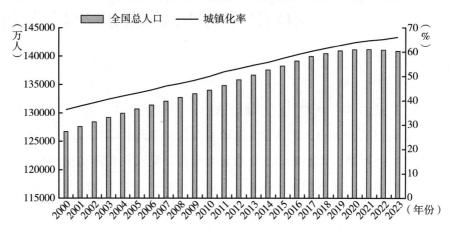

图 1　2000~2023 年全国总人口及城镇化率

资料来源：国家统计局。

购房客群年龄结构总体后移。从近年来购房者的年龄分布结构看，重点 50 城①二手房购房客群平均年龄由 2018 年的 35 岁提高到 2023 年的 37 岁，

---

① 重点 50 城：北京、上海、深圳、广州、成都、大连、福州、贵阳、哈尔滨、杭州、合肥、呼和浩特、济南、昆明、兰州、南昌、南京、宁波、青岛、厦门、沈阳、石家庄、苏州、太原、天津、温州、武汉、西安、银川、长春、长沙、郑州、重庆、常州、东莞、佛山、绵阳、惠州、嘉兴、廊坊、洛阳、南通、泉州、绍兴、无锡、芜湖、徐州、烟台、中山、珠海。

北京二手房客群由 2018 年的 37 岁提高到 2023 年的 39 岁，深圳二手房客群
从 2018 年的 33 岁提高到 2023 年的 36 岁，天津二手房客群从 2018 年的 36
岁提高到 2023 年的 40 岁（见表 1）。

表 1　2018~2023 年重点城市二手房成交客群的平均年龄

单位：岁

城市	2018 年	2019 年	2020 年	2021 年	2022 年	2023 年
北京	37	38	38	39	39	39
深圳	33	34	35	36	36	36
天津	36	38	39	39	40	40
南京	33	35	36	36	36	36

资料来源：贝壳研究院。

　　改善客群是主力购房需求。重点 50 城主力购房群体集中在 31~40 岁的
首次改善客群，该客群成交占比由 2019 年的 43% 提高到 2023 年的 45%，41
岁及以上再次改善客群占比由 2019 年的 20% 提高到 2023 年的 26%，对应的
30 岁及以下首次置业客群成交占比由 2019 年的 36% 降低到 2023 年的 28%
（见图 2）。

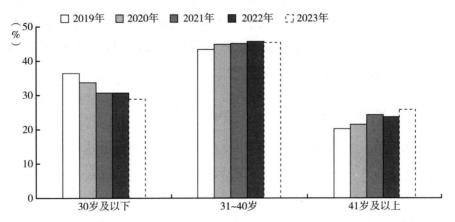

图 2　2019~2023 年重点 50 城二手房成交客群中不同年龄段客群占比

资料来源：贝壳研究院。

以北京为例，2023 年北京二手房成交客群中，30 岁以上改善客群成交占比为 81%，较 2019 年提高 6 个百分点，其中 41 岁及以上的再次改善客群占比 34%，较 2019 年提高 9 个百分点，30 岁及以下的首次置业群体占比由 2019 年的 25%降低到 19%（见图 3）。

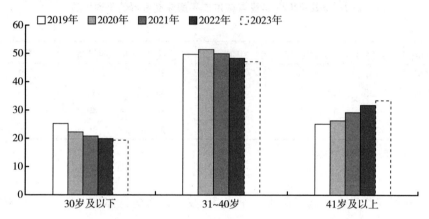

图 3　2019~2023 年北京二手房成交客群中不同年龄段客群占比

资料来源：贝壳研究院。

31~40 岁的人群多数已经结婚，有子女或老人同住。这类人群在住房上要求居室个数要够住，如婴儿房或儿童房，部分需要设置老人房、保姆房。对于 41 岁及以上再次改善客群，儿童房的需求会相对减少，但对书房以及老年设施的需求会增多。改善客群对于社区的居住品质如邻里圈层、社区环境、物业配备等都有更高的要求。

（二）购房决策：购房需求回归理性决策

近几年二手房占比提高，这是住房存量化程度加深的必然结果，随着城镇化率增速放缓，城市增量住房需求增速相应放慢，新房市场规模下降，二手房市场成为满足人民群众住房需求的重要渠道，这符合城市建设和住房市场发展的自然规律。2023 年房地产市场整体调整的背景下，二手房市场交易量显著增长，主要是受房企债务风险、新房无法交付风险的影响，居民在购房选择时更偏好所见即所得的二手房，这是消费者理性决策的表现（见图4）。

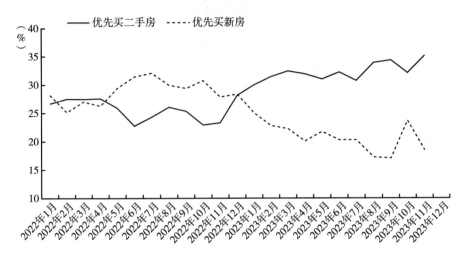

图4 2022年1月至2023年12月重点城市消费者购房倾向

资料来源：贝壳研究院调研。

从成交节奏看，二手房市场的房源的成交周期明显延长。这种慢节奏的成交状态可能是一种新的常态。其原因在于，消费者更加注重决策的质量，需要掌握政策、市场、成本、产品、风险等一系列信息才能做出购房选择。信息的不确定性加大，消费者决策周期更长（见表2）。

表2 2023年重点城市存量住房房源成交周期较2022年变化

单位：天

城市	房源成交周期变化	城市	房源成交周期变化
北京市	3	大连市	28
上海市	8	重庆市	46
广州市	38	沈阳市	29
深圳市	13	合肥市	38
福州市	13	苏州市	19
武汉市	28	南昌市	12
厦门市	21	天津市	6

城市	房源成交周期变化	城市	房源成交周期变化
长沙市	16	昆明市	0
南京市	17	无锡市	27
宁波市	25	青岛市	20
杭州市	40	济南市	7
佛山市	43	石家庄市	−13
东莞市	52	长春市	6
成都市	25	西安市	24
郑州市	19	哈尔滨市	16

资料来源：贝壳研究院。

（三）区域分布：核心城市住房改善需求更强劲

从城市住房需求本身看，城镇化进程及人口结构的差异造就了改善性需求和刚需的不同表现。北京、天津和厦门改善性需求较刚需更为活跃。第七次全国人口普查数据显示，2020年北京城镇人口中35~45岁的人口是20~30岁人口的1.14倍，天津这一比例为1.35。

从住房品质基础条件看，核心城市住房改善需求更为强烈。北京、上海这类大城市人口聚集程度高、人均住房面积小、房屋楼龄偏高。根据贝壳研究院数据，北京存量房中楼龄在20年以上的住房占比超60%。这就决定了这类城市整体住房改善需求更强。相对而言，中小城市城镇化起步相对较晚、人均住房面积较大、住房楼龄较低，昆明、南宁等城市存量房中楼龄在10年以内的住房占比在40%~50%，房屋品质相对较好，因此改善性需求相对较小。

（四）改善方式：以房换房是主要实现方式

从购房能力看，过去房价上涨较快，大中城市房价收入比较高，换房人群需要卖掉现有二手房来筹集改善换房的首付款。

2023年9月初，一线城市落地"认房不认贷"后，一线城市二手房新增挂牌量均环比增长，京沪环比增长近六成。据调研，挂牌业主卖房的主要目的是换房，一线城市中换房业主占比超过70%，二线城市换房业主占比在40%~60%（见图5）。

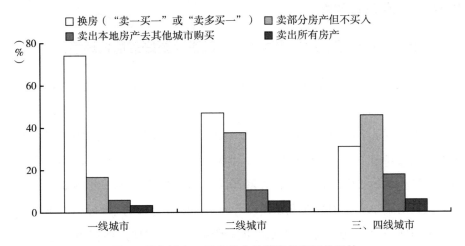

图5　重点城市二手房业主挂牌出售房源的目的

资料来源：贝壳研究院调研。

从购房资质看，核心城市的住房限购政策下客户卖掉现有住房才能腾出购房资格。以北京为例，大部分城区本地户籍居民限购两套，外地户籍限购一套，对于外地户籍想要改善住房必须卖掉现有住房才能获取购房资格。

近几年二手房挂牌房源增多是业主以房换房的结果。为准确衡量二手房挂牌量的变化情况，我们通过二手房挂牌增长指数①这一指标来观察二手房市场上挂牌房源的变动情况，反映的是当期新增房源在总体在售房源中的增加强度。二手房挂牌增长指数既能够降低无效在售房源积压带来的影响，也能够避免企业经营规模变化带来的影响。历史数据显示，二手房业主新增挂牌行为具有季节性且与市场行情正相关。二手房挂牌增长指数冲高的情况通常发生在市场交易旺盛的时期，如每年的第一季度。2023年春节过后消费者换房需求集中释放，二手房新增挂牌量也同步快速增长，同年9月初"认房不认贷"全面落地，政策驱动下换房需求兑现的前提是先卖房。调研

---

①　二手房挂牌增长指数：当期二手房新增挂牌房源量/二手房挂牌在售房源量。

数据显示，政策落地后，挂牌业主卖房主要目的是换房改善，一线城市中换房业主占比为74%，其中京沪换房业主占比近80%；二线城市换房业主占比47%，杭州达到60%。

（五）产品偏好：追求更大的居住面积、更好的居住环境

多居室、大面积房源成交占比明显上升。从重点50城二手房成交结构看，三居室成交占比由2020年的33%提高到2023年的40%，四居室及以上户型房源成交占比由2020年的7%提高到2023年的10%。套面积在90~140平方米的房源成交占比由2020年的31%提高到2023年的40%，套面积在140平方米以上的房源成交占比由2020年的6%提高到2023年的8%。

从换房结果看，2023年北京消费者换房后的住房面积平均为101平方米，较换房前增加约26平方米。二线城市消费者换房后的住房面积相对更大，大部分城市增加40~50平方米，达120平方米左右，其中郑州住房置换后平均面积在124平方米，杭州平均为119平方米，成都平均为117平方米。

从区域选择上来说，改善客群更偏好高品质房屋集中的区域。以北京为例，朝阳区和海淀区高品质楼盘是改善客群首选。相较于东城区和西城区住房楼龄整体偏高（楼龄在20年以上的房源占比超过70%）、顺义区等区域交通配套不完善，朝阳区和海淀区在房屋品质、交通便利程度、配套成熟度方面具有综合优势，更受改善客群所青睐。二线城市核心城区的消费者以房换房以"同区换房"为主。以成都为例，高新区换房客户同区换房的比例高达59%，青羊区、锦江区、成华区的同区换房比例均超40%。武汉江岸区和武昌区同区换房比例均超50%。

二 住房新需求的趋势展望

（一）改善性住房需求将持续释放

从房子的角度看，我国居民住房条件有很大改善空间。第七次全国人口

普查数据显示，2020 年全国 35% 的家庭居住在 2000 年之前建成的住房中，80% 的家庭住房没有电梯。即使只考虑城镇口径，依然有 31% 的家庭住房建成于 2000 年之前，70% 的家庭住房没有电梯。做一个简化假设，集体户的情况与家庭户一致（实际上集体户整体居住条件会相对较差），则全国超 14 亿的总人口中约 5 亿人的住房建成于 2000 年之前，约 11 亿人的住房没有电梯。

从人的角度看，我国改善性住房人口将持续增加。国家统计局数据显示，2019～2022 年，我国 20～30 岁人口由 2.35 亿逐步降至 2.15 亿，35～45 岁人口由 2.19 亿增加到 2.28 亿。预计到 2025 年，改善性需求群体和刚需群体的差距将进一步拉大。20～30 岁人口将降低到 2.00 亿，35～45 岁人口将增加到 2.46 亿。随着出生率的下降，未来改善性客群的占比势必将进一步提升。同时随着收入水平提高、家庭结构变化，消费者不再满足于"一宅一生"，对产品质量高、配套设施全、社区服务好的好房子的需求越来越大。

从住房政策看，当前"认房不认贷"、低首付、低利率的政策环境下居民购房门槛降低、月供压力减轻，这有利于持续促进刚需与改善住房需求的释放。

以房贷利率为例，截至 2024 年 2 月，重点城市中除北京城六区外，所有城市（城区）首套房贷利率降至 4% 以内，大部分城市二套房贷利率降至 4.15% 的政策下限水平（见表 3）。

表 3　2024 年 2 月重点城市首套及二套商贷主流房贷利率

单位：%

城市	首套利率	二套利率
北京市	3.95	4.50
上海市	3.85	4.15
广州市	3.85	4.25
深圳市	3.85	4.25
福州市	3.45	4.25
武汉市	3.55	4.15
厦门市	3.45	4.15
大连市	3.45	4.15

续表

城市	首套利率	二套利率
重庆市	3.75	4.15
沈阳市	3.45	4.15
合肥市	3.75	4.15
苏州市	3.75	4.25
南昌市	3.75	4.15
天津市	3.55	4.15
长沙市	3.75	4.15
南京市	3.65	4.25
宁波市	3.75	4.15
杭州市	3.75	4.15
佛山市	3.55	4.15
东莞市	3.55	4.15
成都市	3.75	4.25
郑州市	3.45	4.15
昆明市	3.6	4.15
无锡市	3.45	4.25
青岛市	3.75	4.15
济南市	3.75	4.15
石家庄市	3.45	4.15
长春市	3.45	4.15
西安市	3.75	4.15
哈尔滨市	3.45	4.15

注：北京统计的是城六区以外，上海统计的是外围区域，厦门统计的是岛外区域。
资料来源：贝壳研究院调研。

（二）改善性需求驱动居住服务品质升级

倪虹部长指出，"人民群众对幸福最朴素的期待就是安居乐业""牢牢抓住让人民群众'安居'这个基点，以让人民群众住上更好的房子为目标，从好房子到好小区，从好小区到好社区，从好社区到好城区，进而把城市规划好、建设好、管理好，打造宜居、韧性、智慧的城市，努力为人民群众创造高品质生活空间"。

与首次置业群体以"买到房子"为目的不同,改善类群体核心诉求是买到"正确"的房子。"正确"是指与家庭实际需求相适应的户型、功能,需要好的装修、好的社区设施配套、好的物业服务等。

以房屋买卖经纪服务为例,消费者从"买房子"到"买服务"。消费者对经纪服务的期望,已经不只是单纯提供房地产市场信息,而是期待着经纪人能够为房屋交易提供有效的决策咨询。调查结果显示,消费者普遍认可经纪服务的专业性,期待从经纪服务中获得帮助,其中:83.7%使用过经纪服务的买方、75.7%未使用过经纪服务的消费者认为房屋区位、地段和楼盘的选择需要专业知识。73.51%使用过经纪服务的卖方认为房屋销售策略需要专业知识。因此,当房屋需要交易时,消费者期待着经纪人从政策、市场、成本、产品、风险等角度提供信息和咨询,帮助业主提出专业的销售建议,满足购房者"买到、买对、买好"的需求。

以装修服务为例,消费者从单一地满足生活所需向着追求更多附加价值发展,对品质、体验、设计、服务乃至更深层次的精神需求也有了更多期待。以"80后""90后"为主的住房消费新主力人群,更注重服务、品质和个性化等,消费者不再满足于某个单品或某项服务,而是需要局部或整体的家居生活解决方案。这要求家装产品环保、健康和全龄友好的全面发展,并从设计、安装及施工全方位升级。

未来居住行业需要向消费者提供居住产品和服务,不仅要实现边界的扩展,将原先离散的业务打通,而且要提升产品和服务的质量,构建新的行业生态系统。在这种生态系统下,不仅仅是一、二手联动和租购并举,新房、二手房、租赁、设计、装修、物业、家居,以及更多的售前售后服务将被有机地联系起来,形成一个统一的市场体系。如现代物业管理,不仅是传统意义上的保洁维修、安保等,还需要引入和完善专业服务,也需要把物业服务的能力扩展至食堂、健身、托儿、洗衣等社区配套。社区服务包括家政、房屋托管、租售,甚至互联网背景下的房屋共享、社区金融、照护医疗以及其他本地生活服务等都有很大的发展空间。

B.16
2023年典型房企经营风险分析及管理建议

回建强　屈雁翎*

摘　要： 2023年房地产市场修复不及预期，典型百强房企累计销售金额继续负增长，房企内部分化格局持续，央国企销售表现突出，民营房企整体面临较大的销售压力。金融支持政策发力，上半年融资利好政策偏向支持财务状况较为良好的优质房企，下半年中共中央政治局会议定调"行业供需关系发生重大转变"，融资政策支持范围加大，力度也有所加强。拿地投资方面，房企拿地动力不足，谨慎、收敛的投资态度贯穿整年。经营方面，典型房企利润空间持续收窄，资金面压力较大，偿债能力下滑。展望2024年，预计房企销售调整态势或将持续，销售及回款仍将面临一定的压力；债务到期压力有所下降，出险房企债务重组有望取得明显进展；房企需加大去库存、促回款力度，积极申报房地产融资"白名单"项目，抓住政策窗口争取"三大工程"业务机会。总体而言，2024年房地产市场仍是机会与挑战并存，房企一方面应把握结构性需求机会，另一方面需加快寻求政府及金融机构的纾困支持，内外结合推动企业恢复自身"造血"能力和持续运营能力。

关键词： 房企　经营风险　三大工程

---

* 回建强，中房协《中国房地产年鉴》副主编，主要研究方向为房地产政策与市场；屈雁翎，北京中房研协技术服务有限公司研究员，主要研究方向为房地产企业运营与测评。

一 2023年房企经营现状

（一）商品房销售处于低位调整期，企业间业绩表现分化明显

中国房地产市场整体处在低位调整期。克而瑞数据显示，2023年，全年销售TOP100房企累计实现操盘金额54049.5亿元，同比下降16.5%。分时间段来看，第一季度因疫情防控政策调整及前期限购政策优化效果显现，重点城市房地产市场持续回暖，房企销售迎来"小阳春"，季末累计操盘金额同比转向正增长。第二季度在供应收缩、需求退潮下商品房销售复苏动能减弱。第三季度房地产市场持续走弱，商品房销售金额及面积同比降幅扩大。第四季度多家房企加大营销力度，但房地产市场复苏动能不足，销售端未见明显起色（见图1）。

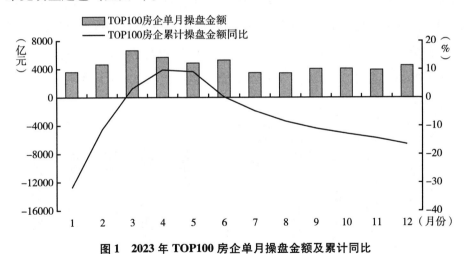

图1 2023年TOP100房企单月操盘金额及累计同比

资料来源：CRIC，中房研协整理。

在行业深度调整之下，2023年房企间业绩分化格局持续。TOP100房企中，国企业绩同比上升3.6%，央企业绩同比下降2.3%，混合所有制房企业绩同比下降18.3%，民营房企业绩同比下降31.5%。国企展现了较强的

业绩修复能力，如国贸地产、象屿地产、联发集团等操盘金额增幅均超 20%，央企销售表现优于混合所有制房企和民营房企。民营房企业绩规模大幅收缩，销售百强房企中，有 27 家民营房企销售金额同比降幅超过 30%。

（二）房企融资总量下降，资金链紧张问题依然存在

国家统计局数据显示，2023 年 1～12 月，房地产开发企业到位资金 12.75 万亿元，同比下降 13.6%。2023 年虽然房企融资面利好政策力度持续加大，但实际受益的仅限于优质房企，整体融资面依然疲弱，多数房企自身回血能力不足，房地产开发企业到位资金同比持续回落。从资金来源看，国内贷款 15595 亿元，同比下降 9.9%；利用外资 47 亿元，同比下降 39.1%；自筹资金 41989 亿元，同比下降 19.1%；其他资金 69827 亿元，同比下降 11.1%。其他资金中定金及预收款 43202 亿元，同比下降 11.9%，个人按揭贷款 21489 亿元，同比下降 9.1%。从到位资金的结构来看，2023 年国内贷款累计占比呈下降趋势，年末占比较年初下降 4.12 个百分点；自筹资金累计占比持续提升，年末较年初占比提升 3.21 个百分点；以定金及预收款和个人按揭贷款为主的其他资金，受到销售金额同比先高后低的影响，累计占比经历了先上升后下降的过程（见图 2）。

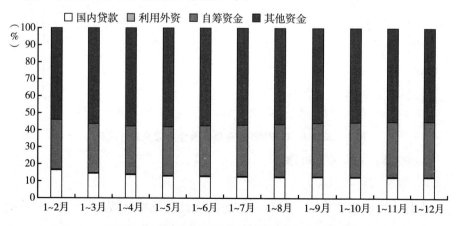

图 2　2023 年房地产开发企业到位资金来源占比

资料来源：国家统计局，中房研协整理。

2023年80家典型房企的融资总额5692亿元，同比下降28%，降幅较上年略有趋缓。分季度来看，第一季度虽同比大幅下滑，但仍为年度融资高峰，第二季度房地产融资发行主体继续向央国企集中，融资总额同比下降21%，第三季度融资总额与上季度基本持平，同比下降22%，第四季度融资总量同、环比均大幅下降。虽然自2023年上半年，先后有多部门强调，要促进金融与房地产正常循环，但前期融资开闸仅限于优质房企，行业融资面仍然处于筑底阶段，多数民营房企尤其是出险房企融资难的局面并未改变。下半年，民营房企的融资利好政策力度加大，但对房企的支持效果有待于政策的进一步落地，第四季度典型房企融资规模加速下跌（见图3）。

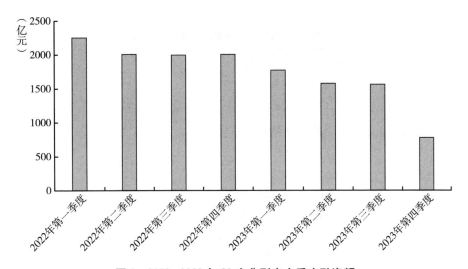

图3 2022~2023年80家典型房企季度融资额

资料来源：上海易居房地产研究院，中房研协整理。

从80家典型房企债券发行结构来看，2023年发债金额3056亿元，同比下降31%。其中，境内发债金额为2963亿元，同比下降15%；境外发债金额为93亿元，同比下降90%。从融资成本来看，2023年典型房企融资成本为3.60%，较上年下降0.62个百分点。其中境内债券融资成本为3.45%，较2022年下降0.09个百分点，境外债券融资成本为8.22%，较2022年上升 1.22 个百分点。2023 年境内融资为房企融资主要渠道，债券发行主体以央国企及优质民企为主，这类房企融资优势明显，带动整体融资成本下滑。境外融资依旧处于冰封期，个别房企发行的高利率债券带动境外融资成本上行。

从债务到期来看，2023 年 80 家典型房企债券到期总规模为 6968 亿元，发行规模仅为 2927 亿元，发行规模远小于到期规模，这意味着房企发行的新债券无法覆盖到期负债，房企"活下去"的关键在于销售端的回暖和自身造血能力的恢复。在销售低迷融资受限的背景下，2023 年房企债券展期、违约事件频发（见表 1），房企现金流不足、抵押物贬值、较难获取信贷支持等问题仍然存在。

表 1　2023 年部分涉及债务出险事件房企汇总

房企名称	时间	具体事件
佳源创盛	2023 年 2 月	债券展期
合景泰富集团	2023 年 5 月	美元债违约
金科地产	2023 年 5 月	未按时兑付本息
上海世茂	2023 年 5 月	未按时兑付本息
建业地产	2023 年 6 月	美元优先票据违约,并宣布暂停向所有境外债权人进行支付
富力地产	2023 年 7 月	被债权人申请破产重组
隆基泰和	2023 年 7 月	向法院申请重整
华夏幸福	2023 年 7 月	债券重组全部完成
碧桂园	2023 年 8 月	两笔美元票息未付,后于宽限期内支付
远洋	2023 年 8 月	3 只美元票据达成违约豁免
中骏集团	2023 年 10 月	美元债违约
禹洲集团	2023 年 10 月	美元优先票据违约
宝龙地产	2023 年 11 月	美元票据利息无法支付

资料来源：企业公告、中房研协整理。

（三）拿地投资态度谨慎，央国企占主导格局

2023年房企谨慎、收敛的投资态度贯穿整年，30家典型房企[①]新增拿地金额10297亿元，同比上升10.54%，拿地金额较上年有小幅上涨，但相较于2021年及以前拿地金额仍处于低位（见图4）。2023年企业愿意投资的城市范围不断收窄，除保利、建发、华润等大型全国性房企外，多数房企拿地城市不超过20个，且拿地区域主要向一、二线城市聚集。

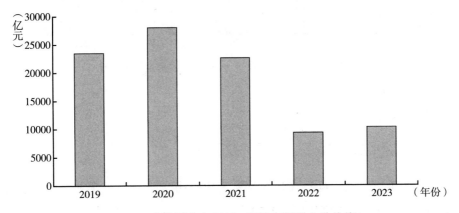

图4　30家典型房企2019~2023年新增土地价值

资料来源：CRIC、中房研协整理。

从不同类型的房企表现来看，房企拿地分化现象持续。央国企为拿地主力，大型央国企及地方国资房企，凭借融资能力、销售能力、负债管控等方面优势，保持较高的拿地频率，成为支撑土地市场的重要角色；大部分民营房企面临明显的资金压力，且处于集中清债避险阶段，平均拿地规模较小，仅有滨江、大华、伟星等区域性房企拿地相对积极。2019~2023年拿地金额前20的房企中，央国企数量占比从2019年的20%增长到2023年的65%，土地市场由央国企占主导的格局在2023年尤为明显（见图5）。

---

① 30家典型房企包括：保利发展、中海地产、万科地产、华润置地、招商蛇口、绿城中国、龙湖集团、建发房产、越秀地产、金地集团、中国金茂、新城控股、中国铁建、碧桂园、华发股份、滨江集团、首开股份、华侨城、美的置业、电建地产、保利置业、大悦城控股、中交房地产、路劲集团、联发集团、中建东孚、万达集团、中铁置业、雅居乐、远洋集团。

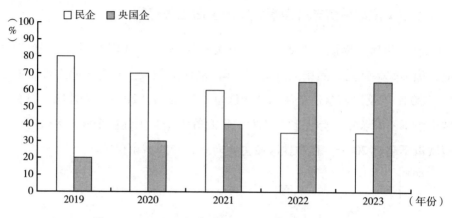

图5　2019~2023年拿地金额前20的房企类型占比

资料来源：CRIC、中房研协整理。

（四）利润空间收窄，偿债能力下降

2023年，房地产宽松政策频频发力提振市场信心，房企业绩呈现边际修复趋势，但复苏力度较弱。2023年上半年30家典型上市房企①实现平均营业收入497亿元，同比增长1.05%，得益于保交付的稳步推进，上半年行业竣工同比增长，带动房企营业收入规模恢复正增长。2023年上半年净利润均值-4亿元（见图6），超五成典型房企净利润表现为净亏损。房企利润空间持续收窄，主要有以下三个方面原因：第一，市场下行，房企承受较大去化压力，营销端多采取打折促销的方式争取客户；第二，前期部分高地价项目结转影响仍在传导，低利润项目结算较为集中；第三，房地产市场持续下滑，导致资产价格下跌，房企结合市场变化对存货计提大额减值，冲击企业的盈利能力。

---

① 30家典型上市房企包括：中国海外发展、万科A、碧桂园、华润置地、龙湖集团、融创中国、富力地产、世茂集团、招商蛇口、华夏幸福、金地集团、绿地控股、旭辉控股集团、中南建设、雅居乐集团、正荣地产、绿城中国、融信中国、金科股份、路劲、中国金茂、中梁控股、美的置业、佳兆业集团、建业地产、远洋集团、正商实业、弘阳地产、华发股份、中国奥园。

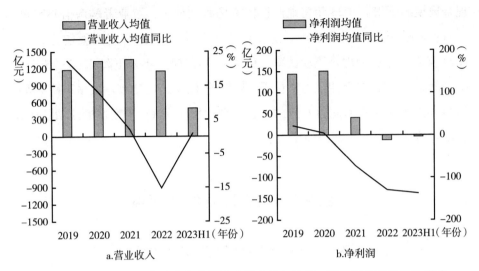

图6 2019年至2023年上半年典型房企营业收入均值、净利润均值及同比增速

资料来源：企业公告，中房研协整理。

长期偿债能力方面，2023年上半年30家典型上市房企净负债率中位数为92.39%，较上年末上升7.94个百分点（见图7），负债维持在高位。在总有息负债规模变动相对较小的情况下，净负债率持续上涨的主要原因在于

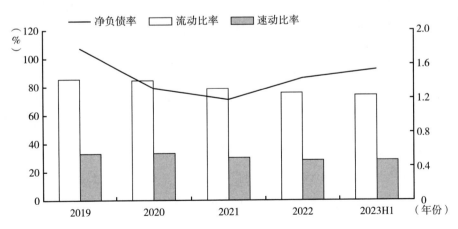

图7 2019年至2023年上半年典型房企偿债能力相关指标

资料来源：Wind、中房研协整理。

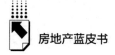

现金规模的下滑。2023年房地产销售市场表现疲软，置业者购房信心不足，同时行业融资未有明显改善，房企资金面压力较大。短期偿债能力方面，2023年上半年典型房企流动比率均值为1.23，较上年末下降0.03；速动比率均值为0.47，与上年末基本持平，2020年以来速动比率均值呈下降趋势，2023年典型房企中有超过八成的房企速动比率小于1，可变现的流动资产无法覆盖流动债务，短期偿债压力加大。

二 2024年房企面临的主要风险

（一）宏观经济风险——全球经济复苏进程放缓

2023年以来，全球经济延续了后疫情时代的复苏动力，虽然经济增长动能趋弱，但仍保持了一定的韧性。2024年，联合国经济和社会事务部发布《2024年世界经济形势与展望》报告，预测全球经济增长率将从2023年的2.7%放缓至2024年的2.4%，低于疫情前3%的增长率，由于利率高企、消费支出放缓、劳动力市场疲软，预计美国等几个大型发达经济体在2024年的增长将放缓。美国宏观经济政策走向是影响全球经济发展的重要因素，2024年1月美国CPI指数超预期上涨，受此影响美联储或将推迟降息时间，降息力度也可能减小。

2024年，我国宏观政策逆周期调节的力度增强，其中货币政策出台的节奏和幅度超出市场预期，1月24日，央行下调存款准备金率0.5个百分点，向市场提供长期流动性约1万亿元。2月20日，央行宣布5年期以上LPR利率从4.2%下调至3.95%，降幅为近年来最大。

2024年是实现"十四五"规划目标任务的关键一年，而面对全球产业链的重构、地缘政治风险，以及全球经济复苏放缓，国内进一步推动经济回升向好发展，需要克服较多困难，结构性改革是优化经济结构、提升经济增长质量的关键。面对外部宏观经济走弱的风险，房地产开发企业面临的生存压力日趋加大。

（二）行业下行风险——房地产行业销售调整态势或将持续

2023年房地产市场持续降温，但行业预期仍处于低位，购房者信心修复尚需时日。下半年，监管层多次释放房企融资利好消息，支持房企合理融资需求，尤其是对民营房企的融资支持力度加大，各地购房政策调整脚步加快、放松力度增强，降低购房门槛和购房成本，但房地产销售数据表现没有明显起色。当前房地产市场下行态势由多重因素共振所致，短期来看，在经历疫情冲击后，居民可支配收入增速放缓，同时国内利率持续下降，理财收入上升的不确定性增加，对比之下房贷利率仍有下行空间，消费者购房能力和意愿双双下降。长期来看，人口老龄化、城镇化进程放慢、住宅存量在理论上已能基本满足住房需求等因素，都对房地产投资形成制约。

2024年，房企销售调整态势或将持续，销售及回款仍将面临较大压力。国际评级机构穆迪预测，多重需求刺激措施可能在短期内对中国房地产销售产生一定的正面影响，但不会大幅提升购房者信心。资金层面，监管层着重提供信贷支持，但短期内无法显著改善开发商的融资环境。惠誉预计，2024年房地产市场销售额将继续下滑，但降幅将缩小到0~5%范围内，销售金额在10万亿元左右。预计2024年商品房销售将继续保持震荡修复的格局，预计全年销售面积、销售金额下降5%左右。

（三）房企经营风险——部分房企仍可能面临一定的资金压力

2023年随着行业风险陆续出清，房企债券违约数量有所下降。Wind数据显示，2023年房地产行业共有166只境内信用债违约及展期，数量较上年下降8.29%，有40只中资海外债违约或展期，数量较上年下降62.96%。违约主体方面，年内新增违约主体及展期主体12家，较2022年少增25家。整体来看2023年是房企债务违约潮的中后阶段，债券违约或展期数量以及债券违约或展期主体较上年显著减少。

从债券规模方面来看，2023年房企境内外发行债券规模合计4753亿元，同期债券到期规模8731亿元，融资净缺口达到3978亿元，较上年增加

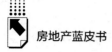

1170亿元。在销售端与融资端的双重压力下，房企债券违约或展期事件时有发生，尤其是头部房企的风险事件对房地产市场造成较大冲击。第四季度政策强化了金融机构对非国有房企信贷融资支持力度。2024年房企境内外债券到期规模为5213亿元，偿债规模较2023年有所下降，3月、4月及7月为房企境内债偿债高峰，1月、6月房企海外债到期压力较大。预计2024年房企自身造血能力仍在恢复过程中，整体销售回款能力偏弱，外部融资支持政策的落地效果有待进一步观察，房企仍然可能面临一定的到期兑付压力。随着楼市的持续调整，一些重量级、前期未违约且具备国资背景的房企也传出可能违约的消息，这也预示着房企风险的出清依然在进行，虽然数量不像前两年那么多，但级别可能会更大，风险释放及对行业带来的冲击和影响也会更强。

三　房企风险管理措施建议

（一）积极推进债务重组

自房地产行业债务违约潮出现后，多家出险房企积极自救，境内债务展期得到有效推进，境外债务重组也取得重要进展。2023年11月，融创完成了900亿元境内外债务重组，成为首家重组成功的大型房企。2024年1月，奥园境外债务重组计划已经获得相关法院批准，正荣、旭辉、龙光等房企也在1月披露境内债或境外债的新进展，2月中梁控股发布公告称，其境外债务重组计划获得香港法院批准，所有计划条件均已达成。融创、奥园、中梁债务重组成功，对其他出险房企的风险化解有较强的借鉴意义：一方面，随着房地产市场支持政策持续出台，金融政策对房地产行业的支持为房企化解债务风险提供动力；另一方面，房企积极作为，提供丰富多样的债务处置方式，满足不同债权人的诉求，更有利于重组成功。债务重组成功能够有效缓解房企短期债务压力，为房企提供更多的时间和空间来恢复其财务状况，预计2024年将有更多风险房企债务重组取得明显进展，房企风险出清提速。

（二）加大去库存、促回款力度

易居研究院报告显示，2024 年 1 月百城新建商品住宅库存规模超 5 亿平方米，环比减少 0.5%，同比减少 4.2%，全国百城库存规模连续 12 个月同比下降。需要注意的是，全国百城库存去化周期达到 22.9 个月，属于2010 年有数据监测以来的最高水平。库存量持续下降的背景下去化周期创新高，反映了百城去化状况不佳。2024 年春节前后，购房放松政策出台频率增强，5 年期 LPR 利率超预期下调，市场预期也在积极调整，行业有望迎来更好的去化环境。房企应以"保交付"为主要目标，加大去库存、促回款力度，通过提高开发效率、创新营销手段等方式不断提高库存去化效率。债务重组成功只能为房企赢得调整的时间和机会，房企想要走出困局，还需依靠销售回款提升自身"造血能力"。

（三）积极争取"三大工程"业务机会

2023 年以来，中央多次在会议中强调实施好"三大工程"建设，"三大工程"是房地产行业发展新模式的重要抓手，主要围绕供给侧做文章，力图解决结构性问题、供需错配、需求断层等长期问题。其中，保障性住房以低价租赁、低价销售的方式，解决困难家庭的居住问题，保障性住房发展提速，既带来房地产投资增量，又有利于满足新市民、青年人的购房需求，形成保障与市场的双轨制运行。城中村改造主要改善破旧小区，提升居住品质，推动城市高质量发展。"平急两用"公共基础设施是指集休闲、娱乐、文化等功能于一体的综合体，在遇到突发情况时可以迅速启动应急预案将综合体转变为隔离收治、物资储存、临时安置等功能场所。

2023 年 12 月，国家开发银行、中国进出口银行、中国农业发展银行净新增抵押补充贷款（简称"PSL"）3500 亿元，2024 年 1 月 PSL 净新增1500 亿元。两月内 PSL 净新增量达到 5000 亿元，2024 年"三大工程"资金支持有望继续加码。资金投放配合政策支持，"三大工程"有望加速推进，成为 2024 年房地产投资的重要支撑。对于大部分房企而言，商品房销

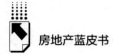

售额下降是客观事实，"三大工程"有望成为新的市场机会，房企需立足国家战略，持续跟进"三大工程"相关的业务机会，打开新的业务空间。对于出险房企而言，抓住政策窗口投身"三大工程"建设是"活下去"的策略之一。

（四）积极申报房地产融资"白名单"项目

2024年1月，住建部、国家金融监管总局联合发布《关于建立城市房地产融资协调机制的通知》，已有百余城建立了城市房地产融资协调机制。支持"白名单"项目合理融资需求，有助于打破部分出险房企优质项目的融资困境，推动房地产企业和金融机构精准对接，缓解房地产行业融资紧缩的局面。入围"白名单"项目需要具备5个条件：未停工或短暂停工，贷款到位后可以立即复工；有与贷款规模基本相等的抵押物；无预售资金抽逃行为，或抽逃资金已追回；制定了贷款资金封闭使用管理办法；制订了建设交付计划和还款计划。房企需积极梳理项目清单及申请材料，将符合条件的项目积极申报，主动抓住融资机遇。

B.17
绿色建筑的发展现状、问题与建议

何宝杰 董 鑫 李轶群*

摘 要： 随着国家政策的大力倡导和标准体系的逐步完善，我国的绿色建筑近年来已取得长足发展，但在存量更新和信息技术涌入的新形势下，我国的绿色建筑也面临如何运用新能源、降低碳排放、应用智能技术的新挑战。因此，全面分析我国绿色建筑的发展现状和发展趋势，厘清现阶段存在的问题并切实提出未来发展建议十分重要。本文通过梳理我国绿色建筑的发展规模、政策文件及相关国家规范与行业标准，分析我国绿色建筑的发展现状与行业进展，并从统筹视角、核心主题、生产方式和用能结构这四个方面探究绿色建筑行业发展趋势，在此基础上，归纳总结目前绿色建筑发展存在相关法律法规缺失、既有建筑绿色改造评价体系不完善、绿色建筑智能化转型受阻、对接市场的长效机制尚未建立等问题，并从顶层制度设计、相关实施指南、绩效评价体系、现代市场体系方面提出绿色建筑的发展建议，以期为我国未来绿色建筑的发展提供参考。

关键词： 绿色建筑 碳排放 地方立法

　　两次工业革命导致城市化进程加速，建筑业迅速发展，同步到来的是环境和生态系统的严重破坏，加之 20 世纪 70 年代两次石油危机引爆了建筑行

---

* 何宝杰，重庆大学教授、博士生导师、弘深青年学者、巴渝学者（青年），重庆大学气候韧性与低碳城市中心负责人，主要研究方向为高温韧性城市规划设计、高温缓解适应、城市设计与碳循环；董鑫，重庆大学在读博士生，主要研究方向为城市蓝绿基础设施建设、城市设计；李轶群，重庆大学在读硕士生，主要研究方向为街道热环境、行人热舒适。

业高能耗问题①，导致世界范围内对建筑行业发展的"生态""节能""环保""绿色"多元要求，在此背景下，"绿色建筑"的概念逐渐成形，并在世界范围内开始研究、实践与推广②。

在"绿色建筑"概念引入我国之前，建筑节能是建筑部门主要的"可持续性"建设工作。为推动建筑领域节能工作迅速部署，我国自上而下推行递进式的节能要求（1986-30%，1996-50%，2005-65%），相关标准规范从最初的墙体保温技术发展到涉及不同气候区的居住建筑及公共建筑的建筑保温技术③。随着节能工作深入开展，建筑节能开始与舶来的"绿色建筑"概念于世纪之交同轨共生。此后，我国的《绿色建筑评价标准》分别于 2006 年、2014 年、2019 年迭代发布④，其中以"四节一环保"为核心内容的绿色建筑发展理念和评价体系，随着时代需求的变更，逐渐拓展为"安全耐久"、"健康舒适"、"生活便利"、"资源节约"和"环境宜居"五大指标，并将绿色建筑融入健康建筑、海绵城市、智能建筑、建筑工业化等新技术和新理念⑤。如今我国绿色建筑已实现从无到有、从少到多、从个别城市到全国范围，从单体到城区再到城市规模化的发展。

目前，我国已进入"十四五"规划中的碳达峰窗口期，而建筑领域是我国能源消费和碳排放的三大领域之一，具有巨大的碳减排潜力和绿色金融市场发展潜力⑥。同时，我国已进入存量更新的时代，基建速率放缓导致对传统高能耗、高排放模式的重新审视。在新形势下，建筑行业迫切需要深化绿色建筑发展以降低对资源的消耗和环境的影响，同时提升建筑的可持续

① Wolch J. R., Byrne J., Newell J. P., "Urban Green Space, Public Health, and Environmental Justice: The Challenge of Making Cities 'Just Green Enough'", *Landscape and Urban Planning* 125, 2014: 234-244.
② Zuo J., Zhao Z. Y., "Green Building Research-Current Status and Future Agenda: A Review", *Renewable & Sustainable Energy Reviews* 30, 2014: 271-281.
③ 赵东来、胡春雨、柏德胜等：《我国建筑节能技术现状与发展趋势》，《建筑节能》2015 年第 3 期。
④ 中国建筑科学研究院、上海市建筑科学研究院：《绿色建筑评价标准》，2006。
⑤ 王清勤：《我国绿色建筑发展和绿色建筑标准回顾与展望》，《建筑技术》2018 年第 4 期。
⑥ 江亿、胡姗：《中国建筑部门实现碳中和的路径》，《暖通空调》2021 年第 5 期。

性。这对我国绿色建筑发展构成挑战，但也为行业转型提供契机。

近年来，AI 技术及其相关产业迅速发展，世界正在进入以信息产业为主导的经济发展时期，我国工业体系也正依托雄厚根基迈向"4.0 时代"。然而，各工业部门中，建筑部门的数字化、智能化程度推进较慢，其信息化建设水平仅次于农业部门，排名倒数[1]。伴随 AI 兴起，建筑部门核心生产力将逐渐被重塑，例如，在建筑设计中，AI 可以通过对大量建筑数据进行学习，提出具有创新性和实用性的诸多设计方案[2]。因此，未来建筑部门应将数字技术以及人工智能与绿色建筑深度融合，利用智能低碳技术为传统建筑行业赋能。

本文全面回顾了绿色建筑在我国的发展历程与发展现状，综合对比了绿色建筑在国际的发展形势与行业最新进展，结合我国的现有形势、政策体系和发展现状，归纳绿色建筑发展目前所存在的问题，并为未来绿色建筑的进一步发展方向提出了建议。

一　我国绿色建筑发展的现状

（一）发展规模与"绿"化程度

自 2008 年 4 月正式开始实施绿色建筑评价标识制度以来，截至 2022 年底，全国城镇建设绿色建筑面积累计超过 100 亿平方米，城镇新建绿色建筑占新建建筑的比例达到 90% 左右，获得绿色建筑评价标识的项目超过 2.5 万个[3]。在保证我国建筑"泛绿"化的同时，国家自上而下逐步完善、深化绿色建筑政策框架与标准体系，对于建筑"绿"化的要求不断提升。

在上位层面，经过 2013 年《绿色建筑行动方案》、2014 年《国家新型

---

① 王景：《〈建筑产业数字化转型白皮书〉为产业数字化转型赋能》，《中国建设信息化》2019年第 14 期。

② 朱平、邹卫明：《5G+AIoT 浪潮下智慧建筑的未来》，《智能建筑》2020 年第 6 期。

③ 《中国建筑能耗与碳排放研究报告（2022 年）》，《建筑》2023 年第 2 期。

城镇化规划》以及 2022 年《"十四五"建筑节能与绿色建筑发展规划》等政府核心政策文件的发布，我国绿色建筑概念的"上位定义"逐步明确，即我国的绿色建筑已不简单定义为节能建筑，而是一种包含人本思想、经济原则、环保理念的伴随国家高质量发展的新时代建筑类型。因此，在上位规划方面，我国已总体上达到国际领先水平，并且加速制定相关标准进行落实。目前《绿色建筑评价标准》已完成三版两修，建筑碳排放计算已作为强制要求并已有标准可依，全寿命管理、绿色金融等标准体系正逐步完善，市场方面也正在跟进。

此外，在国际范围内，我国已经成为全球绿色建筑领域的领导者。我国政府自上而下地通过政策激励和标准制定来促进绿色建筑发展，被众多国家借鉴。2020 年发布的英文版《绿色建筑评价标准》，对提升"中国绿色标准"国际影响力和贡献力具有积极意义。2023 年，绿色建筑合作备忘录的签署以及与世界绿色建筑协会等机构的合作，推动了中国绿色建筑标准与国际标准的对接，促进了国内外绿色建筑评价标准的互认，实现了"双认证"统一评价流程，扩大了中国绿色建筑在国际舞台上的影响力和贡献力。

（二）中央推动绿色建筑发展的总体布局

我国绿色建筑整体的发展是由浅至深、由局部至广泛的过程①。如图 1 所示，在初级阶段，中央主要围绕着"不断提高建筑节能率"展开；随后，从节能到绿色建筑成为推动可持续发展的关键；近年来，全面推广绿色建筑并减少全寿命建筑碳排放，实现行业向全面实现碳中和目标转型成为新时代可持续发展核心任务。

1. 建筑节能发展布局

中国建筑节能工作持续演进和完善，施行了三步走的战略：第一步，新建供暖居住建筑自 1986 年起，在 1980~1981 年当地设计能耗的基础上节能 30%；第二步，1996 年起建筑标准节能率达到 50%；第三步，2010 年起，

---

① 孙大明、汤民、张伟：《我国绿色建筑特点和发展方向》，《建设科技》2011 年第 7 期。

严寒和寒冷地区居住建筑标准节能率达到 65%。三步走战略完成后，在 2019 年严寒和寒冷地区居住建筑标准节能率再提标至 75%。从上位层面来讲，建筑节能政策的施行是我国绿色建筑发展的基础，建筑节能指标作为一种综合性衡量指标，其要求的提高间接导致了绿建分项指标的拟定，完美地解决了早期以点带面发展绿色建筑的诉求。

2. 绿色建筑发展布局

随着对环境保护意识的提高和绿色发展理念的深入，中国逐步推出了一系列绿色建筑政策措施。其中首要的便是推动绿色建筑评价体系的编制（2006 年），并于 2014 年、2019 年迭代更新，同时出台一系列扶持政策，如财政补贴、税收优惠等，以鼓励企业和个人参与绿色建筑建设。此外，我国绿色建筑发展经历了三个关键性节点。节点一（2008 年）是住建部对绿色建筑评价标识的推动，由于极高的补贴力度和示范工程效益，引发国内绿建工程建设高潮；节点二（2013 年）是"十二五"期间对新建绿色建筑建设任务的要求明确以及《绿色建筑行动方案》的发布，此后，我国绿色建筑开始稳定性增长，全国"泛绿"效应逐步形成；节点三（2017 年）是"十三五"期间开始提及的绿建高质量发展，我国绿建发展开始向细部推进，逐步进入"深绿"阶段。

3. 实现碳中和目标发展布局

随着"碳达峰""碳中和"目标的提出，我国加大了对碳中和技术研发和产业发展的支持力度。在建筑领域，绿色建筑在一定程度上具备零碳建筑的特征，是零碳建筑的重要载体，因此，"双碳"目标提出之后，国家陆续出台一系列政策，推动绿色与低碳工作的互惠共生。首先是将低碳发展作为建筑行业的硬性要求（2021 年），即强制要求设计单位在开展新建项目设计时即要提供建筑的碳排放计算报告书；其次就是"十四五"规划中总体要求变更为"基本形成绿色、低碳、循环的建设发展方式"，并对建筑碳达峰路线进行规划；最后，国家开始着手建立我国的标准化碳计量体系，并发布实施方案（2022 年），建筑行业碳计量体系将在总体碳计量体系下修正或重构。

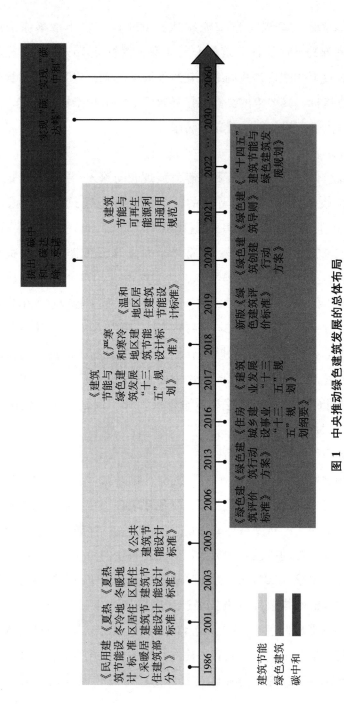

图 1　中央推动绿色建筑发展的总体布局

（三）绿色建筑地方立法与政策补贴

我国绿建推广体系的特色是中央与地方政策相互配合，结合地方发展现状和目标要求落实总体要求。因此，绿建地方法规与政策补贴的确立与经济发展状况直接相关，各地的绿色建筑发展程度也有很大差别。其中，各一线城市的立法以及政策补贴最为完备。例如，上海施行《上海市发展方式绿色转型促进条例》，提出建立绿色建筑全生命周期监督管理制度，并针对新建建筑、旧区改造、公共建筑以及公用设施运行能耗等方面内容进行管控①。深圳则专门出台了《深圳经济特区绿色建筑条例》对不同类型的建筑提出了相应的要求②。除一线城市外，大多数省份对于绿色建筑立法仍有很大优化空间，例如，对于绿色建筑的相关政策补贴缺乏系统性和科学性，针对既有绿色建筑改造、智能化配套设备的规定和补贴落实不到位等。

目前我国对于绿色建筑的政策补贴主要包括绿色认证补贴、能源效率补贴以及税收减免等③，此外，有一些省份的政策补贴种类不局限于其中某一种，如上海、天津、湖北、湖南、福建、浙江等地均采取了多重政策补贴鼓励发展绿色建筑。对于绿色认证补贴，补贴强度最高的是北京和上海。北京市对于满足相关要求的二星级、三星级绿色建筑分别给予 50 元/米^2、80 元/米^{2}的补贴；而上海市的标准为 50 元/米^2、100 元/米^{2}④。另外还有些省份为发展绿色建筑提供容积率奖励的政策补贴，例如，湖北省支持企业建设"四节一环保"绿色建筑，对开发建设一星、二星、三星级绿色建筑，分别按绿色建筑总面积的 0.5%、1%、1.5%，给予容积率奖励。除民用建筑的政策补贴外，各省对于工厂建筑绿色转型的补贴力度更大，例如，山西省对

---

① 《〈上海市发展方式绿色转型促进条例〉表决通过》，http：//www. spcsc. sh. cn/n8347/n8483/u1ai260420. html。

② 《深圳经济特区绿色建筑条例》，https：//flk. npc. gov. cn/detail2. html？ ZmY4MDgxODE3 ZmQ5ODM0MTAxODA0OWQ5MGUyZjMzZTA。

③ 徐佳、崔静波：《低碳城市和企业绿色技术创新》，《中国工业经济》2020 年第 12 期。

④ 上海住建委、发改委、财政局：《上海市建筑节能和绿色建筑示范项目专项扶持办法》，2020。

于绿色工业建筑项目提供二星级 100 元/米² 奖励（单个项目最高不超过 200万元）、三星级 150 元/米² 奖励（单个项目最高不超过 300 万元）。

（四）绿色建筑评价标准现状与构成

顺应我国绿色建筑发展总体布局，我国绿色建筑评价标准体系在发展中呈现从"节能"单一维度到"绿色""低碳""可持续"的多维发展趋势。如图 2 所示，自第一版《绿色建筑评价标准》发布以来，我国通过版本更新和增加配套标准对绿建标准主体进行完善。同时，应时代要求，既有建筑、智慧建筑、低碳建筑相关标准也逐步参与到我国绿色建筑评价标准体系的发展完善中。

1. 绿色建筑评价标准

我国绿建评估始于 2001 年发行的《中国生态住宅技术评估手册》，该手册借鉴美国《绿色建筑评价体系（第二版）》，是我国在绿色建筑评估上正式走出的第一步。而后，为了实现北京"绿色奥运"承诺，2003 年 8 月出版了第一套较为完整的绿色建筑评估体系《绿色奥运建筑评估体系》（*Green Olympic Building Assessment System*，GOBAS）；2006 年，建设部针对我国实际情况和国内绿色建筑发展形势发布了《绿色建筑评价标准》；2007 年11 月，由建设部组织的绿色建筑评价标识工作正式启动，此后，先后于2014 年和 2019 年对此标准进行修订。其中，2014 年第二版应用和普及了大量成熟的绿色建筑技术措施，主要关注绿色建筑"多不多"的问题；2019年第三版，则突出人本原则，强调节能与降开支、降噪隔声、空气质量、配套设施等提升住户获得感的指标，重构了安全耐久、健康舒适、生活便利、资源节约、环境宜居五大性能，主要关注建筑品质问题。

对比美国 LEED 和英国 BREEAM、新加坡 Green Mark 等世界其他国家绿色建筑标准[①]，在评价对象方面，我国标准评价建筑类型较少，主要面向

① 邓月超、李嘉耘、孟冲等：《新加坡 Green Mark 2021 标准解析及启示》，《建筑科学》2023年第 4 期；康一亭、徐伟、何凌昊等：《LEED 体系下基于近零能耗关键技术的建筑节能潜力应用研究》，《建筑科学》2021 年第 10 期。

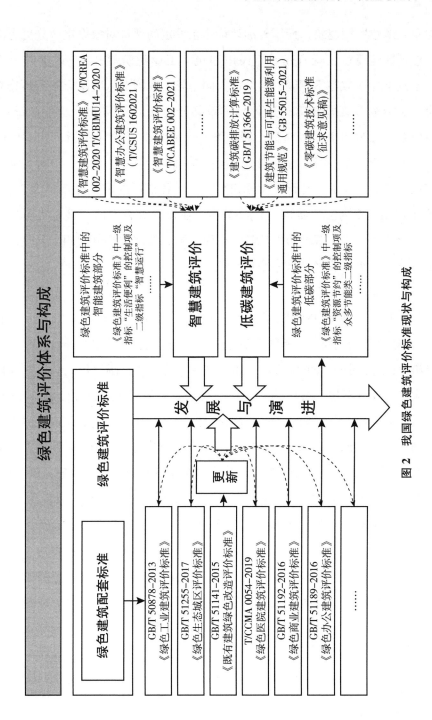

绿色建筑评价体系与构成

绿色建筑评价标准

绿色建筑配套标准

GB/T 50878—2013《绿色工业建筑评价标准》

GB/T 51255—2017《绿色生态城区评价标准》

GB/T 51141—2015《既有建筑绿色改造评价标准》

T/CCMA 0054—2019《绿色医院建筑评价标准》

GB/T 51192—2016《绿色商业建筑评价标准》

GB/T 51189—2016《绿色办公建筑评价标准》

……

更新

发　展　与　演　进

绿色建筑评价标准中的智能建筑部分

《绿色建筑评价标准》中一级指标"生活便利""智慧运行"二级指标……

智慧建筑评价

低碳建筑评价

绿色建筑评价标准中的低碳部分

《绿色建筑评价标准》中一级指标"资源节约"的控制项及众多节能类二级指标……

《智慧建筑评价标准》（T/CREA 002—2020 T/CBIMU14—2020）

《智慧办公建筑评价标准》（T/CSUS 1602021）

《智慧建筑评价标准》（T/CABEE 002—2021）

……

《建筑碳排放计算标准》（GB/T 51366—2019）

《建筑节能与可再生能源利用通用规范》（GB 55015—2021）

《零碳建筑技术标准（征求意见稿）》

……

图 2　我国绿色建筑评价标准现状与构成

343

的对象是新建民用建筑，而国外的评价体系设定的评价对象设定区分更为详细，包括新建建筑、既有建筑、民用建筑、工业建筑等①。在评价内容方面，虽然指标项数各不相同，但总体大同小异，我国 ESGB 评价体系共分为六个一级指标，英国 BREEAM 评价体系共分为九个一级指标，美国 LEED 评价体系共分为八个一级指标，新加坡 Green Mark 评价体系指标相对比较简单，共分为五个一级指标，四个评价体系均包含节能、节水、节材、室内空气质量方面的要求。在评价指标权重方面，各指标的重要性排序为节能>其他项>节地>室内空气质量>节水>节材。在评价等级方面，只有我国绿色建筑评价分为三级，等级跨度比较大，而美国和新加坡都分为四个等级，英国分为五个等级，等级划分差距更小②。

2. 相关配套评价标准

2013 年初国务院办公厅印发的《绿色建筑行动方案》提出"加快制（修）订适合不同气候区、不同类型建筑的节能建筑和绿色建筑评价标准"保障措施，自此，中国绿色建筑评价体系进入细化阶段，围绕民用、工业等建筑性质以及改造旧房、村庄等不同划分范畴的多项绿色规范陆续编制颁布，共同构成了相对细化完善的绿色建筑评价体系③。其中《既有建筑改造绿色评价标准》（GB/T 51141-2015）于 2016 年 8 月 1 日起正式实施，是我国首个关于既有建筑绿色改造的评价标准，该标准侧重于既有建筑绿色改造评价工作，统筹考虑既有建筑改造中的技术先进性、地域适用性以及经济可行性。

3. 评价标准的"绿—智—低碳"多维共生

随着绿色建筑的信息化发展，对智慧建筑也开始提出更高的要求。2019年发布实施的《绿色建筑评价标准》专门设置了智能化、信息化等相关的运行管理评价条文，主要体现在一级指标"生活便利"下新增的控制项及

---

① 雷冯近：《中美日绿色建筑评价标准对比研究》，《城市建筑》2022 年第 3 期。
② 王丞：《我国绿色建筑和低碳建筑评价体系的发展比较及优化建议》，《建筑科学》2023 年第 2 期；黄海静、宋扬帆：《绿色建筑评价体系比较研究综述》，《建筑师》2019 年第 3 期。
③ 王波、陈家任、廖方伟等：《智能建造背景下建筑业绿色低碳转型的路径与政策》，《科技导报》2023 年第 5 期。

二级指标"智慧运行"中。我国现有的智慧建筑评价标准还包括《智慧建筑评价标准》《智慧办公建筑评价标准》等。由于2019年版绿建标准发布于"双碳"目标提出之前，因此条文中较少涉及明确的"低碳"条例和指标，但一级指标"资源节约"在内容上已涵盖低碳要求，并且近期住建部已开始就强化绿色建筑的碳减排性能要求对先行标准修订公开征求意见，因此未来绿建标准评分框架将参照建筑碳核算方法进行改动。除绿建评价标准外，我国主要的建筑碳评价标准还有《建筑碳排放计算标准》和《建筑节能与可再生能源利用通用规范》，《零碳建筑技术标准》尚处于编制阶段。总体来看，建筑智慧化与低碳化均处于起步阶段，随着相关标准日渐完善，我国建筑"绿—智—低碳"多维共生将成为必然趋势。

二 我国绿色建筑行业发展趋势

通过梳理我国绿色建筑的发展规模、政策文件及相关国家标准，可以发现我国绿建行业已完成递进式指标的节能跨步，相关标准已趋于完备，但在近年来低碳要求、智能化冲击以及存量更新等新背景、新形势下，我国绿建行业再次走到了转型节点处，下面从我国绿建行业未来统筹视角、核心主题、生产方式和用能结构这四个方面探究绿色建筑行业发展趋势。

（一）统筹视角转变——从运行节能到全寿命减碳

长期以来，绿色建筑在节能、生态、低碳等主题下推动和发展，从制度更迭上不难看出，我国绿色建筑发展最为主流的视角正在经历从运行节能到全寿命减碳的转变。在节能方面，自1995年来我国建筑业已实现了30%—50%—65%—75%的节能跨步，直至2021年，住房和城乡建设部发布《建筑节能与可再生能源利用通用规范》，指出自2022年4月1日起，建筑碳排放计算作为强制要求，这向行业释放出明确信号，即节能低碳已经成为"双碳"目标下建筑业发展的必要前提。此外，由于建筑业处于产业链的中下游，向上极大地拉动了能源密集型产业的生产，向下为服务业、金融业、酒店和餐饮业等行业的发展提供了便利。因此，建筑碳排放除考虑直接碳排放（运行碳）外，还需要重点关注间接碳排放（隐含碳）。未来，在设计、施工及使用过程中，结合减少能源使用、发展可再生能源电网、建筑行业电气化、开发低碳燃料、推广碳捕获和碳封存技术等关键策略，考虑如何最大化地降低运行碳、隐含碳，并增强碳汇，将成为绿色建筑发展的新视角。

（二）核心主题转变——从建筑"创"新到建筑"更"新

随着城市化进程放缓，房屋建筑等新项目的增长空间缩限，城市更新模式转为以"旧楼改造，存量提升"为核心，通过改变建筑功能来提升价值、促进发展，带有非常明显的存量时代的特征，并从一线城市逐步扩展[①]。与此同时，我国城市更新项目的政策支持力度和审批速度加快，政府类公共设施项目对于建筑施工单位的专业化以及综合能力要求越来越高。土地经济的寿终正寝导致与土地经济相关的一系列传统规划技术也在走向式微。过去40年中，以土地经济为核心价值的规划体系，对中国整个40年快速发展带来了难以估量的价值，而未来40年中，处理空间价值的"城市设计"必将成为主角[②]。总之，我国建筑业将从高速增长阶段迈向高质量发展阶段，通过推进城市更新，大规模增量建设将转为增量结构调整和存量提质改造并重。需要注意的是，在低碳节能要求下，许多整体节能设计将不再适用[③]，而如替换新型围护结构材料，采用可再生能源等方式来减少建筑能源消耗等不涉及建筑主体结构改动的"微更新"与"集成设计"将逐步取代"整体设计"成为建筑行业的核心主题[④]。

---

① 张杰：《存量时代的城市更新与织补》，《城市开发》2021年第22期。
② 张红霞、施海涛：《存量时代国土空间规划中城镇开发边界探讨》，《城乡规划》2022年第6期。
③ 乔治、陈思梦、张新平：《基于触媒理论的城市集市空间微更新设计研究——以西仓集市为例》，《包装工程》2023年第6期。
④ 施嘉俊、陈书洁、许亦竣等：《智慧城市治理视角下参与式规划过程中信息反馈问题研究——以上海市新华路街道社区微更新和英国斯嘉堡小镇复兴为例》，《上海城市管理》2023年第2期。

（三）生产方式转变——从工业大生产到智能驱动

随着世界进入以信息产业为主导的发展时期，绿色建筑的生产方式从早期的人力规划与指标式工业大生产，逐渐转变为与数字技术深度结合的智能化生产方式[①]。住房和城乡建设部先后发布一系列"绿""智"共生指导文件，倡导智能建造作为建筑业绿色低碳转型的新机遇，推动"工业 4.0"在建筑行业的发展。通过运用 BIM、互联网、物联网、大数据、人工智能、区块链等新兴信息技术，形成涵盖建筑全生命周期的绿色建筑智能建造产业体系[②]。例如，在设计规划阶段，利用 BIM 技术进行采光、通风、日照、辐射和热工模拟，通过互联网、物联网等进行可视化协同设计，确定最合理的绿色建筑设计方案[③]。在建材生产阶段，建立智能化建材研发与生产控制系统以提高建材企业生产效率，减少建材垃圾、保护生态环境[④]。在施工建造阶段，结合 BIM 和 VR 技术模拟施工现场、推广机器人等智能施工机械的运用、倡导装配式施工、建立智能化工程建造管控平台[⑤]。在运营管理阶段，利用大数据、互联网和云计算等技术建立绿色建筑智能化运行管理平台，监测运营阶段的建筑能耗、碳排放、空气品质等指标等。

（四）用能结构转变——从区域供能到"光储直柔"

在"双碳"背景下，绿色建筑正逐步从传统的能源节约使用转变为能源自主产销，建筑节能标准也由超低能耗逐步向近零能耗、零能耗过渡，用能结构从区域电网供能转向以智能光伏为核心的新型分布式能源系统[⑥]。新

---

① 樊志：《"双碳"目标下建筑业绿色发展的实施路径》，《中国经济周刊》2022 年第 7 期。
② 王波、陈家任、廖方伟等：《智能建造背景下建筑业绿色低碳转型的路径与政策》，《科技导报》2023 年第 5 期。
③ 陈珂、丁烈云：《我国智能建造关键领域技术发展的战略思考》，《中国工程科学》2021 年第 4 期。
④ 刘红伟：《推动住房和城乡建设事业高质量发展——住房和城乡建设部相关负责人谈 2022年重点工作》，《中国勘察设计》2022 年第 4 期。
⑤ 何俊杰、王钟箐：《面向智能建造的数字化施工方案的实现》，《四川建筑》2023 年第 6 期。
⑥ 邹风华、朱星阳、殷俊平：《"双碳"目标下建筑能源系统发展趋势分析》，《综合智慧能源》2024 年第 13 期。

型绿色建筑能源系统以"光储直柔"为主要特征①。"光储直柔"新型绿色建筑能源系统不仅能节约建筑自身的能源消耗，也能缓解城市电网压力，提升城市供电的可靠性，是实现国家"双碳"目标和能源革命的重要技术路径②。目前鼓励发展"光储直柔"系统等有关要求已经纳入国务院《2030年前碳达峰行动方案》以及国家发改委、住建部等出台的《"十四五"建筑节能与绿色建筑发展规划》《城乡建设领域碳达峰实施方案》等政策文件。未来，以"光储直柔"为代表的分布式能源生产供应标准体系也在实践探索中不断健全，并逐步过渡为未来绿色建筑的主要能源供给形式。

三　问题与壁垒

（一）众"口"难调，行业转变与突破受阻

我国绿色建筑正处于快速发展阶段，当前针对建筑业除了对建筑运营阶段的加强节能减排外，还开始注重立项策划、设计与施工等关键阶段对建筑行业实现"双碳"战略的重要影响，因此多维发展导致行业之间交互增加，行业内部寻求转变与突破成为新时期下的获利要求③。然而，目前推动绿建行业多维发展仍存在诸多问题。

第一，绿色建筑的全国性统一立法尚未完成，法律规范体系尚未形成。新形势下，绿色建筑的全国性统一立法的缺失导致无法在绿色建筑框架下将建筑节能、可再生能源、绿色建造、绿色建材等内容予以体系化，最终导致绿色建筑的行为主体产生位阶选择障碍和利益纠葛。

第二，建筑工业过程协同度不够。建筑工程立项规划、建筑设计、建筑施工、建筑运营各个阶段各自为政，对提升建筑工程的整体质量和促进建筑

---

① 江亿：《光储直柔——助力实现零碳电力的新型建筑配电系统》，《暖通空调》2021 年第 10 期。

② 刘晓华、张涛、刘效辰等：《"光储直柔"建筑新型能源系统发展现状与研究展望》，《暖通空调》2022 年第 8 期。

③ 金秋平：《绿色建筑评价标准的立法思考》，《居舍》2020 年第 22 期。

业低碳转型不利。

第三，政府、设计方、开发商、建造商、消费者等多元主体在推进绿色低碳建造过程中的配合度不够。一方面体现为政府层面的顶层设计与地方配套政策的衔接不够。另一方面体现为行业和企业层面在绿色建造的推广宣传、政策落实、人才培养、标准制定等方面的工作存在不足。

（二）既有建筑绿色改造评价体系有待完善

面对城市化进程的快速发展和资源储量有限的现状，我们已经意识到"大拆大建、用后即弃"的粗放型建设方式和"拉链式"缝缝补补的改造方式已不再适用于新时代的"高质量、绿色发展"战略需求。然而，我国目前的既有建筑绿色改造评价体系尚未完善，存在以下几个方面的不足。

第一，标准和规范不够健全。尽管我国政府已颁布一系列鼓励和支持绿色建筑改造的政策，但既有建筑绿色改造方面的政策体系尚不够健全。自2015年《既有建筑绿色改造评价标准》实施以来，新版实施意见稿虽经长时间准备，但尚未正式施行[①]。目前，我国既有建筑绿色改造评价标准偏向于特定建筑类型，如商业办公楼或住宅小区，而对其他类型建筑考虑不足，如历史文化建筑、工业厂房等。此外，地域差异未充分考虑，缺乏针对不同气候、地形等因素的具体评估标准，导致评价结果主观性和不确定性较高，影响了改造项目的实际效果和社会认可度。

第二，评价指标体系不够科学。目前的"既有建筑绿色改造评价体系"缺乏科学性和系统性，评价指标不够全面和客观。我国现如今评价体系只涵盖了能源利用效率、水资源利用效率、室内环境质量、建筑材料与资源利用、环境适应性等指标，而忽视了其他方面的环境性能，如生态影响、健康与舒适性等，无法全面评估改造项目的可持续性和综合效益。

第三，技术水平和人才储备不足。既有建筑绿色改造需要大量的技术支持和专业知识，但目前我国在相关技术水平和人才储备方面仍然存在一定的

---

① 住房和城乡建设部：《住房和城乡建设部办公厅关于国家标准〈既有建筑绿色改造评价标准（征求意见稿）〉公开征求意见的通知》，2020。

欠缺，包括设计师、工程师、评估师等，他们缺乏系统的培训和实践经验，难以满足绿色建筑改造的需求，制约了改造项目的质量和效率。

（三）绿色建筑智能化转型受阻

建筑智能化是未来绿建发展的必然趋势，然而由于建筑业长周期、强政府管控、多级供应链特征以及信息技术部门与建筑部门的技术隔阂，目前我国绿建智能化存在诸多问题。主要表现在以下几方面。

一是绿色化与智能化的发展在政策法规层面仍需要进一步完善。政策法规尚未与绿色化、智能化城市建设等领域进行深度融合，目前绿色建筑以及智能化建筑的法规条例在具体性和科学性上仍有不足，导致绿色建筑市场缺乏相应的政策法规指导，同时对于建筑全生命周期对应阶段的评价、监管法规仍有进步空间，应该与地方的发展需求进行协调配合。

二是"泛数字化"问题凸显，技术性、整合性不足。首先，我国 CIM 发展本质上只是"数字化"，而未"平台化"，现有的 CIM 模型精度尚不满足城市管理规划的需求，CIM 平台数据的更新频率缓慢，与当今城市高速更新的现状存在矛盾[1]；同时，CIM 行业缺乏统一的标准和共享机制，导致信息孤岛和重复建设现象严重[2]；此外，建筑智能系统与实际建筑功能脱节或仅触及边缘，导致现有智能化系统沦落为商品堆砌的产物。

三是市场接受度、成本矛盾与人才断层问题突出。智能建筑发展不同于建筑节能的递进式指标推广，需要依托市场，统筹供给侧与消费侧，然而当前市场机制、供给侧布局、消费侧引导均处于初级阶段，仍有很大的完善空间。

（四）对接市场的长效机制未建立

当前，我国绿色建筑领域在经历近 30 年"自上而下"的宏观部署后，开始走向依靠市场的细节发展阶段，近年来，如"智能驱动"理念、"光储

① 吴志强、甘惟、臧伟等：《城市智能模型（CIM）的概念及发展》，《城市规划》2021 年第 4 期。

② 王少君：《CIM 基础平台建设推广障碍因素研究》，天津大学硕士学位论文，2020。

直柔"技术等依靠市场、依赖更新迭代的绿建发展动向层出不穷。然而，"智能驱动"和"光储直柔"技术涉及多行业、多层级的协调升级。以"光储直柔"技术为例，相关软硬件系统如智慧能源管控、柔性调节、实时响应等方面仍不够成熟稳定，需要持续迭代升级①。智能建筑建设技术也存在不少缺陷，如网络频宽方面的技术约束、专业技术人员的短缺以及缺乏科学、完整的数据模型，这些问题导致智能系统中的自动化设施与控制系统不能形成数据间的有效交换与转换。总体而言，"智能驱动"和"光储直柔"建筑技术仍处于发展初期阶段，社会认知度和市场关注度较低。其转化为成果的周期较长，市场推动力不足。尽管相关产业有所发展，但规模小、分布散、能源型和智能型产业投入不足，终端技术集成应用未能对产业链发挥统领和拉动作用。

四　建议

（一）加强顶层制度设计，推动绿色建筑多元主体协同发展

在推动建筑业向绿色、低碳、智能化多元主体协同发展转型的过程中，需要进行一系列顶层制度设计，继续完善我国自上而下的上位引领优势。

一是打通绿色低碳发展政策框架。打破现有绿色建造、智能建造、绿色建材、建筑节能等相关文件分头规制现状，整合现行法律法规及规范性文件要求，着力立法的体系化，并完善相关配套性政策和标准，在绿色建筑整体立法框架下将建筑节能、可再生能源、绿色建造、绿色建材等内容予以体系化和深度诠释，并且将绿色建筑全过程的相关环节及管理部门、从业机构与从业人员全部打通，明确相关主体的职责及权利义务。

二是强化上位政策的引导性和指向性。上位政策应从发展目标、发展战

---

① 侯恩哲：《光储直柔，行走未来（——访深圳未来大厦直流配电技术应用项目团队负责人郝斌）》，《建筑节能（中英文）》2021 年第 2 期。

略、推进路径等方面建立起建筑业多元化发展的政策指引，加大平台建设、扶持政策和人才培养等方面的政策支持力度，将绿色建筑行动的目标任务科学分解到下级政府，将绿色建筑行动目标完成情况和措施落实情况纳入下级政府节能目标责任评价考核体系。

三是加强核心技术发展布局。总体布局新型建筑工业化发展方向，关注先行国家技术动向，研判关键技术攻坚节点，颁布针对性的政策文件，推动核心技术发展时刻处于各项工作前部，包括并不限于加强对央国企及高校建筑净零碳研究、智慧建筑平台建设的相关政策支持等。

（二）发布相关实施指南，引领绿色建筑多维转变城市试点与企业转型

政府及相关单位应发布实施指南，以明确发展目标和优先任务为指导，确立从建筑节能向绿色、低碳、智能化多元主体协同发展转型的具体流程与实施路径。

一是发布并实施地方政府引导下的城市试点。在此基础上，开展城市试点工作，验证和积累经验，为城市绿色建筑转型提供实践基础和示范效应。政府应加强对试点项目的全方位支持，包括政策、财政、技术等方面，确保试点项目的顺利实施。

二是发布建筑设计企业转型路径，引导建筑设计企业转型升级。转型路径首先应重新定义产品服务，即从"功能设计"向"产品与解决方案设计"转型；其次，"设计"应向"设计+"转变，突出"设计"+"一体化、协同化系统集成"，整合建设方、施工企业、材料商、运维商等上下游产业生态，重构生产关系，促进商业模式变革；最后，应推动建筑设计行业头部企业的数字化转型，建立产业互联网平台，构建产业生态，实现产业价值链的重构和产业互联互通。

三是强调技术创新和成本效益。科学完善经济效益评定体系和方法，结合全生命周期方法合理准确地对绿色建筑进行经济性评定，推动绿色建筑技术的不断创新和应用，提高城市绿色建筑转型的可持续性和经济性。

（三）完善绩效评价体系，因地制宜引导绿色建筑创新方向

在提倡发展绿色建筑转型的同时，相关的评价体系也需完备优化。不同于国外 LEED、BREE-AM 等评价标准，我国绿建评价标准需要结合国情制定，合理规划低碳要求、智能化冲击以及存量更新等新形势下绿色建筑标准更新布局。

一是绿色建筑标准体系领域扩充与类别完善。从未来评价体系的完善方向来说，需要进一步细化建筑类型与细分条目，如出台更加科学合理的既有建筑节能改造评价体系以及智能建造试点项目评价体系等，以绿色、低碳、智能为特征完善绿色建筑标准体系。

二是绿色建筑标准体系指标扩充。绿色建筑绩效评价需要不断与相关学科进展进行深度融合，不断融入科学的新评价指标，融入建筑全生命周期中的各个阶段，形成以人为本、促进可持续发展的绿色建筑绩效评价体系。同时对于我国绿色建筑的评价体系需要将评价结果反馈到实质指标上，通过评价建筑相关信息的公开，建立透明开放的群众监管体系[1]。

三是绿色建筑标准体系的地域适配。绿色建筑具有地域性的特征，统一的评价标准并不适用于我国的绿色建筑发展，需要各地住建部门及相关部门在国家绿色建筑相关法律法规的指引之下，根据省级气候特征、建筑风貌、建造技术以及经济发展状况等发挥地域优势，制定相应的政策法规，引导绿色建筑创新方向，在融入地方文化风貌的同时，实现宜居性与绿色化的结合[2]。

（四）健全现代市场体系，构建绿色建筑良性产业生态

引入绿色建筑质量保险、绿色信贷、碳金融、绿色产业园等市场手段，通过市场力量引导消费者购买、使用绿色建筑产品，最终实现绿色建筑的长

---

① 张宇、邱国林：《绿色建筑特点及评价指标体系研究》，《陶瓷》2023 年第 7 期。
② 周晓艳、刘敏：《地域性绿色建筑：建筑与当地自然环境和谐共生》，《生态经济》2010 年第 8 期。

远发展。健全绿色建筑经济市场体系，构建绿色建筑良性产业生态需要持续优化市场竞争机制，充分发挥市场在资源配置中的关键作用。

一是搭建多元主体市场交流平台。调动建筑行业产业链的多元主体信息与技术分享的积极性，完善建筑全生命周期的市场体系要素。建立创新投入机制，以政府为主导，同时鼓励私人资本、风险投资等多元化资金激励企业研发新技术和产品，提高市场配置效率。

二是完善绿色金融市场体系。推动绿色经济发展，建立多主体、多途径、多层次的绿色经济政策，拓宽企业融资渠道，为绿色建筑建造提供更便利的融资环境。加强市场监督，制定绿色建筑评估机制，加强绿色建筑认证体系，确保建筑项目符合环保标准，对绿色建筑技术的发展和应用进行客观评估，同时建议多部门、市场中的广泛主体参与市场监督。

三是加强绿色建筑宣传。通过多种渠道和形式向公众传播绿色建筑的理念、技术和价值，提高人们对绿色建筑的认知和认可度，促进社会对绿色建筑的推广和应用。

B.18

ESG 发展历程与实践：探索环境、社会 和治理的综合价值

韩　晶　栾雅萌*

摘　要： 随着全球可持续发展目标的提出，ESG（环境、社会和治理）已成为评估企业社会责任和投资可持续性的重要指标。从 2004 年联合国全球契约组织首次提出 ESG 概念，到各国政策的制定和实践，ESG 的发展不仅反映了全球投资趋势的转变，也展示了企业如何通过实施绿色建筑、减少碳排放等措施，助力实现碳中和目标。本文通过分析 ESG 的发展背景、全球和中国的发展历程，以及绿色建筑在推动房地产行业可持续发展中的作用，探讨了 ESG 如何成为促进经济、社会和环境和谐发展的桥梁。

关键词： ESG　房地产　绿色建筑

一　ESG 的发展背景

ESG 代表着环境（Environmental）、社会（Social）和治理（Governance），是一种专注于企业环境、社会和治理绩效的投资理念和企业评价标准，与财务绩效无关。ESG 不仅要求企业披露环境和社会相关信息，还要求评估和管理公司的治理结构和决策过程。它旨在帮助投资者更全面地了解企业的可持续发展表现，并评估其在推动环境保护、社会责任和良好治理方面的作用。

＊ 韩晶，仲量联行评估咨询服务部资深董事，英国皇家特许测量师（FRICS）、中国房地产估价师、中国土地估价师；栾雅萌，仲量联行评估咨询服务部经理，中级工程师、WELL 认证专业人员（WELL AP）。

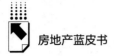
ESG 的发展过程已经超越了简单的披露要求、评价体系和工具的范畴，逐渐形成一种综合投资和管理实践的生态闭环。全球范围内，ESG 发展经历了多个阶段和趋势。最初，ESG 主要关注环境和社会责任，随着时间的推移，治理因素也被纳入其中，形成了全面的 ESG 框架。在过去几十年里，ESG 的认知和应用逐渐扩大，越来越多的投资者将 ESG 考虑为决策的重要因素。同时，国际组织、监管机构和行业协会也积极推动 ESG 的发展，制定了一系列指南和标准，促使企业更加重视可持续发展。

ESG 的发展历程反映了全球社会对可持续发展的日益关注和认识的提高。它已经从一个简单的评价标准发展成为一种整合环境、社会和治理因素的综合性理念。未来，ESG 将继续发展，引领企业和投资者朝着更可持续和负责任的方向前进，为实现全球可持续发展目标做出更积极的贡献。

（一）全球 ESG 发展历程

ESG 的概念产生于投资领域，后来随着投资的延展、政策的出台，发展到了披露要求，从而通过披露和投资逐渐影响到企业实践。与 ESG 相关的政策如表 1 所示。

表 1　全球与 ESG 相关的主要政策

年份	重要事件
2004	UNGC 在"Who Cares Wins"报告中首次提出 ESG 理念
	UNEP FI 发布"The Materiality of Social, Environmental and Corporate Governance Issues to Equity Pricing"报告并阐述 ESG 的重要性
2005	UNEP FI 和 Freshfields 联合出版的 *A Legal Framework for the Integration of Environmental, Social and Governance Issues into Institutional Investment* 正式提出 ESG 投资的定义
	欧盟建立世界第一个国际碳排放交易体系 EU ETS（EU Emission Trading System）
2006	UNGC 与 UNEP FI 在纽约证券交易所联合发起 PRI，致力于推动投资机构在决策中纳入 ESG 指标
2008	高盛推出可持续权益资产组合
	瑞银、贝莱德、汇丰、安联随后开展 ESG 投资实践

续表

年份	重要事件
2009	UNCTAD、UN PRI、UNEP FI、UNGC 联合发起 UN SSE，助推各签署交易所编制发布 ESG 报告指南，提高上市公司信息披露水平
2010	MSCI 推出全球 ESG 指数
2012	IFC 颁布 *Performance Standards on Environmental and Social Sustainability*，是金融机构最常用的评估基础设施项目的 ESG 标准框架之一
2015	UN SSE 推出证券交易所自愿工具"Model Guidance for Exchanges"，用于指导发行人报告 ESG 相关问题
	联合国 17 项可持续发展目标（SDGs）确立
2016	世界银行发布 *Environmental and Social Framework*，是金融机构最常用的评估基础设施项目的 ESG 标准框架之一
2018	IFC 发布 *Beyond the Balance Sheet* 作为公司信息披露工具包
2019	世界银行建立国家维度 ESG 数据平台
	欧盟委员会提出"European Green Deal"，其目标是在 2050 年使欧洲在全球率先实现碳中和
2020	UNEP 和 PSI 联合发布全球保险业第一本 ESG 指南
	欧盟委员会正式通过《欧盟分类法》（*EU Taxonomy*），促进欧洲市场 ESG 投资发展
	全球可持续投资达到 35.3 万亿美元
2021	英国和意大利联合主办《联合国气候变化框架公约》第二十六次缔约方大会（COP26）
	中欧牵头编制的《可持续金融共同分类目录报告》，对可持续金融标准寻求全球趋同路径有重要启示
2022	欧盟 ESG 信息披露三大法规之一的《公司可持续发展报告指令》（CSRD），获得了欧盟理事会（Council of the European Union）批准，并于 12 月 16 日由欧盟官方公布，正式取代了欧盟于 2014 年 10 月发布的《非财务报告指令》（NFRD）
2023	港交所公布了优化《环境、社会及管治报告指引》的修订建议，拟将气候信息披露新规作为强制性披露规定的一部分
	国际可持续准则理事会（ISSB）正式发布首批国际可持续披露准则——《国际财务报告可持续披露准则第 1 号——可持续相关财务信息披露一般要求》（IFRSS1）和《国际财务报告可持续披露准则第 2 号——气候相关披露》（IFRSS2）
	TCFD（气候相关财务信息披露工作组）发布了第六份也是最后一份进展报告，此后，TCFD 的监督职责将全部移交给国际可持续准则理事会（ISSB）

注：UNGC：联合国全球契约组织；UNEP FI：联合国环境署金融倡议组织；UNCTAD：联合国贸易和发展会议；UN PRI：联合国责任投资原则组织；IFC：国际金融公司；UN SSE：联合国可持续证券交易所原则倡议组织；UNEP：联合国环境署；PSI：联合国可持续保险原则倡议组织；Freshfields：富尔德律师事务所。

资料来源：社会价值投资联盟、华夏基金管理有限公司《2021 中国 ESG 发展创新白皮书》、华宝证券研究创新部、香港交易所。

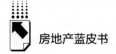

在 2004 年之前，国际社会逐渐形成了一系列概念，包括"伦理投资"（Ethical Investment）、"社会责任投资"（Socially Responsible Investment，SRI）以及与"可持续发展"和"环境保护投资"相关的观念，这些可以被视为 ESG 理念的雏形。这些概念的形成源于对企业的道德和社会责任的关注，以及对环境问题的日益增强的认识。投资者开始认识到，他们的投资行为不仅仅关乎经济回报，还应该考虑企业对环境、社会和治理方面的影响。

值得注意的是，1997 年成立的全球报告倡议组织（Global Reporting Initiative，GRI），作为第三方组织，制定了企业可持续发展报告的标准体系，为 ESG 理念在那个时期的实践奠定了基础。GRI 的举措推动了企业对可持续发展和 ESG 因素的披露，并促使投资者更全面地了解企业的可持续发展表现。

随着 2004 年 ESG 概念的首次提出，2006 年联合国责任投资原则组织（Principles for Responsible Investment，PRI）正式提出了负责任投资原则，这一举措引导金融企业向 ESG 投资转型。PRI 的出现标志着 ESG 理念的进一步推广和实践，为投资者提供了指导，使他们能够在投资决策中更好地考虑 ESG 因素。

2015 年 9 月，全球 193 个会员国在联合国发展峰会上通过了《2030 年可持续发展议程》，确立了 17 项可持续发展目标（Sustainable Development Goals，SDGs），旨在到 2030 年以综合方式实现社会、经济和环境三个维度的发展。这一里程碑性的举措进一步强调了可持续发展的重要性，并将 ESG 理念与全球可持续发展目标联系在一起。

自 2004 年以后，ESG 快速发展，政府部门、国际组织以及企业机构持续推动 ESG 的发展，不断完善 ESG 准则和原则，并在广泛范围内进行实践。越来越多的投资者认识到 ESG 因素对投资决策和风险管理的重要性，ESG 投资规模逐步扩大。同时，ESG 理念也逐渐成熟，企业意识到通过积极关注环境、社会和治理问题，可以提升企业形象，并为可持续发展做出贡献。

（二）中国在 ESG 道路上的探索及实践

尽管 ESG 在中国的发展时间相对较短，投资、融资和资产管理规模相对较小，且尚未形成统一且确切的 ESG 评价体系和标准制度，然而 ESG 的国际化特性和投资实践为中国的碳达峰与碳中和目标提供了有力补充和重要支持。表 2 是相关主要政策措施。

表 2　中国与 ESG 相关的主要政策

年份	重要事件
2003 年 9 月	原国家环境保护总局发布《关于企业环境信息公开的公告》，是我国第一个有关企业环境信息披露的规范
2007 年 4 月	原国家环境保护总局《环境信息公开办法（试行）》鼓励企业自愿通过媒体、互联网或者企业年度环境报告的方式公开相关环境信息
2007 年 12 月	国资委《关于中央企业履行社会责任的指导意见》将建立社会责任报告制度纳入中央企业履行社会责任的主要内容
2008 年 2 月	原国家环境保护总局发布《关于加强上市公司环境保护监督管理工作的指导意见》，与证监会共同建立和完善上市公司环境监管的协调与信息通报机制，促进上市公司特别是重污染行业的上市公司真实、准确、完整、及时披露相关环境信息
2010 年 9 月	原环境保护部《上市公司环境信息披露指南（征求意见稿）》规范了上市公司披露年度环境报告以及临时环境报告信息披露的时间与范围
2017 年 12 月	证监会第 17 号公告和第 18 号公告鼓励公司结合行业特点，主动披露积极履行社会责任的工作情况；属于环境保护部门公布的重点排污单位的公司或其重要子公司，应当根据法律、法规及部门规章的规定披露主要环境信息
2018 年 9 月	证监会《上市公司治理准则》修订增加了利益相关者、环境保护与社会责任章节，提出"创新、协调、绿色、开发、共享"的发展理念，确立了环境、社会责任和公司治理（ESG）信息披露的基本框架
2021 年 12 月	生态环境部发布《企业环境信息依法披露管理办法》，明确了企业环境信息依法披露的主体、内容、形式、时限和监督管理，规范环境信息依法披露活动。随后，生态环境部办公厅为深化环境信息依法披露制度改革，落实《环境信息依法披露制度改革方案》和《企业环境信息依法披露管理办法》要求，细化企业环境信息依法披露内容，规范环境信息依法披露格式，制定了《企业环境信息依法披露格式准则》
2022 年 2 月	《企业环境信息依法披露管理办法》及《企业环境信息依法披露格式准则》正式施行，规定重点排污单位、实施强制性清洁生产审核的企业、符合规定情形的上市公司和发债企业等，应该依法披露环境信息，开启企业 ESG 信息披露的新时期
2022 年 4 月	证监会发布《上市公司投资者关系管理工作指引》，落实新发展理念的要求，在沟通内容中增加上市公司的环境、社会和治理（ESG）信息

年份	重要事件
2023 年 7 月	国资委办公厅发布《关于转发〈央企控股上市公司 ESG 专项报告编制研究〉的通知》并附带三个附件,中央企业探索建立健全 ESG 体系,力争到 2023 年央企控股上市公司 ESG 专项报告披露"全覆盖"
2024 年 2 月	在证监会统一部署下,沪深北交易所分别就《可持续发展信息披露指引》征求意见,将采用强制披露和自愿披露相结合的方式,最快要求范围内的上市公司对 2025 年的 ESG 报告进行强制披露
2024 年 4 月	上交所、深交所和北交所分别发布《上海证券交易所上市公司自律监管指引第 14 号——可持续发展报告(试行)(征求意见稿)》《深圳证券交易所上市公司自律监管指引第 17 号——可持续发展报告(试行)(征求意见稿)》《北京证券交易所上市公司持续监管指引第 11 号——可持续发展报告(试行)(征求意见稿)》,并自 2024 年 5 月 1 日起实施
2024 年 5 月	财政部发布《企业可持续披露准则——基本准则(征求意见稿)》,着手建立国家统一的可持续披露准则体系

资料来源:中华人民共和国生态环境部、原国家环境保护总局、国务院国有资产管理委员会、原环境保护部、中国证券监督管理委员会。

2022 年 3 月,国务院国资委成立科技创新局和社会责任局,并召开成立大会。会议中强调了中央企业社会责任体系构建工作的重要性,并指导企业积极践行 ESG 理念,主动适应和引领国际规则和标准的制定,以更好地推动可持续发展。在"双碳"目标的推动下,中国的 ESG 投资受到资本市场的广泛关注,生态保护、低碳转型、绿色能源与建筑、绿色融资等领域成为重要的主题。

随着 ESG 在中国迅速发展,越来越多的央企控股上市公司开始重视 ESG 工作。截至 2023 年 4 月,A 股和港股央企控股上市公司共提交了 328 份 ESG 专项报告,占比约为 71.6%。而在 2024 年 2 月 8 日,上交所、深交所和北交所分别发布了上市公司可持续发展报告指引。该指引要求上证 180 指数、科创 50 指数、深证 100 指数、创业板指数样本公司以及境内外同时上市的公司按照指引披露可持续发展报告。该指引对可持续发展报告的框架和内容提出了具体要求,被视为构建具有中国特色、规范统一的可持续发展信息披露规则体系的重要里程碑，开启了 A 股上市公司强制披露的新时代。

二　绿色建筑助力房地产行业实现可持续的 ESG 目标

随着社会经济条件的发展和能源消耗量的增长，全球范围内可持续发展的概念逐渐兴起。绿色建筑及相关技术和政策体系也在多个欧美国家得到广泛推行和实践。在我国大力推进新型城镇化建设的背景下，传统建筑行业正朝着节能低碳、可持续的方向发展，绿色建筑由此得以推广，并成为现代建筑产业发展的主流趋势。

自 2006 年第一版《绿色建筑评价标准》实施以来，我国在绿色建筑领域取得了显著成就。经过十余年的发展，绿色建筑从无到有、从少到多、从个别城市到全国范围、从单体到城区乃至城市，规模不断发展壮大。绿色建筑实践工作稳步推进，其发展效益明显。从国家到地方，从政府到公众，全社会对绿色建筑的理念、认识和需求逐步提高，绿色建筑得到蓬勃发展。

绿色建筑与 ESG 战略之间的联系表明了房地产行业如何通过建筑实践来实现可持续发展目标，并对社会和经济产生积极影响（见图1）。我们可以考虑以下三个方面。

（一）环境（E）

"绿色建筑"概念在中国的引入初期，主要是为中高端项目追求高品质认证以提升品牌附加值。然而，随着建筑技术的发展和房地产市场的成熟，加上节能减排市场趋势和政策要求的叠加影响，绿色建筑的要求逐渐普及并演变为强制性要求。绿色建筑实践带来的综合收益和室内环境质量改善逐渐形成市场共识。特别是在公共建筑领域，更高水平的绿色实践提高了建筑运行效率，节省了运行成本。同时，通过获得市场认可的认证或评价，建筑物或空间获得品牌效益，成为提升出租率和获取更高溢价的有效手段。

随着十多年的绿色建筑技术应用推进，《绿色建筑评价标准》（GB/T

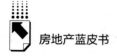

图 1　绿色建筑与 ESG 战略的联系

资料来源：仲量联行整理。

50378）经历了两次修订，其评价体系更加全面。新的评价标准以"四节一环保"为约束条件，以"以人为本"作为核心要素，从建筑的安全耐久、健康舒适、生活便利、资源节约、环境宜居等方面建立评价指标。自《绿色建筑评价标准》首次发布以来，我国绿色建筑的整体建造水平取得了很大的改善。此后，针对不同的建筑类型，相应的评价标准相继出台，目前绿色建筑标准体系已逐渐完善。在国家对绿色建筑的大力支持和鼓励下，城市保障性安居工程、政府投资的公益性建筑、大型公共建筑开始全面执行绿色建筑标准，我国绿色建筑呈现跨越式发展，绿色建筑由推荐性、引领性、示范性向强制性方向转变。

近年来，各地相继出台了支持绿色建筑发展的政策。特别是在商业地产领域，住房和城乡建设部推出了"绿色建筑评价标识"认证体系，旨在最大限度地实现建筑全生命周期内的节能、节地、节材、节水，并确保室内环境质量、施工和运营管理质量。绿色建筑评价标识是中国推荐性国家标准，在政府相关部门的推动下，已成为国内主流的绿色建筑认证体系。除了推广国家绿色建筑标准外，我国也对 LEED（美国）、WELL（美国）、BREEAM（英国）、CASBEE（日本）等国际绿色认证体系持开放包容的态度。

以 LEED 认证为例，据统计，截至 2021 年底，中国 LEED 认证项目数量再创新高，共有 4217 个项目获得 LEED 认证，认证建筑总面积超过 14 亿平方米。根据美国绿色建筑委员会发布的 2021 年度总结，上海以 867 个项目遥遥领先于其他城市，北京和香港分别以 536 个和 308 个项目位列第二和第三。此外，深圳近年来的绿色建筑得到了广泛发展和支持。在绿色建筑概念刚进入中国时，其主要是为中高端项目追求高品质认证，以提升品牌附加值为目的。然而，随着建筑技术的进步和房地产市场的成熟，加上节能减排的市场趋势和政策要求，绿色建筑的要求逐渐普及并逐步成为强制性要求。绿色建筑实践带来的综合收益和室内环境质量的改善也逐渐形成市场共识。

特别是在公共建筑领域，更高水平的绿色实践提高了建筑的运行效率，从而节省了运行成本。同时，获得市场认可的认证或评价也为建筑物或空间带来了品牌效益，在市场竞争日趋激烈的情况下成为提高出租率的有效手段，同时也有助于获取更高的溢价。

随着绿色建筑技术应用的推进，绿色建筑评价标准不断完善。《绿色建筑评价标准》在经历两次修订后，评价体系更加全面。新的评价标准以"四节一环保"为约束条件，以"以人为本"为核心要素，从建筑的安全耐久、健康舒适、生活便利、资源节约、环境宜居等方面建立评价指标。自《绿色建筑评价标准》首次发布以来，我国绿色建筑的整体建造水平得到了很大的提高。

在国家对绿色建筑的大力支持和鼓励下，城市保障性安居工程、政府投资的公益性建筑以及大型公共建筑开始全面执行绿色建筑标准，我国绿色建筑呈现跨越式发展，绿色建筑由推荐性、引领性、示范性向强制性方向转变。

根据住房和城乡建设部标准定额司的信息，截至 2022 年底，全国累计建成节能建筑面积超过 303 亿平方米，占城镇民用建筑面积的比例超过64%。北方地区已完成超过 18 亿平方米的既有居住建筑节能改造，惠及超过 2400 万户居民，显著改善了室内舒适度。此外，全国累计建成绿色建筑面积超过 100 亿平方米，2022 年城镇新建绿色建筑占新建建筑的比例达到90% 左右。当前我国的新建绿色建筑占比已超过 90%。

可以看出，我国的绿色建筑市场正在快速发展，并呈现全面、多元化的趋势。绿色建筑通过提高能源效率和利用可再生资源（如太阳能和风能），最小化建筑的生命周期碳足迹。这种做法不仅减少了企业运营的环境成本，还通过生态设计实现了生物多样性的保护和生态系统服务的增强。

更重要的是，目前国内的绿色建筑技术体系已非常成熟，已经形成了一套较为完整的绿色建筑标准体系，包括评价、设计、施工建设、检测和运营等各个阶段。《关于推动城乡建设绿色发展的意见》提出了大力发展装配式建筑。此外，住房和城乡建设部在 2022 年印发的《"十四五"建筑业发展规划》和《"十四五"建筑节能与绿色建筑发展规划》中提出，到 2025 年，要完成既有建筑节能改造面积 3.5 亿平方米以上，建设超低能耗、近零能耗建筑 0.5 亿平方米以上，装配式建筑占新建建筑的比例达到 30%以上。此外，新建建筑施工现场建筑垃圾排放量要控制在每万平方米 300 吨以下，全国新增建筑太阳能光伏装机容量要达到 0.5 亿千瓦以上，地热能建筑应用面积要达到 1 亿平方米以上，城镇建筑可再生能源替代率要达到 8%，建筑能耗中电力消费比例要超过 55%。同时，建筑废弃物处理和再利用的市场机制也正在初步形成，绿色建造示范工程也在建设中。

因此，尽管国内绿色建筑的数量和比例正在稳步上升，但实际技术质量仍有提升的空间。绿色建筑概念本身也将在很长一段时间内存在质量上的差异。另外，随着租户和使用者对绿色概念的理解普及，绿色概念带来的市场认可和溢价仍将继续发展和持续增长。

（二）社会（S）

从社会维度来看，绿色建筑的推广有助于创造健康和有生产力的工作环境，提升员工的幸福感并降低疾病发生率。此外，绿色建筑通常采用灵活的空间设计，满足不同群体的需求，提高空间的包容性和可访问性等，这些因素对于行业和企业的发展具有至关重要的影响。

仲量联行的一项针对企业房地产领域的调研收集了全球企业房地产领导

者关心的前三大优先事项的投票结果。结果显示，对于大多数企业而言，关注度居前列的降低运营成本、可持续发展和提升员工体验均与 ESG 实践考虑的因素相关联（见图 2）。

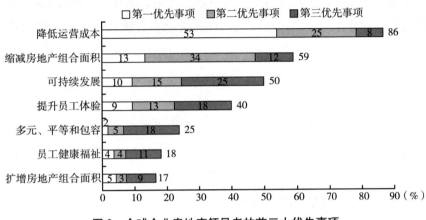

图 2　全球企业房地产领导者的前三大优先事项

资料来源：仲量联行。

调研显示，有 43% 的企业计划加速推出新的健康和福利设施，其中选择绿色建筑作为办公空间是重要的举措之一。房地产行业践行环境、社会和治理原则的出发点与其他行业类似，但由于建筑环境与每个人息息相关，房地产行业与 ESG 的关系更加紧密。在整个房地产生命周期中，社会价值可以理解为为每个与空间或在空间内互动的利益相关方创造持久的积极社会影响。企业设施作为品牌物化形式，也是企业与所在社群互动的方式。

仲量联行对全球企业决策者进行的调研显示，有 91% 的受访者认为房地产是支持实现社会价值目标的重要载体。在商业地产领域，一些外资金融、专业服务和科技企业已经将 ESG 理念贯彻到办公楼选址、办公空间打造以及日常运营的整个管理流程中，选择具有国际认证的办公楼项目。

根据仲量联行的报告《绿色租赁：为负责任租赁定调》，有 65% 的受访者表示，绿色租赁制定了关于如何以可持续的方式改善、管理或租用建筑的

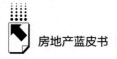

共同目标，预计在未来三年将被广泛接受并纳入新的行业标准。这种乐观的看法部分基于绿色认证和绿色建筑在实现净零碳的过程中有望成为市场标准的趋势。

绿色认证是对建筑物或房地产项目进行评估和认证，以确保其符合特定的环境和可持续性标准。这些认证系统通常包括对能源效率、水资源管理、室内环境质量和材料选择等方面的评估。通过绿色认证，建筑物可以证明其在环境方面的优秀表现，促进减少碳排放，提高资源利用效率，并改善室内环境质量。

随着全球对气候变化和可持续发展的关注不断增加，绿色认证和绿色建筑有望成为市场的标准和要求。这将推动租赁市场朝着更可持续和环保的方向发展，促使房地产行业采取更多的措施来改善建筑的环境性能和可持续性。同时，绿色租赁也为租户提供了更多选择，让他们能够租用符合可持续标准的建筑，从而实现其自身的环境和可持续目标。

（三）治理（G）

良好的治理是实现 ESG 目标的基石。绿色建筑项目要求企业拥有透明和负责任的决策过程，其中包括广泛参与的利益相关者，如投资者、员工和社区成员。同时，企业需要建立严格的合规体系，确保所有建筑项目符合国际标准和当地建筑法规，如 LEED 或 BREEAM 认证以及绿色建筑标准等。此外，企业还需要评估与气候变化相关的物理和过渡风险，并将这些风险纳入长期战略规划的风险管理中。

通过这种方式，绿色建筑作为 ESG 战略的一部分，展示了企业对可持续发展的全面承诺。这不仅是为了遵守法规要求或实现短期环境目标，而是将可持续发展理念深植于企业的核心价值观中，通过具体实践促进经济、社会和环境的和谐共生。这种整合性的方法能够为企业带来经济利益，如通过提高能效降低运营成本，提升企业声誉和品牌价值，以及吸引和留住人才。同时，它也有助于应对全球性挑战，如气候变化、资源匮乏和社会不平等，促进实现联合国可持续发展目标（SDGs）。

三 绿色指标是 ESG 概念价值实现的"度量衡"

根据我们的研究，我们发现绿色建筑认证级别越高的资产，在建筑质量和运营效率上表现越好，因此其租金和售价溢价也更高，从而有助于保值和升值（见表 3）。从整个行业的角度来看，绿色实践是房地产企业在 ESG 行动方面直观有效的落地方案。绿色建筑认证凭借成熟、量化且市场广泛认可的指标体系，已成为行业中重要的投资标签。它也为投资者在进行 ESG 价值观投资时提供了参考和实践的表达方式，扮演着将 ESG 理念转化为价值量化的桥梁角色。

随着中国绿色金融市场的进一步扩大，无论是绿色地产项目的融资开发还是增值改造和资产退出，绿色指标都成为衡量资产价值提升和量化的重要标准。

表 3 具有更好绿色表现的房地产项目的特点

租户层面	投资人层面
市场租金 ·在租赁表现中，绿色建筑更可能会获得更高的溢价。 ·可持续房产项目的租金增长率更高	**资本化率和折现率** ·绿色建筑可能有更高的出租率、更低的运营成本、更少的未来资本负担。 ·投资者将偏好绿色建筑，因此资本化率和折现率会受到压缩
空置期和续租率 ·绿色建筑空置时间可能比较短。 ·租户更有可能续租绿色建筑的房产项目	**运营和资本支出** ·一般来说，绿色建筑运营成本更低，运营有更高的经济效益 ·通过对工程、房屋的折旧规划，重置相关成本，降低资本支出
租赁推广费用减少 ·业主可以投入更少的租赁激励换取空置率的降低，因而直接提高资产的净收入，提升房产项目的价值	

资料来源：仲量联行。

（一）收入端

根据不完全统计分析，包括北京、上海、广州、深圳和香港在内的城市，拥有绿色认证的办公楼售价溢价率较高。在更广泛的范围内，包括成都、深圳等二线或强一线城市，租金溢价程度可达2%~11%。在这些城市中，绿色认证的办公楼显示出良好的市场表现，获得了投资者的青睐。

分析还发现，不同城市在租金溢价水平和售价差异方面存在一定差异。当租金收益可观且售价溢价显著时，会吸引更多的投资者增持和加大资本投入。在其他因素不变的情况下，收入的增加必然会导致物业或资产价值的增值。售价溢价率在8.9%~14.4%区间。绿色建筑在收入表现方面展现出可观的盈利能力和稳定的现金流，进一步彰显了其优势。

（二）支出端

绿色建筑在能源消耗、水资源消耗和温室气体排放方面发挥了三重减少的作用，从而实现了整体能源使用的显著减少（见图3）。我们通过对国内和国外绿色建筑的运营成本进行追踪研究，还发现随着绿色建筑运营时间的增长，运营成本的降低效果更加明显。

根据不完全统计数据，绿色建筑在能源消耗方面平均减少了25%，水资源消耗减少了11%，温室气体排放减少了34%。在楼宇运营成本方面的分析显示，在中国大陆地区，绿色建筑的1年期平均运营成本降低了7.4%~7.6%，而5年期平均运营成本降低了11.3%~12.6%；在亚太地区范围内，绿色建筑的1年期平均运营成本降低了10%~10.4%，而5年期平均运营成本降低了15.4%~15.8%。这些数据进一步证明了绿色建筑在降低运营成本方面的显著效果。

（三）融资端

一般情况下，房地产行业，特别是房地产开发企业在融资方面常常面临一定的挑战，但绿色建筑提供了拓展绿色债券融资渠道的机会。根据已经发

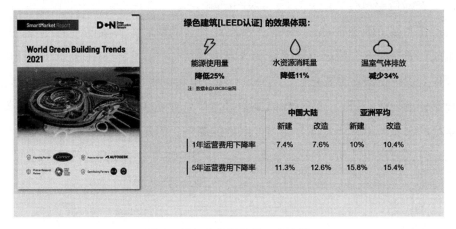

图 3　绿色建筑的价值—支出端

资料来源：仲量联行。

行的碳中和商业抵押贷款证券（CMBS）的数据，绿色建筑可以降低融资成本，使票面利率下降 60 个基点。根据《2022 中国房地产行业发展白皮书》，绿色债券的发行利率比普通债券平均降低了 1.5%。总体而言，收入增加和现金流稳定为绿色建筑增值提供了支持。

绿色建筑的数量在过去几年逐步增加。目前，在亚太地区，有 42% 的甲级写字楼是绿色建筑。绿色溢价是绿色建筑投资所关注的重点，它带来了收益增加和成本降低的效果。

1. ESG 对商业地产回报率的影响

从财务可行性的角度来看，绿色建筑对于内部收益率（IRR）的提高效果非常显著。初步测算显示，未来通过减排和零碳排放等措施的实施，可以使整个物业的 IRR 提高超过 5 个百分点。此外，可持续建筑从成本节约的角度考虑，可以节约维护费用、延长持有期，更好地利用和使用建筑物，降低物业的折旧率，从而降低资产运营成本。从降低风险的角度来看，低碳环保的资产表现出良好的抗风险能力，未来现金流的稳定性更为可靠，因此具有较低的风险特征。

2. 绿色建筑对于企业 ESG 评级的影响

作为城市碳排放的主要来源，房地产企业需要转变传统的"高能耗、高排放"发展模式，将绿色低碳发展作为主要目标。绿色建筑在房地产企业的 ESG 表现中扮演着重要角色，与 MSCI 环境范畴的评分和整体评分密切相关。根据仲量联行的研究，约 70% 的典型房地产企业至少拥有一栋获得绿色建筑认证的物业。尽管环境得分受多种因素的影响，但房地产企业拥有更高比例的绿色认证建筑面积，往往伴随着 MSCI 环境范畴得分的提升（见图 4）。

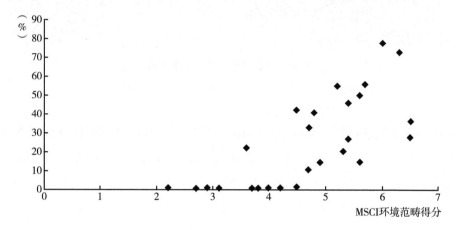

图 4　房企绿色认证建筑面积比例与环境得分之间的关系

资料来源：MSCI，仲量联行整理。

在整个房地产开发产业链上，绿色建筑的发展依赖于创新的绿色技术应用，如 BIM 技术、装配式建筑和能源管控监测系统平台等，这些技术推动了房地产行业的数字化转型。行业的领军者正积极推动智能建造的发展，通过高端材料技术突破和科技创新，打造低碳低能耗的新优势，以在 ESG 潮流中脱颖而出，提升核心竞争力。

四　可持续愿景的价值实现之路

总体而言，绿色建筑的可持续指标主要体现在租金和售价的溢价、经营成本和能耗的降低以及投资回报率的提升。短期内，相对于非绿色建筑，绿色建筑的投资回报率可能并不显著，未必符合投资者的要求。然而，从长期来看，绿色建筑是符合国际社会低碳和可持续发展潮流的趋势。随着技术的不断突破和理念的更新，并配合政府更为实际的激励政策，绿色和非绿色资产之间的投资回报和评估价值将显示出越来越大的差异，同时资产的抗风险能力也将进一步增强。

在整个房地产行业中，涉及开发商、融资方、投资方、持有方、运营方、租赁方等各个市场参与者。绿色和 ESG 理念贯穿于房地产的开发设计、建造、运营和退出等各个环节。许多持有方、业主方、开发商甚至租户都在朝着更加绿色和节能减碳的方向转变，这影响着房地产产业链和供应链的持续发展。最终，双碳、绿色和 ESG 不仅会改变营业模式、盈利方式、融资创新和运营模式，还会成为更加环保和可持续的理念。ESG 已经成为重要的投资理念，可持续发展有望成为房地产行业的重要驱动力。在内外双重驱动下，企业不仅可以实现内在的可持续循环，ESG 和双碳等可持续性概念还将对房地产行业产生深远而直接的影响。

ESG 不仅是一种工具，也是一种理念，它起到"锚"作用，影响着投资、融资以及企业和房地产价值本身，最终形成以 ESG 为核心和导向的生态闭环。

参考文献

中国建筑节能协会建筑能耗与碳排放数据专业委员会：《2022 中国建筑能耗与碳排放研究报告》，2022。

中国建筑节能协会、重庆大学：《2023 中国建筑与城市基础设施碳排放研究报告》，2023。

仲量联行：《负责任的房地产：实现社会价值》，2023。

仲量联行：《可持续发展的价值：亚洲地区绿色资产溢价的有力证据》，2023。

仲量联行：《大中华区物业摘要》，2022。

仲量联行：《2022年未来办公调研报告》，2022。

仲量联行：《绿色租赁：为负责任租赁定调》，2022。

仲量联行：《中国办公室楼租赁指南》，2021。

社投盟、华夏基金：《2021中国ESG发展创新白皮书》，2021。

USGBC：《新年第一读：成为绿色建筑，然后呢?》，2023。

观点指数研究院：《2022中国房地产行业发展白皮书》，2022。

B.19
新时期城市更新行动的
政策趋势与试点探索

魏安敏 王亚洁 柳巧云*

摘　要： 中国城镇化进入"下半场"，城市发展进入了结构性优化调整的新时期，由重规模速度向重内涵品质转变，城市更新成为城市补短板、提品质，推动城市高质量发展的重要举措。中央高度重视城市更新工作，于党的十九届五中全会明确提出"实施城市更新行动"这一重要国家战略，此后，又相继发布多项政策和新规，以规范各地实践，促进城市更新行动稳妥、有序开展。与此同时住建部也组织开展了城市更新试点工作，第一批试点城市取得了一些实践经验，但同时也存在一些亟待解决的问题。在今后的城市更新行动中，应不断完善城市更新的技术方法，加强政策机制创新，破解制度性障碍，实现以人民为中心、以运维为关键的城市发展模式转型。

关键词： 城市更新行动　制度设计　可持续

城市更新是城镇化进入中后期的必然选择。国际经验显示，当城镇化率达到60%以后，城市早期发展过程中累积的问题会逐渐爆发。2023年末，我国常住人口城镇化率达到66.16%，总体上已经进入城市问题凸显期，而城市工作的重点也进入了系统性解决城市问题的关键阶段，既要补短板，又

---

* 魏安敏，中国城市规划设计研究院住房与住区所主任规划师，高级工程师，主要研究方向为城市规划与城市设计、城市更新；王亚洁，城乡规划学博士，中国城市规划设计研究院城市更新分院规划师，高级工程师，主要研究方向为城市更新、TOD；柳巧云，中国城市规划设计研究院城市更新分院规划师，高级工程师，主要研究方向为城市规划、城市更新。

要谋发展。

2020 年十九届五中全会首次从国家战略层面提出"实施城市更新行动"。2021 年，住房和城乡建设部推动开展第一批 21 个城市的城市更新试点工作，标志着我国城市发展正式进入城市更新时代。从中央到地方都高度重视这一存量时代的国家新战略，随着试点工作的广泛深入开展，各试点城市也结合自身特点进行了一系列研究和探索，在统筹谋划机制、可持续模式、相关支持政策方面均取得了初步成效。本文将在系统回顾国家提出城市更新行动的背景历程基础上，进一步明确城市更新相关概念和意义，并通过对新时期国家层面城市更新相关重要政策文件的深入解读，以及对试点探索经验及问题的分析总结，提出我国未来进一步推进城市更新的方向抓手。

一 城市更新行动的发展演变

（一）城市更新行动提出的背景历程

我国城市更新行动的提出经历了长期、充足的酝酿和准备，总体来看，大致经历了三个阶段。

1. 第一阶段：零星探索期

这一阶段主要指 2015 年中央城市工作会议以前的时期。城市更新活动主要是指在政府主导、市场参与下联合推动的一些片区或项目实践，主要侧重于对旧城居住环境的改善，包括对棚户区、危旧房、旧城旧区等危房集中、设施落后的区域进行拆除式改建，典型案例如辽宁的棚户区改造、广州的三旧改造等。

与此同时，在北京、上海等少数较发达城市，也在老厂区更新改造、历史文化保护和文化植入等方面开展了小范围实践探索，比较典型的如北京798 工厂改造、成都宽窄巷子改造、苏州平江路整治等。这些探索为解决不同尺度、不同更新对象的更新方法、更新模式积累了有益的经验。

2. 第二阶段: 酝酿准备期

2015 年 12 月, 时隔 37 年再次召开中央城市工作会议, 会议提出要尊重城市发展规律, 提高城市治理能力, 解决"城市病", 要加强城市设计, 提倡城市修补, 推动城市发展由外延扩张式向内涵提升式转变等新要求。本次会议标志着我国的城市建设从重规模速度转向重内涵品质的新阶段。

2017 年 3 月, 住房和城乡建设部组织推进"生态修复、城市修补"工作, 将其作为治理城市病、改善人居环境的重要行动, 重点在生态环境、绿地系统、基础设施、公共空间、交通路网、老旧小区、历史文化、城市风貌等 8 个方面进行更新提升, 分三批先后推动了 58 个城市的"双修"试点工作。从某种意义上说, "双修"可以称为简化版的城市更新行动。在三亚的"双修"工作中, 住建部、三亚市与中规院建立了行政统筹负责、技术协同对接的工作组织框架, 是城市更新工作第一次在部委层面的系统筹备和谋划。

2020 年 7 月, 国办印发了《关于全面推进城镇老旧小区改造工作的指导意见》, 要求大力改造提升城镇老旧小区, 重点改造 2000 年底前建成的老旧小区, 在近五年的实践过程中, 基本形成了城镇老旧小区改造的制度框架、政策体系和工作机制, 推动惠民生、扩内需, 推进城市更新和开发建设方式转型取得了积极的成效, 也为城市更新行动的提出提供了铺垫。

3. 第三阶段: 系统实践期

2020 年 10 月, 党的十九届五中全会通过的《中共中央关于制定国民经济和社会发展第十四个五年规划和二〇三五年远景目标的建议》首次提出实施城市更新行动, 要求推进城市生态修复、功能完善工程, 统筹城市规划、建设、管理, 合理确定城市规模、人口密度、空间结构, 促进大中小城市和小城镇协调发展。强化历史文化保护、塑造城市风貌, 加快城市老旧小区改造和社区建设, 增强城市防洪排涝能力, 建设海绵城市、韧性城市。以此为标志, 城市更新首次上升到国家战略的高度, 我国城市发展正式进入城市更新的新时期。

2021 年 3 月, 《国民经济和社会发展第十四个五年规划纲要》明确指

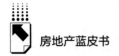

出：加快转变城市发展方式，统筹城市规划建设管理，实施城市更新行动，推动城市空间结构优化和品质提升。

2021 年 11 月，住建部发布《关于开展第一批城市更新试点工作的通知》，决定在北京等 21 个城市（区）开展城市更新试点工作。自此，城市更新行动成为从中央到地方广泛推广实践的一项共识性行动。

总而言之，从中央城市工作会议提出解决城市病，到"双修"试点和老旧小区改造的全面开展，再到提出实施城市更新行动，城市更新行动是在相关工作的不断推进中逐步深入、逐步凝聚共识、逐步从地方实践上升的国家战略举措的一个过程。

（二）城市更新行动的概念、内涵、路径与意义

结合多年实践探索和新时期的发展要求，城市更新行动的概念基本可界定为是针对城市既有建成区中不适应当前或未来发展需求的物质空间、社会形态和功能所进行的可持续改善的建设和治理系列综合性、系统性战略行动，以综合实现城市社会、经济、文化等的繁荣发展。

就内涵而言，城市更新行动是以新发展理念为引领，促进城市发展方式转型，推动高品质人居环境建设、城市高质量发展和城市治理体系现代化的一项综合性、系统性和长期性工作，不是简单的拆除新建，而是包含城市结构、功能体系及产业结构的更新和升级等多方面的内容。

就路径而言，城市更新行动要以城市整体为对象，把城市作为有机生命体，以城市体检评估为基础，以提升人民群众满意度为中心，目标导向、问题导向、结果导向相结合，运用城市规划与城市设计的方法进行全过程和系统性统领，统筹规划、建设、治理，从好房子到好小区、好社区、好城区，进而建设、治理一个宜居、韧性、智慧的好城市。

就意义而言，城市更新行动是解决城市突出问题和短板，提升获得感、幸福感的重要抓手；是扩大内需战略、优化产业结构，构建新的发展格局的重要路径；是推动城市开发建设方式转型，促进绿色低碳发展的有效途径；是适应城市发展新阶段、新形势，推动城市高质量发展的必然要求。

（三）我国新时期城市更新的三大趋势特征

从旧城旧区改造、棚户改造、老旧厂区改造、城镇环境整治到城市"双修"、老旧小区改造，中国的城市更新经历了 40 余年的不断探索和实践，体现出一些新的趋势特征。

1. 由碎片化更新向系统性更新演进

我国的城市更新工作，往往伴随着政府的执政纲领而来，在不同的历史时期和城市发展阶段，表现出了多种形式。例如，我国曾经历过旧改、棚改、危改、"双修"、老旧小区改造等多项更新改造，这些更新改造往往呈现片段化、碎片式的特征，解决的城市问题也比较单一，且往往以工程项目实施导向为主，缺乏系统性的综合统筹。而新时期的城市更新更加注重系统性的引导，要通过城市更新的手段，促进优化布局、完善功能、传承文化、管控底线、提高品质等综合效能的提升。

2. 由"大拆大建"向有机更新转变

长期以来，我国城市更新工作最主要的模式就是"大拆大建"，此类模式盛行的根源在于地方政府对"土地财政"的过度依赖，依靠土地的收储和再开发行为，以土地增值为核心（卖土地），以融资开发为手段（高杠杆），以商品住房消费为支撑（卖房子），形成了高投资、高周转、高回报的完美闭环，在此过程中对城市的既有建成区进行彻底拆除重建，对当地居民进行较大程度的向外迁移，造成了历史文化、社会结构乃至生态环境的破坏。新时期的城市更新，则更加强调城市是一个有机生命体，在城市"新陈代谢"的过程中强调"留改拆"导向下的有机更新思路，该模式以空间经济为核心（场景化：从土地价格到空间价值），以现金流为手段（长周期：从短平快到持有运营），以城市运营增值服务为支撑（可持续：从卖房到卖服务）。

3. 由政府主导向多元共治转型

城市更新的顺利实施需要统筹主体、实施主体、产权主体三者的紧密协同与配合，简言之，就是要理顺政府、企业和百姓三者的权责和利益关系。

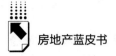

房地产蓝皮书

但我国传统的城市更新模式一般由政府部门主导并实施，多主体的协同参与性较差，具体表现为政府存在"多头管理"和"包袱过重"问题，企业则"单求盈利"而轻视公益，百姓充其量是"表达诉求"而参与度明显不足，同时更缺乏三者之间的协同合作机制。此外，我国现阶段规划建设管理环节的政策法规等制度设计，均是针对新城新区开发建设而设立的，在具体指导城市更新实践中往往显得捉襟见肘，有些时候甚至形成一定的阻碍。为了应对城市更新复杂环境下人的多元需求，需要在多元治理的视角下重构城市更新制度体系，从国家层面构建适应城市更新的顶层制度设计，包括组织管理、政策法规、规划计划、实施运行等四方面的完整的更新制度体系，进而更好地发挥各相关主体的积极作用，形成多元协商、合作共赢的伙伴关系，从而顺利推进城市更新行动的进展。因此从某种意义上讲，城市更新也意味着城市治理模式的"转型"。

二　新时期国家城市更新的政策趋势

（一）近年重要政策文件总体情况

自 2015 年中央城市工作会议后，特别是 2020 年实施城市更新行动的国家战略提出以来，国家陆续出台城市更新相关政策，包括针对城市更新行动的综合性政策、针对不同更新对象的专项政策以及针对不同专业条线的配套性政策等。从国家层面来看，我国正处于城市更新政策体系构建的关键时期。

综合性政策方面，住建部分别于 2020 年和 2021 年发布了《关于在城市更新改造中切实加强历史文化保护坚决制止破坏行为的通知》《关于在实施城市更新行动中防止大拆大建问题的通知》，明确了城市更新的底线要求。2021 年，住建部办公厅发布《关于开展第一批城市更新试点工作的通知》，决定在北京等 21 个城市（区）开展为期两年的城市更新试点工作，并分别于 2022 年、2023 年发布两批《实施城市更新行动可复制经验做法清单》。

2023 年，第一个针对城市更新的综合性政策出台，即住建部发布的《关于扎实有序推进城市更新工作的通知》，提出从城市体检、城市更新规划、城市设计、可持续模式、底线要求五个方面出发，推进实施城市更新行动。

专项政策方面，近几年主要出台了生态修复城市修补、城镇老旧小区改造、完整居住社区建设、城中村改造等方面的指导文件，如 2017 年住建部发布的《关于加强生态修复城市修补工作的指导意见》，2020 年国务院办公厅印发的《关于全面推进城镇老旧小区改造工作的指导意见》，2020 年住建部会同 12 部门印发的《关于开展城市居住社区建设补短板行动的意见》，推进完整社区建设，2023 年 7 月，国务院常务会议通过了《关于在特大超大城市积极稳步推进城中村改造的指导意见》，积极推动城中村改造。

配套性政策方面，各部委出台了若干专业领域政策，如 2022 年，财政部发布了《关于盘活行政事业单位国有资产的指导意见》，2023 年自然资源部先后发布了《关于开展低效用地再开发试点工作的通知》《支持城市更新的规划与土地政策指引（2023 版）》，住建部出台了《关于全面开展城市体检工作的指导意见》，国家发展改革委出台了《城市社区嵌入式服务设施建设工程实施方案》等。

（二）重要政策文件解读

1.《关于在实施城市更新行动中防止大拆大建问题的通知》（建科〔2021〕63 号）

各地在推动实施城市更新行动过程中，不同程度出现继续沿用过去房地产大拆大建的开发建设方式，导致城市传统风貌、历史文化以及原有社会人口结构被破坏，同时抬高了房价和租金，增加了城市基础设施和公共服务设施压力。因此，住建部出台了《关于在实施城市更新行动中防止大拆大建问题的通知》，从坚持划定底线、坚持应留尽留、坚持量力而行三方面提出 11 项要求，防止城市更新变形走样。值得注意的是，该文件提出了量化考评指标，强调了原则上更新单元或项目内拆旧比不大于 20%，拆建比不应大于 2，就地、就近安置率不低于 50%，租金年度涨幅不超过 5%，有效遏

制了各地大拆大建的更新方式。

2.《关于扎实有序推进城市更新工作的通知》(建科〔2023〕30号)

该文件是住建部在2021年提出防止大拆大建、引入城市体检、公布21个试点城市(区)等一系列举措基础上,更为全面、系统的政策指引,在国家层面初步确立了城市更新的顶层设计和行动框架。文件提出五方面要求,分别是坚持城市体检先行、发挥城市更新规划统筹作用、强化精细化城市设计引导、创新城市更新可持续实施模式、明确城市更新底线。文件从城市更新流程出发,明确了"体检—规划—设计—实施"四个环节的要求,同时划清了城市更新的底线,防止大拆大建。此外,文件给予了地方政府更大的政策空间,鼓励地方政府突破创新,包括出台地方性法规,建立城市更新制度机制,建立政府、企业、产权人、群众等多主体参与机制,加强存量资源的统筹利用,健全城市更新多元融资机制等。

3.《关于在超大特大城市积极稳步推进城中村改造的指导意见》(国办发〔2023〕25号)

2023年7月21日,国务院常务会议审议通过《关于在超大特大城市积极稳步推进城中村改造的指导意见》。会议指出,在超大特大城市积极稳步实施城中村改造是改善民生、扩大内需、推动城市高质量发展的一项重要举措。要坚持稳中求进、积极稳妥,优先对群众需求迫切、城市安全和社会治理隐患多的城中村进行改造,成熟一个推进一个,实施一项做成一项,真正把好事办好、实事办实。此轮改造与以往棚户区改造、城中村改造项目存在若干不同,一是改造主要集中在21个超大特大城市;二是采取拆除新建、整治提升、拆整结合等不同方式分类改造;三是鼓励和支持民间资本参与改造;四是与保障性住房建设相结合。

4.《支持城市更新的规划与土地政策指引(2023版)》

2023年11月21日,自然资源部办公厅印发《支持城市更新的规划与土地政策指引(2023版)》,旨在推动支持城市更新的相关规划工作规范开展,鼓励各地结合实际,按照城市更新的总体要求和目标,开展城市更新的规划与土地政策探索创新。文件提出三大举措,第一,将城市更新要求融入国土空间规划体系，包括总体规划、详细规划、专项规划、规划许可四大方面的融合；第二，针对城市更新特点，改进国土空间规划方法，包括体检评估、需求梳理、专题研究、明确重点和对策、确定更新方式和措施、拟定实施安排六大环节；第三，完善城市更新支撑保障的政策工具，涉及土地复合利用、容积率核定、建筑规模统筹、技术标准优化、土地用途界定、土地使用年限确定、土地价款计收等方面，进一步明确了支持举措。该指引直击城市更新面临的规划和土地政策堵点，为各地出台城市更新支持文件提供了依据。

（三）新时期我国城市更新政策机制情况小结

我国城市更新政策体系处于快速完善过程中，但当前仍面临三大挑战，其一，目前尚无综合性指导意见或法律法规，对城市更新的基本内涵、开展方式、分类方法与组织管理流程等基础内容，仍未明确；其二，城市更新工作涉及诸多部门事权，不同政策的横向协调成为难点；其三，我国幅员辽阔，不同城市的发展阶段差异巨大，需要平衡政策的适用性和针对性。

三 国家城市更新试点城市的探索经验

（一）城市更新试点概况

2021年11月，住建部发布《关于开展第一批城市更新试点工作的通知》，确定了全国首批21个更新试点城市（区），试点期自2021年11月开始，为期2年。第一批试点主要探索三方面内容。

一是探索城市更新统筹谋划机制。建立健全政府统筹、条块协作、部门联动、分层落实的工作机制。坚持城市体检评估先行，合理确定城市更新重点，加快制定城市更新规划和年度实施计划，划定城市更新单元，建立项目库，明确城市更新目标任务、重点项目和实施时序。鼓励出台地方性法规、规章等，为城市更新提供法治保障。

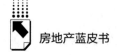

二是探索城市更新可持续模式。探索建立政府引导、市场运作、公众参与的可持续实施模式。坚持"留改拆"并举，以保留利用提升为主，开展既有建筑调查评估，建立存量资源统筹协调机制。构建多元化资金保障机制，加大各级财政资金投入，加强各类金融机构信贷支持，完善社会资本参与机制，健全公众参与机制。

三是探索建立城市更新配套制度政策。创新土地、规划、建设、园林绿化、消防、不动产、产业、财税、金融等相关配套政策。深化工程建设项目审批制度改革，优化城市更新项目审批流程，提高审批效率。探索建立城市更新规划、建设、管理、运行、拆除等全生命周期管理制度。分类探索更新改造技术方法和实施路径，鼓励制定适用于存量更新改造的标准规范。

（二）部分试点城市的典型成效与经验

两年多来，各地积极开展城市更新工作，在工作组织、制度建设、规划编制、政策创新、项目实施等方面成效显著，为更大范围推进城市更新工作积累了宝贵经验。

一是工作组织方面。多地成立城市更新工作领导小组、构建市区统筹的工作机制、建立城市更新工作联席会议制度，强化城市更新工作的统筹谋划。如北京市建立市级主策、区级主责的工作机制，市委城市工作委员会下设城市更新专项小组，并由市政府主要领导任组长。潍坊市建立城市更新工作联席会议制度，市长为召集人，市发改、住建、工信、教育、财政、自资、文旅等19个市直部门单位和各区主要负责同志为成员。银川市制定《城市更新绩效考评细则（试行）》，将城市更新工作纳入考核体系。

二是制度建设方面。先后多个城市制定或出台城市更新条例或管理办法，确定了城市更新活动的主要章程。辽宁省、北京市颁布了城市更新条例，唐山、沈阳、铜陵、景德镇、烟台、潍坊、黄石、重庆、成都、西安等市出台了城市更新管理办法。北京市以《北京市城市更新条例》为核心，构建了"1+N+X"的制度体系，涵盖项目推进、规划设计、土地管理、财税资金等支持政策。南京市出台《南京市城市更新办法》，探索完善适用于存量更新的制度机制，以及相应的土地、规划、财税、金融、审批等政策。

三是规划编制方面。各地积极开展城市更新专项规划的编制工作，合理划定城市更新单元，指引项目建设，并构建"体检—规划—计划"的项目生成机制。山东省烟台市编制了《烟台市城市更新专项规划》，结合城市体检问题清单，逐年制定城市更新片区、单元、项目三级清单，明确项目概况、责任主体、建设年限、年度任务、资金来源、年度投资额等，将城市更新年度实施计划完成情况列入市委重点工作"红黄蓝"考核内容，对综合评价较好的区市给予奖补资金倾斜。长沙市坚持"无体检不项目，无体检不更新"，采取"六步工作法"，开展城市体检、完善组织机制、编制规划计划、分类实施更新、实施动态监测、发布宜居指数。北京、唐山、西安、长沙将城市更新纳入"十四五"规划，编制形成城市更新"十四五"专项规划。

四是政策创新方面。各地积极探索土地、规划、建设、园林绿化、消防、不动产、产业、财税等多个领域支持政策。如铜陵市建立土地资源平衡库，明确土地申请、批准、规划调整、计划编制、组合出让等政策。唐山市针对大片区或多地块改造项目，允许容积率在不同地块、不同城市更新单元间进行整体平衡。北京市从维持现状、满足旧规、性能补充三个层面提出42条"松绑式"设计要求，打通更新项目消防设计和验收中的堵点。沈阳市出台城市更新基金政策文件，加大金融支持力度，确定更新基金决策程序、注资方式、运作模式等。

五是项目实施方面。各地积极探索城市更新项目的可持续实施模式，包括存量资源统筹协调机制、多元资金保障机制、项目长效运营机制、多元主体参与机制等。如合肥市探索片区更新"肥瘦搭配"模式，反哺片区内安置房、学校、党群中心等公益性项目建设。重庆市率先采用"设计、施工、运营（EPC+O）"模式实施城市更新项目，实现了政府投资与市场化、专业化运营的有机结合。北京市因类施策，老城平房区改善采用"共生院"模式，老旧小区更新采用"劲松"模式等。

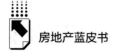

综上而言，城市更新工作的高效开展离不开四方面因素：其一是健全的工作体系，各试点城市基本形成了"市级层面成立领导小组、市直部门互相配合、区级政府作为责任主体、基层政府负责民意协调"的组织体系，高位统筹、系统谋划各条线城市更新工作；其二是系统的政策体系，各地逐渐形成"核心文件+配套政策"的"1+N"政策体系，"1"是城市更新工作的纲领性核心文件，如《北京市城市更新条例》，"N"是系列配套政策或各领域城市更新政策，如土地、规划、财税、金融、审批等政策，或者涉及老旧小区、老旧厂区、城中村等的更新相关政策；其三是以实施为导向的规划计划体系，构建"体检—规划—计划"的项目生成机制，以城市体检为前提、城市更新规划为依据、城市更新实施方案为支撑，制定城市更新计划和项目库，指导城市更新实践开展；其四是可持续的实施运营体系，各地逐渐探索出"肥瘦搭配""共生院""劲松""EPC+O"等模式，其核心在于构建运营前置机制、多方参与机制、片区统筹机制、存量资源盘活机制等，实现城市更新项目的微利可持续运营。

（三）主要问题与挑战

结合第一批城市更新试点，当前城市更新工作的问题和挑战主要集中在五大方面。

一是对城市更新内涵认识仍不准确。城市更新是推动城市高质量发展的综合性、系统性行动，与过去的棚改、旧城改造内涵不同，但是部分地方仍习惯采取传统房地产开发、拆除重建的更新模式，对存量资源缺乏深度挖潜，项目实施路径和方式比较单一，对城市更新市场化运营模式探索不深入，没有充分认识城市更新的战略性、综合性，仍旧秉持传统的征收拆迁老观念。

二是项目实施缺乏系统性。城市更新是一项宏观性、系统性极强的工作，在试点过程中，部分地区由于缺乏城市功能结构调整的整体考虑，城市更新项目呈现碎片化、工程化特征，"头痛医头脚痛医脚"，背离了城市更新的宏观目标，无法从本质上解决城市布局紊乱、城市交通拥堵严重、环境质量低下，以及交通设施、市政设施、公共设施利用效率低下等问题。

三是更新路径和盈利机制尚不清晰。城市更新项目存在投入大、周期长、风险高等特征，项目本身较难实现自身平衡，大多需政府投入，造成地方财政压力大，模式不可持续，仍需要模式和路径创新，探索项目资金平衡模式。此外，城市更新涉及原有产权主体较多，牵涉复杂的权利义务关系，社会资本参与城市更新项目的合作方式仍不清晰，资金渠道未完全打通，市场化运作模式不成熟，城市更新项目落地难度大。

四是利益相关方参与仍不足。各地在城市更新实施过程中引入责任规划师、人民设计师等专业从业人员，是在公众参与方面做出的有效尝试，但是大量的更新项目仍旧缺乏公众参与、公众议事、公众参与决策的机制，公众参与社会治理的意识和主动性仍旧不足。未来仍需要进一步鼓励和加强居民、物业、基层管理者在城市更新全过程的参与，营造共建共享共治的治理格局。

五是政策制度仍不匹配。现有的项目建设审批程序和审查规范大多基于新建项目，难以适应城市更新项目的类型特点，导致更新中的"合理"手段面临法律风险和实施困境，此外，当前城市更新的产权、土地、规划、投融资、财税等政策不明朗或支持不充分，导致城市更新活动风险较高而收益较低。诸多试点城市因立法权受限，无法对城乡建设与管理等方面的事项制定地方性法规，尤其是面临规划调整、权属变更等诸多障碍，致使城市层面关于城市更新的法规制度突破有限。

四　结语与展望

实施城市更新行动是我国新时期提升人居环境品质，推动城市高质量发展和开发建设方式转型的重要战略举措和抓手，是一项系统性、整体性、综合性兼具的复杂工作。从国家政策要求和各地探索实践来看，城市更新行动的稳妥有序开展，探索适合中国国情的城市更新路径，需要从三方面继续加强相关工作。

房地产蓝皮书

1. 建立完善的更新规划计划体系

为科学有序推动实施城市更新行动，实现城市高质量发展，需构建完善的城市更新规划计划体系，为城市更新提供前瞻性、系统性、实施性兼顾的科学指引和任务安排。应坚持问题、目标、结果三大导向相结合，以城市体检评估为基础，通过构建城市总体层面、片区层面、项目实施层面层级分明、上下互动的更新规划计划体系，综合运用城市总体规划和城市设计的技术方法，与国土空间规划相衔接，将单个项目的更新改造置于城市整体优化战略中审视，保障单个更新项目和城市总体发展战略相适应，进而为城市更新行动制定系统有效的问题解决方案和有序的行动计划。此外，城市更新规划工作是一个动态持续完善的过程，需要不断针对具体问题因地因时因人地调整方案，在探索中持续完善，以有效促进城市更新，促进城市转型发展。

2. 加强顶层政策和制度设计

城市更新要适应存量时代城市发展需要，实现城市从"有没有"到"好不好"的高质量发展，形成一套与之相适应的全新的制度体系，破解制度性障碍是关键。由于我国现行的制度设计都是针对城市增量扩张和净地开发时代制定的，因此，在国家层面要对基于存量更新的规划工作、技术标准进行全方位的改革，除了规划建设领域的法律法规、标准规范等，还要在金融财税、运营维护等方面加强政策机制的支撑。同时，各地也要结合本市或本地区的具体问题和条件，出台适合本地实情、具有地区特色的更新政策，加强组织实施机制创新，特别是要在政府相关机构和部门的组织协调与机构设置方面加强协同，优化审批流程，建立长效的考核评估机制，高效统筹规划、设计、开发、运营等各阶段工作。

3. 探索可持续的更新模式

城市更新是一种治理方式的转变，需要在多元主体、多元目标的背景下，坚持公共价值导向，寻求广泛社会共识，以达成最优的解决路径，实现政府、企业和社会大众多元主体的协同共治和互利共赢。基于此，政府职能应从"行政主导"向"协同治理"转变，注重规则的建立和公平性，发挥好市场作用，并激发权利人的参与意识，倡导共同缔造；社会大众应从

"被动参与"向"主动作为"转变，积极表达诉求、参与基层治理与共同缔造；市场企业，要关注在公共利益方面的投入，加强运营平衡模式的设计，通过一市一策、一案一策的模式设计，打通投入和产出渠道，实现长效运营。城市更新新模式的构建，需要打破"以土地为中心，以增量为重点"的开发模式，并建立"以人民为中心、以运维为关键"的更新模式，通过加强政府、企业、大众三者的协同共治，真正实现由"政府供给、企业开发、居民买单"的旧模式，到"政府企业合力、满足社会需求"的新模式的彻底转型。

参考文献

阎秋：《住建部：我国城市发展进入城市更新的重要时期》，《中华建设》2022 年第3 期。

王继源：《典型国家城镇化率达 60% 以后房地产转型的趋势特征》，《中国发展观察》2022 年第 1 期。

阎树鑫、万智英、李嘉男：《城市更新行动：内涵、逻辑和体系框架》，《城市规划学刊》2023 年第 1 期。

王凯：《城市更新：新时期城市发展的战略选择》，《中国勘察设计》2022 年第11 期。

案例篇 ⤵

B.20
"一张床、一间房、一套房"样板项目
——华润有巢公寓社区上海马桥项目

刘芳洁*

摘　要：　为了服务党和国家工作大局，深入贯彻落实"房住不炒""租购并举"政策要求，华润置地于2018年创立了长租公寓业务品牌"有巢"，深度参与保障性租赁住房建设。截至2023年末，有巢累计入驻全国15城，管理房源5.6万间，管理规模居央企首位，并凭借优异的管理能力成为租赁行业的领先品牌。

关键词：　租购并举　保租房REITs　多层次供应体系　基层党建进社区

2022年12月，华夏基金华润有巢REIT在上交所挂牌上市，成为首单市场化机构运营的保障性租赁住房REITs项目，率先实现保租房"投、融、建、管、

---

* 刘芳洁，华润有巢品牌负责人。

退"商业模式闭环,走出一条持续推动保租房规模化、专业化发展时代新路。

2023 年 11 月 29 日,习近平总书记在上海现场考察了华润有巢公寓社区上海马桥项目,对华润有巢保障性租赁住房社区建设、当地构建"一张床、一间房、一套房"多层次租赁住房供应体系的情况给予了充分认可。该项目成为华润服务国家大局、增进民生福祉的生动写照。

一 项目基本情况

华润有巢公寓社区上海马桥项目,是有巢在上海市闵行区打造的"一张床、一间房、一套房"样板项目。项目地块是"租赁住房"用地性质(R4),2019 年 12 月由华润集团所属华润置地有限公司旗下有巢住房租赁(深圳)有限公司投资获取。项目于 2020 年 7 月开工,2022 年 6 月纳入保障性租赁住房,2022 年 9 月通过"平急两用"改造为疫情隔离用房,2023 年 3 月正式开业。项目占地 4.2 万平方米,容积率 2.0,总建筑面积 11.71 万平方米。项目先后荣获"上海市人才安居工程项目""闵行区首个新时代城市建设者管理者之家""闵行区首批人才驿站试点项目""闵行区保障性租赁住房认定项目""闵行区人才公寓授牌项目"等多项认证和荣誉。

图 1 项目全景

二　项目主要做法

（一）以租户需求为中心，打造三类租赁住房产品

马桥项目所在的上海马桥人工智能创新试验区，毗邻大零号湾科技创新策源功能区、闵行经济技术开发区、莘庄工业区、松江经济技术开发区等产业园区，人才安居需求十分旺盛。为响应《上海市住房发展"十四五"规划》要求，项目根据周边产业人才精准画像，针对不同人群分类施策，设计了"一张床、一间房、一套房"三类租赁产品，共计 8 栋楼，房源 2475 间。其中，"一套房" 179 间，主要面向企事业单位的管理人员、科创人才和家庭客户，包括两室户 143 间、一室一厅 36 间，面积 60 平方米；"一间房" 2158 间，主要面向初入职场的年轻白领、大学毕业生，面积 30~35 平方米；"一张床" 138 间，主要面向城市一线劳动者，包括两人间 56 间、四人间 82 间，面积 35 平方米。精准定位的户型产品，为各类租客提供了丰富的安居选择。

同时，华润依托成熟的片区统筹开发模式和以大社区为核心的租赁住房标准化产品体系，发挥一体化统筹、多元业务协同、品质把控优势，以"配套全、格调雅、品质高、巧思多"为特色，为租户提供绿色健康、安全舒适的租赁住房产品。高度重视公区功能设置和呈现品质，有效满足租客健身、学习、社交、娱乐、休憩等需求，丰富租客文化生活体验，真正做到习近平总书记所说的"不因陋就简，室雅何须大"。

截至 2023 年 11 月底，已入住租客以 20~30 岁的年轻人为主，租客学历普遍较高，大专及以上学历占比 70%。其中企事业单位人员占比 51%，一线产业工人占比 35%，城市基础设施和公共服务行业人员占比 14%，租客结构化差异显著。

（二）搭建数字化运营平台及生活商业配套

华润搭建"3i 体系"数字化运营平台①，在设施端实现安防、家居、综合类智能设备的远程管理；在客户端，实现租客租房全场景线上化、自助化，并为租客提供居住环境智能化、衣食住行便捷化的生活服务；在运营端，实现了从门店筹开、房源管理到营销管理、合同管理等全流程线上化管控，为租赁住房项目提供全覆盖的智能化解决方案，大幅提升了运营效率和服务响应速度。同时，独创"Y. O."（Youth Organizer，活力组织者）伙伴式社区服务理念，由高素质、高活力、高服务意识的管家团队聚焦租客"安全守护、健康环境、贴心管家、线上报修、活力社区"五大核心需求，提供高品质服务。

社区还设有户外健身区，配置了 420 平方米篮球场、180 平方米羽毛球场、600 平方米主题露营草坪，同时配置了 1800 平方米社区商业，涵盖了餐饮、超市、理发、快递驿站等多种业态，为入住人群提供便捷的公共服务和活动空间。

（三）发挥基层党组织引领作用

习近平总书记指出，城市不仅要有高度，更要有温度。马桥项目创新基层党建工作思路和模式，建设了 450 平方米"华润有巢党群服务站"，以基层党组织为引领，整合闵行区属地单位各类资源，提供政务办理、健康卫生、阅读自习、亲子互动、影音视听、文体健身等多元化服务。为传承红色华润基因、发挥基层党组织引领作用，借鉴华润置地在城市空间建设红色驿站的经验，马桥项目还成立了第一个隶属于闵行区马桥镇综合管理的联合党支部，引领居住在社区的 131 名党员在社区内开展理论学习、主题党日以及志愿服务活动，充分参与社区治理。华润有巢党群服务站不仅是基层党建的主阵地，还是城市社区治理的试验田和创新地。通过构建"人人参与、人人负责、人人奉献、人人共享"的社区治理共同体，不断探索中国特色超大城市现代化治理新路。

---

① 包括智慧硬件设施层 i-infrastructure、智慧软件层 i-service 和智慧生态层 i-ecosystem。

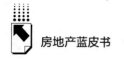

（四）做好一线劳动者安居服务保障

马桥项目周边园区企业从业人员达 18 万人，为助力解决一线劳动者的宜居安居问题，更好服务大国民生，按照上海市委市政府决策部署，华润集团加强央地协作，在马桥项目 5 号楼打造了上海市首批、闵行区首个"新时代城市建设者管理者之家"项目。项目设有四人间（床位租金 500 元/月）和双人间（床位租金 900 元/月）两类户型。为了满足劳动者们丰富的日常生活需求，5 号楼一层还设有 250 平方米共享生活区，包含共享厨房、共享餐厅、共享洗衣房、共享电话间/唱吧、公共浴室等多元空间，提升劳动者的获得感、幸福感。目前，闵行区"新时代城市建设者管理者之家"已入住 249 人，为来自周边的建设施工工作人员，环卫、市政、绿化、轨交、物业等城市运行维护人员和快递、家政、医护等市民日常生活服务提供人员等提供"一张床"安居保障服务，成为上海市落实中央住房保障精神的样板。

三　有关启示

一是马桥项目作为租赁用地建设的集中式大社区，具有多元公共空间和专业管家服务，能更好满足新市民、青年人的居住需求。截至 2023 年 11 月 27 日，马桥项目出租率 76.4%，预定率 80.6%，预计于 2024 年第一季度实现稳定经营并于上半年完成公募 REITs 扩募。

二是抢抓 REITs 机遇，推动业务高质量、可持续发展。2022 年 12 月 9 日，华夏基金华润有巢 REIT 在上交所上市。作为首单市场化机构运营、首单 R4 租赁用地建设、上海市首单保障性租赁住房 REITs，配售前机构投资者网下询价倍数超 213 倍，刷新公募 REITs 网下询价倍数纪录。华润基于 REIT 平台，实现了保租房领域"投、融、建、管、退"闭环发展。未来，华润有巢将把握 REITs 扩募窗口期，投资战略聚焦于一线、强二线人口净流入城市的可扩募资产，持续加强产品力、运营力、投资力、资管力，打造"行业领先的公寓资管商"。

B.21

首创"五定三调"，破局租赁社区难题

——魔方公寓北京昌平沙河地铁站店

魔方生活服务集团*

摘　要： 近年来，国家积极推动构建"一张床、一间房、一套房"多层次租赁住房保障体系，加快住房租赁市场发展步伐。作为发展时间较长、经验丰富的运营商，魔方生活服务集团目前已经打通了从定位到产品、从营销到运营的全链条能力，形成了一套独树一帜的营销打法。本文以魔方公寓北京昌平沙河地铁站店为例，剖析品牌运营商如何通过"五定三调"及独特的运营管理能力，保持高位的出租率和稳定的租金水平，促进区域内的职住平衡。

关键词： 魔方生活　租赁社区　运营管理

一　项目介绍

魔方公寓北京昌平沙河地铁站店（简称"北京昌平魔方公寓"）坐落于沙河·玖耀里商业综合体内，为周边技术人才和青年大学生提供了超过1800间精装全配的整租公寓。房间面积20~35平方米，每个房间都配备有基本家电以及独立厨卫。公寓设计简约时尚，分别以远峰蓝、原木色和牛油果绿作为主色调，营造温馨舒适的居住氛围，满足城市新青年的审美需求。

北京昌平魔方公寓的公区是该项目的一大亮点。在设计上，该公区以元宇宙和未来社区为灵感，打造出一个充满活力和前卫感的生活空间。通过设

---

* 执笔人：宫兆萍，魔方生活服务集团政府事务中心总监。

图 1　项目房间

资料来源：魔方生活服务集团，后同。

计独特的光线、色彩搭配以及特色道具的布置，营造出一种梦幻、前卫、科技感的氛围，让住户能深切感受到生活在未来社区的自由和活力。

图 2　项目公共活动区域

在功能方面，该公区不仅具备实用功能，还兼顾了社交需求。公区被巧妙地划分为多个空间，包括洗衣房、休闲区和办公区等，满足了住户多样化的租住生活需求。住户可以方便地洗涤衣物、烹饪美食，同时也可以参与各类社群活动，与其他住户进行互动交流，共同构建兴趣社群和自治团体。

图3　项目楼体外部

二　项目亮点

随着国家政策的不断优化和保租房建设的蓬勃发展，租赁住房供应衍生出多种形式。其中，租赁式社区成为住房租赁市场中不可或缺的供给形式之一，为周边提供大批量的品质化租住产品，促进区域内新市民、新青年的职住平衡。然而，由于租赁社区体量大的特点，对于运营商来说，要想实现租赁住房项目的成功运营，需要面对众多挑战，如何缩短开业爬坡期成为运营管理的关键难点。

北京昌平魔方公寓作为拥有1800间房源的大型租赁社区，该项目首期入市的1438间房源，60余天即实现满租，日均去化20余间房源。针对租

赁大社区的营销及运营特点，魔方生活服务集团（简称"魔方生活"）内部孵化出"五定三调"的组合拳，助力租赁社区快速实现爬坡。

图4 "五定三调"内涵

"五定"是指定市场、定客群、定渠道、定团队、定策略。"三调"是指调方案、调人员、调赏罚。魔方生活通过前期市场调研确定项目针对的客群及营销渠道，根据实际情况不断调整人员及策略，确保项目出租率提升不掉速。

（一）前期研判蓄客，制定多样化营销方案

选址研判方面，魔方生活自研发"七维度模型"定价法，不仅考虑了市场价格因素，还考虑了周边环境、配套设施、交通便利度等综合因素，使定价更具有科学性和客观性。通过从周边住宅、公寓、酒店、办公楼及目标企业等角度做出一个公允的价格判断，为项目定价提供参考。

同时，魔方生活利用地理信息系统（GIS）技术，结合地方人口、租赁市场及消费能力等宏观和微观数据，为未来公寓选址提供最佳区域的筛选。通过对数据的深入分析和模拟，GIS模型可以准确地识别出潜在的租户群体分布、市场需求状况以及竞争对手的布局情况，从而选择最有潜力的地段，最大限度地降低投资风险，并且提高项目的成功率。

营销方面，魔方生活创新性地尝试多样化的营销手段，不仅从全国各地

抽调精英力量，为拉升项目的出租率提供支持，而且分别针对政府端、企业端和个人租客定制化地制定营销策略。例如，针对个人租客，魔方生活将营销重点侧重于自有渠道（魔方生活App、魔方公寓公众号及小程序）。同时布局小红书及抖音的营销矩阵，建立从门店管家到地区及全国官方号的账号矩阵，全力打造私域流量，促成高比例的签单转化。

此外，魔方生活也会根据项目的实际出租情况，针对性地调整营销方案。例如，在毕业季期间，魔方生活在北京体育大学、中国地质大学开展校园地推活动。将北京昌平魔方公寓的营销需求与"元气租房毕业季"营销活动相结合，推出针对毕业生的专项优惠计划，留下有效客资，促成线下客单量的高效转化。

图5 项目社区活动一

（二）后期运营保障，强化社区融入

魔方生活的"五定三调"营销组合拳为项目实现了快速去化，然而招租成功仅仅是开始。"吸引住户"是降低空置率的第一步，"留住住户"则

是保持高出租率的关键。

在运营管理方面，魔方生活利用沙河·玖耀里附近多重业态集合优势，组织当地首个市集活动"魔创市集"，吸引2000多位商户和租户的积极参与。北京昌平魔方公寓在社区内提供了多个流动摊位供商户售卖好物，并且组织一系列破冰活动丰富住户的社区生活，帮助他们加速融入社区，拓展属于自己的社交圈。

与此同时，魔方生活也借助市集为租户开展职业规划，为其提供第二选择的机会。魔方生活开展"人生无限计划"，在全国范围内的魔方住户中招募摊位摊主售卖魔创好物，通过线上和线下的分销方式，助力有想法、有创意的大学生发展副业和创业。

图6　项目社区活动二

（三）助力业态升级，打造职住平衡

北京昌平魔方公寓紧临沙河高教园区，辐射了生命科学园、未来科技城以及中关村产业园等核心区域，为华北电力大学、北京航空航天大学、北京师范大学等9所高校以及中国石化科学技术研究中心等重点企业提供租住服务，为区域内的人才安居注入了新的活力。

受益于优越的区位条件和丰富的产业资源，北京昌平魔方公寓为周边提供稳定的住户群体和广阔的市场机会，同时也进一步吸引了更多商业形态的入驻。在项目实现稳定运营之后，麦当劳、星巴克等年轻住户喜爱的消费品牌也先后进场，提升商业综合体的整体形象和竞争力，促进居住、消费与办公业态的进一步融合和发展。

三　结语

未来，租赁社区无疑会成为住房租赁行业越来越常见的租赁业态之一。面对庞大的租赁体量，住房租赁企业需要不断创新，利用先进的数智化手段，打造多维度的营销渠道，促成出租率的快速提升。同时，在后期的运营管理阶段，品牌运营商也需要从多方面细致地关注到入住者的需求和体验，增加更多"留住人心"的服务，加速住户融入社区并建立对社区的认同感、归属感。

对于商业综合体来说，大型租赁社区的入驻也带来了相对稳定的客流，租客们对于购物、餐饮、娱乐的日常生活需求会转化为消费动力，推动商铺的多样与繁荣，带动商铺租金价格上涨，为商业综合体带来更高的投资回报。

B.22
政企协作产城才融合

——安歆青年社区·义乌启航店

安歆集团*

摘　要： 　水积而鱼聚，木茂而鸟集。对于城市而言，人才的发展与落户往往有着积极作用，可推动当地经济发展，提高城市的发展潜力及动力。作为有名的"世界小商品城"，义乌长期以来也在通过各种举措吸引和留住各类人才。安歆集团与义乌市人才发展集团携手合作，以安歆青年社区·义乌启航店为载体，贯彻落实产城融合概念，推动产业聚集发展，完善产业园区居住配套，助力城市吸纳人才、凝聚人才、服务人才。

关键词： 　保障性租赁住房　政企合作　产城才融合

一　租赁需求升级，助力招商留商稳商

"十四五"规划中明确提出："加快发展现代产业体系，推动经济体系优化升级"。新经济时代下，产业经济的发展或将成为中国时代经济向前发展的风向标。而在产业经济的发展进程中，"人"作为生产要素的重要一环，是产业经济发展的核心驱动力，人才的聚集才能提升整体资源配置效率，推动产业结构优化升级。由此，如何"引人、用人、留人"成为企业、产业园区及各地政府共同探索的命题，也成为住房租赁行业发展的新机遇。

安歆青年社区·义乌启航店所在的义乌科创园目前有100多家企业，共

---

* 执笔人：郭颖，安歆集团研究院高级经理。

有员工近 2000 人，其中大专及以上员工就占 62%，其中超 3% 的员工有博士研究生学历。现园区规划上缺乏生活及商业配套直接导致了生活不便利，究其原因，是园区的开发、设计、管理、物业分离，缺乏从用户视角出发的统一规划，智慧园区与智慧公寓脱离，现有房源分配手动化、资源利用空心化。这些问题是各个产业园区普遍存在的现状，也是导致"园区配套不足、招商留商稳商难"痛点的根本原因。所以建立以"住"为基础的园区一站式服务体系，才能解决好这些包括高层次人才在内的员工住宿及生活问题，这不仅关系到园区员工的安居乐业、企业的发展、园区的招商留商稳商，也关系到城市的产业转型和能级提升。

2020 年 11 月，在义乌市委组织部的牵头下，安歆集团与义乌市人才发展集团洽谈接触并达成战略共识，双方优势互补、强强联合，将义乌人才公寓项目打造成为国内园区公寓综合体的标杆项目，通过义乌人才公寓项目的落地助力城市吸纳人才、凝聚人才、服务人才。安歆青年社区·义乌启航店于 2021 年 8 月 1 日正式开业，该项目共计 131 间房、250 张床位，有单人间、双人间、四人间三种房型（见表 1）。

表 1　项目基本情况

项目名称	安歆青年社区·义乌启航店
项目地址	浙江省义乌市雪峰西路 968 号
项目面积	8900 平方米(生活配套 2400 平方米)
项目房型	单人间、双人间、四人间
房间数	131 间
平均出租率	95%
合作模式	政企合作
装修期	5 个月
开业时间	2021 年 8 月
床位数	250 张
装修投入	1200 万元

二 安歆5.0产品设计及配备标准

安歆青年社区·义乌启航店5.0体系产品四人间设计特点，一是在有限的空间内注重住户需求的私密性和实用性。二是为了充分触达城市奋斗者群体的租赁痛点，每个人都有自己独立的洗漱用品收纳柜、毛巾杆，不需要排队等待，就能完成晨间的洗漱。三是"一床一柜一天地"配备了电插座、置水架、DIY床头板等多种人性化的细节设计。四是独立的鞋柜、抽屉、行李柜、多功能书桌保证多人间内各住户的私密性、强化了多人宿舍的私人空间。

图1 四人间产品

资料来源：安歆集团，后同。

单人间的租户大多是产业园中的高科技高薪人才，室内空间更注重生活与工作的平衡：休息区、会客区、工作区、洗漱区、休闲区等功能分区以软隔断得以分割清晰，在空间和应用上又能灵活融合，在有限的空间里也能实现休息、社交、会客、办公等多种多样的生活方式。

三 企业员工一站式服务，构建企业租住新生态

随着产城融合的发展，产业园区的运营逻辑越来越像运营一座城市，产业园区需要改善的与其说是住宿配套，不如说是涵盖范围更广的生活配套，

图 2　单人间产品

只有做好产业园区整体配套环境的改善，才能实现园区职工真正的安居乐业，以及整个产业园区的转型升级。社区通过功能混合布局和空间复合利用，打造多功能的创意办公空间，包括共享办公室、大小会议室、培训室、面试间、电子阅览室等，不但为企业节省了硬件成本，提供了极具创业氛围的交流平台，也满足了入住员工在工作上的多种应用场景。比如电子商务企业的员工充分利用了共享办公室作为直播场地，电子阅览室经常坐无虚席等。

除此之外，园区职工安置服务形态也是多种多样，共享厨房、健身房、娱乐室、阅读区等大面积的多功能业态混合的公共活动空间，聚集着拥有相同兴趣、文化偏好和价值观的租住人群，享受社会、文化、经济的交流和融合。

共享空间会同时向个人、企业及园区提供完善的配套服务。一方面，可以承办园区的企业 HR 沙龙、专场招聘会、专业培训等活动；另一方面，可以向园区企业提供共享会议室、活动空间、路演空间等企业所需的服务。与此同时，园区员工也可以在这里健身、交友、用餐，成为工作之外休息放松的"第三空间"。

除了共享空间，安歆青年社区·义乌启航店还为园区及企业提供人才在岗位对接、创业培训、项目孵化、社群活动等一系列增值服务，实现了从基本的空间运营到"企业租住新生态"的转变，为园区及企业提供一站式服务。

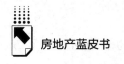

图3 公区阅读空间

四 政企合作，双轮驱动

近年来，为吸引、留住各类人才，"保障性租赁住房筹建""租赁住房补贴""积极落实人才安居工程"等措施在各地频繁提及。政府人才公寓、中大型租赁社区与产业园区内的公寓综合体通常呈现"政府引导、财政支持、市场化运作、社会化管理"等租赁和管理特征。安歆青年社区·义乌启航店的落地，就是由政府部门牵头，政府平台企业与民营企业之间的深度合作。

义乌市人才发展集团充分发挥"城市 HR"的作用，以信息技术平台为基础，以人力资源服务为主体，力求做到揽人才引领创新，秉创新推动产业，以产业聚集人才，打造人力资源全产业链，为城市产业发展赋能。安歆集团作为企业员工住宿行业领导者，凭借其市场化、专业化、强运营的特点，以及七年来在企业员工住宿行业的深耕，助力政府、产业园区的民生配套功能的完善和企业员工住宿品质的提升。

图4　共享会议室

图5　路演空间

五　园区配套齐全，助力企业、园区、城市发展

安歆青年社区·义乌启航店根据园区的产业结构、企业结构、人才结

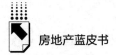

构，定制了综合性解决方案，不仅包括租住产品，更包括整体的人才服务，以及生活配套。"招、住、培"一体化的产品和服务，通过市场化的运营满足城市产业升级的需求，以人才服务为基础，助力产城融合，推动城市发展。

对企业客户而言，专业化的企业员工住宿服务，通过入住前、居住中、退房后一系列完善的服务，不仅解决了企业的员工住宿难题，更提升了雇主品牌、员工满意度和幸福感，以及员工成长与组织效能。有数据表明，专业的企业员工住宿服务能够有效提高30%的入住率，降低30%的离职率，每位基层员工一年中能节省的成本近8000元。

针对目前国内产业园区"园区配套不足、招商留商稳商难"的痛点，一站式服务体系解决园区"招商留商稳商"的问题。与此同时，企业员工住宿对城市及区域的名片效应、产业推动效应与民生（招人、留人、普惠性租赁住房）效应将会带来更大的提升，从而助力政府赋能产业发展、优化产业结构、吸纳优秀人才、促进职住平衡。

B.23
共同缔造理念模式创新

——湖北省保租房公司联投新青年·花山河社区

湖北省保租房公司*

摘 要: 本报告以湖北省保租房公司下属武汉项目"联投新青年·花山河社区"为典型案例,总结剖析了该项目基于独特的市场定位、精细的运营管理、用心的细致服务,通过打造"一张床、一间房、一套房"的多层次租赁住房供应体系,探索一套可复制、可持续的"共同缔造"机制等实践做法,让新市民、青年人"进得来、留得下、住得安、能成业",以模式创新推动社区向新,助力青年与城市同兴。

关键词: 保障性租赁社区 共同缔造 创新实践 联投新青年

一 基本情况

(一)公司基本情况

湖北省住房保障建设管理有限公司(简称湖北省保租房公司)自2022年2月成立以来,以助力城市高质量发展为战略使命,以湖北联投转型发展为战略牵引,深入践行房地产新模式。构建以"联投新青年"为核心的品牌矩阵,创建从"一张床"到"一间房"再到"一套房"的多层次租赁住房供应体系,助力新市民、青年人住有安居、宜居,更乐居,积极书写

---

* 执笔人:陈瞻,湖北省住房保障建设管理有限公司党委书记、董事长。

"租购并举"的联投答卷。

公司依托省属国企平台全产业链综合管理能力，聚力"政企共建+国企领航+品质保障"核心优势，从武汉市项目试点示范到鄂州市、宜昌市、襄阳市项目多点开花，当前已拓展保租房房源规模近3万间，入市项目累计服务租友逾2万人。作为"宜居湖北"示范者，公司持续多渠道拓宽房源供应、打造高质量标杆示范项目、全方位领创保租房市场（见图1）。

联投新青年·花山河社区

联投新青年·芯中心社区

联投新青年·梧桐湖社区

联投新青年·奕家

联投新青年·星域

联投新青年·驿界

联投新青年·锦域

联投新青年·江苑

联投新青年·阳小寓

图1　湖北省保租房公司已运营项目

资料来源：湖北省保租房公司，后同。

（二）案例基本情况

联投新青年·花山河社区位于武汉市东湖高新区花山生态新城，规划占地面积约300亩，总建筑面积约50万平方米，全部建成后将成为湖北省首个万人租赁社区。目前一期、二期已建成投入使用（见图2），可供应2774套30~87平方米多层次保障性租赁住房，涵盖企业公寓、青年公寓、人才公寓等多种类型，全屋家居、独立空间，匹配长租、短租、灵活租期，为大光谷新市民、青年人提供高性价比、多元化租住选择。项目立足东湖高新区花山生态新城，服务覆盖产业园区高新企业，现阶段入住客群以高新技术企业青年职工群体为主。随着花山片区产业集群不断发展，居住环境日益提升，交通配套亦日趋完善。

图2 联投新青年·花山河社区一、二期现状

图3 联投新青年·花山河社区三期规划

（三）项目实施背景

联投新青年·花山河社区前身为光谷青年城，作为湖北省保租房公司首个存量房改造社区类项目，面临诸多问题与挑战。

一是社区基本配套缺失。由于项目周边公共交通、商业、教育、医疗等

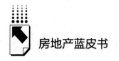

基本配套设施还在建设完善中，租户面临出行不便、缺少休闲娱乐场所、快递收发难、日用品购买不便等生活痛点，增加了租户的生活成本，也降低了社区吸引力。二是社区认同感不强。人员流动性高、社交空间缺失、乱停车现象严重、外卖遗失等，使社区成员关系疏离，难以形成社区共识，既影响租户的安全感、幸福感，也不利于"熟人社交"的建立，进一步加剧归属感和认同感缺失。三是部分房型设计不太合理。社区最早规划为公租房，户型面积偏大，以家庭型住房需求为主，与新市民、青年人"留汉第一站"的需求不匹配，导致项目空置率较高。

通过对当前租住痛点与租住人群需求的深入研究，公司对项目进行了重新定位，以"让城市友好，助青年有为"的愿景，基于"共同缔造"的理念开展一系列保障性租赁住房社区创新实践，通过倾听青年声音、回应民生需求来不断丰富项目打造青年友好社区。从青年需求视角切入，通过短中长期提升、三大维度改造，助力社区居住品质美好升级，打造租住生活新样本。

二 主要做法

（一）党建领航·青年之力：深化共建，共筑社区治理新篇章

坚持党建引领作为社区治理的核心，充分发挥党建工作在保障房领域的引领作用。联投新青年·花山河社区与团市委共建布点"青年之家"作为党建工作的前沿阵地，通过定期举办主题党日活动、青年党员团员座谈会等形式，激发青年参与社区治理的积极性与创造力。同时开展社区"共建人"招募计划，鼓励青年租友以空间主理人、活动召集人、志愿者等身份参与社区自主管理、自主服务，让入住青年从服务对象变为服务力量（见图4）。

（二）多元融合·宜居新标：共创平台，缔造高品质宜居新生活

"声音被听见、需求有回应、持续可参与、未来有期待"，社区以"共

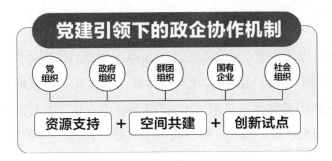

图4　党建引领下的政企协作机制

同缔造"为金钥匙,持续进行决策共谋、发展共建、建设共管、效果共评、成果共享。孵化社群部落,挖掘社区能人,与青年共创共享理想的宜居生活。以"需"定"供",从吃喝玩乐到学习成长,从"共享客厅"到"青年驿站",从社区食堂到自习室,从引进24小时便利店到开通便民公交专线(见图5),社区以共商共建的方式不断兑现对租友"声音"的"回应"。这种"以青年需求为导向、与青年愿景共实现"的做法,有效推动了社区的持续发展和创新升级。

社区微花园共建

社区公交开通活动现场

"青年之家"落成现场

社区食堂共建活动现场

"我家楼下改造计划"活动互动板

参与式设计活动展陈

图5　社区共同缔造活动示例

411

（三）产品共创·多样供给：需求为要，创新定制可变新场景

始终坚持以用户需求为核心，以创新理念为路径，搭建涵盖十四大功能场景、366项插件模块的多层次产品体系，提供从"一张床"到"一间房"的十余种房型选择（见图6），旨在为每位青年租友打造符合他们期望和预算的理想住所。倡导"参与式设计前置"的理念，在新房源规划设计阶段就邀请青年租友参与讨论和建议。这种参与式的设计方法不仅促进最终呈现的产品更加贴近用户的实际需求和生活习惯，还能让租友们在入住前就与自己的未来居所建立深厚的情感链接，提前感受到"家"的温暖和归属感。

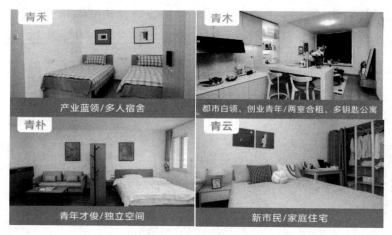

图6 "一张床"到"一间房"多层次产品示例

（四）自在空间·活力发生：共享生长，打造青年生活新中心

除满足青年租友基本的居住功能外，社区还致力于打造一个充满活力和创意的生活中心。开辟"共享客厅""青年驿站"两大共享空间，搭建青年人的"社交栖息地、能量加油站和价值共创地"。"碰撞时好事发生，独处时自在生长"，共享客厅以"动"为媒介，涵盖了策展、书吧、剧场、音乐

角等个性场域，满足青年生活、休闲、交友、公益等需求；青年驿站以
"静"为主题，设立了自习室、直播间、共享办公、会议室等多样化空间，
满足学习、创业等发展性需求（见图7），让青年租友们在享受便捷生活的
同时，为他们提供一个互动交流、共同成长的平台，让他们在此找到同行的
伙伴、共进的朋友。

图 7　以场景化思维开辟两大共享空间

（五）贴心守护·用心维护：数智运营，赋能全时全维新服务

为了确保青年租友在任何时候都能得到及时、专业的服务，社区建立了
360度全生命周期服务体系与全天候管家服务。无论是日常维修、安全巡查
还是客户服务等方面，都有专业的团队随时待命，确保问题能够得到迅速解
决。同时，通过"安居湖北"智能化的安全管理系统和数字化的运营平台，
该平台在提升服务效率和品质的同时，亦能够实时掌握青年租友的需求和动
态，为他们提供更加精准、个性化的服务。数字化管理不仅提高了运营效
率，也让青年租友感受到了更加便捷、高效的服务体验。

（六）温度社群·丰盛精神：多样社群，链接青年多彩新体验

为加强青年租友间的联系和归属感，社区积极打造各类社群活动，不仅
涵盖了文化、艺术、体育等多个领域，还根据青年租友的不同兴趣和需求，

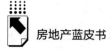

提供心宠社、篮球社、悠游社、青音社、潮玩社、知行社、羽翎社七大类个性化社群服务。在开展的线下活动中，无论是读书分享会还是户外运动会，都能让青年租友在找到"搭子"的同时，也能拥有更加丰富多彩的生活体验（见图8）。在此过程中，不仅提升了青年群体对生活的幸福感、对"家园"文化的认同感，更增强了青年租友间的情感链接从而形成紧密的社区网络。

图8　社群活动现场

（七）城市友好·青年有为：共治共赢，携手助力青年新成长

在不断探索治理模式创新的过程中，社区积极与周边企业、商业、教育、医疗等机构建立合作关系，实现资源共享和互利共赢。同时，与政府相关部门保持密切沟通与配合，共同推动社区的稳定发展和社会治理的创新。例如，为了满足青年租友对于学习和成长的需求，社区特别谋划"新青年就业职通车""青年夜校"（见图9），链接700余家企业的就业资源，免费提供各类课程并开展职业技能培训，竭力提升青年租友技能、增加就业广度。通过共治、共赢的模式创新，实现了资源的共享和优势互补，时刻关注青年成长、全力促进青年发展。

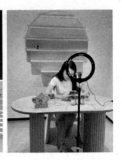

图9 社区举办"新青年就业职通车""青年夜校"

三 取得成效

（一）住有所居，租房更省心

青年多样化租住需求得到充分满足，构建起"一张床、一间屋、一套房"的多层次供应体系，开发出"青禾""青木""青朴"系列产品，全系产品均配置家具家电，可拎包入住。用活用足保租房政策，租金为同地段同品质房源的70%，"押一付一"租期灵活，条件符合可免押入住，程序简便，省时省心。联投新青年社区出租率由并购前的33%迅速攀升至80%以上，常住新青年已逾3000人。

（二）居有所宜，生活更舒心

租友期盼的更便利的交通、更齐全的商业、更优质的服务均变为现实。引入社区共享食堂、24小时便利店、轻食咖啡、快递超市等业态，开通社区便民公交专线，配套建设人人驾充电桩、停车场；搭建"安居湖北"智慧运营平台，实现居住、社交、服务等九大场景一键直达；提供全天候、管家式优质服务，高效处理租友反馈事项1万余件，满意率超98%。青年租友安全感、归属感、满意率显著提升，联投新青年社区成为片区租房首选项，"老带新"成为新客源主力。

（三）心有所安，成长更顺心

青年住得好、留得下、稳得住，保租房稳就业促创业作用得到充分发挥。实施新青年"扬帆计划"，开展就业"职通车"活动，链接700余家企业就业资源，提供免费的岗位推送、政策咨询、宣传推广、就业培训等服务。培育创业保障平台，支持开办个人工作室，提供众创空间，组织创业推介，引入金融机构提供专属金融服务通道。开展"安家湖北，我选联投"青年置业计划，有效畅通青年安居置业圆梦通道，保租房正在成为新武汉与新青年双向奔赴的载体与桥梁。

四　有关启示

（一）共同缔造理念下的租赁社区治理机制创新

秉持着"共同缔造"的经营理念，以青年参与为核心，以培育共识为根本，以优化服务为动力，以品质空间为载体，以渐进式实施为手段，通过一系列共同缔造的实践探索，以开展工作坊、组建志愿者团队等形式，鼓励青年租友积极发声，让每一个声音都被听见、每一个需求都被回应。

实践证明共同缔造的路径可行性，核心是多方共同、基础在租赁社区、租客为主体，实质是美好环境和幸福生活的共同缔造。行动的关键是倾听租客发声、激发租客参与、凝聚租客共识、塑造租客精神；根本是提升租客获得感、幸福感、安全感；路径是以租客参与为核心，以培育共识为根本，以优化服务为动力，以品质空间为载体，以渐进式实施为手段；方法是决策共谋、发展共建、建设共管、成效共评、成果共享。

（二）多层级产品与全维度服务叠加的场景创新

基于新市民、青年人等不同群体对于居住品质、职住平衡、学习创业等差异化需求，必须以"长期价值"的眼光做产品，提供全生命周期租住选择。与此同时，通过公共空间的打造与区域配套形成完整生活圈，让"邻里情感"持续链接。

通过丰富社交功能，匹配青年实际需求的生活场景；通过开放的共享空间，营造自在生长的生活场域；通过增设多种停留、休憩设施和主题活动场地，营造青年社交亮丽风景线；通过社区巴士、共享单车，使社区与城市联系更紧密。与此同时，社区商业也被纳入多层级产品体系之中，为青年人提供有品质、有活力的生活服务类业态，并将周边公共空间环境与配套节点有机结合。"房子是租来的，但生活不是"。既要打造高颜值、好品质、有服务的物质空间，更要提供激发青年人社交互动、公共参与的精神场所。

以多层级产品空间为阵地，以数智化赋能社区治理服务，通过深挖细作，把青年关心的问题找准、把青年内心的诉求把准、把青年未来的期待画准，真心为群众办实事、谋福祉，逐步健全完善的社区租住配套加服务治理体系，持续迭代产品与服务叠加的新样板。

（三）个人成长与社会发展共赢共生的体系创新

在项目的实践中，我们着力打造一个具有代表性、突破性和示范性的职业发展支持体系。通过与周边产业园区、企业及行业协会的紧密合作，成功地引入众多优质岗位和实习机会，为广大租友提供了广阔的就业平台。

通过设立专门的就业指导中心，提供职业规划、简历优化、面试技巧等一站式服务，帮助新市民、青年人全面提升就业竞争力；通过打造青年驿站空间，提供共享自习室、共享直播间等多元化功能区域，满足新时代青年人在学习、创业、直播等方面的需求；通过与当地街道紧密合作定期发布就业资源信息、开展青年夜校等职业技能培训，为新青年提供了宝贵的职业启蒙和成长机会。

青年租友的广泛认可表明，通过搭建平台、提供指导和建立紧密的合作伙伴关系，可以有效地促进新市民、青年群体的创业、就业和职业发展。与此同时，通过完善参与决策机制，更可激发租友参与社区治理的热情，回馈至社区向好发展。

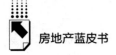
从与"人"生产生活密切相关的实事和小事做起，便可凝聚成社区治理创新的强大合力；让"人人"成为社会共同缔造的创新主体，便可让价值在长期主义里共生。

参考文献

王蒙徽：《共同缔造美好环境和幸福生活》，《城乡建设》2019 年第 6 期。

朱丽霞、左晨汐：《共同缔造：党建引领基层治理的实践探索》，《湖北省社会主义学院学报》2023 年第 6 期。

李郇、刘敏、黄耀福：《社区参与的新模式——以厦门曾厝垵共同缔造工作坊为例》，《城市规划》2018 年第 9 期。

B.24
集体土地首单保障性租赁住房 REITs

——华夏基金华润有巢 REIT 项目*

王 卓　曹亚琨　胡永强　熊华东**

摘　要：　集体土地出让性质的保障性租赁住房由于其双重特性，权属限制多、投资金额大，投资回收期长，且融资难度较大，导致社会资本投资意愿不足，如何有效解决社会资本积极投资是推动发展集体土地保租房项目关键问题。本案例是上海首个集体土地出让建设保租房成功发行基础设施公募REITs项目，具有十分典型的成功案例特征。本文重点从集体土地建设保租房并发行REITs的政策支持和项目实践中解决相关问题的角度来分享本案例，希望借此助力集体土地保租房的建设投资，以解决更多的新市民、青年人等群体的住房困难问题。

关键词：　集体建设用地　保租房　REITs

一　案例基本情况

2022年12月9日，继华夏北京保障房REIT、红土深圳安居REIT、中

---

*　本文根据《华夏基金华润有巢租赁住房封闭式基础设施证券投资基金招募说明书》等公开资料整理形成，未经REIT项目发行方确认。

**　王卓，深圳市世联资产房地产土地评估有限公司注册房地产估价师、土地估价师、资产评估师，注册会计师，RICS会员，东北财经大学资产评估硕士校外导师等；曹亚琨，深圳市世联土地房地产评估有限公司注册房地产估价师、土地估价师、资产评估师，RICS会员，美国AI会员等；胡永强，深圳市世联土地房地产评估有限公司注册房地产估价师、土地估价师、资产评估师；熊华东，广东瑞联土地房地产资产评估有限公司注册房地产估价师、土地估价师。

金厦门安居 REIT 发行之后，第 4 只保租房 REITs 即华夏基金华润有巢租赁住房封闭式基础设施证券投资基金（简称"华夏基金华润有巢 REIT"）发行上市，与前三只保租房 REITs 有所区别的是，华夏基金华润有巢 REIT 中的"有巢泗泾项目"系首个集体土地出让性质的保租房项目。

华夏基金华润有巢 REIT 中的有巢泗泾位于上海市松江区泗泾镇，土地使用权面积合计为 20166.70 平方米，总建筑面积 55314.52 平方米，地块东邻企业，南临泗博路，西临泗联路，北临查袋河。项目于 2021 年建成并运营，其共包含 5 栋租赁住房、1 栋配套商业及物业用房、470 个车位（含 389 个地下车位及 81 个地上车位）。其中 1 号楼、2 号楼、3 号楼、4 号楼、5 号楼租赁住房为地上 17 层，1 号楼及 6 号楼 1 层为配套商业及物业用房。根据相关文件，有巢泗泾项目被认定为保租房，经营模式主要为通过自有房屋租赁、停车场经营等获取经营收入。

二 案例主要做法

（一）实施难点：集体土地出让性质、原始权益人要求及项目转让等受限

根据《国家发展改革委关于进一步做好基础设施领域不动产投资信托基金（REITs）试点工作的通知》（发改投资〔2021〕958 号），REITs 试点项目申报基本条件包括：项目权属及资产范围要求、土地使用权依法合规、项目具有可转让性、项目成熟稳定、资产规模符合要求等内容。同时沪深交易所的保租房的规则适用指引规定了原始权益人的要求，本项目为集体土地出让性质，且带有项目转让和项目公司股权变动的约定和限制，以及原始权益人的股东涉及商品住宅和商业地产开发，除了一些客观的项目量化要求外，本项目发行 REITs 的实施难点主要是关于集体土地出让性质的保租房发行 REITs 的土地使用权依法合规、项目具有可转让性以及原始权益人的股东涉及商品住宅和商业地产开发等问题。

（二）分析集体土地保租房项目发行 REITs 政策，寻找政策突破点

1. 国家层面相关政策

（1）集体建设用地入市的法律和政策

华夏基金华润有巢 REIT 发行前的相关法律法规。2019 年 8 月 26 日，全国人大常委会对《土地管理法》进行了修订，修订后的《土地管理法》破除了集体经营性建设用地进入市场的法律障碍。2021 年 4 月 21 日，国务院修订通过《土地管理法实施条例》，其规定：通过出让等方式取得的集体经营性建设用地使用权依法转让、互换、出资、赠与或者抵押的，双方应当签订书面合同，并书面通知土地所有权人。

华夏基金华润有巢 REIT 审批通过后新出的相关政策，如表 1 所示。

表 1　华夏基金华润有巢 REIT 审批通过后新出的相关政策

发布时间	发布部门	文件号	文件名	相关内容
2022 年 11 月 23 日	中共中央办公厅、国务院办公厅	厅字〔2022〕34 号	《关于深化农村集体经营性建设用地入市试点工作的意见》	深入推进农村集体经营性建设用地入市试点，推进农村集体经营性建设用地与国有建设用地同等入市、同权同价
2023 年 3 月 1 日	自然资源部	自然资办函〔2023〕364 号	《深化农村集体经营性建设用地入市试点工作方案》	大幅度增加了试点地区，围绕完善农村集体经营性建设用地入市制度体系，探索农村集体经营性建设用地使用权权能实现形式，重点在 8 个方面深化试点工作

随着两个新政策的发布，国家进一步深入推进农村集体经营性建设用地入市试点，推进农村集体经营性建设用地与国有建设用地同等入市、同权同价等试点，在试点范围上更是扩大至全国 31 个省级行政区的数百个区县。

（2）集体建设用地建设保租房的政策

集体建设用地建设保租房的政策如表 2 所示。

表 2　集体建设用地建设保租房的政策

发布时间	发布部门	文件号	文件名	相关内容
2017年8月21日	国土资源部、住房和城乡建设部	国土资发〔2017〕100号	《利用集体建设用地建设租赁住房试点方案》	第一批在北京、上海等13个城市开展利用集体建设用地建设租赁住房试点
2021年7月2日	国务院办公厅	国办发〔2021〕22号	《国务院办公厅关于加快发展保障性租赁住房的意见》	将符合规定的集体建设用地建设租赁住房试点纳入保租房建设规范管理
2023年3月1日	自然资源部	自然资办函〔2023〕364号	《深化农村集体经营性建设用地入市试点工作方案》	要求严格入市集体土地建设保租房的监督管理。在试点期间，入市的集体土地不得用于建设商品住房；用于保租房建设的入市土地应一并纳入年度住宅用地供应计划；保租房以建筑面积不超过70平方米的小户型为主，严禁改变保租房性质，保租房不得上市销售或变相销售，严禁以保租房为名违规经营或骗取优惠政策

根据以上文件对集体建设用地建设保租房相关内容的描述，可以得出，我国在集体建设用地建设保租房方面提供了相关政策支持，但同时也约束了相关建设要求及明确了保租房不得上市销售或变相销售的规定。

（3）保租房发行REITs的政策及限制措施

保租房发行REITs的政策如表3所示。

表 3　保租房发行REITs的政策

发布时间	发布部门	文件号	文件名	相关内容
2020年4月24日	证监会和国家发改委	证监发〔2020〕40号	《中国证监会 国家发展改革委关于推进基础设施领域不动产投资信托基金（REITs）试点相关工作的通知》	我国基础设施领域不动产投资信托基金（REITs）开始试点
2021年6月29日	国家发改委	发改投资〔2021〕958号	《国家发展改革委关于进一步做好基础设施领域不动产投资信托基金（REITs）试点工作的通知》	保租房纳入REITs试点行业

续表

发布时间	发布部门	文件号	文件名	相关内容
2022 年 7 月 15 日	上海证券交易所	上证发〔2022〕109 号	《上海证券交易所公开募集基础设施证券投资基金（REITs）规则适用指引第 4 号——保障性租赁住房（试行）》	规定了保租房 REITs 及相关资产支持证券的上市、挂牌及存续期管理等事宜中涉及的原始权益人要求、项目要求、回收资金使用与监管和运营管理与信息披露等内容
2022 年 7 月 15 日	深圳证券交易所	深证上〔2022〕675 号	《深圳证券交易所公开募集基础设施证券投资基金业务指引第 4 号——保障性租赁住房（试行）》	

通过以上保租房发行 REITs 政策文件的相关内容的描述，可以得出，在国家层面，对于试点范围内的集体经营性土地入市在法律和政策层面已无障碍，并且在集体建设用地上建设保租房以及保租房发行 REITs 方面同样获得政策的大力支持。同时沪深交易所的保租房发行 REITs 的规则适用指引规定了"原始权益人应当为开展保障性租赁住房业务的独立法人主体，不得开展商品住宅和商业地产开发业务"和"原始权益人控股股东或者其关联方业务范围涉及商品住宅和商业地产开发的，原始权益人应当在资产、业务、财务、人员和机构等方面与商品住宅和商业地产开发业务有效隔离，保持相对独立"。本项目原始权益人未持有房地产开发业务资质和未开展商业住宅、商业地产开发业务，但由于其控股股东涉及商品住宅和商业地产开发，因此需要原始权益人做到"有效隔离，保持相对独立"。针对此项限制，原始权益人出具了《承诺及说明函》，并且基金管理人、计划管理人及法律顾问均对该项限制做了详尽的尽职调查，原始权益人在资产、业务、财务、人员和机构等方面与其股东的商品住宅和商业地产开发业务做到了有效隔离，保持了相对独立，符合要求。

2. 地方层面

华夏基金华润有巢 REIT 发行前后上海地区相关政策如表 4 和表 5 所示。

表4　华夏基金华润有巢REIT发行前的相关政策

发布时间	发布部门	文件号	文件名	相关内容
2020年12月30日	上海市人民代表大会常务委员会	—	《上海市农村集体资产监督管理条例》	转让农村集体资产的,应当符合国家和本市关于产权公开交易的规定
2021年7月1日	松江区政府	沪松府规〔2021〕2号(2024年2月8日起已废止)	《上海市松江区农村集体经营性建设用地入市管理办法》	出让人和协调机构应在农村集体经营性建设用地出让前明确物业持有和转让管理要求,受让人可依法和按照出让合同约定转让农村集体经营性建设用地使用权,但四个情形除外

表5　华夏基金华润有巢REIT发行后新出的相关政策

发布时间	发布部门	文件号	文件名	相关内容
2023年6月15日	上海市规划和自然资源局	沪规划资源乡〔2023〕201号	《关于印发〈上海市深化农村集体经营性建设用地入市试点工作方案〉的通知》	明确试点范围为嘉定区、奉贤区、松江区、金山区、青浦区、崇明区,同时也明确了集体经营性建设用地入市条件和类型等内容
2024年1月3日	松江区政府	沪松府规〔2024〕1号	《上海市松江区农村集体经营性建设用地入市管理办法》	细化了农村集体经营性建设用地入市方式和程序、地价管理和收入分配、土地使用权登记和抵押、土地使用权转让、续期和收回等内容

通过以上上海地区相关政策对于集体土地使用权入市内容的描述,可以得出,国家和地方现行法律和政策并未禁止受让的集体土地使用权再转让,只是应依据法律规定及出让合同的约定进行转让,因此,本项目所在松江区位于试点范围内,且对于本项目受让的集体土地再转让同样无法律和政策的障碍。

(三)积极沟通,解除项目自身限制,实现政策突破

虽然对于本项目受让的集体土地再转让问题无法律和政策的障碍,但本

项目的《土地出让合同》、《不动产权证》以及《上海市农村集体建设用地使用权开发建设与利用监管协议》均有项目转让和项目公司股权变动的约定和限制——出资比例、股权结构、实际控制人发生改变的,应经出让人和协调机构同意后方可实施。为解决项目层面的相关限制问题,管理人和原始权益人通过与土地所有权人、当地政府相应部门积极沟通,通过复函、回复意见和常务会议等形式,分别取得了其同意有巢泗泾项目以转让有巢优厦100%股权发行 REITs 等相关文件,最后解决了项目自身股权转让的限制问题,同时也满足保租房"不得上市销售或变相销售"的要求,使本项目成功发行 REITs,实现政策突破(见表6)。

表6　项目自身限制解决措施

限制性文件名	解决措施	解决措施主要内容
《土地出让合同》	泗泾经济联合社——《关于以有巢泗泾项目申报开展基础设施 REITs 试点项目的复函》	同意有巢泗泾项目以转让有巢优厦100%股权发行基础设施 REITs;对因有巢泗泾项目发行基础设施 REITs 导致的有巢优厦的股权变更、实际控制人变更事宜予以支持
	协调小组(由松江区规自局代章)——《关于泗泾镇 SJSB0001 单元07-09号地块项目申报开展基础设施 REITs 试点的回复意见》	同意地块以转让有巢优厦100%股权发行基础设施 REITs;同意项目发行基础设施 REITs 导致的有巢优厦的股权变更及在股权变更发生期间,导致的实际控制人变更
《上海市农村集体建设用地使用权开发建设与利用监管协议》	协调小组(由松江区规自局代章)——《关于泗泾镇 SJSBO001 单元07-09号地块项目申报开展基础设施 REITs 试点的回复意见》	同意地块以转让有巢优厦100%股权发行基础设施 REITs;同意项目发行基础设施 REITs 导致的有巢优厦的股权变更及在股权变更发生期间,导致的实际控制人变更
	松江区政府 2022 年第 2 次常务会议	会议原则同意区规划资源局关于两处保障性租赁住房 REITs 试点涉及股权变更的情况汇报,该情况汇报中已明确"因发行基础设施 REITs 产品需原始权益人将所持项目公司 100%股权转让给基础设施 REITs 基金(由公募基金管理人代表)"

限制性文件名	解决措施	解决措施主要内容
《不动产权证》	松江区规自局——《关于以有巢泗泾项目、有巢东部经开区项目申报开展基础设施REITs试点项目的复函》	同意有巢泗泾项目、有巢东部经开区项目以转让有巢优厦、有巢上海100%股权发行基础设施REITs。对有巢四泾项目、有巢东部经开区项目发行基础设施REITs导致的有巢优厦、有巢上海的股权变更、实际控制人变更事宜予以支持

三 取得成效

（一）案例成功之处

本案例作为集体土地出让性质的保租房，在相关法律和政策支持发行REITs的情况下，通过管理人、原始权益人与所有权人、地方政府的沟通协调，满足原始权益人发行要求，解除相关项目转让限制，完成了股权变更手续，最终成为首个集体土地出让性质保租房成功发行REITs的项目，为其他类似项目发行REITs提供了重要的借鉴作用。

（二）社会和经济效益

集体土地出让性质的保租房由于其双重特性，投资金额大，投资回收期长，且融资难度较大，尤其是对于集体土地开发利用程度较高的地区，项目收益很难快速覆盖较高的征收成本，因此社会资本的投资意愿不足，另外还由于价值认定、抵押权责界定、处置变现难等问题，向金融机构融资难。因此，如何有效解决社会资本积极投资是推动发展集体土地保租房项目的关键问题。

而本案例作为集体建设用地、保障性租赁住房和REITs三合一的成功案例，使集体土地出让性质的保障性租赁住房项目打通了"投、融、建、管、退"模式闭环，这将有益于大大推动保障性租赁住房的建设投资力度，从而解决更多的新市民、青年人等群体的住房困难问题。

四 有关启示

集体建设用地的保租房发行 REITs 在国家层面已经得到了法律和政策的支持，除了发行的量化指标外，目前主要障碍在于地方法律和政策的支持与限制，以及项目自身的产权限制事项，这就需要各方协力合作，共同推进项目发行 REITs 的进展，而本案例作为成功案例，在这方面则有着良好的示范作用，具有较为广泛的推广性。另外，除集体土地出让类型外，应该继续探索集体土地租赁型、集体经济组织自行开发型或与企业合作开发型（联营或入股）等模式下的保租房发行 REITs 之路，全方位解决相关资金问题，推动集体土地保租房的建设。

B.25
数字化参与式城中村租房治理
——上海市闵行区王泥浜村出租房治理

陈 杰 金爱芳 石曼卿 王鑫淼*

摘 要： 城中村租房治理创新事关城中村治理秩序的改善，关系到城市更新发展和韧性宜居智慧城市的建设，对增进民生福祉具有重要意义。上海市华漕镇王泥浜村推行"户管家+小程序"模式，该模式设立"户管家"并引入"小安租房"小程序，体现了政府部门协同治理城中村人房信息、数字技术赋能村庄参与式治理、吸纳式服务与服务式吸纳互促等治理新思路，高效精准实现了"以房管人"的住房租赁管理目标，同时在城中村安全宜居建设和增强外来群体归属感获得感、共治共建共享方面取得了良好成效。"户管家+小程序"模式的经验和做法，有望为其他城中村租房治理提供可复制、可推广的借鉴和参考。

关键词： 城中村租房治理 户管家+小程序 参与式治理 数字化治理

一 基本情况

党的二十大报告提出要加快转变超大特大城市发展方式，同时指出要

---

* 陈杰，教授，博士生导师，上海交通大学国际与公共事务学院/中国城市治理研究院教授，中国房地产估价师与房地产经纪人学会副会长，主要研究方向为城市发展、城市治理、房地产经济、住房保障；金爱芳，上海市闵行区华漕镇王泥浜村党支部书记，村委会主任；石曼卿，上海交通大学国际与公共事务学院博士研究生；王鑫淼，上海交通大学国际与公共事务学院/中国城市治理研究院博士研究生。

健全共建共治共享的社会治理制度，提升社会治理效能。① 城中村作为我国超大特大城市中的"特殊"空间，集聚着各类社会和空间治理难题。② 在城中村改造政策机遇下，城中村租房治理成为各界关注的焦点，各地积极探索城中村租房治理新举措。上海作为我国超大城市之一，城中村外来人口众多。2022 年上海市人口变动情况抽样调查数据结果显示，外省市户籍常住人口达 1006.26 万人，占全市常住人口 40% 以上。③ 其中，上海市闵行区华漕镇因历史原因城中村数量较多，长期面临城中村租房治理难题，该镇汲取基层治理实践经验，创新推行"户管家+小程序"模式，王泥浜村作为先行试点取得了显著成效。王泥浜村紧邻市中心和虹桥商圈，村内有王泥浜、沙更浪、王家厍、北杜巷四个村民小组，共有宅基地 156 户，常住户籍人口 577 人，来沪人员 5600 余人，全村常住户籍人口和来沪人员比例将近 1∶10。该村出租房多、人员密集、人口数据不清问题显著，早期村庄社会治理和公共服务方面存在一定的压力，推行"户管家+小程序"创新性治理模式后，村庄治理取得显著成效，2023年获评第三批"全国乡村治理示范村"。在城中村租房治理方面提供了可复制、可推广的治理样本，有望为上海市乃至全国提供城中村租房治理新思路。

二 "户管家+小程序"模式的实践做法

（一）推选设立"户管家"，吸纳租客力量参与村庄治理

在华漕镇"善治管家"理念指引下，王泥浜村将服务单元下沉，从行

---

① 参见中华人民共和国中央人民政府官网，https：//www.gov.cn/xinwen/2022-10/25/content_5721685.htm。

② 章平、唐娟：《大城市城中村治理困境成因分析及对策研究——以深圳城中村社区城市管理为例》，《现代城市研究》2014 年第 11 期。

③ 周渊：《2022 上海常住人口 2475.89 万人》，《文汇报》2022 年 3 月 28 日。

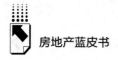

政村层面细化到户层面。王泥浜村每户由房东或租客推选出一名户管家，负责房屋租客信息登记、楼内消防安全隐患排查整改、宅前屋后环境管理、传达通知并收集整理租客反馈的信息。经村委培训，156名户管家形成精细的治理网络，户管家群体在日常服务中吸纳租客力量参与到村宅和村庄治理中。同时，王泥浜村委结合村情不断优化"户管家"制度，建立奖惩机制，既激励"户管家"的积极性，又约束"户管家"的行为，促成实现村庄治理的乘法效应。

（二）建立租房"身份证"，精准采集信息规范租赁交易

准确精细地采集分析人房信息是维持城中村治理秩序的基础。为实现城中村人房信息的高效精准治理，上海市、区大数据中心牵头，聘请第三方企业建设"人房共管平台"，统一公安、房管部门房屋数据标准，对全区所有租赁住房设定唯一的二维码，每间租赁住房都有一张"身份证"。户管家负责张贴"小安租房"二维码，租客入住前扫码实名制认证上传租赁信息，"户管家"确认信息后，信息第一时间传到区房管部门和公安相关部门备案，人房共管数据平台破除部门障碍，实时动态共享人房信息数据，形成住房租赁的闭环管理和人口动态精细化管理。与此同时，"户管家"确认信息后，双方直接线上签约完成租赁合同，租房交易更为便捷规范。

（三）引入数字"小程序"，提供治理诉求的反馈渠道

在"户管家"管理模式基础上，王泥浜村充分利用具有人口登记、租赁备案、社区服务、租赁双方信息沟通等多功能的"小安租房"小程序，借助数字技术App的信息发布和线上沟通功能，引导"户管家"通过"小安租房"小程序及时将政府和村委的政策、服务、宣传等信息推送给每一户租客，让租客群体享受更好的服务。同时，租客群体可以通过"小安租房"系统及时反馈自身的需求、意见和建议，"户管家"收集汇总上报村委，为租客群体参与村庄治理、有效解决问题提供渠道。

三 "户管家+小程序"模式的治理成效

（一）社区安全得到保障，人居环境明显改善

城中村安全宜居的居住环境是落实国家安全观、增进民生福祉的重要方面。王泥浜村推行"户管家+小程序"模式后，一方面，"户管家"负责定期检查消防设施和用电用火情况，消防安全隐患得到有效排查整改，保障了村民和租客的人身安全、财产安全，社区安全也得到保障，2022年11月王泥浜村民委员会获评"闵行区2022年度消防工作先进集体"。另一方面，"户管家"负责宅前屋后环境卫生，引导规范租客群体日常行为，村内美丽庭院数量增加至97户，人居环境得到显著改善，营造了安全宜居的村庄环境。

（二）精准摸底人房信息，治理效率显著提升

推行"户管家+小程序"模式前，王泥浜村也曾存在房屋租赁管理混乱、房东和村委会难以掌握租客信息和流动信息的情况。推行"户管家+小程序"模式后，153户将近2400间的"小安租房"程序安装，共有3900余人注册，达到总租户的98%，村内租赁管理效率和精度大幅提高，"户管家"能够清楚掌握房屋内居住人员的信息，并运用"华漕人房管理系统"及时报告居住人员变动情况，村委会也能够借助数据平台全面掌握租客的信息和流动情况，村庄人房信息治理效率显著提升。

（三）归属感获得感增强，实现共治共建共享

城市发展过程中外来群体的归属感、获得感事关社区的凝聚力和向心力。"户管家+小程序"模式推行后，"户管家"成为租客和村委会之间的社区纽带和沟通桥梁，户管家与租客的互动联结，增强了租客群体的归属感。租客通过在"小安租房"小程序反馈建议和需求，为改进村内公共服务的

供给策略提供参考，租客群体有了更多参与感、责任感和获得感，王泥浜村村民和租客对村宅的归属感明显增强，村民和租客的满意度大幅提升，社区共治共建共享格局逐步凸显，2023年6月王泥浜村党支部荣获"闵行区五星党支部"荣誉称号，同年王泥浜村获评第三批"全国乡村治理示范村"。

四　"户管家+小程序"模式的经验启示

（一）破除行政壁垒协同治理人房信息

城中村治理需多个政府部门协同发力，王泥浜村"户管家+小程序"模式为部门协同开展人房信息治理提供了样板。公安、房管、人口等政府多个部门破除部门障碍，借助数字平台实现有效协同，在确保公众信息隐私安全的前提下，依托小程序管理后台实现租客信息的一次性及时精准采集，动态化全面掌握城中村租户信息和流动情况。村委会依规申请获得小程序后台集成数据，建立村居人口动态监测机制，对外来人口情况的了解更加精准高效。以上举措为城中村人房信息动态、精准治理提供了高效可行的参考方案。

（二）数字化治理赋能村庄参与式治理

数字赋能乡村治理的背景下，数字化技术赋能有助于增进参与式治理的可能性。[1] 王泥浜村"户管家+小程序"模式为数字化治理赋能城中村租房治理提供了新思路。一方面，信息技术手段有助于降低村庄共治的参与门槛；另一方面，信息技术手段有助于降低多元主体共治的协调难度；此外，数字平台为人房信息相关管理部门内部协同提供了便利，在保障信息安全的前提下，简化业务流程，打破时空限制，提高了政府内部资源利用效率。数

---

[1] 陈桂生、岳喜优：《乡村数字治理效能何以提升？——基于数据、技术、平台的分析框架》，《电子政务》2024年第1期。

字技术小程序能够增进租客群体与房东和村委的互动，租客反馈治理诉求为村庄公共服务与治理优化提供参考，继而实现数字技术赋能村庄参与式治理。

（三）吸纳式服务与服务式吸纳促进共治

王泥浜村"户管家＋小程序"模式体现了吸纳式服务[①]和服务式吸纳[②]的互促，为城中村租房治理共治提供了借鉴。城中村治理中一方面要引导"户管家"群体以服务的心态为租客提供便利，在服务互动中吸纳租客成为治理力量，另一方面要增强"户管家"在服务中带着吸纳潜在治理积极分子的意识和动机，吸纳租客群体的建议更好地为租客群体提供服务，构建服务与吸纳正反馈循环机制。在吸纳式服务与服务式吸纳中提高村民和租客的自治意识和能力，增强多元主体的归属感和责任感，促进城中村多元主体共治。

---

① 蒋源：《吸纳式服务：基层党组织在社会治理转型中的一个过渡机制》，《社会主义研究》2016年第5期。
② 方帅：《服务吸纳治理：城市社区有效治理的创新路径》，《社会建设》2021年第5期。

B.26
消化存量精准供给

——襄阳市欣悦城小区保租房项目

周小龙 叶飞 梁然*

摘 要： 以解决新市民、青年人等群体的住房困难问题为出发点和落脚点，满足从事基本公共服务群体租赁住房需求，用多方案推进保障性租赁住房工作，促进产城人融合、人地房联动，有助于形成以政府为主提供基本保障、以市场为主满足多层次需求的住房供应格局。襄阳市住房保障运营管理有限公司精准调研，针对多元化的住房需求，在原有单一毛坯房源的基础上提供毛坯、简装、精装房源相结合的多种房源选择方案，让不同需求人群各取所需，住有其居。

关键词： 住房困难 多元化保障性租赁住房体系 "551"配租模式 "一区一策"

一 基本情况

近年来，襄阳市加快建立多主体供给、多渠道保障、租购并举的住房制度，不断完善住房体系，群众居住品质有效提升，安全感、获得感、幸福感全面增强。自2007年起，襄阳市大力推进住房保障工作，从最初的单纯租赁补贴到实物配租，从廉租房到公租房，住房保障规模不断扩大，保障人群

---

* 周小龙，襄阳市住房保障运营管理有限公司综合部部长、工会主席，环境工程师；叶飞，襄阳市住房保障运营管理有限公司运营管理部负责人，土地规划工程师、房地产评估师；梁然，襄阳市住房保障运营管理有限公司土木工程师。

越来越多，影响力越来越大，每年的保障房申请成为住房困难群体美好的期望。2021 年 9 月，湖北省政府确定襄阳为湖北省发展保障性租赁住房的 6 个重点城市之一。"十四五"期间，襄阳市计划筹集保障性租赁住房 1.3 万套（间）。襄阳市近年来扎实推进住房保障工作，有效改善了城镇户籍困难群众住房条件，但新市民、青年人等群体住房困难问题仍然比较突出，需加快完善以公租房、保障性租赁住房和共有产权住房为主体的住房保障体系，多措并举筹集保障性租赁住房是对襄阳市住房体系的有利补充。

根据襄阳市住房和城乡建设局《襄阳市区加快解决从事基本公共服务人员住房困难问题的试点方案》（襄住建〔2022〕174 号），为加快解决新市民、青年人特别是从事基本公共服务人员的住房困难问题，襄阳市住房保障运营管理有限公司（简称住保运管公司）负责开展襄阳市保障性租赁住房投资、建设和运营管理工作。

住保运管公司目前累计筹集房源 4312 套，其中收购房源 3349 套，建筑面积 39.2 万平方米，目前分配入住率已超 80%；另筹集有 963 套商品房无偿配建的公租房，建筑面积 7.9 万平方米。在分配过程中，住保运管公司根据每个小区不同情况，按照"一区一策"的原则，针对每个小区量身打造分配方案。例如，在欣悦城小区对部分房源进行装修，提供了多种房源选择方案，让需求人群有了更多的选择，小区配租率显著提升。

二　主要做法

在努力盘活存量房源的同时，择优对市区内存量房源实施收购，优先选择产权清晰、相对集中、库存量大的房源，努力激活存量资产，充分利用政策窗口，通过保障性租赁住房新模式实现房地产向"强运营、长周期、低利率"新模式的转型过渡，将原有的房地产短期产品销售向提供长期运营服务转型，获取长周期、低利率的保租房专项贷款，并通过提供增值服务，获得长期稳定现金流，实现除租金之外的新的盈利点。

欣悦城小区位于卧龙大道以西、七里河路以北。小区交通便利，周边有万达商圈和吾悦商圈，配套设施完善。住保运管公司通过调研得出该区域保障性租赁住房需求量大，以低于成本价采购欣悦城小区 463 套毛坯房源，将其纳入保障性租赁住房，按照小区周边市场价七折实施配租。同时，为强化资金保障，住保运管公司与金融机构开展多形式、多途径的合作，实现贷款期限 30 年，利率低至 3.2%，所争取融资利率在本省同行业处于低位，实现了融资低成本增效益。

图 1　欣悦城小区全貌

资料来源：襄阳市住房保障运营管理公司。

在房源推出后，分配情况并不理想，住保运管公司再次针对区域新市民、青年人，特别是从事基本公共服务的人员进行了精准调研，发现影响分配的主要为以下两个问题。

一是政策知晓率不高，很多需求人群对政策不知晓、不了解。

二是需求人群对房源要求不尽相同，有需要毛坯按自由装修使用的，也有需要可直接入住的，不想浪费过多的时间和精力，或不想承担装修带来的经济压力。

为有效提升房源配租问题，住保运管公司重点从以下三方面着手解决。

一是加强宣传，普及政策。开创襄阳"551"模式，即 5 个宣传平台、

"五进"（进企业、进社区、进校园、进园区、进机关）、1个服务窗口，打造本地保障性租赁住房政策高流量普及平台。建立"多渠道咨询，零距离服务"通道，线上，承租人配租申请触"屏"可及；线下，热情服务"一站式"办理，让广大新市民、青年人以及从事基本公共服务人员真正住有所居、住有宜居。

二是改善硬件、强化保障。在解决新市民、青年人特别是从事基本公共服务人员住房困难问题上靶向发力，为承租人"量身定做"不同的住房，及时总结前期工作经验，并复制国内其他城市先进模式，为承租人提供毛坯和简装、精装多种房源选择。

三是改进服务、创建品牌。建立"住保中心+运管公司+社区+物业公司"四位一体的配租管理模式，调动社区和物业公司参与协助服务管理。协调物业公司、联系社区，与广大业主加强沟通、加强联系，确保服务效能，提升品牌影响力。

三　取得成效

精准供给房源，实现了从建筑面积的"大手大脚"到空间利用的"精打细算"，节省空间成本但并不牺牲住户体验。以民生保障、资产效率为尺，精准供给不仅有效降低了成本，更进一步提升了房源的配租率。在规划设计、建设工艺、软装配置等方面全面提升舒适居住的可能性，一是有效解决了新市民、青年人以及公共服务人员的住房困难问题，根据保障对象的不同需求，提供有效房源。例如，在欣悦城房源装修完成后，该小区房源供不应求，小区463套保障性租赁住房房源已全部完成签约入住；二是通过购买市场房源，消化了市场库存房源数量，激活了存量资产，补充了保障性住房房源，同时能够有效激活闲置存量土地，实现内循环，带动附加产业链，如房建、物业、能源等；三是能够增强住房保障企业综合实力，拓宽融资渠道，提高自身"造血"能力。

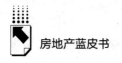

四 有关启示

长期以来，"租"始终是我国住房市场的短板。与许多发达国家居民早就将租房视为"合理的选择"不同，租房对绝大多数中国人而言，依然是"最后的选择"。加快建立多主体供给、多渠道保障、租购并举的住房制度，要通过增加优质房源供应、整饬市场秩序来改善租房体验，补齐住房体系中"租"这个短板。多元化的保障性租赁住房是完善住房供应体系、促进城市和谐发展的需要。保障性租赁住房是政策紧密度较高的民生类项目，住保运管公司将以"新质生产力赋能住房保障发展"为出发点，一是通过优化管理模式及信息化建设提升便捷、高效的保租房服务水平，在增强配租效能的同时，发挥保租房相关数据分析对企业经营发展的支持作用；二是通过建立大数据分析，实施定制化服务，以租户思维落实以需定供的要求，更好地满足新青年、新市民以及从事基本公共服务人员的居住需求，有效提升配租率，擦亮城市住房保障名片；三是发挥保租房对本地房地产行业调结构、惠民生的作用，优化城市租住市场模式，助力城市发展。

长短结合灵活租住

——乐乎公寓·酒店回龙观东大街项目

赵亭亭*

摘　要：　乐乎公寓·酒店回龙观东大街店由汉庭酒店改造而来，是乐乎集团"投—建—管"的典型项目。房屋总层数为3层，主要改造区域为酒店前台、酒店客房等。该项目的焕新入市，既起到了为城市添"颜值"提"气质"的作用，又凭借"酒店设施"和"家庭特色"兼具的优势，为区域高知人群提供优品、优享、优适的美好居住空间，以及共享乐活+共享空间的质感生活方式，创新性采用了长短租结合的灵活租住方式，该项目入市至今出租率高企、收益稳定。

关键词：　存量资产盘活　城市更新　经营模式创新　低碳环保

一　基本情况

（一）案例基本情况

乐乎公寓·酒店回龙观东大街店位于北京市昌平区回龙观东大街5号楼，总建筑面积3046.5平方米，以酒店业态为主，共计3层，包含102间房源。其中，1层为大堂，2层52间房源，3层50间房源。

项目距离8号线回龙观东大街站200米，自驾5分钟可以到达区域内核

---

* 赵亭亭，乐乎集团营销经理。

心主干道，公交线路丰富、出行便捷。项目区位优势明显，毗邻西二旗、西三旗、望京等商圈，周边配套完善、名企林立，高知人群聚集、租住需求旺盛，但是原址装修较为陈旧，装修前主要客群为短租差旅人群。

（二）实施背景

项目原业态为到期酒店，装修陈旧、租住形式单一，相较于周边其他酒店及公寓项目，没有突出的优势，导致营收困难。项目外观也较为陈旧，外立面斑驳破损，与周围建筑时尚、现代的风格有较大差距。于是，项目到期后，原业主选择终止合作，转而交由乐乎集团进行公寓改造。

二 主要做法

（一）案例特殊性

项目虽然装修陈旧，但区位优势较佳，出行便捷，15分钟生活圈内美食餐饮、购物、商超、娱乐等生活配套丰富。再加上项目周边企业较多，大批互联网行业的精英人群在此集聚，这为项目出租率提供了保证。

（二）方案设计

基于项目交通便捷、名企众多的特殊性，乐乎集团接手后，首先将该项目的租住人群锁定在精英白领、Z世代年轻人及短期差旅人群，并将公区设计理念定为"高阶白领人群的身心休憩所"。

有了精准受众定位后，乐乎集团开始对该项目进行高标准的翻新改造，并根据目标客群的喜好，针对性地打造了拥有独立大开间、储物空间充足、配备智能化妆镜、一体双开门衣柜与一体式大书桌、深受女性住户喜爱的A房型，以及可以秒变一室一厅、配有榻榻米沙发、可以满足客人留宿功能的B房型。

调研显示，精英白领和Z世代客群更加喜欢智能的家。据此，乐乎集团还为该项目配置了智能可控系统。齐全的家具家电、干湿分离布局的卫生间、共享厨房、公共餐厅、共享休闲区、自助洗衣房等设计，则满足了人们拎包入住及日常休闲、交友的需求。由于不少配置系当时市场中的稀缺产品，该项目一经推出，就受到了租客的追捧。

（三）运营设计

为了满足不同人群的租住需求，项目创新性地采用了长短日租结合的运营模式。其中，日租匹配商旅出差人群的租住需求，短租匹配旅居人群租住需求，长租匹配长住人群租住需求。

为了保证服务质量，乐乎集团制定了"运营人员编制根据日租比例实时调整、24小时值班"等服务规定。其中，日租按酒店运营方式经营，并据此调整岗位绩效激励方案的做法，极大地激发了运营人员的工作热情。

（四）政策探索

坚持"房住不炒"落实租购并举，是近年来租赁住房行业发展的主基调。由于长租酒店相比传统酒店具有更高的灵活性和性价比，且对于缓解传统酒店淡季、提升酒店利用率具有积极作用，因而备受投资机构追捧。乐乎公寓·酒店回龙观东大街店的推出，就是乐乎集团在深入研究政策、市场的基础上而做出的重要举措。

党的二十大报告指出，坚持人民城市人民建、人民城市为人民，提高城市规划、建设、治理水平，加快转变超大特大城市发展方式，实施城市更新行动，加强城市基础设施建设，打造宜居、韧性、智慧城市。乐乎集团对项目旧址"汉庭酒店"进行再焕新的做法，恰是城市更新的典型做法。

租赁住房万亿资管规模正在形成，在国家政策的引导与支持下，向着规范、理性、有序迈进。多家权威机构曾指出，运营能力扎实，拥有收购、租赁、建设和运营不同类型租赁住房的丰富经验、打通了资管闭环的租赁企业将迎来更好发展机会。

三 取得成效

第一，乐乎公寓·酒店回龙观东大街店过硬的产品，叠加长租+短租结合的经营模式，让该项目入市仅半年，就实现了95%以上的整体入住率。RevPAR[①] 也由原来的143元提升到了目前的378元，营收提升近2倍，回报周期也从原来的3.7年，缩短至目前的2年。项目的成功大大提升了乐乎公寓·酒店品牌的市场影响力及公司的决策信心。

按计划，到2024年，乐乎公寓·酒店将拓展至20家，2025年拓展至60家，2026年拓展至100家，2035年超过800家。乐乎公寓·酒店回龙观东大街店的成功，为该品牌的发展开了个好头。

第二，作为一种新型的住宿服务模式，长租+短租结合的经营模式可以满足人们的多元租住需求，让人们不论是自住还是度假，都变得极为便利。

第三，乐乎公寓·酒店回龙观东大街店的稳健经营，创造了更多就业岗位，为更多人提供了就业机会，有效提升了城市就业率。同时盘活了整条产业链的上下游，布草厂商、家具厂商等多家乐乎集团的下游企业从中受益。

第四，乐乎公寓·酒店回龙观东大街店艺术感与功能性兼具的户型设计、灵动优雅的装修风格、温暖细致的运营服务，切实改善了租客的居住体验。其独特的设计风格和先进设计理念，亦成为长租公寓行业的一股清流，引领了行业发展风向。

第五，智能产品的应用，切实提升了乐乎公寓·酒店回龙观东大街店的管理效率和坪效表现，也对乐乎集团的提质增效起到了积极作用。该项目中的不少成功做法，都可以在乐乎集团旗下其他项目中得到复制、推广。

第六，此次项目中广泛应用的长短租结合的经营模式，提升了乐乎集团根据市场变化即时进行调整和创新的能力，并由此大大提升了乐乎集团的竞争力和盈利能力，为企业的可持续发展提供了源源不断的动力。

---

① 指每间可供租出客房产生的平均实际营业收入。

四 有关启示

（一）突破性

从产品属性上来讲，乐乎公寓·酒店是不同于公寓、酒店、酒店式公寓的全新物种。公寓更强调居住与生活；酒店则是短暂的住宿；酒店式公寓的本质仍是酒店，在生活场景、居住氛围上仍有不足。而乐乎公寓·酒店以特色的长短租结合运营模式，打造出了既有酒店的空间质感以及尊享服务，也有公寓的长居生活感的新时代居所，满足了大部分年轻租房群体对于品质升级、体验升级的租住理想，也踏准了公寓行业产品与服务升级的步伐，引领了新一轮行业增长曲线。而对于存量资产投资而言，乐乎公寓·酒店的出现扩充了投资品类，将公寓与酒店的优势完美结合，成为不确定时代下更稳健的投资选择。

（二）案例经验总结

第一，长租企业要不断探索，致力于通过舒适的客房设施、时尚的室内设计、高品质的床上用品等来为租客提供优质的住宿体验。乐乎公寓·酒店回龙观东大街店的成功就是因为切实做到了这一点，才收获了高企的出租率。在该项目设计、装修、施工等过程中，乐乎集团始终将租客的租住体验放到了首要考虑的位置。

第二，重视个性化服务。乐乎公寓·酒店通过梳理顾客消费过程中的核心体验满意点，根据服务峰终定律，制定了16项暖心且个性化的服务，包括入户保洁、快递代收、上门维修、搬家服务、24小时安保、喂宠服务、行李寄存、商务服务等。这些服务的应用，即增加了租客黏性，又通过口碑宣传提升了品牌美誉度。

第三，重视建立合作伙伴关系。乐乎公寓·酒店回龙观东大街店在筹建、运营的过程中，与周围商铺、企业主均建立了良好的合作伙伴关系，达

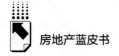

成了合作伙伴联盟。同时，还通过公益活动与社区街道建立了良好的关系。由此，乐乎集团可以通过与附近餐饮、超市、旅游机构等进行合作，为入住门店的租客提供便利和实惠，由此让租客的生活更加便捷。

第四，重视数字技术和在线平台优势。除了传统的58同城、贝壳、美团、携程、大众点评等OTA渠道，乐乎集团自主研发的在线看房小程序，也为乐乎公寓·酒店回龙观东大街店增加会员比例、提升续约率等发挥了重要作用，这也是乐乎集团连续多年重视数字化建设的结果。

第五，重视新媒体营销。在乐乎公寓·酒店回龙观东大街店的筹开过程中，乐乎集团充分运用了新媒体营销手段，如抖音直播、小红书等。这些新媒体营销手段，吸引了更多Z世代群体的目光。

第六，加强客户关系管理至关重要。加强客户关系管理是提高客户满意度和忠诚度的关键。乐乎公寓·酒店回龙观东大街店通过建立客户数据库、进行精准营销、提供会员福利等方式来维护和发展客户关系。全年不间断的社群活动，既丰富了租客的业余生活，又增加了邻里互动和社交。不止于此，乐乎集团还经常通过电话回访和面对面沟通等方式定期与客户互动，以进一步了解他们的需求，即时调整产品和服务。

（三）可复制推广的经验

乐乎公寓·酒店回龙观东大街店的成功，离不开乐乎集团对优质住宿体验的深耕，对个性化服务、数字化建设的探索，对公益和环保社会责任的践行，以及与周围商铺、企业主之间合作伙伴关系的搭建。这些举措帮助该项目吸引和留住了租客，提升了项目的品牌影响力，个中经验可被复制、推广。

Abstract

Annual Report on the Development of China's Real Estate No. 21 (2024) continues to adhere to the purpose and principles of objectivity, impartiality, scientific neutrality, tracking the latest developments in the Chinese real estate market, deeply analyzing market hotspots, looking forward to the development trend in 2024, and actively planning response strategies. The book is divided into general report, special topic reports, service reports, hot topic reports and case study reports. The overall report provides a comprehensive analysis of the current development trend of the real estate market, while the special topic reports provide in-depth analysis of the development of the real estate market from different perspectives. Finally, some hot issues are also discussed.

The national real estate market is still undergoing deep adjustment in 2023. The policy background for the development of the real estate market throughout the year is mainly focused on stabilizing the market and preventing risks, witha loose policy tone throughout the year. From the perspective of the national real estate market, the overall characteristics of the operation of the real estate market in 2023 mainly include: in terms of sales prices, there is differentiation in the increase of various property prices, and the overall downward trend of residential prices in first, second, and third tier cities, with over 60% of cities experiencing a year-on-year decline in residential prices. The sales area of commercial housing has significantly shrunk, and the growth rate of unsold area has rapidly expanded. In terms of the rental market, housing rent has slightly decreased by 0. 2%, and the increase in housing rent has been lower than the CPI increase for five consecutive years. The land market is declining, and the revenue from the transfer of state-owned land use rights has significantly decreased, which has had a significant impact

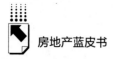

on local finance. In terms of investment and financing, real estate development investment has experienced negative growth for two consecutive years, while all types of property investment have decreased. In terms of housing supply, the newly constructed area of various properties has been reduced for four consecutive years.

From the perspective of development momentum, the transaction volume of the real estate market in 2023 has further decreased compared to 2022, and the development momentum has weakened. The contribution of the real estate and related industries to economic growth has also decreased. However, it should also be noted that there is still room for development in China's real estate market. We should explore the space and opportunities for the development of the real estate market from both the perspectives of increment and stock; From the perspective of market risk, as most of the collateral in the financial system is related to real estate, changes in the price of the real estate market directly affect the value of the collateral. If the price of the real estate used as collateral is lower than the loan amount, it may cause loan default. Therefore, risk prevention and resolution in the real estate market remain important issues, and significant changes in housing prices should be prevented from entering the market, ensuring housing supply, and purchasing housing reserves; From the perspective of market expectations, in the current real estate market, with reduced transaction volume and significant pressure on price declines, it is important not to overlook the expectations of both supply and demand sides towards the market. On the supply side, the willingness of enterprises to invest is weak, and the amount of development investment continues to decline, resulting in a significant reduction in the area of new construction. In terms of demand, residents have a low willingness to purchase houses, and some loan buyers repay their loans in advance to reduce their debt and interest burden. Therefore, confidence should be restored from both the supply and demand sides, and the market expectations of enterprises and homebuyers should be improved.

The Central Political Bureau meeting in July 2023 set the tone for a new situation of significant changes in the supply and demand relationship of China's real estate market. Real estate has rapidly transitioned from the first half to the second half. According to relevant central documents on "improving the housing supply system of 'guarantee+market', with the government as the main guarantee for the rigid housing needs of wage earners, and the market as the main satisfaction for the diversified and improved housing needs of residents", the "dual track system" will become the main content of the new model of real estate development in the future. The future housing market will be divided into two parts, one is the commodity housing market, driven by market-oriented factors such as supply and demand, mainly targeting middle and high-income groups, providing high-quality, rentable and saleable residential products. The other part is the affordable housing market, with prices determined by the government and not linked to the commodity housing market. Generally lower than the commodity housing market, it is aimed at middle and low-income families, as well as new citizens and young people with net population inflows to cities. It provides affordable rental housing that can be rented and purchased for a long time. In the context of significant changes in the supply and demand relationship of the real estate industry, future rigid and partially improved demand will mainly shift towards the second-hand housing market, further enriching the housing supply system and forming a diversified supply of housing products.

Judging from market trends, with the continuous decline in real estate sales and investment, it is expected that the real estate industry will likely maintain a bottoming out and stabilizing trend in 2024. In the second half of the year, with the implementation of policies and the gradual manifestation of policy effects, sales will improve. It is expected that the growth rate of real estate investment and sales for the whole year will be around −6.0%, with a decrease of about 3.1 and 2.5 percentage points respectively compared to 2023. The national second-hand housing sales and listing index is 68.11, an increase of 3.52 compared to 2023; The second-hand housing price index is 92.21, a decrease of 2.64 compared to 2023.

Keywords: Real Estate Market; Housing Supply System; Market Expectations; Demand for Improvement

Contents

I General Report

Abstract: The policy background for the development of the real estate market in 2023 is mainly to stabilize the market and prevent risks, with a loose policy tone throughout the year. The overall housing prices in 1st −3rd tier cities are showing a downward trend, with over 60% of cities experiencing a year-on-year decline in housing prices. The sales area of commercial housing has significantly shrunk, and the growth rate of unsold area has rapidly expanded. Real estate development investment has experienced negative growth for two consecutive years, and the newly constructed area of various properties has been reduced for four consecutive years. The transaction volume of the real estate market continues to decline, and the development momentum is weakening; The downward pressure on housing prices is significant, with a significant increase in the number of various types of foreclosed properties; The investment willingness of the supply side and the purchasing willingness of the demand side have both contracted. Judging from market trends, with the continuous decline in real estate sales and investment, it is expected that the real estate industry will likely maintain a bottoming out and stabilizing trend in 2024. In the second half of the year, with the implementation of policies and the gradual manifestation of policy effects, sales will improve. It is expected that the growth rate of real estate investment and sales for the whole year will be around −6. 0% , with a decrease of about 3. 1 and 2. 5 percentage points respectively compared to 2023.

Keywords: Real Estate Market; Supply and Demand Relationship; "Market+Security"; "Dual Track System"

B . 2 Prediction of Main Indicators of China's Real
Estate Market in 2024   *Zhang Zhi* / 023

Abstract: At the beginning of 2024, the Chinese real estate market continued a significant downward trend that began in 2022, with indicators such as investment, funding sources, construction, and sales of commercial housing all continuously declining. Due to the unique mechanism of the contradiction between supply and demand in the real estate market, the transformation process of the main indicators of the real estate market from upward to downward presents a regular "peak like" peak. Thoroughly analyze the special regularity of the current market situation changes, without pessimism or panic. As long as the relevant spirit of the central government on the healthy development of real estate is deeply implemented, and all work to resolve risks and promote the transformation of development models is effectively done, it is only a matter of time for market confidence to recover and the market to operate smoothly. The model predicts that in 2024, China's real estate development investment will decrease by 5. 4% year-on-year, the sales area and sales volume of commercial housing will decrease by 13. 4% and 16. 8% respectively, and the average sales price of commercial housing will decrease by 2. 3% .

Keywords: Real Estate Market; Indicators Prediction; Time Series Model

II Special Topic Reports

B.3 2023 Land Market Analysis Report

Cao Jingjing, Chen Wenjing / 048

Abstract: The degree of recovery in real estate sales remains a key factor affecting the trend of the land market. In 2023, new house sales in most cities are still declining, and as a result, the overall land market continues to be sluggish. In 2023, the trend of residential land launch and transaction area reduction in 300 cities nationwide remained unchanged, with a year-on-year decrease of 19.6% and 20.8%, respectively. Among the 22 core cities, as of the end of December, except for Beijing, Shanghai, and Shenzhen, most cities have lifted the upper limit on land auction prices. However, only some high-quality land parcels in core cities have bid at high premiums, and land acquisition enterprises are still mainly state-owned enterprises, with weak investment from private enterprises. Looking ahead to 2024, it is expected that the land auction rules will remain loose to promote increased land auction activity. However, with the expectation of a slow recovery in the sales market, there is still downward pressure on the land market, and companies may continue to focus on investing in core cities for land acquisition. Market performance differentiation will intensify.

Keywords: Land Market; Land Supply Scale; Land Acquisition Amount; Cancellation of Land Price Ceiling

B.4 2023 Analysis of Real Estate Investment Situation and

Outlook for 2024 　　　　　　　　　*Ren Rongrong / 065*

Abstract: In 2023, the national real estate development investment will continue to decline, and its proportion in fixed assets investment and GDP will decline significantly, but at the same time, it will show structural highlights, and the investment to adapt to the upgrading trend of housing demand will increase. The current growth of real estate investment is facing four pressures: financing, sales, debt, and inventory. However, the industry has deeply adjusted to historical lows. With the continuous improvement of policy environment and low base effects, it is expected that the decline in real estate development investment will narrow to around 5% in 2024. It is recommended to focus on building a new model for real estate development and promoting high-quality real estate development, by increasing effective investment in filling the gaps in housing supply, revitalizing and improving existing resources, creating and constructing "good houses", and exploring new technologies to promote industry transformation, upgrading, and peaceful, stable, and healthy development.

Keywords: Real Estate; Real Estate Development Investment; Affordable Housing Construction

B.5   2023 National Second Hand Housing Market Analysis Report
Zhao Tongyang, Zhang Bo, Lu Qilin and Sheng Fujie / 077

Abstract: In 2023, , China's secondary housing market experienced a notable shift in supply and demand dynamics, characterized by an increase in property listings and a decrease in the interest to purchase homes, resulting in a situation where supply outweighed demand. The weakening confidence among homebuyers, primarily affected by falling house prices and concerns over future income uncertainty, led to more cautious decision-making regarding property acquisitions. Market trends indicate a significant rise in the proportion of national second-hand housing transactions compared to previous years, with an increased demand for improved living conditions driving the market. The desire for better housing has become a vital force in stimulating activity within the secondary housing market. Looking forward to 2024, the policy and financial environments are expected to continue their accommodative stance, with further potential for

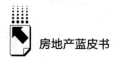

interest rate reductions and tax adjustments anticipated to serve as important measures to alleviate the financial burden on homebuyers, fostering healthier and more stable growth in the secondary housing market.

Keywords: Secondary Housing Market; Supply－Demand Relationship; Demand for Housing Improvement

B.6 Analysis of China's Commercial Real Estate

Market in 2023 and Market Forecast for 2024

Yang Zexuan, Meng Lei and Wang Lina / 114

Abstract: The growth rate of stock in the shopping center market has decreased, and the vacancy rate is close to pre pandemic levels; The demand for office buildings in the market rebounds periodically, with a record high absorption, but the vacancy rate slightly increases and rent continues to decrease; The hotel market is beginning to recover, with active investment, and the proportion of mid-range and high-end hotels is still leading; Mid to high end apartment products are relatively scarce in the rental market, driven by housing rental policies, resulting in higher profit margins compared to other products and rapid market growth. Rent has increased but has not yet returned to pre pandemic levels. Looking ahead to 2024, it is expected that the pressure on the shopping center market will continue to increase, the planned opening volume of commercial real estate projects will decrease year by year, and the entire industry will enter the era of refined operation of inventory; The supply in the office building market is slowing down, and the absorption and rent will stabilize and recover simultaneously, but the vacancy may continue to remain high; The hotel market is expected to slowly recover with the recovery of the business economy, but the cycle is long. Destination hotels with leisure and entertainment functions will continue to maintain rapid growth in 2024 and even in the future; The apartment market will maintain a high level of activity, building on the cornerstone of rental housing and leveraging product and service upgrades to achieve brand differentiation development.

Keywords: Commercial Real Estate; Shopping Center; Office Buildings; Hotels; Long-term Apartment; REITs

Abstract: In 2023, the overall operation of China's housing rental market was stable, with a narrowing year-on-year decline in rent. The overall operation of enterprises was stable, and state-owned enterprises held outstanding rental housing. The market share continued to expand, and the exit channel for REITs gradually normalized. The performance of listed products was good. At the policy level, the national top-level design of the housing rental market focuses on accelerating the financing and construction of affordable rental housing and providing financial support for the development of the housing rental market. Local cities actively implement relevant policies and intensively introduce policy measures to accelerate the financing and construction of affordable rental housing and develop the housing rental market. The future development of the housing rental market will see an increase in factors affecting supply and demand, but the market still has a stable operating foundation. Under the dual pressure of external environment and market, enterprises will pay more attention to improving operational management efficiency. In order to better develop the housing rental market, it is recommended at the policy level to further optimize the tax policies of housing rental enterprises, further reduce the difficulty of incorporating market-oriented rental housing into the management of affordable rental housing, pay attention to the operational risks of platform based housing rental enterprises, and explore the establishment of a professional system for housing rental practitioners.

Keywords: Housing Rental; Urban Village Renovation; Affordable Rental Housing

房地产蓝皮书

B.8   Current Status, Problems, and Prospects of the

Development of Affordable Housing in China

Wu Yidong, Gui Honghong and Li Shichen / 160

Abstract: This article finds that there are five problems in the current development model of affordable housing in China: firstly, there is still a supply-demand mismatch problem in some key cities, and the coverage of affordable housing needs to be further improved; Secondly, the participation of the public in affordable housing is still low, and the policy dividend function is limited; Thirdly, there is a mismatch between the actual expenditure on housing security and the budget, and the management of housing security budget needs to be strengthened; Fourthly, the return on investment for affordable housing is low, and the supply willingness of market entities is not high; The fifth issue is the existence of illegal subletting and long-term vacancy in the development of affordable housing, as well as unexpected policy implementation. In this context, it is necessary to continuously improve the policy of affordable housing, increase the construction and supply of affordable housing, and alleviate the problem of insufficient structural supply; Clearly define the scope of protection, strengthen policy promotion efforts, and enhance the inclusive function of policies; Make long-term and systematic plans for the construction of affordable housing, and improve the efficiency of fund utilization; Increase the support of various policies for the construction of affordable housing, and mobilize the enthusiasm of all parties to participate; Improve the top-level design of the system and strengthen the supervision and management of the entire process.

Keywords: Affordable Housing; Real Estate New Development Model; "Three Major Projects", Housing Policy

III   Service Reports

Abstract: In 2023, the Ministry of Housing and Urban Rural Development and the State Administration for Market Regulation jointly issued the "Opinions on Standardizing Real Estate Brokerage Services" (Jianfanggu [2023] No. 2), which was actively implemented by local regulatory departments and representative institutions. The commission rates for brokerage services were generally lowered, and the image of high fees in the industry was improved; With significant changes in the supply and demand relationship in the real estate market, the important role of real estate brokers in connecting housing supply and demand has become prominent, and the industry's operating income has increased against the trend; The stock market and buyer's market drive the industry to shift towards high-quality development, with an increase in the number of real estate brokerage firms and a decrease in the number of employees, resulting in an improvement in industry efficiency; Live streaming, short videos and other communication methods have become the "new infrastructure" of the industry, and industry management is facing new challenges. In the future, with the gradual lifting of restrictive measures in the real estate market, the real estate brokerage market will become increasingly mature and market concentration will gradually increase; With the deepening implementation of the documents of the two ministries, the competent authorities will vigorously rectify the order of the real estate market, and the industry development environment will be further improved; With the warning effect of negative typical cases and the implementation of group standards related to personal information protection, the industry will effectively improve the protection of customer personal information.

Keywords: Real Estate Brokerage; Standardized Services; Reduced Commissions; Personal Information Protection; Live Streaming Selling Houses

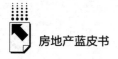

B.10 2023 Development Report on China's Real

Estate Valuation Industry

Cheng Minmin , Song Mengmei and Liu Duo / 219

Abstract: In recent years, the development of China's real estate appraisal industry has entered a period of strategic opportunities and risk challenges. In 2023, the total scale of real estate appraisal agencies has decreased, but the number of primary appraisal agencies has maintained stable growth. The volume of appraisal business has increased, but there has been no significant rebound in operating income. The traditional real estate valuation business continues to shrink, and valuation agencies continue to explore beneficial aspects in emerging business areas such as social stability risk assessment, real estate market value consulting, and urban renewal (including the renovation of old residential areas) . In 2024, in a continuously improving economic environment, the real estate appraisal industry as a whole will continue to develop steadily. With the continuous promotion of industry standard system construction, the release of a series of technical guidelines for real estate valuation will accelerate the process. The future development of the real estate appraisal industry needs to face the problem of vicious low price competition, and the cultivation of talents, improvement of innovation ability, and application of information technology are important factors for the sustainable development of appraisal institutions.

Keywords: Real Estate Appraisal; Appraisal Agency; Appraisal Business

B.11 2023 Development Report on Property Management Industry

Liu Yinkun , Wu Yifan and Zhou Qin / 238

Abstract: 2023 is the first year to comprehensively implement the spirit of the 20th CPC National Congress, and the first year to resume development after the transition of COVID−19 prevention and control in three years. The property management industry is clearly positioned as an "important livelihood industry", implementing the concept of "three separate construction and seven separate management in cities", and promoting the "four good" construction of good houses, good communities, and good urban areas. Guided by party building, actively integrating into community governance, and promoting modernization of grassroots governance. In 2023, the revenue of the property management industry steadily increased, the industry scale expanded year by year, and its proportion in the service industry gradually increased, making a huge direct economic contribution. At the same time, property management drives the development of upstream and downstream industrial chains, providing indirect economic contributions. In terms of employment, the property management industry is an important force in implementing stable employment and promoting employment, making significant contributions to social stability.

Keywords: Property Management; Grassroots Social Governance; Party Building Leading; Urban Renewal

B.12　Analysis and Outlook of the Personal Housing
　　　　Loan Market in 2023　　　　　　　　　*Cai Zhen / 260*

Abstract: In 2023, with the continuous decline in housing loan interest rates and the continuous optimization of housing consumption financial services, the balance of personal housing loans decreased to 38. 17 trillion yuan due to a wave of early repayment, a year-on-year decrease of 1. 60%. From the perspective of market structure, as of the end of the first half of 2023, the total balance of personal housing loans from six large state-owned commercial banks remains the main force in China's personal housing credit market. From a risk perspective, the non-performing loan ratio and non-performing balance of personal housing loans in some commercial banks continue to show a "double increase" in 2023, and the value ratio of new second-hand housing loans has also increased. However, benefiting from prudent personal housing credit policies, the overall risk of personal

housing loans is controllable. The rapid growth of household sector debt has been curbed. Looking ahead to 2024, in terms of policies, government departments will further lower the LPR and lower the lower limit of differentiated housing credit interest rates to further unleash the potential for housing consumption demand and improve the weak demand in the real estate market. Housing consumption financial services will also continue to be optimized. In terms of quantity, we believe that due to factors such as weak employment and income growth expectations, poor investment and financial returns, borrowers of existing housing loans still have a strong willingness to reduce household debt, and the growth of personal housing loan balances is weak. In terms of price, we believe that the interest rate of personal housing loans will further decline. In terms of risk, due to the continuous decline in housing prices, some houses purchased during peak housing prices may become negative assets, leading to an increase in the non-performing loan ratio and non-performing balance of personal housing loans in commercial banks.

Keywords: Personal Housing Loan; Defective Rate; Advance Repayment of Loans

B.13 2023 Housing Provident Fund Policy Adjustment Monitoring Report *Wang Weimin* / 282

Abstract: In 2023, 142 cities implemented 254 housing provident fund adjustment policies based on urban policies, which involved increasing the maximum loan amount, assisting the country in optimizing the birth policy, reducing the down payment ratio for home purchases, and increasing rental withdrawal efforts. Among them, the policy optimization of housing rental extraction is mainly reflected in increasing the extraction amount, implementing differentiated extraction, and expanding extraction methods. In the future, the adjustment of housing provident fund policies should adapt to the new situation of significant changes in the supply and demand relationship of China's real estate market, and focus on providing effective support from the demand and supply sides to solve the housing problems of new residents and young people.

Keywords: Housing Provident Fund; Policy Adjustment; Housing Lease Withdrawal

B. 14   2023 Big Data Analysis Report on French Auction Housing

Yang Qian, *Zou Linhua* / 297

Abstract: In 2023, the popularity of the French auction housing market has increased, with varying degrees of increase in listing and trading volume. Residential and commercial properties dominate the auction market, accounting for over 90% of the total auction volume in 2023. The advantage of foreclosed houses lies in the existence of price discounts, but there are some hidden risks in transactions. The turnover rate of foreclosed houses is still high, and the transaction rate of foreclosed houses is slightly lower than the same period last year. The market has experienced a situation of oversupply. The cities with high auction volume in 40 large and medium-sized cities are Chengdu and Chongqing, while the cities with high transaction rates are Shanghai and Hangzhou. The policies related to legal auctions in various cities may continue to maintain an optimized trend. With the dual effects of policy support and increased market awareness, it is expected that the legal auction housing market will become more active in the future.

Keywords: Foreclosed Housing; Residential; Commercial Housing

Ⅳ   Hot Topic Reports

B. 15   2023 New Housing Demand Analysis Report

Xu Xiaole, *Liu Lijie* / 311

Abstract: In 2023, China's housing demand presents several characteristics:

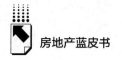
improvement demand becomes the main force in purchasing houses, purchasing decisions return to rationality, housing improvement demand in core cities is stronger in distribution, improvement methods mainly involve exchanging houses, and product preferences pursue larger living areas and better living environments. Looking ahead to the future, the poor living conditions of some existing housing, the upward shift in population age structure, and encouraging housing policies are all driving the continuous release of demand for improved housing. At the same time, consumers have higher requirements for service quality around housing, which will drive the upgrading of housing service quality.

Keywords: Housing Demand; Housing Improvement; Housing Services

B.16 Analysis and Management Suggestions on Operational

Risks of Typical Real Estate Enterprises in 2023

Hui Jianqiang, Qu Yanling / 322

Abstract: In 2023, the real estate market did not recover as expected, and the cumulative sales of typical top 100 real estate companies continued to grow negatively. The internal differentiation pattern of real estate companies continued, and the sales performance of central state-owned enterprises was outstanding. Private real estate companies as a whole faced significant sales pressure. Looking ahead to 2024, it is expected that the sales adjustment trend of real estate companies will continue, and sales and payment collection will still face certain pressure; The pressure on debt maturity has decreased, and there is a possibility of significant progress in debt restructuring for distressed real estate companies; Real estate companies need to increase their efforts to reduce inventory and promote payment collection, actively apply for real estate financing "whitelist" projects, and seize the policy window to strive for business opportunities in the "three major projects". Overall, the real estate market in 2024 will still face both opportunities and challenges. On the one hand, real estate companies should seize structural demand opportunities, and on the other hand, they need to accelerate the search for government and financial institutions to provide relief support, and combine internal and external efforts to promote the recovery of their own "hematopoietic" and sustainable operational capabilities.

Keywords: Real Estate Enterprises; Business Risk; Three Major Projects

Abstract: With the strong advocacy of national policies and the gradual improvement of standard systems, China's green buildings have made significant progress in recent years. However, in the new situation of stock updates and the influx of information technology, China's green buildings also face new challenges in how to use new energy, reduce carbon emissions, and apply intelligent technology. Therefore, it is important to comprehensively analyze the current development status and trends of green buildings in China, clarify the existing problems at the current stage, and put forward practical suggestions for future development. This article analyzes the current development status and industry progress of green buildings in China by reviewing the development scale, policy documents, and relevant national norms and industry standards of green buildings. It explores the development trends of the green building industry from four aspects: overall perspective, core themes, production methods, and energy consumption structure. Based on this, it summarizes the current problems in the development of green buildings, such as the lack of relevant laws and regulations, incomplete evaluation systems for existing green building renovations, obstacles to the intelligent transformation of green buildings, and the lack of a long-term mechanism to connect with the market. Suggestions for the development of green buildings are proposed from the perspectives of top-level institutional design, relevant implementation guidelines, performance evaluation systems, and modern market systems, in order to provide reference for the future development of green

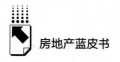

buildings in China.

Keywords: Green Building; Carbon Emissions; Local Legislation

B.18   ESG Development History and Practice: Exploring the
Comprehensive Value of Environment,
Society, and Governance   *Han Jing, Luan Yameng* / 355

Abstract: With the proposal of global sustainable development goals, ESG
(Environment, Society, and Governance) has become an important indicator for
evaluating corporate social responsibility and investment sustainability. From the
concept of ESG first proposed by the United Nations Global Compact in 2004, to
the formulation and practice of policies in various countries, the development of
ESG not only reflects the shift in global investment trends, but also demonstrates
how enterprises can help achieve carbon neutrality goals by implementing measures
such as green buildings and reducing carbon emissions. This article analyzes the
development background of ESG, the global and Chinese development history,
and the role of green buildings in promoting sustainable development in the real
estate industry, exploring how ESG can become a bridge to promote harmonious
economic, social, and environmental development.

Keywords: ESG; Real Estate; Green Buildings

B.19   Policy Trends and Pilot Exploration of Urban Renewal
Action in the New Era

Wei Anmin, Wang Yajie and Liu Qiaoyun / 373

Abstract: China's urbanization has entered the "second half", and urban
development has entered a new era of structural optimization and adjustment. It has
shifted from focusing on scale and speed to focusing on connotation and quality.

Urban renewal has become an important measure for cities to fill their gaps, improve their quality, and promote high-quality urban development. The central government attaches great importance to urban renewal work and clearly proposed the important national strategy of "implementing urban renewal actions" at the Fifth Plenary Session of the 19th Central Committee. Since then, multiple policies and new regulations have been issued to standardize local practices and promote the safe and orderly development of urban renewal actions. At the same time, the Ministry of Housing and Urban Rural Development has also organized pilot projects for urban renewal. The first batch of pilot cities have gained some practical experience, but there are also some urgent problems and challenges that need to be solved. In future urban renewal actions, it is necessary to continuously improve the technical methods of urban renewal, strengthen policy and mechanism innovation, break down institutional barriers, and achieve the transformation of the urban development model centered on the people and with operation and maintenance as the key.

Keywords: Urban Renewal Action; Institutional Design; Sustainable

V   Case Study Reports

B. 20   "One Bed, One Room, One Suite" Model Project: the Shanghai Maqiao Project of Huarun Youchao Community

Liu Fangjie / 388

Abstract: In order to serve the overall work of the Party and the country, and to deeply implement the policy requirements of "housing for living, not for speculation" and "renting and purchasing simultaneously", China Resources Land established the long-term rental apartment business brand "Youchao" in 2018, deeply participating in the construction of affordable rental housing. As of the end of 2023, Youchao has settled in 15 cities nationwide and managed 56000 properties, ranking first among state-owned enterprises in terms of management

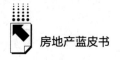

scale. With excellent management capabilities, Youchao has become a leading brand in the leasing industry.

Keywords: RENT⁻Purchase; Guaranteed Rental Housing REITs; Multi-level Supply System; Grassroots Party Building in Communities

B.21 Pioneering the "Five Determinations and Three Adjustments", Breaking through the difficulties of renting communities: Rubik's Cube Apartments Beijing Changping Shahe Subway Station Store

Rubik's Cube Life Service Group / 393

Abstract: In recent years, the country has actively promoted the construction of a multi-level rental housing security system with "one bed, one room, and one suite", accelerating the development pace of the housing rental market. As a long-term and experienced operator, Magic Cube Life Service Group has now established a unique marketing strategy by integrating the full chain capabilities from positioning to products, marketing to operations. This article takes the Beijing Changping Shahe Subway Station store of Rubik's Cube Apartments as an example to analyze how brand operators can maintain high occupancy rates and stable rental levels through "five adjustments and three adjustments" and unique operational management capabilities, and promote work living balance in the region.

Keywords: Rubik's Cube Life; Rental Community; Operations Management

B.22   CollaborationBetween Government and Enterprises,
So Integration of Industry and City: Anxin Youth
Community Yiwu Qihang Store   *Anxin Group* / 400

Abstract: Water accumulates and fish gather, while trees are lush and birds gather. For cities, the development and settlement of talents often have a positive effect, which can promote local economic development, enhance the development potential and momentum of the city. As a well-known "world commodity city", Yiwu has long been attracting and retaining various talents through various measures. Anxin Group collaborates with Yiwu Talent Development Group, using Anxin Youth Community Qihang Store as a carrier to implement the concept of industry city integration, promote industrial agglomeration and development, improve residential facilities in industrial parks, assist cities in attracting, consolidating, and serving talents.

Keywords: Affordable Rental Housing; Government Enterprise Cooperation; Integration of Industry, City, and Talent

B.23   Collaborative Innovative of Concepts and Models:
Hubei Province Rental Housing Company Jointly
Investment New Youth · Huashanhe Community
                    Hubei Province Rental Housing Company / 407

Abstract: This report takes the Wuhan project "Liantou New Youth · Huashanhe Community" under Hubei Province Rental Housing Company as a typical case, summarizing and analyzing how the project, based on its unique market positioning, meticulous operation and management, and attentive and meticulous services, can create a multi-level rental housing supply system of "one bed", "one room", and "one set of houses", explore a replicable and sustainable "co creation" mechanism and other practical practices, so that new citizens and

young people can "enter, stay, live safely, and succeed", and promote the renewal of the community through model innovation, helping young people and cities to thrive together.

Keywords: Affordable Rental Communities; Co-creation; Innovative Practice; Joint Investment New Youth

B . 24 First Affordable Rental Housing REITs of CollectiveLand:
Huarun Youchao REITs Project of Huaxia Fund

Wang Zhuo, Cao Yakun, Hu Yongqiang and Xiong Huadong / 419

Abstract: Due to its dual characteristics of multiple ownership restrictions, large investment amounts, long investment payback periods, and high financing difficulties, the guarantee rental housing with the nature of collective land transfer has led to insufficient willingness of social capital to invest. How to effectively solve the key problem of promoting the development of collective land guarantee rental housing projects is how to actively invest social capital. This case is the first successful issuance of infrastructure public REITs for the construction of guaranteed rental housing through collective land transfer in Shanghai, with very typical successful case characteristics. This article focuses on sharing this case from the perspective of policy support for the construction of collective land rental housing and the issuance of REITs, as well as solving related problems in project practice. It is hoped that this can help to invest in the construction of collective land rental housing, solve the housing difficulties of more new citizens, young people and other groups, and achieve the great goal of providing housing for all people.

Keywords: Collective Construction Land; Guaranteed Rental Housing; REITs

B . 25   Digital Participatory Governance of Urban Village Rental

Housing: Wangnibang Village Rental Housing

Management in Minhang District, Shanghai

Chen Jie, Jin Aifang, Shi Manqing and Wang Xinmiao / 428

Abstract: Innovation in the governance of rental housing in urban villages is related to the improvement of governance order, urban renewal and development, and the construction of resilient and livable smart cities, which is of great significance for enhancing people's well-being. Wangnibang Village, Huacao Town, Shanghai, has implemented the "Household Manager + Mini Program" model, which establishes the "Household Manager" and introduces the "Xiao'an Rental Housing" mini program. This model reflects the new governance ideas of government departments collaborating on the management of village housing information in urban areas, digital technology empowering village participatory governance, and the mutual promotion of absorptive services and service-oriented absorption. It efficiently and accurately achieves the goal of "housing rental management with housing managers", and has achieved good results in the safe and livable construction of urban villages, enhancing the sense of belonging and acquisition of external groups, and co governance and co construction and sharing. The experience and practices of the "household manager +mini program" model are expected to provide replicable and promotable references for the management of rental housing in other urban villages.

Keywords: Management of Rental Housing in uRban Villages; Housekeeper+Mini Program; Participatory Governance; Digital Governance

B. 26   Digesting Stock and Precise Supply: The Rental Housing

Project ofXiangyang Xinyecheng Community

Zhou Xiaolong, Ye Fei and Liang Ran / 434

Abstract: Taking solving the housing difficulties of new citizens, young people, and other groups as the starting point and foothold, meeting the rental housing needs of basic public service groups, promoting the work of affordable rental housing through multiple plans, promoting the integration of industry, city, and people, and promoting the linkage between people, land, and housing, helps to form a housing supply pattern where the government mainly provides basic guarantees and the market mainly meets multi-level needs. Xiangyang Housing Security Operation Management Co. , Ltd. conducts precise research and provides a variety of housing options combining raw and decorated housing on the basis of the original single raw housing source, targeting diversified housing needs. This allows different groups of people with different needs to meet their own needs and live in their own homes.

Keywords: Housing Difficulties; Diversified Affordable Rental Housing System; "551" Rental Allocation Model; "One District, One Policy"

B. 27   Flexible Rental with a Combination of Long and Short

Options: TheHuilongguan East Street

Project of Lehu Apartment Hotel   *Zhao Tingting* / 439

Abstract: Lehu Apartment · Hotel Huilongguan East Street Branch was transformed from Hanting Hotel and is a typical project of Lehu Group's investment, construction, and management. The total number of floors of the house is 3 (including -1 floor), and the main renovation areas include the hotel front desk, hotel rooms, etc. The revitalized entry of this project into the market not only adds "appearance" and "temperament" to the city, but also brings excellent, enjoyable, and comfortable living spaces to the regional intellectuals with the advantages of "hotel facilities" and "family characteristics". It also innovatively adopts a flexible rental method that combines long and short leases, and has a high rental rate and stable income since its entry, allowing investors to invest in a high cost performance ratio.

Keywords: Stock Asset Revitalization; Urban Renewal; Innovative Business Models; Low-carbon Environmental Protection

社会科学文献出版社

皮书

智库成果出版与传播平台

❖ 皮书定义 ❖

皮书是对中国与世界发展状况和热点问题进行年度监测，以专业的角度、专家的视野和实证研究方法，针对某一领域或区域现状与发展态势展开分析和预测，具备前沿性、原创性、实证性、连续性、时效性等特点的公开出版物，由一系列权威研究报告组成。

❖ 皮书作者 ❖

皮书系列报告作者以国内外一流研究机构、知名高校等重点智库的研究人员为主，多为相关领域一流专家学者，他们的观点代表了当下学界对中国与世界的现实和未来最高水平的解读与分析。

❖ 皮书荣誉 ❖

皮书作为中国社会科学院基础理论研究与应用对策研究融合发展的代表性成果，不仅是哲学社会科学工作者服务中国特色社会主义现代化建设的重要成果，更是助力中国特色新型智库建设、构建中国特色哲学社会科学"三大体系"的重要平台。皮书系列先后被列入"十二五""十三五""十四五"时期国家重点出版物出版专项规划项目；自2013年起，重点皮书被列入中国社会科学院国家哲学社会科学创新工程项目。

皮书网

（网址：www.pishu.cn）

发布皮书研创资讯，传播皮书精彩内容
引领皮书出版潮流，打造皮书服务平台

栏目设置

◆关于皮书

何谓皮书、皮书分类、皮书大事记、
皮书荣誉、皮书出版第一人、皮书编辑部

◆最新资讯

通知公告、新闻动态、媒体聚焦、
网站专题、视频直播、下载专区

◆皮书研创

皮书规范、皮书出版、
皮书研究、研创团队

◆皮书评奖评价

指标体系、皮书评价、皮书评奖

所获荣誉

◆2008年、2011年、2014年，皮书网均
在全国新闻出版业网站荣誉评选中获得
"最具商业价值网站"称号；

◆2012年，获得"出版业网站百强"称号。

网库合一

2014年，皮书网与皮书数据库端口合
一，实现资源共享，搭建智库成果融合创
新平台。

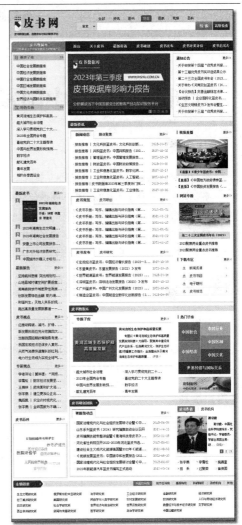

皮书网

"皮书说"
微信公众号

权威报告·连续出版·独家资源

皮书数据库
ANNUAL REPORT(YEARBOOK)
DATABASE

分析解读当下中国发展变迁的高端智库平台

所获荣誉

● 2022年，入选技术赋能"新闻+"推荐案例
● 2020年，入选全国新闻出版深度融合发展创新案例
● 2019年，入选国家新闻出版署数字出版精品遴选推荐计划
● 2016年，入选"十三五"国家重点电子出版物出版规划骨干工程
● 2013年，荣获"中国出版政府奖·网络出版物奖"提名奖

皮书数据库

"社科数托邦"
微信公众号

成为用户

登录网址www.pishu.com.cn访问皮书数据库网站或下载皮书数据库APP，通过手机号码验证或邮箱验证即可成为皮书数据库用户。

用户福利

● 已注册用户购书后可免费获赠100元皮书数据库充值卡。刮开充值卡涂层获取充值密码，登录并进入"会员中心"—"在线充值"—"充值卡充值"，充值成功即可购买和查看数据库内容。
● 用户福利最终解释权归社会科学文献出版社所有。

社会科学文献出版社 皮书系列
SOCIAL SCIENCES ACADEMIC PRESS (CHINA)

卡号：416711799641
密码：

数据库服务热线：010-59367265
数据库服务QQ：2475522410
数据库服务邮箱：database@ssap.cn
图书销售热线：010-59367070/7028
图书服务QQ：1265056568
图书服务邮箱：duzhe@ssap.cn

S 基本子库
UB DATABASE

中国社会发展数据库（下设 12 个专题子库）

紧扣人口、政治、外交、法律、教育、医疗卫生、资源环境等 12 个社会发展领域的前沿和热点，全面整合专业著作、智库报告、学术资讯、调研数据等类型资源，帮助用户追踪中国社会发展动态、研究社会发展战略与政策、了解社会热点问题、分析社会发展趋势。

中国经济发展数据库（下设 12 专题子库）

内容涵盖宏观经济、产业经济、工业经济、农业经济、财政金融、房地产经济、城市经济、商业贸易等 12 个重点经济领域，为把握经济运行态势、洞察经济发展规律、研判经济发展趋势、进行经济调控决策提供参考和依据。

中国行业发展数据库（下设 17 个专题子库）

以中国国民经济行业分类为依据，覆盖金融业、旅游业、交通运输业、能源矿产业、制造业等 100 多个行业，跟踪分析国民经济相关行业市场运行状况和政策导向，汇集行业发展前沿资讯，为投资、从业及各种经济决策提供理论支撑和实践指导。

中国区域发展数据库（下设 4 个专题子库）

对中国特定区域内的经济、社会、文化等领域现状与发展情况进行深度分析和预测，涉及省级行政区、城市群、城市、农村等不同维度，研究层级至县及县以下行政区，为学者研究地方经济社会宏观态势、经验模式、发展案例提供支撑，为地方政府决策提供参考。

中国文化传媒数据库（下设 18 个专题子库）

内容覆盖文化产业、新闻传播、电影娱乐、文学艺术、群众文化、图书情报等 18 个重点研究领域，聚焦文化传媒领域发展前沿、热点话题、行业实践，服务用户的教学科研、文化投资、企业规划等需要。

世界经济与国际关系数据库（下设 6 个专题子库）

整合世界经济、国际政治、世界文化与科技、全球性问题、国际组织与国际法、区域研究 6 大领域研究成果，对世界经济形势、国际形势进行连续性深度分析，对年度热点问题进行专题解读，为研判全球发展趋势提供事实和数据支持。

法律声明